성불의 길

법화경강의

광명 스님 역주

성불의 길

법화경 강의

광명 스님 역주

솔바람

책 머리에

법화경은 대방광불화엄경과 더불어 대승경전의 쌍벽을 이루고 있다. 흔히 화엄경은 佛의 경전이라 하고, 법화경은 法의 경전이라 한다. 법화경은 會三歸一 즉 삼승을 모아 일승으로 돌이키는 경전이기 때문에 법의 경전이라 하는 것이다.

그 이유는 방편품 제2에서 부처님께서 중생에게 오신 목적이 부처님의 지혜를 열어서 보이고 깨닫게하여 부처님의 지혜에 들어오게 하기 위하여 중생에게 나투었기 때문이다. 그리하여 천태 대사는 법화경을 부처님의 지혜를 최종적으로 설하신 경이라 하고 있으며, 부처님의 일대 시교를 5시기로 나누어 법화경을 법화 열반시로 교판하면서, 중생들로 하여금 부처님의 궁극의 깨달음으로 이끈 경전이라 하였다.

법화경은 이와 같아서 예로부터 많이 읽혀지고 사경을 많이 해왔으며, 또한 부처님의 가피가 많은 경전으로 널리 알려져 있다. 그래서 오늘날까지도 법화경을 읽고 사경하는 불자들이 많다.

그러나 법화경을 많이 읽고 사경하는 신행은 열심히 하고 있지만, 정작 법화경에서 중생들에게 전하고자 하는 부처님의 참 말씀을 이해하지 못하고 있는 것이 현실이다. 그래서 법화경에서 중생들에게 전하고자 하는 부처님의 메시지가 무엇인지를 알리고자 몇 년 전에 강의를 하였다. 그 강의 자료를 모아서 책으로 출간하게 된 것이다.

그러나 법화경을 잘 해설한다고 최선을 다했지만, 부처님의 경지를 체득하지 못한 바라 부처님 본래의 뜻을 얼마나 잘 해설하였는지는 본인도 두려움이 앞선다. 앞으로 제현의 많은 지도를 바란다.

이 책을 출판하는데 법보시로 많은 도움을 준 정각행보살님, 그리고 편집과 교정에 힘써주신 솔과학 사장님과 직원들에게 감사를 드린다.

이 책은 크게 두 부분으로 나누었다. 먼저 제1부에서는 법화경에 대한 교학적인 면에서 고찰하였다. 법화경이 대승경전에서 차지하는 위치, 법화경의 사상, 법화경과 제신앙, 그리고 법화경의 구조가 그것이다. 다음 제2부에서는 법화경 본문에 대한 번역과 그에 대한 간단한 해설을 달았다.

법화경을 공부하고자 하는 불자님들은 먼저 제1부를 공부하면 제2부 법화경 본문을 공부하는데 도움이 되리라 본다.

나무 석가모니불
나무 석가모니불
나무 시아본사 석가모니불

불기2558(서기2014)년 1월
목동 비로선원에서
광명 합장

차 례

제2장 법화경의 사상

제3장 법화경의 제신앙 통합

제 2 부

묘법연화경 권 제일 (妙法蓮華經 卷 第一)

묘법연화경 권 제이 (妙法蓮華經 卷 第二)

묘법연화경 권 제삼 (妙法蓮華經 卷 第三)

묘법연화경 권 제사 (妙法蓮華經 圈 第四)

묘법연화경 권 제오 (妙法蓮華經 卷 第五)

묘법연화경 권 제육 (妙法蓮華經 卷 第六)

묘법연화경 권 제칠 (妙法蓮華經 卷 第七)

제 1 부

법화경의 사상은
일승사상, 구원실성불, 불탑신앙과,
수지이며, 또한 대승불교의
모든 사상을 포함하고 있다.
그래서 경전중의 왕이라 한다.

제1장
법화경의 위치

[경명(經名) 해석]

《묘법연화경(妙法蓮華經)》은 줄여서 《법화경(法華經)》이라고도 한다. 산스크리트어 경명(經名)은 《Saddharma pundarīka-sūtra 삿다르마푼다리카-슈트라》이다. 이것을 축법호는 《정법화경》으로 번역 하였고, 구마라집은 《묘법연화경》으로 번역하였다. "sad"는 "정(正)"의 의미이고, "dharma"는 "법(法)"의 의미다. 따라서 "Saddharma"는 "정법(正法)"의 의미인데, 구마라집은 "묘법(妙法)"으로 의역한 것이다. "pundarīka"는 연꽃인데, 특히 흰 연꽃(白蓮)을 말한다. 따라서 경명을 뜻으로 번역하면 "흰 연꽃 같은 정법"으로 해석된다.

백련은 진흙 속에 있으면서도 결코 그 더러움에 물들지 않는다. 정법은 마음의 본성인데, 이 백련에다 비유하여 결코 더러움에 물들지 않는 것이며, 그 정법을 밝히는 것이 법화경이다. 그리하여 법화경은 일불승(一佛乘)을 내세우고 있다. 일불승(一佛乘)이란 보살(菩薩)뿐만 아니라 성문(聲聞)이나 연각(緣覺)에게도 부처의 지견(知見)을 열어서, 모두 자기가 성불(成佛)할 수 있다는 가르침이다. 즉 "자기에게 불성(佛性)이 있다"고 자각(自覺)하는 것이다. 이것이 실유불성(悉有佛性)과 여래장설(如來藏說)로 발전한다.

법화경의 구조는 방편품을 중심으로 하는 적문(迹門)과 여래수량품을 중심으로 하는 본문(本門)으로 되어 있다. 적문은 중생을 불도(佛道)로 유인하기 위하여 인간 석가모니 부처님이 출세하였고, 본문은 여래수량품에서 석가불이 구원실성(久遠實成)의 불타임을 보여 불성(佛性)은 시방삼세에 상주함을 보여주고 있다.

제1. 천태교판에서 본 법화경의 위치

1. 교상판석(敎相判釋)[1]

교상판석은 줄여서 교상(敎相), 교판(敎判), 교섭(敎攝)이라고도 한다. 흔히 교판이라는 말이 주로 사용되고 있다. 부처님께서 일대에 걸쳐 개시하였던 다양한 방식의 가르침을 형식, 방법, 순서, 내용, 의의에 따라서 분류하고 체계적으로 정리함으로써 그것의 궁극적인 의미를 밝히는 경전 연구방식을 교상판석이라 한다. 처음에는 다양한 교설에 대한 체계적 이해를 도모하기 위한 목적으로 시작되었지만, 무엇이 궁극적인 가르침인가에 대한 견해를 달리함으로써, 종파성립의 요건이 되기도 하였다. 예컨대 천태종은 《법화경》을 가장 우위에 두는 교판이론을 전개하고, 열반종은 《열반경》을 화엄종은 《화엄경》을 우위에 두는 교판이론을 전개하였다.

이 교판이론의 필요성이 대두된 이유는 부처님의 교설이 지니고 있는 자체의 속성과 그 경전이 다른 지역으로 전파되는 과정에서 역사적인 발전단계에 대한 이해 없이 무분별하게 전역(傳譯)되면서 일어난 수용자의 혼란이 주된 원인이라고 한다. 부처님의 교설은 그때 그때의 인연에 따라 그 상황에 가장 적합한 가르침을 펼친 것이어서 어떤 특정한 교리를 고집하지 않았다. 그 교설이 성립된 상황이 이미 사라져 버린 시대에 그 상황적 교설을 문자화

---

1. 『가산불교대사림』, 제2권, 참조.

한 경전을 탐구해야 하는 일반인의 입장에서는 때로 모순되는 듯이 보이기까지 하는 경전 상호간의 다양한 내용을 접하는 것이 매우 곤혹스러운 일이었던 것이다. 그렇다면 여기서 어느 교설이 옳은가를 변별해야 하는 문제에 직면하는데, 이에 대하여 경전마다 그것을 설한 인연을 밝혀 줌으로써 모든 경전의 성립근거를 부여하고 상호모순을 해결하는 방향을 제시해 준 것이 교판이론이다.

2. 천태교판(天台教判)

천태교판은 천태지의대사가 세운 교판이론으로 "오시팔교(五時八教)"로 이루어져 있다. 오시(五時)란 ① 화엄시, ② 녹원시, ③ 방등시, ④ 반야시, ⑤ 법화열반시를 말하며 오미(五味)라고도 한다. 팔교란 화의4교(化義四教)와 화법4교(化法四教)를 말한다. 화의4교는 돈교(頓教), 점교(漸教), 비밀교(秘密教), 부정교(不定教)를 말하며, 화법4교는 장교(藏教), 통교(通教), 별교(別教), 원교(圓教)를 말한다.

(1) 오시(五時)

천태대사는 부처님께서 설한 일체의 경전을 설법한 시기별로 열거하여 5시기로 분류하였는데 그것이 오시이다. 천태대사는 일체의 경전을 《화엄경》, 아함부경전, 방등부경전, 반야부경전, 《법화경》 및 《열반경》으로 묶었으며, 법화와 열반은 같은 뜻으로 보아 하나로 묶었다. 이렇게 분류한 이유는 부처님께서 교설한 궁극의 목적이 중생으로 하여금 자신의 불성을 깨달아 성불케 하는데 있지만, 중생들의 근기가 달라 그에 따라 법을 설하지 않으면 안되었다. 그래서 경전의 성질이 나누어지게 되었고, 또 법을 설한 시기가 다를 수밖에 없었던 것이다. 이와 같은 입장에서 일체의 경전을 다섯 가지로 나누고 시기별로 분류한 것이 오시교판인 것이다.

오시란 첫째, 《화엄경》을 설한 "화엄시(華嚴時)", 둘째, 아함부 경전을 설한 "녹원시(鹿苑時)" 또는 "아함시(阿含時)", 셋째, 방등부경전을 설한 "방등시(方等時)", 넷째, 반야부경전을 설한 "반야시(般若時)", 다섯째 《법화경》과 《열반경》을 설한 "법화열반시(法華涅槃時)"를 말한다.

1) 화엄시(華嚴時)

화엄시는 부처님께서 성도한 직후 3.7일간 《화엄경》을 설한 시기를 말한다. 화엄시란 말도 《화엄경》의 경명에서 따온 것이다. 부처님께서 보리수 아래에서 성도를 하고 문수보살, 보현보살 등 제 대보살과 숙세에 근기가 성숙한 천룡팔부를 위해 7처 8회에 걸쳐 깨달은 그대로 설한 내용이 《화엄경》이다. 《법화경》의 「신해품」에서 부자 아버지를 보고 거지 아들이 놀라는 시기가 화엄시라 한다.

2) 녹원시(鹿苑時)

위에서 본 바와 같이 부처님께서 깨달은 내용 그대로 대중에게

《화엄경》을 설하였다. 그런데 부처님께서 법문을 하였지만 가르침의 내용이 너무 높고 심오하여 대보살 이외에는 성문 등의 대중은 이해하지를 못하였다. 마치 귀머거리나 벙어리와 같았다고 한다. 그리하여 성문 등의 대중들로 하여금 이해를 시키기 위하여 수준을 낮추어 설하기로 하고, 점차 수준을 올려 가면서 법을 설하였다고 한다. 그 첫째 단계가 아함부경전을 설한 것이다. 녹원시란 말은 아함부경전을 설한 장소가 "녹야원"인데, 그 장소이름에서 따온 것이다. 그리고 아함부경전을 설한 것이라 하여 경명을 따서 "아함시"라고도 한다.

아함시는 성문, 연각, 보살의 3승에게 각각 사제법, 십이인연, 육바라밀 등을 설한 시기로 12년간 설하였다. 부처님의 가르침 중 초보적인 내용으로서 근기가 낮은 중생을 대상으로 법을 설한 것이라 한다. 《법화경》의 「신해품」 장자궁자의 비유에서 궁자와 교섭에 실패한 장자가 궁자와 같은 열등한 근기에 맞추어 방편을 써서 유인하는 단계가 녹원시라 한다. 녹원시에 해당되는 경전은 북전으로 《장아함경》, 《잡아함경》, 《중아함경》, 《증일아함경》이 있고, 남전에서는 《디가니까야(장부)》, 《맛지마니까야(중부)》, 《상윳타니까야(상응부)》, 《앙굿타라니까야(증지부)》, 《굿다카니까야(소부)》가 있다. 남전과 북전을 대비하면 다음과 같다.

- 디가니까야(Dīgha-nikāya 장부長部) : 장아함경(長阿含經, 법장부 所傳, 413년 譯)
- 맛지마니까야(Majjhima-nikāya, 중부中部) : 중아함경(中

阿含經, 설일체유부 所傳, 398년 譯)

- 상윳따니까야(Samyutta-nikāya, 상응부相應部) : 잡아함
  경(雜阿含經, 설일체유부 所傳, 443년 譯)
- 앙굿따라니까야(Anguttara-nikāya, 증지부增支部) : 증일
  아함경(增一阿含經, 소속부파불명, 384년 譯)
- 굿다카니까야(Khuddaka-nikāya, 소부小部) : 한역(漢譯)
  은 부분적으로 번역되었음, 의족경(義足經), 법구경(法句經),
  본사경(本事經), 생경(生經) 등

3) 방등시(方等時)

방등시는 아함부경전을 설한 후 8년간 방등부경전 《유마경》,
《금광명경》,《승만경》 등을 설한 시기를 말한다. 방등시는 녹원
시에서 소승의 깨달음을 대승의 깨달음과 동일시하여 거기에 만
족하는 것을 깨뜨리는 가르침이다. 즉 소승은 방편에 불과하고 부
처님의 본뜻은 대승에 있다고 하여 이들의 잘못된 견해를 타파하
는 시기이다. 《법화경》의 「신해품」에서 거지 아들이 창고를 맡아
서 관리하는 시기가 바로 방등시라 한다.

4) 반야시(般若時)

반야시는 반야부경전을 22년간 설한 시기를 말한다. 《법화경》
의 「신해품」에서 장자인 아버지가 궁자인 아들에게 재산을 넘기
는 시기가 반야시라 한다. 반야시의 설법은 대승과 소승이 다른 것

이라고 구별하는 잘못을 타파하는 것이다. 방등시에서 대승을 소승과 비교하여 대승을 찬탄하였는데, 이 설법을 들은 대중들이 대승과 소승은 별개인 것으로 오해한 것이다. 그러나 부처님의 본래 뜻은 소승과 대승이 별개가 아니기 때문에 그 근본은 동일한 것이다. 즉 일체개공(一切皆空)을 설하여 그 오해를 타파한다.

5) 법화열반시(法華涅槃時)

제5시인 법화열반시는 부처님께서 입멸 전 8년 동안 《법화경》과 입멸직전에 《열반경》을 설한 것을 말한다. 《법화경》은 부처님의 최후(열반경은 제외) 설법으로서 부처님께서 이 세상에 출현한 뜻이 무엇인지를 설한다. "일대사인연(一大事因緣)", "방편을 열어 진실을 보이는 것(開權顯實)", 부다가야에서 성도한 부처님께서 "구원겁 전에 이미 성불하였다는 것(久遠實成)" 등이 이 경의 내용이다. 이 법화열반시에 이르면 2승 3승 등 모든 중생이 성불할 수 있다는 것이다.(一切衆生悉有佛性)

(2)화의사교(化義四敎)

앞 오시(五時)는 부처님의 설법시기를 기준으로 하여 부처님의 일대교설을 분류한 것이다. 그런데 팔교(八敎) 부처님의 일대교설을 설법형식(방법)과 내용으로 분류한 것이다. 그 중에서 설법형식(방법)으로 분류한 것이 화의사교이다. 화의사교는 돈교(頓敎), 점교(漸敎), 비밀교(秘密敎), 부정교(不定敎)로 구분된다.

1) 돈교(頓教)

돈교에는 돈직(頓直)과 돈초(頓初)의 두 가지 뜻이 있다. 돈직이란 부처님께서 깨달은 정각 내용을 그대로 설한 것을 말한다. 즉 중생의 근기를 고려하지 않고 설한 것이다. 돈초는 최초라는 의미이다. 즉 5시의 제1시 설법(화엄시)이라는 의미이다. 그런데 일반적으로 돈초의 의미에 중점을 둔다.《화엄요교장》에서 "근기가 성숙된 자를 위하여 하나의 법문에 모든 불법에 대한 설명을 갖추고 상(常)과 무상(無常), 공(空)과 불공(不空)을 동시에 모두 설하고 더 이상의 점차적 단계가 없으므로 돈교라 한다. (⋯⋯)돈교에 따르면 모든 법은 오직 하나의 진여심(眞如心)일뿐이어서 차별상을 다하고 언어를 떠나고 사유분별이 끊어져 설할 수 없는 것이다."라 하고 있다. 돈교에 해당하는 교설은 일반적으로《화엄경》을 일컫는다.

2) 점교(漸教)

점교란 부처님께서 깨달은 진리를 그대로 이해할 수 없는 중생을 계도하기 위하여 설한 방편을 말한다. 다시 말하면 부처님의 깨달음을 쉽게 설명하여 진리에 접근할 수 있도록 하는 방법을 말한다. 5시의 교판에서 아함, 방등, 반야의 3시가 모두 점교에 해당된다. 천태지의대사는 이러한 돈교를 먼저 설하고 후에 점교의 방편을 쓰는 것은 석가모니불에 한하지 않고 과거의 모든 부처님이 행했던 교화형식이라고 한다. 이에 따르면 선돈후점(先頓後漸)의 방식은 여래가 중생을 교화할 때 반드시 따르는 법칙이라 하고 있다.

3) 비밀교(秘密敎)

비밀교란 여래의 설법을 듣는 청중이 설법의 내용뿐만 아니라 다른 청중의 존재조차 알지 못하는 설법형식을 말한다. 설법의 내용을 모른다는 것은 다른 청중이 듣는 설법내용을 모른다는 것이지 자신이 설법의 내용을 모른다는 것이 아니다. 이것은 다른 청중의 존재를 모르기 때문에 논리적으로 다른 청중이 듣는 설법의 내용을 모르는 것은 당연한 것이다. 어쨌든 천태지의는 비밀교를 이렇게 논하였다.

이에 대하여 다음에 설명할 부정교(不定敎)는 설법을 듣는 청중이 함께 있다는 것을 알지만 다른 청중이 듣는 설법의 내용을 알지 못하는 것이다. 지의대사가 비밀교를 세우기 전에는 부정교를 현로부정교(顯露不定敎)와 비밀부정교(秘密不定敎)로 나누었다. 지의대사가 세운 비밀교는 비밀부정교에 해당되는 셈이다. 즉 화의4교중 제3 비밀교는 《대품반야경》 제43 「무작실상품」의 경문과 이것을 해석한 《대지도론》 63에서 부처의 법륜을 현(顯)과 밀(密) 두 가지로 나누는 문장에 의거하여 천태지의가 새로이 세운 것이라 한다.[2] 다시 말하면 천태지의대사의 시대에 돈, 점, 부정교의 세 가지가 있었는데 여기에 천태지의대사가 비밀교를 더한 것이다.

비밀교는 5시의 화엄시, 녹원시, 방등시, 반야시의 전4시 어디서나 비밀의 설법을 행해지는 것이어서 비밀부라는 경전이 따로 있는 것은 아니라 한다.

4) 부정교(不定敎)

부정교란 부처님께서는 일음(一音)으로서 법을 설하지만 이를 듣는 청중이 각각 달리 이해하는 것을 말한다. 즉 어떤 사람은 점교에서 돈교의 이익을 얻고, 어떤 사람은 돈교에서 점교의 이익을 얻는 설법형식을 말한다. 청중이 각각 달리 이해하는 이유는 각자의 근기가 다르기 때문이다. 또 천태지의는 청중의 근기에 따른 차이뿐만 아니라 여래의 자재하고 부사의한 교화력에 의하여서도 청중이 각기 다르게 이해한다고도 한다. 이 부정교도 5시의 화엄시, 녹원시, 방등시, 반야시의 전4시 어디서나 설법이 행하여졌기 때문에 부정부라는 경전이 따로 있는 것이 아니다.

(3)화법사교(化法四敎)

화법사교는 부처님의 설법내용을 장(藏), 통(通), 별(別), 원(圓)의 4가지 가르침으로 분류한 것을 말하는데, 얕은 내용으로부터 깊은 내용으로 들어가는 순서로 배열한 것이다. 천태지의대사는 장교, 통교, 별교, 원교를 삼계내(三界內)와 삼계외(三界外)로 구분하고, 다시 사(事)와 이(理)로 분류하였다. 삼계내의 사법(事法)의 가르침이 장교이고, 삼계내의 이법(理法)의 가르침이 통교이다. 별교는 삼계를 벗어난 세계의 사법(事法)의 가르침이고, 원교는 삼계

---

2. 『천태불교학』, 이영자 지음, 해조음. p.122.

를 벗어난 세계의 이법(理法)의 가르침이다.

장교와 통교 둘 다 공관(空觀)만 행하고 가관(假觀)과 중관(中觀)은 행하지 않는다. 장교는 공을 분석적으로 파악하는 석공관(析空觀)이고, 통교는 공을 체득적으로 파악하는 체공관(體空觀)이다. 별교와 원교는 공관뿐만 아니라 가관과 중관도 행하는 점에서 같지만, 별교는 공관, 가관, 중관을 차례로 파악하는 차제삼관(次第三觀)이고, 원교는 공관, 가관, 중관을 한 마음에서 파악하는 일심삼관(一心三觀)이다.

[화법사교의 특징과 삼관]

	삼계	이사(理事)	공관(空觀)	공, 가, 중 삼관
장교	삼계내	사(事)	석공관 (析空觀)	
통교	삼계내	이(理)	체공관 (體空觀)	
별교	삼계외	사(事)		차제삼관 (次第三觀)
원교	삼계외	이(理)		일심삼관 (一心三觀)

[삼제원융(三諦圓融)]

삼제는 공제(空諦), 가제(假諦), 중제(中諦)를 말한다. 천태가 말하는 공제, 가제, 중제는 이미 용수가 《중론》에서 『衆因緣生法

---

3.   구마라집은 무(無)라고 번역하고 있다. 그러나 범문은 "sūnyatām"이므로 공(空)으로 번역해야 옳다. 《중론》의 다른 번역본인 바라밀다라 역은 공(空)으로 번역하고 있다. 여기서는 구마라집 譯의 무(無)를 공(空)으로 고쳐 썼다.

我說即是空[3] 亦爲是假名 亦是中道義』라 하고 있고, 유식학파에서도 유공중도(有空中道)를 논하고 있으므로 삼제는 천태의 독창적인 것이 아닌 것이다. 다만 천태는 이 삼제를 제법실상을 밝히는데 십분 발휘하고 있는데 그것이 삼제원융이다.

천데에 의히면 일체제법은 공(空), 가(假), 중(中)의 진리라는 것이다. 공(空)이라는 진리는 일체제법의 실체를 부정하여 일체제법은 체(體)에서 평등하다는 것이다. 이것은 진리이므로 공제(空諦)라 한다. 한편 일체제법은 현실에서 차별로 엄연히 존재한다. 이것도 진리이므로 가제(假諦)라 한다. 그리고 평등의 공(空)과 차별의 가(假)는 공(空)이기 때문에 가(假)가 있을 수 있고, 가(假)는 또 공(空)을 나타내는 것이다. 따라서 공과 가는 별개의 둘이 아니라 불이일체(不二一體)이다. 이것이 중제(中諦)라는 것이다.

이제 삼제(三諦)가 원융(圓融)한 면을 보자. 삼제원융이란 공(空) 속에 가(假)와 중(中)이 포섭되어 있고, 가(假) 속에 공(空)과 중(中)이 포섭되어 있고, 중(中) 속에 공(空)과 가(假)가 포섭되어 있어서, 각 제가 다른 이제를 갖추면서 원융하고, 서로 상즉하면서 원융하다는 것이다. 여기서 다른 이제를 갖추면서 원융하다는 것을 호구원융(互具圓融)이라 하고, 서로 상즉하면서 원융하다는 것을 상즉원융(相即圓融)이라 한다.

예를 들어 물을 보자. 물은 수소(H)와 산소(O)가 결합하여 이루어진다. 여기서 세 가지 측면을 볼 수 있다. 첫째 수소와 산소를 결합시키면 물이 생성된다는 진리이다. 이것이 물이 있게 되는 것이니 가(假)이다. 둘째 수소와 산소가 자성(自性)을 가지는 실체가 없기 때문에 물을 생성시킬 수 있는 것이다. 즉 자성의 실체 부정이 공(空)이다. 셋째 물인 가(假)와, 수소와 산소의 자성 부정인 공(空)은 둘이 아니니 그것이 중(中)이다.

그런데 가(假)로 존재하는 물 역시 자성(自性)이 없는 것이다. 왜냐하면 수소와 산소가 자성이 없으니 그 결합인 물도 자성이 없는 것이다. 따라서 물인 가(假) 속에 공(空)이 포섭되어 있고, 그 가(假)인 물이 자성이 없는 바로 공(空)이다. 따라서 물인 가(假) 속에 중(中)도 포섭되어 있다. 이러한 논리로 공(空)속에 가와 중이 포섭되고, 중(中) 속에 가와 공이 포섭되어 있는 것이다. 이것이 호구원융(互具圓融)이다.

또 우리가 물을 보면 오로지 물만 나타나지 그 자성은 나타나지 않고, 물과 무자성이 같다는 것도 나타나지 않는다. 따라서 삼제가 물인 가제(假諦)로 완전히 하나의 상태다. 이 물을 과학자가 수소와 산소를 분해하였다면 물을 이미 무자성 공(空)을 나타내는 것이지 물인 가(假)와 중(中)은 나타나지 않는다. 따라서 삼제가 공제(空諦)로 완전히 하나의 상태다. 이 둘의 결 과를 동시에 보면 가(假)와 공(空)이 같다는 중(中)으로 나타나지 별도로 나타나지 않는다. 이것이 바로 즉공즉가즉중(即空即假即中)을 말하는 상즉원융(相即圓融)이다.

위 물을 예로 보았듯이 개별의 법이 일체법의 공·가·중을 말하고 있는 것이니, 하나의 공이 일체공(一空一切空)이고, 하나의 가(假)가 일체가(一假一切假)이며, 하나의 중(中)이 일체중(一中一切中)이다. 이 삼제원융을 그림으로 나타내면 다음과 같다.

[호구원융(互具圓融)]

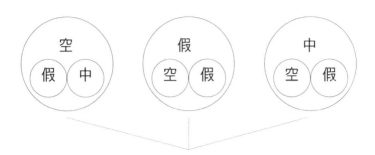

서로 동시원융(同時圓融)

[상즉원융(相卽圓融)]

또한 호구원융(互具圓融)과 상즉원융(相卽圓融)의 관계도 서로 동시원융(同時圓融)이다. 이러한 삼제원융은 추상적인 관념상에서만 이루어지는 것이 아니라 현상세계의 사사물물 전부 원융삼제의 진리를 구족하고 있다는 것이다. 가령 우리가 어떤 소리를 들을 때 그 소리가 삼제원융의 진리를 구족하고, 어떤 사물을 볼 때

그 사물이 삼제원융의 진리를 구족하고 있는 것이다. 이러한 것이
제법실상(諸法實相)의 묘리이다. 천태는 이러한 삼제원융의 관찰
을 일심삼관(一心三觀)이라 한다.

[《중론》「관사제품 제18게」와 삼제]

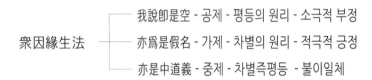

　※ 석공관 : 세속적인 입장에서는 제법(諸法)을 실유(實有)
라고 여기고 있는데, 불교 특히 장교에서 제법을 분석한 결과 "아
공법유(我空法有)"라고 하는 관법을 말한다. 이렇게 분석한 결과
아(我)는 공이지만 모든 존재는 공무(空無)한 것이 아니고 각기 독
자적인 본질실체(本質實體:法)를 가지고 있다고 관하는 것을 석공
(析空)이라 한다.

　※ 체공관 : 즉공관(即空觀)이라고도 한다. 제법의 존재가 곧
있는 그대로의 공(空)이라고 하는 관법을 말한다. 즉 제법의 본체
에 의거하여 있는 그대로의 공을 터득하는 것을 말한다. 이 공관
을 대승의 초문인 통교에서 설하는데 당초부터 제법은 일체 공(一
切空)이라 한다.

　※ 차제삼관 : 위의 공제, 가제, 중제 삼제의 관을, 공관에서 가
관으로 가관에서 중관으로 단계적으로 관하는 것을 차제삼관이
라 한다.

1) 장교(藏教)

장교는 소승의 삼장교(三藏教)를 말한다. 여기서의 "장(藏)"은 경장(經藏), 율장(律藏), 논장(論藏)의 삼장에서 따온 것인데 원래 대승과 소승에 공통으로 사용된 것을 천태지의는 장교를 소승교를 가리키는 것으로 여겼다.

장교의 가르침은 "사제(四諦)"이다. 먼저 ① 고제(苦諦)로서 생사의 세계에 빠져 있는 범부 중생들에게 이 세계는 고통의 세계라는 것을 가르친다. 3계의 중생들이 즐거움과 괴로움이 같지는 않지만 생사의 고통에 빠져있는 것을 가르치는 것이다. ② 집제(集諦)인데, 고통의 원인을 밝히는 것이다. 이 고통의 세계에 생멸하는 원인이 견혹(見惑)과 사혹(思惑)[4] 때문이라는 것이다. ③ 멸제(滅諦)인데, 고통의 원인인 견혹과 사혹을 끊은 상태를 말한다. 이렇게 견사혹을 끊으면 법성 진리에 도달한다. 그런데 천태지의의 이와 같은 법문은 아비달마에 계합되는 진리를 멸제로 하는 것이 아니라 별개의 진리를 상정하고 있다. ④ 도제(道諦)인데, 멸제에서 말한 법성 진리에 도달하기 위한 실천 수행방법을 말한다. 간단하게는 계(戒), 정(定), 혜(慧) 삼학을 말하고, 상세하게는 37조도품을 말한다.

앞 도표에서 보았듯이 장교는 삼계내(三界內) 사(事)를 설한다고 하였다. 사(事)를 설한다는 것은 제법의 차별을 설하는 것이다. 그렇다고 장교가 공(空)을 도외시 하는 것이 아니라 공(空)도 설한

---

4. 『금강경』, 광명역주, 솔과학, pp.156~166.

다. 그런데 공을 설함에 있어 색심제법을 분석하여 아공법유(我空法有)를 설하고 있다. 따라서 아직 법공(法空)을 설하지 않고 있으며, 아공도 분석적 방법에 의하기 때문에 석공(析空)이라 한다. 장교를 《중론》「관사제품」 제18게에 대비하면 "중인연생법(衆因緣生法)"에 해당된다.

2) 통교(通教)

화법사교의 두 번째가 통교이다. 통교의 명칭은 《천태사교의》에서 "다음 통교를 밝히면 앞의 장교와 통하고, 뒤의 별교와 원교에도 통하기 때문에 통교라 한다. 또 이 가르침(통교) 자체로부터 명칭을 얻는다. 이른바 삼승인이 모두 언설이 없는 도로써 색을 체득하여 공에 들어가기 때문에 통교라 한다(次明通教 通前藏教 通後別圓故名通教 又從當教得名 謂三人 同以無言說道 體色入空故名通教)."라 하고 있다. 따라서 통교란 화법사교의 장교, 별교, 원교에 모두 통하기 때문에 통교라 하고, 또 가르침에서 통교라는 명칭을 얻는데, 삼승(성문, 연각, 보살)인이 언설로서 표현할 수 없는 중도의 이치(무언설도)를 체험으로 얻기 때문에 통교라 하는 것이다. 즉 통교의 가르침은 중도의 이치를 직접 드러내는 것인데, 중도의 이치는 언설로 표현할 수 없다는 것이다. 그래서 무언설도(無言說道)라 하였다.

통교는 대승의 첫 관문으로서 장교와 별교, 원교의 중간에 위치하며, 중생의 능력에 따라 장교, 별교, 원교로 전환될 수 있는 위치에 있으므로 통교라 하는 것이다. 예를 들어 통교를 배우는 중생이 보살인데 하근기이면 체공을 수행해도 장교의 편공(偏空)을 깨닫는데 그치고, 상근기이면 통교를 넘어서 별교나 원교의 중도이치까지 깨달을 수 있다는 것이다.

앞의 도표에서 보았듯이 통교는 장교와 마찬가지로 삼계(三界)를 벗어날 것을 설하는 삼계 내의 가르침이다. 그런데 장교는 제법(諸法)의 사상(事相)을 차별하는 가르침인데, 이에 비하여 통교는 인연즉공(因緣即空)의 제법의 이법(理法)을 가르치는 것이라는 데에 차이가 있다. 그래서 장교를 계내(界內)의 사교(事敎)라 하고 통교를 계내의 이교(理敎)라 하는 것이다.

통교에서 공을 설하는데 장교의 색심제법의 분석과 같은 방법을 사용하지 않고 바로 제법즉공(諸法即空)이라는 공의 원리를 체득할 것을 설한다. 그래서 통교의 공을 체공(體空)이라 한다. 통교를 《중론》 사구게에 대비하면 "아설즉시공(我說即是空)"에 해당된다.

3) 별교(別教)

화법사교의 세 번째가 별교이다. 별교는 이승(성문, 연각)과 다르고 또 원교와도 다르다는 뜻으로 오직 보살을 가르치는 대상으

---

5. 내외의 일체의 것에 통달한 지혜를 말하는데 공·가·중 삼관에서 공관(空觀)을 말하고 견사혹(見思惑)을 깨뜨리고 이루는 지를 말한다. 천태대사는 이승이 얻는 지혜라 한다.
6. 세간과 출세간의 모든 도의 종류와 차이를 두루 아는 지혜를 일컫는다. 이 지혜는 보살만이 가지고 있는 보살의 불공지(不共智)이다. 《대품반야경》 권 21 「삼혜품」에 "일체지는 성문과 벽지불의 지이고, 도종지는 보살의 지이며, 일체종지는 부처님의 지이다."라 하고 있다. 천태는 도종지를 공·가·중 삼관 중에서 가관(假觀)에 배대하여 진사혹을 깨뜨리고 이루는 지라 한다.

로 삼기 때문에 별교라 한다. 또 이승(二乘)과는 함께 하지 않기 때문에 불공교(不共教)라 한다. 별교는 보살이 수행하여 단계적인 깨달음을 얻는 가르침으로 공, 가, 중의 삼제를 차례로 삼관을 닦기 때문에 원융삼제에 이르지 못한다. 그래서 차제삼관이라 한다. 미혹을 끊는 것도 차례대로 견사혹(見思惑), 진사혹(塵沙惑), 무명혹(無明惑) 등 세 가지를 끊어가며, 차례대로 52계위를 밟아가고, 증득하는 지혜도 일체지(一切智)[5], 도종지(道種智)[6], 일체종지(一切種智)의 세 가지를 차례대로 얻는다. 이러한 가르침을 설한 대표적인 경전은 《화엄경》이라고 한다. 천태는 별교 다음에 마지막으로 원교를 세우는데 여기에 《법화경》이 해당되며 가장 이상적인 가르침으로 여기고 있다.

4) 원교(圓教)

화법사교의 네 번째가 원교이다. 원교는 원만하다는 뜻으로 부처님의 가르침 중에서 가장 수승한 가르침이다. 《천태사교의》에서 원(圓)에 대해 "원묘(圓妙), 원만(圓滿), 원족(圓足), 원돈(圓頓)이기 때문에 원교라 한다."라 하고 있다. 원묘는 모든 법이 원융하여 불가사의한 것을 말하고, 원만은 삼제(三諦)가 상즉함을 말하고, 원족은 사리삼천(事理三千)이 일념에 구족하는 것을 말하고, 원돈은 인과불이(因果不二)하여 초후무별(初後無別)함을 말한다. 그리고는 원교의 수행계위에 대해 설명하고 있는데, "법화경 가운데 개시오입(開示悟入)의 네 자를 원교의 주(住), 행(行), 회향(廻向), 지(地)에 대위 시키는데 이것이 40위이다."라 하고 있다.

원교는 별교의 차제삼관과는 달리 삼제(공, 가, 중)를 일심으로 한꺼번에 관하는 일심삼관(一心三觀)을 말하고 있다. 즉 공, 가, 중 이 서로 상즉하는 원융삼제(圓融三諦)의 원리가 원교의 가르침이 다. 여기에서 천태는 생사즉열반, 번뇌즉보리라는 일원적 최고의 가르침이라는 것이다. 따라서 장교, 통교, 별교의 생사와 열반, 번 뇌와 보리를 2원적으로 설한 것과는 다르다. 천태는 원교의 실천 관법을 《천태사교의》에서 4종삼매와 10승관법으로 체계를 세우 고 있다. 이상에서 원교는 교상에서는 원융을 설하고 관심에서는 원돈을 설하는 것이다. 그런데 관점에서 이치적으로 보면 본래 끊 을 번뇌도 없고 구할 보리도 없는 것이다. 그러나 이것은 이치적으 로 그렇다는 것이고 실천수행의 입장에서는 원교의 이치를 증득 하는데 깊고 얕은 차이가 있기 때문에 수행계위의 단계가 있는 것 이다. 그래서 천태는 5품제자위, 10신위, 10주위, 10행위, 10회향 위, 10주위, 등각위, 묘각위 등의 8과를 세우고 있다. 이상이 화법 사교의 설명인데, 그 특징을 간단히 도표로 나타내면 다음과 같다.

화법사교의 특징[7]

장교	통교	별교	원교
소승	대	승	
상	승	보살	불
인공법유(人空法有)	인법이공(人法二空)	진여중도(眞如中道)	
단공(但空)	부단공(不但空)	단중(但中)	부단중(不但中)
삼승	10지	52위	5품제자+52위

7. 『천태불교학』, 이영자 지음, 도서출판 해조음. p.136.

제2. 법화경의 성립

1. 법화경의 성립과정

대승불교의 대표적인 최고 경전인 현재의 28품 《법화경》은 일시에 성립된 것은 아니다. 종래 이에 대하여 일본 학계에서 다양하게 연구하여 발표되었다. 28품으로 완성되기 이전의 원시 법화경이 어떠한 것인지는 단정할 수 없지만 서품 제1에서 여래신력품 제21까지 원형이라는 설과 전반의 법사품 제10까지가 원형이라는 설이 제기 되었다. 그 후 일본학자 포시호악(布施浩岳)은 《법화경성립사》를 저술하여 서품 제1에서 수희공덕품 제9(현재 수희공덕품은 제18로 되어 있음)까지를 제1류로 하고 법사품 제10에서 여래신력품 제21까지를 제2류로 분류하고 촉루품 제22에서 보현보살권발품 제28까지를 제3류로 분류하였다. 그런데 법화경성립에 있어서 제바달다품 제12는 원시 법화경은 물론 구마라집역본에도 없었던 것인데, 제나라 시대(490)의 법헌(法獻)이 원본을 서역에서 취득해 법의(法意)와 함께 번역하여 편입시킨 것으로 보고 있다. 포시호악의 분류는 다음과 같다.[8]

　　① 제1류(10품)
　　　서품, 방편품, 비유품, 신해품, 약초유품, 수기품,
　　　화성유품, 오백제자수기품, 수희공덕품

8.　『법화사상』, 히라가와 아키라외 지음, 차차석 옮김, 도서출판 여래, p.58.

② 제2류(10품)

　법사품, 견보탑품, 권지품, 안락행품, 종지용출품,

　여래수량품, 분별공덕품, 법사공덕품,

　상불경보살품, 여래신력품,

③ 제3류(7품)

　촉루품, 약왕보살본사품, 묘음보살품,

　관세음보살보문품, 다라니품, 묘장엄왕본사품,

　보현보살권발품,

　제1기 ··· 제1류 게송(기원전 1세기)

　제2기 ··· 제1류 장행(기원후 1세기 서북인도)

　제3기 ··· 제2류(기원후 100년경 서북인도)

　제3기 ··· 제3류(기원후 150년경)

또 일본학자 암본유(岩本裕)는 법화경의 성립에 언어학적 입장에서 원전을 구성하는 운문과 산문 부분관계를 검토하여 다음과 같이 네 시기를 거쳤다고 한다.[9]

① 제1기 : 제2장부터 제9장까지의 운문(제2장 詩頌
　71 이하는 제외), 동인도에서 서기전 1세기경

② 제2기 : 제2장에서 제9장까지의 산문, 제2장 시송
　71이하, 제1장의 운문, 북인도에서 1세기경

9.　『법화사상』, 히라가와 아키라 외 지음, 차차석 옮김, 도서출판 여래, p.60.

③ 제3기 : 제1장 산문, 제10장부터 제13장까지와
　제14장부터 제19장까지의 운문과 산문, 서북인도에서
　100년경
④ 제4기 : 제20장부터 23장, 제25장부터 제27장
　(제24장 관세음보살보문품은 원래 별도의 경전인데
　제4기에 추가된 것, 성립 시기는 시송 26까지가 제3기,
　시송 27-31은 제4기에 속함) 서북인도에서 2세기
　후반.

2. 법화경의 원전과 번역본

(1) 원전

먼저 산스크리트어 원전 법화경은 현재 3가지로 알려져 있는데, 원전이 발견된 지역에 따라 네팔본, 길깃트본, 중앙아시아본이 그것이다.

① 네팔본
19세기 초 영국의 네팔주재 공사였던 헛슨(B.H Hodgson)이 수많은 범어불전의 사본을 입수하였는데, 그 중 하나가 법화경이다. 현재 알려진 것만도 20여 종이라 한다. 이것들은 모두 11세기나 12세기의 사본이라 한다.

② 길깃트본

1932년 6월 캐시미르의 길깃트 북방 20㎞ 지점에 있는 스투파의 유지에서 많은 불전의 사본이 발견되었다. 그 중에 법화경의 사본이 발견되어 세상에 공개 되었는데, 5~6세기의 것으로 간주되고 있다.

③ 중앙아시아본

19세기 말부터 20세기 초에 걸쳐 중앙아시아에 많은 탐험이 있었는데, 그 결과 각지에서 가져온 범어 원전의 단편으로 법화경이 전해진다. 일반적으로 가져온 사람의 이름으로 불러지고 있다. 그 중 단편 수가 가장 많은 것은 제정 러시아의 카스갈 총영사인 페트로프스키(Petrowski)가 1903년에 입수한 본으로 현재 레닌그라드 박물관에 있다. 7~8세기의 사본이며, 전체의 5분의 2에 해당하며 수집한 사람의 이름을 따 페트로프스키본이라 한다.

기타 코탄의 동쪽 약 112㎞ 지점에 있는 카달릭출토의 단편으로 스타인 수집본, 만너하임본, 트린클러본, 트루판본, 오오타니본 등이 알려져 있다.

(2) 번역본(한역, 티벳역)

법화경 한역본은 현재 세 가지가 있다. 연대순으로 보면 다음과 같다.
- 《정법화경》 10권, 서진(西晉) 무제 태강7년(서기 286) 때 축법호가 번역.
- 《묘법연화경》 7권, 요진(姚秦) 문환제 홍시 8년(서기

406)때 구마라집이 번역.

　- 《첨품묘법연화경》 7권, 수문제 인수원년(서기 601)때
　　사나굴다와 달마굽다가 공역,

티벳역은 《Dam pahi chos pad ma dkar po shes bya ba theg pa chen pohi mdo》라 하는데, 수렌드라보디와 예제스디에 의해 8세기 말부터 9세기 초에 번역됐다. 이것을 일본의 가와구찌(河口慧海)가 범본을 참조하여 다시 1924년에 《범장전역묘법백련화경(梵藏傳譯妙法白蓮華經)》으로 출간되었다.

제3. 법화경의 특징

　법화경의 특징을 일본의 히라카와 아키라(平川彰)는 두 가지로 말하고 있다. 첫째는 "경전의 왕"이라 하고, 둘째는 "일승과 일체 선불"이라 하는데 다음과 같다.

1. 경전의 왕

　법화경은 경전의 왕이라 지칭되며, 불교 경전 속에서 가장 널리 독송되고 신봉되었던 경전이다. 왜냐하면 법화경은 독송하기에 가장 아름다운 경전이기 때문이다. 법화경은 자신이 독송하거나 남의 독송을 듣거나 간에 항상 깊은 종교적 감명을 준다. 번역된 문장이 매끄러울 뿐만 아니라 종교적인 내용도 풍성해서 독자를 감동시키는 문구들이 많이 있어 독송시 리듬이 경쾌하고 읽는 하여금 종교적인 법열의 세계로 인도한다. 이것은 경의 내용이 훌륭할 뿐만 아니라 역자인 구마라집의 번역이 탁월했기 때문이다.

　두 번째 이유로는 법화경에는 경전수지(經典受持)를 권하는 문장이 풍부하고 경을 수지하면 큰 공덕이 있음을 믿으라고 강조한다. 이것도 법화경이 대중적으로 신봉되는 이유 중의 하나이다. 경의 후반부에서는 법화경을 수지(受持), 독(讀), 송(誦), 해설(解說), 서사(書寫)해서 공양하면 커다란 공덕을 얻게 된다고 반복해서 강조하고 있다. 여기서 말하는 공양이란 법화경 자체를 법신사리로 모시고 향이나 꽃 등을 공양하고 예배하며 찬탄하는 것을 말한다. 경전 수지는 반야경에서도 강조하고 있다. 그 중에 서사(書寫)가 있으므로 반야경에서는 사경(寫經)을 중요시했다. 또한 이런 연유로 아시아 각지에서 반야경의 사본이 다수 발견되는 것이다. 현재도 사경하면 반야심경이 연상되는 것은 그 때문이다. 그러나 사경은 법화경에도 성행했다. 네팔이나 중앙아시아 등에서 이 경의 범문 사본이 다수 발견되는 것은 법화경이 경전 수지를 강조하고 있기 때문이다.

세 번째 이유로는 불타의 자비가 교묘하게 나타나고 있기 때문이다. 비유품에서는 이렇게 불타의 자비를 말하고 있다.

(┄┄)"삼계는 편안하지 않다. 마치 불타는 집과 같다. 뭇 고통으로 충만해서 매우 두렵다. 항상 생노병사의 근심이 있으니 이러한 불꽃이 타올라 그침이 없다. 이제 이 삼계는 모두 나의 소유이니 그 중의 중생은 모두 나의 아들이다. 더구나 지금 이곳은 환난이 많으니 오직 나 한 사람만이 구호할 수 있다."

이외에도 '장자궁자(長者窮子)의 비유'나 '양의(良醫)의 비유'를 비롯해서 불타의 자비를 보이는 교설이 많은데 이런 점도 법화경이 신봉되는 이유 중의 하나다.

네 번째 웅대한 불신론이 보이고 있다. 여래수량품에서는 이세상에 출현했던 석가불을 '가야근성(伽耶近成)의 불타'로 지칭하고, 80세에 쿠시나가라에서 열반했지만 그렇다고 불타가 사라졌다고 생각해서는 안 된다고 한다. 불타는 무한한 과거에 이미 성불했으며 성불한 지가 이미 오래되었고 그 남은 수명은 이것의 배이다. 불타는 미래 영겁에 걸쳐 영취산에 주석하고 계시지만 마음이 전도된 중생은 가까이 있어도 볼 수 없으며 수명은 무량한 것이다. 그 근거는 불타의 비교할 수 없는 비밀 신통력에 있다. 여기서 '구원실성(久遠實成)의 불타'를 보이고, 무상한 불타의 배후에 상주하는 불타, 즉 상주하는 인격적 불타를 나타내고 있다는 점에서 법화경의 위대한 특징을 발견할 수 있다. 이것은 반야경 등에는 보이지 않는 불타관이지만, 이 구원실성의 불타는 전술한 불타의 자비와 밀접한 관계가 있다.

2. 일승과 일체성불

다섯 번째 일승의 교리를 설하고 있다. 이 점도 이 경전의 사상적 폭이 넓다는 것을 보여주는 것이다. 일승이란 하나의 수레라는 의미이지만 삼승에 대칭하는 용어이다. 삼승이란 성문승, 연각승, 보살승의 세 가지 교리를 말한다. 중생의 근기가 각기 다르므로 그 근기에 따라 가르침도 다르다고 보는 것이 삼승교의 입장이다. 즉 삼승교는 인간의 능력은 차이가 있다는 견해를 보이는데 반해 일승이란 오직 하나뿐이라는 의미이며, 모든 사람을 성불로 인도하는 것이 불타의 자비이니까 성불의 가르침만이 있을 뿐이라고 보는 견해다.

대승의 가르침이야말로 성불의 가르침이고 대승 이외에 아라한이나 연각이 되는 가르침을 인정하지 않는다. 그들도 결국은 성불을 지향하는 것이므로 대승 이외에 성문승이나 연각승이 있을 수 없다고 보는 것이 일승의 가르침이다. 그렇기 때문에 법화경에는 "안으로 보살행을 감추고, 바깥으로 성문을 나타내지 않는다."고 주장하며, 성문의 행이 그대로 보살행이라 설한다. 성문이나 연각의 행을 부정하지 않고, 그것을 긍정한 상태에서 성불의 행으로 끌어올리는 것이 일승의 가르침인 것이다.

하지만 성불의 행을 설하는 보살승 중에서도 성문승이나 연각 승을 배제하고 그들은 성불할 능력이 없다고 단정하는 대승불교도 있다. 전술한 삼승교 중에서 보살승의 입장이 바로 그것인데 이승 의 작불을 인정하지 않는다. 따라서 이승의 작불을 인정하고 일체 개성(一切皆成)을 설하는 일승교의 입장에서 본다면 삼승교는 모 든 사람을 성불로 유인하기 위한 방편교에 불과하다고 본다. 모든 사람이 성불할 수 있는 근거를 밝히는 일승교야말로 진실한 가르 침이라고 주장한다. 법화경의 방편품에서 설하는 '삼승방편(三乘 方便) 일승진실(一乘眞實)'의 가르침은 이러한 의미의 대승이다.

동일한 대승이라 하더라도 성문이나 연각을 배제하는 대승과 이승을 포용하는 대승의 두 가지가 있다. 후자의 대승이 일승이다. 일승이란 용어는 소품반야경이나 화엄경, 보적경, 기타 등등에 보 이지만 이들 경전에는 일승에 대한 설명이 없기 때문에 일승을 어 떻게 이해하고 있었는지 명확하지 않다. 이런 점에서도 법화경의 일승에 대한 해석은 중요한 의미를 지니고 있다.

일승은 '모든 사람은 성불할 수 있다.'고 주장하는 가르침이므 로 인간의 본질을 평등하다고 인식하고 있는 것이다. 이것은 석존 의 사성평등(四姓平等)의 가르침을 수용한 사상으로 뒤에 열반경 등의 '일체의 중생은 모두 불성을 지니고 있다.'고 하는 사상으로 발전해 간다. 그러나 법화경에서는 아직 불성이란 용 어는 나오지 않는다. '모든 사람은 성불할 수 있다.'는 사상은 '실유불성(悉有佛

性)'과 동일한 사상이다. 그렇기에 천태대사 지의는 법화경을 열반경과 같은 차원에서 보고 있다.

여섯 번째로 성불은 어렵지 않다는 사상이 있다. 상불경보살품에서는 상불경보살이 일체의 중생을 예배하며 이렇게 말하고 있다. "그대들은 모두 보살도를 행하여 마땅히 성불하리라" 또한 이 경을 듣는 사람은 "곧 불도를 성취하리라"고도 설한다. 더구나 방편품에서는 불탑이나 불상을 만들며 혹은 불탑과 불상에 예배하는 것 등으로도 '불도를 성취하는 사람'이 된다고 밝히고 있다. 어린애들이 장난으로 모래를 쌓아 불탑을 만드는 것만으로도 혹은 불탑에 들어가 '나무불'하고 염불하는 것만으로도 불도를 성취할 수 있다고 한다. 이것은 믿음에 의해 성불하는 것을 시사하는 것이며, 불탑신앙과도 관계가 깊다. 그리고 엄격한 수행에 의지하지 않고도 믿음에 의지해 성불할 수 있다는 점을 보여주는 것으로서 법화경 특징 중의 하나다. 일승은 이처럼 성불의 인식에 의거하여 주장된 것이다.

이상은 법화경의 특색 몇 가지를 요약한 것인데 이러한 특색을 지니는 대승경전은 많지 않으며, 예부터 법화경이 특히 존중되고 중요시된 데는 충분한 이유가 있는 것이다.

제2장
법화경의 사상

법화경의 사상을 간단하게 살펴보면 4가지로 볼 수 있다. 일승사상(一乘思想), 구원실성불(久遠實成佛), 불탑신앙과 경전수지, 그리고 수기(授記)와 비유이다.

제1. 일승(一乘)

'일승(一乘)'이란 '일불승'이라고도 하는데, 대승과 소승 재가와 출가의 대립을 극복하고 일불승에 들어가는 것을 말한다. 그런데 일승에 대하여 불승으로 보는 경우와 보살승으로 보는 경우로 대립되어 있다. 법화경을 읽어보면 보살승과 불승이 동일한 것인지 혹은 각별한 것인지 하는 문제를 보게 된다. 이 문제는 비유품에서 비유되고 있는 3거인가 아니면 4거인가 하는 문제인 것이다. 다시 말하면 성문, 연각의 이승을 구제하고, 보살승인 일승(일불승)의 경계에 들어가게 하는 것인가(3거), 아니면 성문, 연각, 보살의 삼승이 일승(일불승)에 들어가게 하는 것(4거)인가 하는 문제인 것이다.

보살승을 일불승으로 보는 견해 즉 3거로 보는 것으로 주장하는 논사는 용수, 세친, 도생 등이고, 성문, 연각, 보살의 삼승을 일불승으로 들어가게 하는 4거로 보는 논사는 천태가 대표적이다. 상세한 논증은 생략한다.

제2. 구원실성불(久遠實成佛)

법화경 종지용출품에서 타방 세계에서 온 보살들이 "세존께서 저희가 부처님 열반 후에 이 사바세계에서 부지런히 정진하여 이 경전을 수호하여 읽고 외고 써서 공양함을 허락하신다면, 이 국토에서 널리 설하겠나이다."라고 하자 석가모니부처님께서 "그만 두어라, 선남자여 그대들까지 이 경전을 수호할 필요가 없느니라. 왜냐하면 이 사바세계에는 6만 항하사의 수와 같은 보살마하살이 있고, 각 보살에게는 모두 6만 항하사의 권속들이 있나니, 이들은 내가 열반한 뒤에 능히 이 경전을 수호하여 읽고 외고 널리 설할 것이기 때문이니라."라 한다. 그때 사바세계의 3천대천세계의 땅이 모두 갈라지면서 그 속에 있던 한량없는 천 만 억 보살마하살이 한꺼번에 솟아 올라왔다. 이 솟아 올라온 보살을 일컬어 '지용보살(地涌菩薩)'이라 하는데, 몸은 금빛이고 삼십이상과 한량없는 광명을 갖추고 있었다.

그런데 이 보살들을 석가모니부처님께서 오랜 옛적부터 교화하였다고 하였다. 이에 미륵보살이 대중을 대표하여 "부처님께서 성도하신지가 얼마 되지 않는데, 어떻게 이 많은 보살들을 교화하

---

10. 불타관과 불신관이 생기게 된 동기는 불교의 역사에 기인한다. 석가모니부처님 자신은 최후까지 법신앙으로 일관했다. 즉 열반에 들때 "내가 가르친 법과 율은 나의 입멸 이후 너희들의 스승이다."고 유언했다. 그러나 신도들은 항상 석가모니부처님이라는 인격자를 통해 법을 듣고 가르침을 받았다. 그래서 그들은 부처님께서 입멸하자 유골 등을 통해 부처님을 추모하기에 이른다. 그런데 이에 만족하지 않고 점차 석가모니부처님을 대신하는 부처를 구하게 되며, 이렇게 하여 불타를 숭배하는 역사가 전개 된다. 불타숭배란 석가모니부처님을 대신하는 구체적인 부처를 구하는 불타관과 일불(一佛)에 대해 현실신(現實身)과 영원신(永遠身)의 두 몸을 세워 고찰하는 불신론(佛身論)으로 구분된다.(『법화사상』, 타무라 요시로오, 도서출판 여래, p.90)

였나이까?"라고 묻자, 여래수량품에서 부처님께서는 "내가 참으로 성불한 것은 한량없고 그지없는 백 천 만억 나유타겁 전의 일이니라."라고 한다.

이 백천만억 나유타겁전에 성불한 석가모니부처님을 '구원실성불'이라 한다. 종래 이 구원실선불에 대하여 불타관과 불신관[10] 두 가지 점으로 나누어서 설명하고 있다.

1. 불타관의 구원실성불

불타관이란 시간과 장소적으로 부처님을 보는 것을 말한다. 시간적으로는 과거불, 현재불, 미래불을 말하며, 장소적으로는 이세계의 불타인가 타방세계의 불타인가 하는 것이다. 이렇게 된 동기는 불교의 역사와 관련이 있다. 석가모니불을 대신하는 구체적인 부처를 추구하는 불타관을 보면 과거불사상에서 발단해서 미래불사상에 이른다고 한다. 즉 미래에 부처가 출현하여 석가모니부처님을 대신해서 중생을 제도한다는 것이다. 도솔천에 계시는 미륵보살이 하생하여 미륵불이 되어 중생을 구제하는 부처님이 대표적인 미래불이다.

그 다음으로 내세불 사상이 나온다. 내세의 타방세계에서 태어나 그 세계의 부처님을 만나 수행한다는 것이다. 동방 묘희국의 아촉불과 서방극락세계의 아미타불이 대표적인 내세불인데 타방세계의 부처님이므로 내세타토불(來世他土佛)이다.

내세타토불 다음으로 나오는 것이 시방편만불사상(十方遍滿佛思想)이다. 다시 말하면 부처님은 시방세계 아니 계신 곳이 없다는 것이다. 즉 시방 곳곳에 부처님이 계신다는 것이다. 대표적인 것이 화엄경의 비로자나불이다. 이 시방편만불사상이 발전해서 내재불(內在佛)이 나온다. 즉 부처가 현재 우리들 속에 존재한다는 것이다. 열반경 등의 경전에서 나오는 것인데, 불성(佛性) 또는 여래장(如來藏)이라는 것이 이를 말한다.

법화경을 살펴보면 아미타불의 이름은 나오지만 비로자나불의 이름은 나오지 않는다. 이것은 법화경의 구원실성불인 석가모니불은 내세타토불과 시방편만불의 중간에 있다는 것을 암시한다고 한다.

2. 불신론의 구원실성불

위 각주 10)에서 보았듯이 불신론이란 현실신과 영원신으로 나누어 보는 것이다. 이 현실신을 보통 색신(色身)이라 하고 영원신을 법신(法身)이라 한다. 색신은 생멸하는 불신을 말하고, 법신은 불멸의 진리(법)를 말한다. 이렇게 2신으로 대별되는 불신이 후에 3신설로 발전된다. 즉 법신은 영원성은 있지만 구체성이 부족하고, 색신은 구체성은 있으나 영원성이 결여되어 있다. 여기서 영원성과 구체성을 동시에 구족하는 불신이 추구되는데, 보신(報身)이 등장하여 3신설로 발전한 것이다. 보신은 법신과 색신의 속성을 통합한 것이며 인행과덕신(因行果德身)이라 한다. 그리고 3신설에서 색신을 보통 응신(應身) 또는 화신(化身)이라고도 한다. 이제 법화경의 구원석가불이 3신중 어디에 속하는지 본다.

천태지의는 구원실성불로서의 석가모니불에 대해서 영원하면

서 구체적인 부처라는 점에서 3신 중에서 보신으로 보고있다고 한
다. 《법화문구》 제9권 여래수량품을 해석하는 부분에서 구원석
가에 대해 "바로 보신(報身)이다"라 든가 "정의(正義)는 이 보신불
의 공덕을 논하는 것이다."라고 설명하고 있다 한다.[11]

그러면 역사적인 석가모니불과 구원실성의 석가모니불의 관
계는 어떠한 것인지가 문제된다. 이에 대해서 역사적인 석가불은
초역사적인 구원석가(報身)가 현실적으로 나타난 모습이라 한다.
즉 역사적인 석가불이야말로 영원한 부처의 생생한 모습이 드러
난 것이라 한다.[12]

11.   위의 책, p.96.
12.   위의 책, p.94.

제3. 불탑신앙과 경전수지

1. 불탑신앙

원래의 법화경의 주요부분은 서품 제일에서 수학무학인기품 제9와 법사품 제10부터 촉루품 제22까지 두 그룹으로 보고 있다. 약왕보살본사품 제23 이하의 6장은 이후에 증광된 것이라 한다. 이 두 그룹 중 전반부는 불탑신앙이 중요시되고, 후반부는 경전수지가 강조되고 있다. 대표적인 불탑신앙을 기술하고 있는 대목이 견보답품 제11이다. 견보답품을 보면 석가모니불이 법화경을 설할 때 땅속에서 칠보로 장엄된 대탑이 땅속에서 솟아올라서, 탑 속에 계시는 다보여래께서 석가모니불이 설하는 법화경이 진실이라고 증명한다. 그리고 법화경이 설하는 곳마다 다보탑이 솟아올라서 다보여래께서 법화경이 진실이라는 것을 증명한다고 한다. 그 이유는 다보여래께서 과거무량세에 불타가 되었을 때, 그렇게 하리라고 서원을 세웠기 때문이라 한다. 더구나 시방의 제불과 석가모니불의 분신이 시방에서 와 다보탑을 둘러싸고 있는 것이다. 이것은 법화경의 진실이 불탑을 기반으로 증명하고 있다고 한다.

그 외의 품을 살펴보면 서품 제1에서는 석가모니불께서 무량의처 삼매에 들어 미간백호에서 빛을 내어 동방 만팔천세계를 비추어 대중에게 보여주는데, 그 세계에서 모든 부처님이 반열반하고 사부대중이 사리에 공양하며 칠보탑을 세우고 있다. 또 보살이 불멸 후에 사리를 공양하고 모든 탑을 만들어 나를 아름답게 꾸미고 있다. 이외에도 방편품 제2, 수기품 제6, 화성유품 제7 등에서 칠보탑을 세워서 나라를 장엄한다고 한다.

히라가와 아키라는 "법화경은 불탑신앙을 설하는 곳이 많고, 특히 불탑공양에 의해 성불한 수 있다고 설하는 점에 특색이 있다."고 하면서 "불탑신앙에 의해 선불할 수 있다"고 한다. 그 이유로 "나도 불자(佛子)라는 자각 속에 수행하는 것이 일승의 가르침이다. 그런 이유로 방편품의 일승에 대한 가르침을 들은 사리불이 '오늘 비로소 알았다. 내가 진실로 불타의 아들임을'이라는 불자의 자각을 얻었기에 불타는 그에게 장래작불의 수기를 주었던 것이다. 자신이 불자라는 사실을 자각했던 것은 불타의 대자비를 깨달았기 때문이다. 불자라는 사실을 자각하면 불타의 아들이니까 자신이 불타와 본질적으로 동일하다는 신념은 쉽게 생길 것이다. 이처럼 자신과 불타를 일체라 보는 신념은 불탑예배로 얻어진다고 생각한다."라 하고 있다.

그리고 부연해서 "부파불교의 출가자들은 계율을 엄수하고 계, 정, 혜 삼학에 따라 수행함으로써 깨달음을 얻을 수 있지만, 재가자들은 계율을 엄수하고 삼학을 수행하지 않으므로 자력으로는 성불할 수 없다. 따라서 사리를 공양하고 예불함으로써 불타의 자비를 얻어 구원을 받는 방법 이외에는 도리가 없었다. 이러한 종교적 요구에 의해 '불탑에 예배하면 성불 할 수 있다.'는 가르침이 설해지게 되었다고 생각한다."라 하고 있다.

2. 경전수지

위에서 보았듯이 법화경의 전반부는 불탑신앙을 밝히고 있는데, 법사품 제10 이하는 불탑신앙보다 경전수지를 강조하고 있다. 이것은 일승의 가르침이 확립되면서 반드시 불탑신앙의 지지를 받을 필요가 없었던 것이라 한다. 또 일승법을 강조하면 법화경의 경전수지를 중시하게 되는 것은 필연적 귀결이라 한다.[13]

법화경에서 법화경이 성문이나 연각도 성불할 수 있는 점이나, 불탑공양으로 성불할 수 있다고 하는 점, 경전을 수지 독송하는 사람은 "이미 도량에 가서 깨달음의 나무 아래 앉게 된다는 점 등에서 이행도를 말하고 있다. 이러한 점에서 난행도를 하고 있는 같은 대승교도들로부터 이런 이행도를 받아들이기가 용이하지 않았다. 그리하여 법화교도들은 그들로부터 심한 박해를 받아 경전 수지에 불안을 느끼고 호법을 위해 수지, 서사를 강조하여 법사품 이하에서 경전수지를 강조하게 된 이유이다.

이러한 상황에서 경전을 수지하는 그 자체만으로도 공덕이 큰 것이다. 그리하여 법화경은 "법화경을 수지, 독송, 공양하는 사람은 여래가 그들을 옷으로 덮어주고 보호해 준다고 하며, 타방세계의 모든 부처님이 지켜주고, 여래와 함께 사는 것이며, 여래가 손으로 그들의 이마를 쓰다듬어 준다"고 하였다. 또 이러한 선남자 선여인은 "여래의 방에 들어가 여래의 옷을 입고, 여래의 자리에 앉아 사부대중을 위해 널리 이 경전을 설해야 한다."고 하였다.

---

13. 『법화사상』, 히라가와 아키라 외, 도서출판 여래. p.32.

그리고 법화경을 수지 독송 서사하는 곳이나 경전이 있는 곳은 보탑을 세워야 되는데, 그 탑 속에 사리를 둘 필요가 없다 하고, 그 이유는 경전 속에 여래의 진신사리가 있기 때문이라 한다.

제4. 수기와 비유

1. 수기의 개념

수기(授記)란 말은 경전에서 다양하게 표현되고 있다. 수기(受記), 기별(記別), 기설(記說), 수결(授決) 등이다. 이 말들은 산스크리트어 위야카라나, 빨리어 웨야카라나란 말 혹은 이들의 동사형을 한역(漢譯)한 것이라 한다. 그리고 이 말은 원시경전에서는 다양한 의미로 사용되고 있는데, 다섯 가지로 나눌 수 있다고 한다. 첫째 문법, 둘째 구분교의 하나, 셋째 예언 기설, 넷째 설명 해설, 다섯째 대답이다.

2. 수기작불

위에서 본바와 같이 수기란 다양한 의미를 가지고 있지만, 대승경전에 나오는 수기란 말은 수기작불(미래에 성불한다는 예언)이란 의미로 사용되고 있다. 이렇게 수기작불의 의미로 사용하게 된 것은 역사적인 산물이다. 석가모니불의 재세와 입멸 후 얼마 되지 않았을 때에는 석가모니불이 자신들과 같은 인간으로서 태어나 출가하고 수행해서 부처가 되었던 것을 알고 있었고, 또한 수행자들도 부처님과 같이 수행하여 부처가 될 수 있다고 생각하였다. 그러나 시대가 흘러감에 따라 부처가 되는 것은 부처님같은 위대한 능력을 지닌 사람이 가능하고, 자신들은 수행력이 떨어져 부처가 될 가능성이 희박하다고 생각했다. 그리하여 그처럼 위대한 인격과 능력을 지닌 분으로부터 어떤 증과의 기설을 받는 형식이 생겨나기 시작했다. 증과의 기설이란 수행 실천하여 부처님으로부터 증과를 보증 받는 것을 말한다.

이러한 증과의 기설이 사후의 재생에 대한 기설로 결정되고, 미래의 성불에 대한 기선이 되었던 것이라 한다.[14] 이러한 형식은 모든 원시경전과 모든 부파에 걸쳐 널리 행해진 것이라 한다. 그리고 과거불, 현재불, 미래불의 삼세불이 있게 되는데, 현재불은 과거에 과거불에게서 수기를 받고, 미래불은 현재불에게서 수기를 받는 형식이 취해지게 되었다. 그 대표적인 것이 연등불이 과거에 석가모니불에 대한 수기이다. 그리고 이러한 수기가 일반화 되는데, 그것은 《증일아함경》 중에서 부처가 해야 할 일이 있는데 "마땅히 장래불의 수기를 주리라"라 하고 있는 이유 때문이다. 이것은 여래가 세상에 출현할 때 반드시 해야 할 일 중의 하나라는 것이다.

3. 법화경의 수기

예부터 법화경을 분류할 때 '이처삼회(二處三會)', '본적이문(本迹二門)'으로 분류하였다. 설법의 장소에 따라 분류한 것이 이처삼회이고, 전반과 후반으로 나눈 것이 본적이문이다. 이중에서 수기를 중심으로 한 것이 전영산회(前靈山會)이고 적문에 해당한다. 적문 중에서도 '법사품 제10'까지가 수기가 중심이 되고 있다. 이것은 부처님의 가르침 앞에서는 모든 중생이 평등하며, 모든 사람이

---

14. 『법화사상』, 타가 류우겐, 도서출판 여래, p.159.

부처가 될 가능성을 가지고 있다는 것을 시사하는 것이라 한다.[15]

방편품 제2에서 "오직 일불승뿐이다. 2도 없고 또한 3도 없다"라 하여 일불승을 말하고 성문승, 연각승은 방편설이었다 한다. 이 성문승, 연각승은 일불승에 들어가기 위한 준비단계이며, 구체적으로 일불승에 들어가는 것이 '비유품 제3' 이하 수기작불이다.

수기를 받는 부처님의 제자들을 보면, '비유품 제3'에서 사리불, '수기품 제6'에서 가섭, 수보리, 가전연, 목건연, '오백제자수기품 제8'에서는 부루나, 교진여외 오백아라한, '수학무학인기품 제9'에서는 아난, 라후라, 이천 명의 성문, '법사품 제10'에서는 총수기가 행해진다. 그리고 본품에서는 현세와 부처님 멸도후 '법화경'의 일게 일구만이라도 듣고 기뻐하는 천, 용, 야차, 건달바, 가루라, 긴나라, 마후라가, 아수라, 인, 비인, 비구, 비구니, 우바새, 우바이, 구성문자, 구벽지불자, 구불도자 등 모두에게 수기를 주고 있다. 이것은 법화경의 보편성이라는 것에 필연적 귀결이라 한다.

그리고 '제바달다품 제12'에서 악인 제바에 대한 수기가 있고, '권지품 제13'에서는 교담미와 야수다라에 대한 수기가 있다. 이 두 수기는 악인성불과 여인성불이라는 특별한 의미가 있다고 한다.

수기의 형식과 내용을 보면 수보리에 대한 수기가 가장 정리가 잘 되어 있다. 인기(因記)로서 시절, 인행, 과기(果記)로서 불명, 겁명, 국명, 토상, 권속, 불수(佛壽), 법주(法住), 불화(佛化)이다.

시절 : 당래불, 인행 : 삼백만억 나유타의 제불을 공경하고 항

---

15. 『법화사상』, p.162.

상 범행을 닦으며 보살도를 갖추고 마지막 몸으로 성불한다. 불명
: 명상여래응공 (………)불 세존, 겁명 : 유보, 국명:보생, 토상 : 그
땅이 평탄해서 여러 가지 언덕 구덩이 모래 자갈 대소의 더러움이
없고 보배로운 꽃이 충만하며 백성들은 모두 보대진묘루각에서 산
다. 권속 : 성문제자가 무수하고 제보살이 무수하다. 불수 : 12소
겁, 법주 : 20소겁, 불화 : 그 부처님은 항상 허공에서 살며 법을 설
하고 보살과 성문을 제도한다.고 되어 있다.

4. 법화경의 비유

법화경은 전반부에 많은 비유가 나오는데, 그 중에서 중요한
것만 일컬어 '법화칠유'라 한다. 이처럼 법화경에 비유가 많은 것
은 석가모니 부처님의 참된 정신으로 돌아가자는 운동으로 재가
자들이 많이 참여했던 것이다. 재가자들은 번잡한 교의 보다는 평
이한 것으로 대중들이 이해하기 쉽게 하기 위하여 비유를 많이 든
것이다.

법화경의 법화칠유를 정리하면 다음과 같다. 제1 화택의 비유
(비유품), 제2 장자궁자의 비유(신해품), 제3 운우의 비유(약초유
품), 제4 화성의 비유(화성유품), 제5 궤보주의 비유(오백제자수
기품), 제6 정주의 비유(안락행품), 제7 의사의 비유(여래수량품)
이다.

이들 일곱 가지 비유 외에 수기품의 '대왕선의 비유' 종지용출
품의 '부소자로(父少子老)의 비유' 등이 있다. 이에 대한 구체적인

내용은 본문 강의할 때 다시 언급하기로 한다.

제3장
법화경의 제신앙
통합

제1. 정토신앙과 법화경

1. 정토의 의미

정토(淨土)에는 두 가지 의미가 있다. 첫째, 정(淨)이 동사로 사용되어 "국토(國土)를 깨끗이 한다(맑게 한다)."라는 의미이다. 둘째는 보살이 오염된 세계와는 다른 곳에 청정한 세계를 만드는 것이다. 먼저 "국토를 깨끗이 한다(맑게 한다)"라는 의미인 경우, 이것은 대승보살이 활동하는 것을 말한다. 여기에도 두 가지 의미가 있다. 첫째는 중생이 사는 세계를 맑게 하여 청정한 국토를 만드는 것이고, 둘째는 중생이 사는 오염된 세계와는 다른 청정한 국토를 건설하여 그곳으로 중생을 인도하는 것을 말한다. 첫번째의 국토를 깨끗이 한다는 것은 《방광반야경》 제82 「건립품」에 다음과 같이 불토를 청정히 하는 것을 말하고 있다.

수보리가 부처님께 여쭈기를 세존이시여, 보살은 어떻게 불토(佛土)를 잘 맑힙니까? 부처님께서 말씀하시기를 초발의(初發心) 이래 응당 신(身), 구(口), 의(意)를 깨끗이 하고, 아울러 타인(他人)을 감화시켜 身, 口, 意를 깨끗이 하게 하며(……), 이런 까닭으로 보살은 모든 악(惡)을 버리고 스스로 육바라밀을 행하며, 또한 다른 사람에게 권해 육도(六度:육바라밀)를 행하게 하며, 이 공덕을 가지고 중생과 함께 불국(佛國)의 청정을 구한다.

둘째, 보살이 오염된 세계와는 다른 곳에 청정한 세계를 만들려는 것은 《무량수경》에 다음과 같이 말하고 있다.

『때에 세자재왕여래(世自在王如來)는 법장비구에 말하기를, "네가 수행할 곳의 불국(佛國)을 장엄하는 청정한 행은 네 스스로 알리라." 비구(법장)가 부처님께 여쭈기를 "이 뜻은 깊어서 저희 경계(境界)에 맞지 않습니다. 오로지 원컨대 세존이시여, 널게 살피시어 제불여래(諸佛如來)의 정토(淨土)의 행(行)을 부연(敷演)하소서, 저희들이 이를 듣고 마땅히 설하신 바와 같이 수행하여 소원을 원만히 이루고자 하나이다.』

다음은 말 그대로 "청정한 국토"의 의미인데, 미혹한 중생이 사는 오염된 국토와는 상반된 세계이다. 이것은 보살이 장구한 세월의 수행을 완성하고 드디어 성불하여 만든 청정한 세계를 말한다. 이 세계는 더러움과 미(迷), 악, 고 등이 없고, 오직 선, 낙 등 청정함만 있기 때문에 불보살이 머무는 세계이다. 이 정토는 보살이 수행의 완성으로 불과(佛果)를 이루어 나타나는 과보이기 때문에 보살로서 수행하는 바라밀행을 말하는 것이 아니다.

흔히 정토신앙하면 이 의미의 정토를 말하고, 이 의미의 대표적인 정토가 서방극락세계인데, 이 서방극락세계를 건설한 부처님이 아미타불이다.

2. 법화경의 정토

법화경에는 위의 청정한 국토라는 의미의 대표격인 서방극락세계를 건설한 아미타불의 이름이 나온다. 따라서 법화경의 정토는 위 둘째 의미인 보살이 오염된 세계와는 다른 곳에 청정한 세계를 만든 것을 의미한다. 법화경에 나오는 아미타불은 화성유품 제7, 약왕보살본사품 제23, 관세음보살보문품 제25 등이다.

(1) 화성유품 제7

부처님께서 모든 비구에게 이르시되 "옛 지나간 예전, 헤아릴 수도 없고 가히 생각으로 논의하지도 못할 아승지 겁인 그 때에 부처님이 계셨으니 이름은 대통지승 여래 응공 정변지 명행족 선서 세간해 무상사 조어장부 천인사 불 세존 이셨느니라, (········)그 부처님에게 16왕자가 있고, 출가하여 사미가 되어 법화경을 설하고 부처님이 되었으니(········) 서방 두 부처님의 첫째는 아미타이시고 둘째는 도일체세간고뇌이시니라."

(2) 약왕보살본사품 제23

약왕보살이 과거세에 고행할 때를 설하고 석가모니 부처님께서 수왕화보살에게 말하는 가운데 "(········)수왕화여 만약 사람이 이 약왕보살 본사품을 듣는다면 또한 헤아릴 수 없고 가 없는 공덕을 얻느니라. 만약 어떤 여인이 이 약왕보살 본사품을 듣고 능히 받아서 가지면, 이 여자의 몸을 다하고는 뒤에는 다시 받지 아니하느니라. 만약 여래가 멸한 뒤에 후오백세에 만약 어떤 여인이 이 경전을 듣고 설함과 같이 닦고 행하면, 여기에서 명을 마치고는 곧 안락세계에 가서, 아미타 부처님의 대보살에 둘러싸인 주처에 왕생하고 연화 가운데 보좌위에 태어날 것이다.

다시는 탐냄과 욕심을 위해 번뇌하지 않을 것이다. 또한 진에, 우치 때문에 번뇌하지 않을 것이고, 다시 교만, 질시의 모든 번뇌에 대해 고뇌하지 않을 것이고, 보살의 신통과 무생법인을 얻을 것이다(┈┈)."

(3) 관세음보살보문품 제25

한역 법화경에서는 아미타불이 나오지 않지만 범본에서는 아미타불이 언급되고 있다.[16] 그 내용을 보면 " 세자재왕을 스승으로 하는 법장 비구는 세간의 공양을 받고, 수 많은 세월 동안 번뇌를 여읜 무상보리를 얻었다. 관세음보살은 부채를 들고, 무량광스승을 좌우에서 부채질하면서 서 있었다. 그리고 여환삼매에 의해 국토를 뛰어넘어 승자들을 공양했다. 서방에 안락의 원천 극락세계가 있어, 그 곳에는 현재 중생을 조어하는 무량광이라는 스승이 머물고 있다. 그 곳에는 여성이 태어나는 경우가 없고 또 음욕법도 전혀 없다. 그들 승자의 아들들은 화생하여 번뇌 없이 연화장에 앉아 있다. 그리고 무량광 도사도 번뇌를 여읜 아름다운 연화장의 사자좌에 앉아 사라왕(비슈누신)처럼 빛나고 있다."[17]

---

16. 범본 『관세음보살보문품 제25』 게송 부분에 「세자재왕 스승삼은 법장비구는 세상사람 모든 공양 받으시옵고 한량없는 오랜겁을 닦고 행하여 높은 진리 바른 깨침 이루시었네. 관음보살 대자비의 거룩한스승 아미타불 왼쪽이나 오른쪽 서서 아미타불 도우시며 여환삼매로 온갖 국토 부처님을 공양하시네. 서방에 극락이란 정토 있나니 그곳에는 중생들의 인도자이신 아미타 부처님이 설법하시며 모든 중생 구원하며 살고 계시네 극락세계 그곳에는 남녀 간의 정욕없나니 불자들은 아름다운 서방정토 화생하여 맑고도 깨끗한온 연화대에 앉게 되도다. 거룩하온 아미타불 부처님께선 깨끗하고 영묘한 연꽃봉우리 사자좌 높은 곳에 앉아 계시니 샤알라 나무처럼 빛나시도다.」

17. 『법화경의 성립과 배경』, 이정수 역, 운주사, p.457.

제2. 관음신앙과 법화경

1. 관음의 명칭

관음보살(觀音菩薩)은 관세음보살(觀世音菩薩)의 약칭이다. 관음보살의 명칭은 다양하다. 관세자재, 관세음자재, 광세음, 광세음대세지대사, 관음대사 등이 있는데, 가장 많이 사용하는 명칭은 관세음보살이다. 관세음보살은 관자재보살(觀自在菩薩)이라고도 한다. 관자재보살(觀自在菩薩)의 범어명(梵語名)은 "Avalokites-vara bodhisattva 아바로키테슈바라 보디사트바"이다. "Avalok-itesvara"는 "Avalokita(아바로키타)"와 "isvara(이슈바라)"로 분해되는데 "Avalokita(아바로키타)"는 "관찰하는 것"이라는 의미이고 "isvara(이슈바라)"는 "~하는 능력이 있다", "~하는 것에 자재(自在)하다"라는 의미이다. 따라서 "Avalokitesvara(아바로키테슈바라)"를 번역하면 "관자재(觀自在)" 즉 "관찰하는 것이 자재임"이 된다. 여기에 "bodhisattva(보디사트바)"를 음사한 보살(菩薩)을 붙여 "관자재보살(觀自在菩薩)"의 명칭이 생긴 것이다.

구마라습은 《묘법연화경(妙法蓮華經)》을 번역할 때 "관자재보살"이라 하지 않고 "관세음보살"이라 번역하면서 "관자재"가 "관세음"으로 되었다 한다. 그 이유는 《묘법연화경》「관세음보살보문품 제 25」에서 "선남자야 만일 한량없는 백 천 만 억의 중생이 여러 가지 고뇌를 받는다고 하더라도 이 '아바로키테슈바라 보디사트바(경에는 관세음보살로 되어 있는데 여기서는 설명의 편의상 범어명으로 기재했다)'를 듣고 일심으로 명호를 부르면 '아바로키테슈바라보디사트바'는 즉시 그 음성을 관찰하여 모든 고뇌에서 벗어나게 해준다."라고 하는데 "그 음성을 관찰한다"는 것에 중점을 두어 '아바로키테슈바라보디사트바'를 '관세음보살(觀世音菩薩)'로 번역하였던 것이다. 그리고 구마라습이 번역한 "한역경전"을 가장 많이 보고 있으므로 자연히 '아바로키테슈바라보디사트바'는 '관세음보살'로 인식하게 된 것이다. 또 관세음보살이라는 명칭이 생기게 된 연유는 《능엄경》[18]에 관세음보살께서 자신이 삼매에 든 연유를 설명하는 가운데 부처님께서 수기하여 호(號)를 '관세음'이라 하였던 것에 기인한다.

부처님께서 원만하게 통한 원인을 물으신다면 제 생각으로는 귀를 따라 원만하게 비추는 삼매로 말미암아 흘러 들어오는 상(相)을 인하여 삼매를 얻고 보리를 성취한 것이 제일인가 하나이다. (이에) 저 부처님께서 제가 원통법문을 훌륭히 증득하였다고 찬탄하시고 큰 모임 가운데 저에게 수기하여 호(號)를 '관세음(觀世音)'이라 하였으니, 이는 저의 소리를 관하는 것으로 말미암아 시방이 원만하게 밝았으므로 '관음(觀音)'이란 이름이 시방세계에 두루 퍼지게 되었습니다.

이상에서 관음보살의 명칭을 살펴보았는데 우리나라에서는 '관세음보살(觀世音菩薩)'이라는 이름으로 널리 알려져 있고, 그 다음이 '관자재보살(觀自在菩薩)'로 알려져 있다. 그러나 이름이 다르다고 해서 별개의 보살이 아니라 위에서 살펴본 바와 같이 한 분의 보살에 대한 여러 개의 명칭에 불과하다.

---

18. 능엄경의 원래 명칭은 "대불정여래밀인수증요의제보살만행수능엄경"이다.

2. 관세음보살의 거처(보타락가산)

관세음보살이 머물고 계시는 산을 '보타락가산'이라 한다. 보타락가(補陀落迦:potalaka)는 소화수(小花樹), 소백화(小白華), 해도(海島), 또는 광명(光明)이란 뜻으로 번역되고 있다. 《80화엄경》에서 "바다 위에 산이 있어 많은 성현들이 계시는데 많은 보물로서 이루어져 지극히 평정하며, 꽃과 과실수가 가득하고 샘이 못에 흘러 모든 것이 구족하다."라 기록하고 있고, 관세음보살이 머무는 거처로 이해되고 있다. 또 불교가 중국, 티벳, 한국, 일본 등을 거쳐 들어오는 가운데 각 나라들은 관세음보살의 거처를 자기나라 어디엔가에 설정하고 있다. 티벳은 '포탈라궁'을, 중국은 절강성 영파의 주산열도에, 우리나라는 강원도 양양 낙산사 홍련암 해변 동굴, 일본은 나지산 청안도사(靑岸渡寺)에 관세음보살이 머물고 있다고 생각한다.

3. 관음신앙의 기원과 전개

1) 기원

관세음보살은 세상의 모든 고통에 빠져있는 중생들의 소리에 귀 기울이고 그에 응답하는 구제자로 여겨져 특히 우리나라에서 가장 많이 신앙되는 보살이다. 그 이유는 《불설대승장엄보왕경》에 의하면 관세음보살께서 최후의 깨달음을 성취하신 후 열반에 이르고자 수미산 정상에 이르렀을 때 자신의 열반을 슬퍼하는 중생들의 울부짖음을 듣게 되었다. 그 비탄의 소리를 듣게 된 관세음보살은 이내 크나큰 연민 속에 이렇게 말하고 있다. "이 지상에 오직 한 사람이라도 불행과 고뇌 속에 빠져 있는 한 나는 결코 열반의 문에 들지 않으리라."라 설하여 관세음보살을 가장 많이 신앙하는 것 같다. 이처럼 모든 중생들의 고통을 살피고 소리를 들으려고 1,000개의 눈과 1,000개의 손을 가진 것이라 보여진다.《삼국유사》에 보면 관세음보살이 자기의 눈 하나쯤이라도 빼어 눈먼 사람에게 나누어 주는 이야기는 중생을 위한 큰 자비를 보여주는 대목이 있다.

경덕왕대에 한지리에 사는 여자 희명의 아이가 5년만에 갑자기 눈이 멀었다. 어느날 그 어머니가 애를 안고 분황사 좌전 북쪽의 천수대비(千手大悲)의 그림 앞에 가서 아이를 시켜 노래를 지어 빌었더니 마침내 눈을 떴다. 그 노래는 "무릎을 꿇고 두손 모아 천수관음 앞에 빌어 삾아두나이다. 즈믄(천) 손 즈믄 눈을 가졌사오니 하나를 내어 하나를 덜어 둘없는 내오니 하나를랑 주시옵시라. 아아 나에게 주시옵시사. 나에게 주시면 자비가 클 것이로이다.

2) 천수천안(千手千眼)의 의미

천 개의 손과 천 개의 눈은 관세음보살의 대자비를 상징적으로 묘사한 것이라 한다. 원래 천 개의 눈과 천 개의 손을 가졌다는 인도의 신 인드라. 비슈누. 쉬바 등이 불교적으로 변화된 모습이라 한다. 천 개의 손과 천 개의 눈은 한 몸에 다 갖추고 있음을 말하는 것이 아니다.

《천광안관자재보살비밀법경》에 "삼매광 가운데 25분의 보살이 나와 (………)그 상호는 관자재와 같았는 바. (………)각기 몸 위에는 40개의 손이 있으며 각 손바닥에는 1개의 자비스러운 눈이 있었는 즉, 그 25보살이 각각 40의 손과 눈을 갖추는 까닭에 합이 천 개의 손, 천 개의 눈이 되어 진다."라 설하고 있다.

그리고 "관자재보살께서 삼매에서 나와 모든 화신보살들에게 말씀하시기를 '너희들은 이제 나의 위력을 입게 되었는 즉 응당히 25계에 머물러 그 근심의 세계를 없애도록 하라."고 하였다. 그리하여 각 보살들은 각자의 삼매 속에서 25개의 중생세계(有)에 각각 머물러 그 세계를 제도하게 되었다. 25개의 유(有)는 모든 생명체의 생존형식을 말하며, 욕계에 14유. 색계에 7유. 무색계에 4유의 삼계에 생사윤회를 하는 미혹의 세계를 말한다.

[욕계(欲界) 14유(有)]
- 4악취경(四惡趣竟) : 지옥유, 축생유, 아귀유, 아수라유
- 4주경(四洲竟) : 동승신주유, 서우화주유, 남섬부주유, 북
  구로주유,
- 6욕천경(六欲天竟) : 사천처유, 도리천유, 야마천유, 도솔
  천유, 화락천유, 타화자재천유

[색계(色界) 7유(有)]
- 초선유, 범왕유, 이선유, 삼선유, 사선유, 무상유, 정거아남
  함유

[무색계(無色界) 4유(有)]
- 공처유, 식처유, 무소유처유, 비상비비상처유

그리고 25유의 세계 각각마다 머무는 25명의 화신보살은 모두 11면관음보살인데, 11면에는 22개의 눈과 원래의 얼굴에 있는 3개의 눈을 합하여 모두 25개의 눈이 있고, 손이 40개이다. 이 각각의 유에 40개의 손에서 또 40명의 화신보살 나툰다. 그리하여 결국 한 유에 천 개의 눈을 구족하게 된다. 이렇게 각 유에 천 개의 눈과 천 개의 손으로 각유를 단멸한다는 것이다.

4. 관음신앙의 성립시기

(1) 인도에서의 관음신앙 성립시기

불교에서 관음신앙이 등장하게 된 시기는 대략 서력으로 기원전이라 추정하고 있다. A.D. 1세기 경에 성립된 《화엄경》「입법계품」에서 선재동자가 53선지식을 찾아가는 가운데 28번째로 남천축국의 보타락가산에서 관세음보살을 친견하고 있는 점을 보면 알 수 있다. 또 A.D. 1세기 경에 조성된 관세음보살상이 인도의 간다라 지방에서 발견되기도 하는 점을 보면 서력으로 기원전에 이미 관음신앙이 성립된 것으로 추정이 가능하다.

(2) 관세음보살 신앙과 아미타불 신앙의 관계

아미타불 신앙은 기원전 1세기 경 서북인도[19]에서 성립되었고, 관음신앙은 남인도에서 성립된 것으로 추정하고 있어 이 두 신앙은 각각 독립적으로 발전된 것이라 한다. 그러나 후대에 아미타불 신앙이 크게 유행함에 따라 관음신앙이 아미타불 신앙 속에 흡수된 것으로 추정하고 있다. 그 예가 《비화경》에 "과거 선지겁의 산제람이란 세계에 무쟁념왕의 대신 보해의 아들인 보장(寶藏)이 줄가. 성도하였는데 그 호가 보장여래라 하였고 왕과 왕자들에게 수기를 한다. 즉 왕에게는 서방 백천만억 불토를 지나 서방세계의 존음왕여래 멸후 안락세계 가운데 부처가 되어 무량수여래가 될 것이며, 첫째 태자인 불현은 자(字)를 관세음이라 하여 무량수불 반열반 후 변출일체광명공덕산왕여래가 되고, 둘째 태자인 니마는 자를 득대세라 하여 선주진보산왕여래가 될 것이라 하고, 그 밖의 왕자들에게도 수기를 행하고 있다.

또 이 보다 좀 더 후대에 성립된 《관세음보살수기경》에 옛날 금광사자유희여래께서 머무시던 서방의 무량덕취안락국에 위덕이란 왕이 두 아들을 두었는데, 보의와 보상이라는 아들이다. 보의는 지금의 관세음보살이며 보상은 득대세보살이다. 이 후 한량없는 겁을 지나 아미타불께서 열반에 드신 후 관세음보살이 성불하여 '보광공덕산여래'라 할 것이며, 그 여래가 열반에 드신 후 득대세보살이 성불하여 '선주공덕보왕여래'가 될 것이라 설하고 있다. 이상의 《비화경》과 《관세음보살수기경》의 예를 보면 아미타불은 과거에 관세음보살과 득대세(대세지)보살의 아버지로 설명하고 있다.

---

19. 아미타불 신앙의 근원지로 서북인도를 상정하는 것은 더위에 대한 청량(淸凉)이라는 인도의 기후적 설정에 의거한다고 한다. 그리하여 히말라야 고지대가 아미타불 신앙의 무대가 된 것으로 추정하고 있다.

5. 법화경의 관세음보살보문품

위에서 관음의 명칭, 관음신앙 등을 공부하였는데, 이 관음신앙이 《법화경》『관세음보살보문품』제25에 나타나 있다.

"그때 무진의보살이 부처님께 합장하고 아뢰되, 세존이시여 관세음보살께선 무슨 까닭으로 관세음이라 불리시나이까? 부처님께서 무진의보살에게 이르시되 선남자야, 만약 무량백천만억 중생이 있어 온갖 고뇌를 받는다 해도 이 관세음보살 있음을 듣고 한 마음으로 그 이름을 부른다면, 관세음보살이 곧 그 음성을 알아들어 다 고뇌에서 풀려나게 하나니라. 부처님이 이르시되 만약 또 사람이 있어 관세음보살의 이름을 수지해서, 내지 한때라도 예배, 공양한다면 백천만억겁 지난다 해도 다하는 일이 없으리라, 무진의야 관세음보살의 이름을 수지하면 이렇게 무량, 무변한 복덕의 이익을 얻나니라."

제3. 다라니주와 법화경

1. 다라니의 의미

보통 나라니(陀羅尼, dhāranī)를 경전의 내용이나 불법(佛法), 불 보살에 대한 염원 등을 함축한 구절의 모임이라 하며, 총지(總持), 능지(能持)라 한역하고 있다. 뜻으로는 '기억하다' '간직하다' '집지하다' 등의 의미에서 비롯되어 다고 한다. 또 다라니를 진언(眞言), 주(呪)와 혼용하여 사용되고도 있다.

그러나 다라니, 진언, 주 등은 본래 별개의 발전과정을 가지고 있다.[20]

다라니는 요가 수행법 중 하나인 집지와 연관하여 정신을 통일하고 마음을 집중하는 것을 말한다. 대승경전에서 삼매(samādhi)와 병기되고 있기도 하는데 다라니는 불법을 수지하는 것을 본래의 의미로 가지고 있었다.

진언(mantra)은 베다에 나타나 있으며, 신에 대한 찬가를 의미한다고 한다. 후에 "아타르바 베다"에서는 재앙을 제거하고 복을 기원하는 주법으로 사용되었다 한다. 이것이 후에 대승불교에 수용되어 진언으로 변하고, 재해(災害) 제거의 주문으로 되었다 한다.

주문(vidya)은 '명주(明呪)'라고 한역되며, 학문과 주법 두 가지의 의미를 포함한다. 학문의 의미로는 대승불교에서 보살이 배워

---

20. 『법화경의 성립과 배경』, 츠카모토 게이쇼 저, 이정수 역, 운주사, p.495 이하.

야 할 대상을 가리키는 것으로 쉽게 말하면 '반야바라밀'인데, 대명주(大明呪)가 그것이다. 또 그것을 수지하는 것으로 재해를 면할 수 있다고 하는데, 이때는 주법의 의미이다.

2. 다라니의 기원

다라니의 기원은 아리안이 인도에 들어오면서 시작된다. 기원전 2,300년~1,800년경 인도의 인더스강 유역에 고도로 발달된 도시문명이 있었는데 모헤조다로(Mohenjo-dā개)와 하랍파(Harappā) 2대 중심지가 그것이며, 이를 인더스문명이라 한다. 인더스문명의 주인공은 문다(Munda)족 혹은 드라비다(Dravida)족이라 한다.

인더스문명의 사상과 종교에 대해 확실한 것은 알 수 없는 것이 현재의 실정이다. 그러나 출토품 중에는 당시의 종교와 관습을 암시하는 것이 있는데, 인더스 문명의 주인공들이 모신(母神), 수신(樹神), 동물(動物), 성기(性器) 등을 숭배하였으며, 요가 수행과 목욕을 하였음을 알 수 있다. 이러한 점들은 다음 시대의 베다종교의 표면상으로는 나타나 있지 않지만, 후세 힌두교 가운데에서는 충

---

21. 아리야人 : 아리야인이 아프가니스탄으로부터 힌두쿠시산맥을 넘어 펀쟈브지방으로 진입한 것은 기원전 1,500년경으로 추정된다. 그들은 서양인과 동일한 선조에서 유래하는 인종이지만, 그 원주지에 관해서는 아직 정설이 없다. 근래에는 남러시아의 카스피해 북쪽에 있는 코카서스산맥의 북방지대에 거주하던 유목민이었다는 설이 비교적 우세하다. 그들은 원주지를 떠나 일부는 서쪽으로 향하여 유럽의 여러 민족이 되었고, 일부는 동쪽으로 이동하여 아시아로 들어왔는데 그들을 인도·이란人으로 불리며 반은 유목 반은 농경생활을 했던 것으로 여겨진다. 그 후 다시 이동하여 그 일부는 이란으로 들어가 아리아係의 이란인이 되었으며, 조로아스터교의 성전 《아베스타

분히 발견된다고 한다. 이 지역에 기원전 1,500년경 아리야(Arya)인[21]이 힌두쿠시산맥을 넘어 침입하여 인도문명을 구축하였다. 선주민 드라비다족은 인구도 많았고 상당히 수준 높은 문화를 갖고 있었기 때문에 아리야인에게 정복되고 노예계급으로서 아리야인의 사회에 흡수된 후에도 인도문화의 형성에 많은 영향을 주었는데, 특히 종교사상의 여신, 뱀신, 그리고 수목숭배 등은 후세의 힌두교 성립에 커다란 영향을 주었다 한다. 이 드라비다족은 아리야인과 혼혈하여 인도인이 되었지만, 인도의 남부에는 현재 비교적 순수한 드라비다인들이 생존해 있으며, 아직도 드라비다계의 언어를 사용하고 있다 한다.

힌두쿠시산맥을 넘어 서북인도로 진입한 아리야인은 인더스강 상류 펀쟈브(Panjāb)지방에 정착하여 《리그베다(Rg-veda)》를 편찬하였는데, 이것이 인도사상의 개막이다.(기원전 1,200년경) 그 내용은 주로 하늘(天), 허공(空), 비, 바람, 우뢰, 기타 자연계의 힘을 신으로 숭배하는 다신교(多神敎)였으며, 그 수는 전통적으로 33신으로 이야기되며, 天, 空, 地 그리고 물속에 거주하는 것으로 믿어지고 있다. 이러한 많은 신에 대한 다수의 찬가가 집성되었는데 그 중에 밀교 진언의 선구격인 만트라가 포함되어 있고, 치병, 적의 격퇴, 위해 제거, 기우, 승전에 관한 주문도 포함되어 있다.

그 후 기원전 1,000년경 다시 동쪽으로 진출하여 야무나

Avestā》를 성립시켰다. 인도·이란인의 일부는 인도로 들어가 인도·아리야인이 되었으며 펀쟈브지방에 정착하여 《리그베다 Rg-veda》를 편찬하였다. 이러한 두 성전의 언어, 특히 神의 이름과 祭式에 관한 술어에는 공통점이 많다. 이러한 사실은 일찍이 두 민족이 종교를 공유하고 있었음을 추정할 수 있다. 리그베다의 종교는 인도·아리야인이 인도에 진입하기 이전에 이미 상당한 부분이 성립되어 있었다 한다. (하야시마 쿄쇼 외 3인 공저, 『인도사상의 역사』, 민족사, p.20.)

(Yamunā)강과 갠지스(Gangā)강 중간의 비옥한 토지를 점거했다. 이 지역은 토지가 비옥해서 농사가 잘되며, 외부로부터 침공하는 외적도 없어서 풍요로운 문화를 발전시킬 수 있었다 한다. 후세 인도문화의 갖가지 제도가 약 기원전 1,000~500년경에 확립되었다 한다.

그리고 리그베다에 이어지는 《사마베다(Sama-veda)》, 《야주르베다(Yajur-veda)》, 《아타르바베다(Atharva-veda)》, 그리고 제식의 방법을 설명하는 《브라흐마나(Brāhamana)》, 철학적 사유를 다룬 《우파니샤드(Upanisad)》 문헌 등이 성립되었다. 특히 《아타르바베다》에는 주문, 주법이 차지하는 비중이 증가되었다.

이 시대에 아리야인은 여러 부족으로 나뉘어 농경과 목축을 위주로 하면서 생활하고 있었지만, 상공업도 상당한 발달이 있었다. 직업의 분화도 이루어져 신에게 제식을 담당하는 바라문계급(Brāhmana, 브라흐마나), 군대를 통솔하고 정치를 담당하는 왕족계급(Ksatriya, 찰제리)

그 밑에서 농경, 목축, 상공업 등에 종사한 서민계급(Vaiśya, 바이샤), 위의 세 계급에 봉사를 의무로 하는 노예계급(śūdra)이라는 사성(四姓)의 구별도 이 시대에 확립되었다. 이것이 나중에 복잡하게 분화되어 카스트(caste) 제도의 모태가 된 것이다.[22] 이 시대의 철학적 사상은 우파니샤드 철학이고, 4베다에 주문, 주법도 정착되었다고 보여진다.

---

22. 『인도불교의 역사』, 히라카와 아키라 저, 민족사, pp.27~29.

3. 다라니의 불교수용

근본불교에서는 주술을 비롯한 바라문의 종교의례를 부정하였다. 근본불교는 이성적이기 때문에 주술과는 관계가 없다. 그 이유는 불타가 깨달은 법은 지혜에 의하여 깨달은 것이며 미신이나 맹목적 신앙과는 거리가 멀기 때문이다. 《아함경》에 불타가 깨달은 법에 관하여 "아직 들어보지 못한 법에서 눈이 뜨여 지(智, ñāna), 혜(慧, paññā), 명(明, vijja)이 생기고 광명(光明, āloka)이 생겼다."고 설해져 있는 것이다. 그리고 불타가 깨달은 법은 지극히 미묘하여 지자(智者)만 알 수 있어서 언어로 표현할 수 없는 난지(難知) 난견(難見)하고 논리적 이해를 초월해 있다.

그리하여 불타는 주술(呪術)을 금지시켰다. 《중아함경》에 "만일 세속의 주문을 배우거나 타인에게 가르치면 바라이죄(波羅夷罪, Pārajika)를 짓게 된다."고 하고, 남전(南傳) 《『소품 (小品)』 소사건도(小事犍度)》에는 "비구들이여! 축생주(畜生呪)를 배우거나 가르치지 말라. 만일 축생주를 배우거나 가르치는 자가 있다면 악작(惡作)에 떨어질 것이니."라 하고 있다. 여기서는 주술을 축생주라 하고 있다.

그러나 인도는 전통적으로 바라문교가 오랫동안 존속되어 왔고 그것이 사람들에게 생활화되어 있었다. 그리하여 불교교단에도 바라문교에서 출가한 사람들이 많았고, 특히 재가신자들은 의지가 박약하여 실생활에 주술을 행하고 있었던 것이다. 이러한 점에서 근본불교시대를 이성적인 상부구조와 미신적인 하부구조라는 이중적 구조였다고 하는 주장도 제기되고 있다.

그리하여 일부분에서 주법(呪法)을 허용하였는데, (이때는 주술(呪術)이라 하지 않고 주법(呪法)이라 한다.) 《십송율(十誦律)》에 "불도수행에 방해가 되는 악주(惡呪)는 금지시키지만 치독주(治毒呪), 치치주(治齒呪), 복통주(腹痛呪) 같은 선주(善呪)는 허용된다."고 하고, "문자를 배우고 다라나(dhārana)를 배우고 수호(守護)를 위해 호주(護呪, paritta)를 배우는 것은 죄가 아니다."라 하고 있는 것이다. 이와 같이 호신(護身)을 위한 주문(呪文)은 허용하고 있는데 이러한 주문을 파리타(paritta)라고 한다.

이처럼 호신을 위한 주문이 허용되면서 불타가 입멸한 후에는 불교는 사상면에서 신비적 주술적 신화적 요소가 상당히 융합되었고, 시간이 지나감에 따라 대승경전에 다라니가 들어오게 되었으며, 이러한 점을 강조한 것이 밀교로 발전되었을 것이라고 한다.

4. 법화경의 다라니

법화경의 다라니는 제재신앙(除災信仰)적 요소인 진언적 요소가 강하다. 다라니품 제 26에 보면 약왕보살, 용시보살, 비사문천왕, 지국천왕, 십나찰녀 귀자모신, 등의 다라니가 법화행자를 보호하는 것이 주된 내용이다. 또 보현보살권발품 제28에서는 법화행자를 위해 비인의 위해를 면하고, 여인의 혹란을 피하기 위해 다라니주를 설하고 있다. 이에 대한 상세한 것은 각 품 주석 때 살펴보기로 한다.

제4장
법화경의 구조

법화경의 구조에 대해 천태지의(538~597)는 법화경 28품을 이등분하여 전반 14품을 적문이라 하고, 후반 14품을 본문이라 하였는데, 이것이 오늘날까지 이어져 오고 있다. 이에 대해 일본 학자 히라가와 아키라의 연구가 잘 되어 있으므로 이것을 참고하여 설명하고자 한다.

[묘법연화경분과 도표]

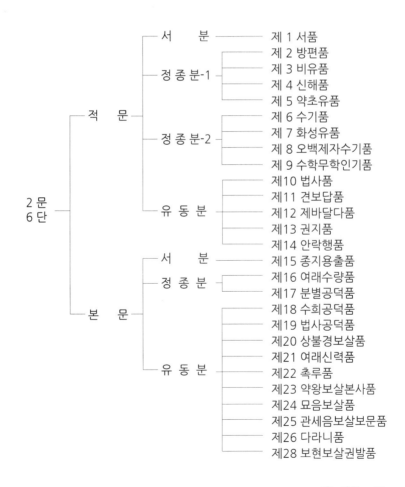

제1. 적문(迹門)

적문이란 인간세계에 나투어신 석가모니부처님이 '개삼현일 (開三顯一)'에 의해 일승을 밝히고, 이승이 성불할 수 있는 길을 밝히고 있는 부분이라 한다. 이에 대해 본문(本門)은 인간세계에 나툰 것을 초월하여 실재하는 구원실성(久遠實成)의 본불(本佛)을 천명한 부분이라 하고, 석가모니불이 반열반에 들지 않고 항상 영취산에 계시면서 중생을 구제한다고 가르치는 부분이다.

적문의 구조를 다시 적문의 서분(序分), 적문의 정종분(正宗分), 적문의 유통분(流通分)으로 나눌 수 있다.[23] 적문의 서분은 제1 서품이고, 적문의 정종분은 제2 방편품에서 제9 수학무학인기품 까지의 8품이며, 적문의 유통분은 제10 법사품에서 제14 안락행품까지이다.

1. 서분(제1 서품)

적문의 서분이 제1 서품이다. 서품에서는 부처님께서 무량의처 삼매에 들어 갖가지 불가사의한 신통을 보여 법화경을 설하는 동기를 밝히고 있는 부분이다. 이러한 불가사의한 신통을 법회대

---

23. 경전(經典)을 내용에 따라 여러 단락으로 나누는 것을 과단(科段), 과문(科文), 분과 (分科) 등이라 한다. 일반적으로 경전은 서분(序分), 정종분(正宗分), 유통분(流通分) 의 세 부분으로 구분한다. 이것을 3분과경(三分科經)이라 한다. 서분은 그 경전을 설하게 된 인연(因緣) 즉 동기를 말하는 부분이고, 정종분은 그 경전의 종요(宗要)를 말하는 부분이고, 유통분은 그 경전의 이익을 말하여 후대까지 길이 유전되고 드날리기를 권하는 부분이다. 이 3분과경은 중국 진(晋)나라 석도안(釋道安)이 처음으로 제창하였다.

중이 보고, 문수보살과 미륵보살이 대중의 대표가 되어 미륵보살이 의심을 제기하고, 문수보살이 그에 대한 답을 하는 것으로 되어 있다.

2. 정종분-1 (제2 방편품 ~ 제5 약초유품)

제2 방편품은 적문 정종분 중의 정종분이라 하며 일승을 천명한다. 석가모니불께서 그때까지 설했던 삼승은 중생을 불도로 인도하기 위한 방편설이다. 일체중생에게는 불성이 있어서 성불할 수 있다고 하는 것이 일승이고 이것을 밝히는 것이 부처님의 본래의 뜻이다. 그리하여 이것을 밝혀 성문승이나 벽지불승도 성불할 수 있다는 사실이 밝혀진다. 그리고 성불할 수 있는 행법은 불탑신앙에 의해 성불한다는 보증을 보여주고 있다.

제3 비유품은 삼계의 고통에 있는 중생을 불난 집에서 놀고 있는 것에 비유하고 있다. 석가모니불은 이러한 중생을 구하기 위해 양거, 녹거, 우거의 3거를 제시하여 구제하는데, 3계에서 중생을 구제하기 위한 방편의 가르침이며, 사실은 모든 중생을 성불시키는 일승의 가르침을 표명한다. 그것이 대백우거이다. 이품에서 사리불에게 수기가 있는데, 사리불은 부처님이 설한 방편품의 가르침을 듣고 부처님의 대 자비를 입어 이제까지 자신이 알고 있었던 것이 잘못된 것임을 안다. 그리하여 "오늘 비로소 알았습니다. 참다운 부처님의 자식임을, 부처님의 입에서 태어났으며, 법화로 태어났으며, 불법의 대요를 얻었다."고 부처님에게 고백한다. 부처님은 사리불이 부처의 자식이란 것을 자각하였기에 장래에 성불한다는 수기를 준다. 여기서 불자(佛子)라는 자각이 중대한 의미이다. 부처의 자식이기 때문에 성장하면 부처가 될 수 있기 때문이다. 그리고 사리불이 부처님의 직접 교법을 들어 깨달으므로 보통 이것을 법설주(法說周)라 한다.[24]

제4 신해품은 수보리, 마하가섭, 마하가전연, 마하목건련 등 4대 성문에게 수기를 주는 것이 내용이다. 이 4대 성문은 사리불에 이어 불자임을 자각한다. 그 자작의 내용을 장자궁자의 비유를 들어 보이고 있다. 그래서 이것을 비설주라 한다. 비설주는 제6 수기품까지 이어진다.

제5 약초유품은 부처님의 자비가 일체 중생에게 평등하다는 것을 3초 2목의 비유로 설한다. 다시 말하면 비는 평등하게 대지에 내리지만 큰 나무는 많은 비를 받고, 자은 초목은 적은 비를 받는데, 그것으로 만족하고 각각 비를 흡수해 성장한다. 그와 같이 불제자도 삼승 각각으로부터 이로움을 받는다는 것이다.

3. 정종분-2(제6 수기품 ~ 제9 수학무학인기품)

제6 수기품은 불자라는 것을 자각한 4대 성문에게 부처님이 장래작불의 수기를 주는 대목이다. 마하가섭과 수보리에게는 장래에 수많은 부처님을 받들어 모시고 공양 공경하며 범행을 갖추어

---

24. 법화경의 적문을 설명할 때 3주설법을 논한다. 삼주설법(三周說法)이란 정설(正說), 영해(領解), 술성(述成), 수기(授記)를 세 번 반복하는 설법을 말하는데, 상근기를 위해서 직접 교법을 설하는 법설주(法說周)로 하고, 중근기를 위해서는 비유를 가지고 설하는 비설주(譬說周)로 하며, 하근기를 위해서는 과거의 인연을 설하는 인연주(因緣周)로 하는 것을 말한다. 정설은 부처님의 직설을 말하고, 영해는 법을 듣는 이가 고백하는 것을 말하고, 술성은 법을 들은 자가 하는 영해에 대한 인증을 말하고, 수기는 성불을 확인하는 것을 말한다.

보살도를 닦으면 성불한다고 한다. 이에 대해 가전연과 목건련에게는 수많은 부처님을 공양 공경하고 그 부처님들이 열반한 후에 탑묘를 세워 칠보와 각종 꽃이나 영락으로 탑묘에 공양한 공덕으로 성불한다고 한다.

제7 화성유품에서는 삼승의 가르침이 방편임을 화성(化城)의 비유로 보이고 있다. 이 화성의 비유를 보이기에 앞서 3천진점 겁의 옛날에 대통지승불과 이 부처님에게 16명의 왕자가 있다고 설한다. 이 16명의 왕자는 법화경을 듣고 시방국토에서 각각 성불한다. 그 중에 동방의 아촉불, 서방의 아미타불의 성불이 나오는데 화성유품이 성립할 때 이미 아촉불 신앙과 아미타불 신앙이 있었음을 알 수 있다.

제8 오백제자수기품 위 16왕자의 옛날 인연담을 들은 부루나, 교진여, 5백아라한이 부처님으로부터 수기를 받는다. 이것이 인연주(因緣周)이다.

제9 수학무학인기품에서는 아난, 라후라, 무학, 유학 등 이천 명의 성문이 수기를 받는 대목이다.

4. 유통분(제10 법사품 ~ 제14 안락행품)

제10 법사품부터 제14 안락행품까지를 천태대사는 적문의 유통분으로 과단하였다. 그러나 이 부분은 유통분의 의미도 있지만 부처님의 멸도 후 법화경의 부촉 문제를 제기하고 다음의 본문에 연결하려는 의도가 있다고 한다.

제10 법사품에서는 법화경의 일 구 일 게라도 듣고 일념으로 기뻐하는 자는 모두 성불의 수기를 받는다고 한다. 수기의 조건은 '불자의 자각'에서 '경전수지'로 변하고 있다. 그리고 부처님의 멸도 후 법화경을 홍포하는 사람은 "여래의 사(使)"라 칭찬하며, "여래의 집에 들어가 여래의 옷을 입고, 중생을 위해 분별해서 설해야 한다."라 하고 있다. 이 법사품에서 교법의 전지(傳持)를 설하는 점에서는 유통분의 의미를 지니고 있지만 이 품에서 불탑신앙이 경전수지로 변하고 있다고 한다.

제11 견보탑품에서는 땅 속에서 다보탑이 솟아 올라와 허공에 머무른다. 그 탑 속에는 다보여래가 계시는데, 석가모니불이 설하는 법화경이 진실이라고 증명한다. 이것은 다보여래가 과거 성불할 때 법화경이 설해지는 장소에 다보탑을 나타내서 법화경이 진실이라는 것을 증명하기로 서원을 세웠기 때문이라 한다. 그리고 시방에 계시는 석가모니 분신불이 모여들고, 석가모니불은 다보탑에 들어가 다보여래와 나란히 앉는다. 그리고는 석가모니불이 "여래가 오래지 않아 입멸한다."라 알리고 법화경을 부촉할 사람을 모집한다. 그러나 이러한 호소에 응하여 나타나는 사람은 제12 제바달다품에서는 없고 제13 권지품 이하에서 나온다.

제13 권지품에서 약왕보살 등 이만 명의 보살의 필두로 80만억 나유타 보살, 기타 무수한 보살들이 부처님께서 말씀만 해 주시면 악세에 법화경을 홍포하겠다는 서원을 발한다.

여기서 이 품이 끝나는데, 이에 대한 대답은 이어서 나오는 제14 안락행품에는 없고, 도리어 문수보살이 불멸 후의 악세에 법화경을 홍포하리라 서원했던 보살의 말과 연관해서 법화경 홍포의 필요성을 부처님께 묻는다. 이 물음에 부처님은 4안락행을 설하고 있는데, 이것이 제14 안락행품의 대목이다. 결국 적문의 유통분에서 부촉 문제는 해결되지 않는 상태로 본문으로 넘어간다.

적문에서 나오는 제12 제바달다품은 석가모니불과 제바달다의 과거 인연을 설하고, 용녀성불을 설하고 있다. 이것은 여인이 성불할 수 없다는 종래의 설에 대하여 여인도 성불 할 수 있다는 것을 말하는 점에서 중요한 대목이다.

제2. 본문(本門)

1. 서분(제15 종지용출품)

제15 종지용출품은 본문의 서분이다. 앞 적문 제13 권지품에서 수 많은 보살들이 타방국토에서 모여 불멸후 사바세계에서 법화경을 홍포하겠다고 하였다. 그러나 부처님은 이것을 제지하고 이 세계에 6만 항하사 등의 보살이 있다고 설한다. 그러자 사바세계의 땅 속에서 상행, 무변행, 안립행, 정행 등 4대보살을 상수로 하여 6만 항하사의 보살들이 솟아오른다.

이 보살들을 석가모니불이 오랜 옛날부터 교화했던 보살이라 한다. 이러한 보살들을 교화한 석가모니불은 석가족의 왕궁에서 태어난 석가모니불을 초월하여 구원겁전에 성불한 부처라 한다. 이리하여 두 석가모니불의 관계가 어떤 것인가 하는 것이 이 품속에 전제되어 있고, 제16 여래수량품에서 구원실성의 석가모니불이 설해진다.

그래서 이 품을 본문의 서분이라 한다.

2. 정종분(제16 여래수량품 ~ 제17 분별공덕품)

제16 여래수량품은 구원실성의 본불(本佛)을 밝히는 품이고, 본문 정종분의 중심이다. 석가족의 왕궁에서 태어난 석가모니불은 80세로 멸도한 듯이 보이지만 멸도한 것이 아니라 한다. 더구나 석가모니불이 성불한 것은 석씨궁을 떠나 부다가야에서 처음

성도한 것이 아니라 구원겁 전에 성불했다고 한다. 그리고 80세의 멸도는 방편으로 보인 것이며, 실제로는 멸도한 것이 아니라 항상 영취산에 계시며, 다른 주처에도 계시면서 중생들을 구제하고 있다고 한다.

제17 분별공덕품은 부처님의 수명이 무한하다는 가르침을 듣고, 믿고 이해하는 사람이 얻는 공덕을 보여주는 품이다.

여기까지가 본문의 정종분이다.

3. 유통분(제18 수희공덕품 ~ 제28 보현보살권발품)

제19 수희공덕품은 부처님의 수명이 무량하다는 것을 듣고, 기뻐하는 공덕을 말하는 대목이다. 제19 법사공덕품은 법화경을 수지, 독, 송, 해설, 서사하는 법사는 6근이 청정해지는 공덕을 얻는 것을 설하는 대목이다.

제20 상불경보살품은 상불경보살의 옛 이야기를 설하는 대목이다.

제21 여래신력품은 상행등 보살에게 법화경의 수지, 독, 송, 해설, 서사 등의 수행을 부촉하는 대목이며, 이 품이 견보탑품에서 부처님의 멸도 후 경의 부촉을 당부했던 대답이라 한다.

제22 촉루품은 다시 무량한 보살들에게 법화경을 부촉하는 대목이다. 그리고 시방에서 온 석가모니분신불도 돌아가고, 다보탑도 본래와 같았다고 설하여 법화경의 법회는 여기서 끝나는 것이라고 한다.

그 뒤 품에서도 다보탑이 나타나지만 법화경이 설하는 곳에는 다보탑이 항상 나타난다고 하기 때문에 그렇다고 한다.

어떻든 법화경의 법회는 여기서 마치는 것으로 보는 것이 일반이다. 그 뒤에 나오는 6품은 증광된 것으로 보고 있다.

제 2 부

법화경은
"모든 사람은 성불할 수 있다"고 하는
가르침이다.
그리고 성불은 어렵지 않다고
가르치고 있다.
엄격한 수행에 의지하지 않고도
믿음에 의지해 성불할 수 있다는 점에서
법화경의 우수성이 드러난다.

묘법연화경 권 제일
(妙法蓮華經 卷 第一)

서품 제일 (序品 第一)
방편품 제이 (方便品 第二)

서품 제일(序品 第一)

요진삼장법사구마라집봉 조역
(姚秦三藏法師鳩摩羅什奉 詔譯)

요진(姚秦)은 5호(五胡) 16국 시대[1]의 후진(後秦)인데, 후진(後秦)왕 요흥(姚興)의 이름 요(姚)를 따서 붙여진 국명이다.

삼장(三藏)이란 경장(經藏), 율장(律藏), 논장(論藏)을 말하고, 이 삼장을 통달한 스님을 법사(法師)라 한다.

구마라집(鳩摩羅什, Kumārajīva 343~413)은 인도인 구마라염 아버지와 구자국 왕의 누이동생인 어머니 기바 사이에 태어났다. 7세에 출가하여 인도의 북쪽 계빈에서 빈두달다에게 소승을 배우고 소륵국에서 수리야소마에게 대승을 배웠다. 다시 구자국에 돌아와 비마라차에게 율을 배웠다. 383년 진왕(秦王) 부견(符堅)이 여광을 시켜 구자국을 치게 되자 여광은 구마라즙과 함께 양주로 왔으나 부견이 패하였다는 말을 듣고 자기가 왕이 되나 그 뒤 후진(後秦)의 요흥(姚興)이 양(涼)을 쳐서 401년 구마라즙을 데리고 장안으로 데리고 와 국빈으로 모시고 경전을 번역케 하여 구마라집은 서명각(西明閣)과 소요원(逍遙園)에서 《성실론》, 《십송율》,

---

1. 중국 삼국(위, 촉, 오)시대에 위(魏)의 가신 사마중달의 손자 사마염(武帝)이 위나라를 찬탈하여 진(晋)을 세운다(265). 이어서 오(吳)를 멸하여 중국을 통일하였다. 무제(사마염)는 서방요지에 일족을 분봉하였는데 이것이 화근이 되어 무제 다음 혜제(惠帝)때 팔왕(八王)의 난이 일어나 국력에 쇠미해진다. 이때 북방의 호족(胡族)들이 침입하여 중국은 대혼란에 빠지게 된다. 북방의 호족들은 흉노(匈奴), 갈(羯), 선비(鮮卑), 저(氏), 강(羌)의 5족인데 이들이 약 100년 동안 중국에 10여개의 나라를 세우는데 이 시기를 5호 16국 시대라 한다.

《대품반야경》,《묘법연화경》,《아미타경》,《중론》,《십주비바사론》 등 경율론 74부 380여권을 번역하였다. 구마라집에게 훌륭한 제자들이 많았는데 그 중에서도 도생(道生), 승조(僧肇), 도융(道融), 승예(僧叡)가 유명하다. 이 4인을 사철(四哲)이라 부른다. 구마라집은 세수 74세(413년) 장안 대사(大寺)에서 입적하였다.

[본문]

이와 같이 나는 들었다. 어느 때 부처님께서 왕사성[2] 기사굴산[3] 가운데 만이천인의 큰 비구들과 함께 계셨다. 모두 아라한[4]이며 모든 새는 것이 다하여 다시 번뇌가 없고, 자기의 이익을 얻었으며 모든 결박을 다하여 자재한 마음을 얻었다. 그 이름은 아야교진여, 마하가섭, 우루빈나가섭, 가야가섭, 나제가섭, 사리불, 대목건연, 마하가전연, 아누루다, 겁빈나, 교범바제, 이바다, 필능가바차, 박구라, 마하구치라, 난타, 손타라난타, 부루나-미다라니자, 수보리, 아난, 라후라이니 이들은 아는 바와 같이 대아라한들이었다.

또 배울 것이 있는 사람과 배울 것이 없는 사람[5]이 천인이 있었으며, 마하파사파제비구니가 육 천 명의 권속과 함께 있었으며, 라후라의 어머니 야수다라비구니 또한 권속들과 함께 있었다.

---

2. 인도 마갈타국의 수도를 말하며, 범어로는 Rājagṛha이다.
3. 왕사성 동북쪽에 있는 산이름, 영취산(靈鷲山)이라 한역하는데, 독수리가 사는 산 또는 독수리와 닮았기 때문이라 한다.
4. 『금강경강의』, 광명 역주, 솔과학, p.164, 참조.
5. 배울 것이 있는 사람이란 아라한이 아닌 사람을 말하고, 배울 것이 없는 사람은 아라한을 말한다.

보살마하살 팔만명이 있었으니 모두 아뇩다라삼먁삼보리[6]에서 물러나지 않으며, 모두 다라니와 요설변재를 얻어서 불퇴전의 법륜을 굴리며, 한량없는 백 천의 모든 부처님께 공양을 올리고, 모든 부처님의 처소에서 많은 덕의 근본을 심어서, 항상 모든 부처님께서 칭찬하는 바가 되었으며, 자비로 몸을 닦고 부처님의 지혜에 잘 들어가고, 큰 지혜를 통달하여 피안(彼岸)[7]에 이르러 이름이 널리 무량세계에 들리고, 능히 무수한 백 천 중생을 제도하였다. 그 이름이 문수사리보살, 관세음보살, 득대세보살, 상정진보살, 불휴식보살, 보장보살, 약왕보살, 용시보살, 보월보살, 월광보살, 만월보살, 대력보살, 무량력보살, 월삼계보살, 발타바라보살, 미륵보살, 보적보살, 도사보살 등 이와 같은 보살마하살 팔 만인이 함께 있었다.

이 때 석제환인이 그 권속 이만천자와 함께 있었으며, 또 일컬어 월천자, 보향천자, 보광천자, 사대천왕이 그 권속 만 천자와 함께 있었다. 자재천자, 대자재천자가 그 권속 삼 만 천자와 함께 있었고, 사바세계의 주인이며 범천왕인 시기대범, 광명대범 등이 그 권속 만 이천 천자와 함께 있었다. 여덟 용왕이 있었으니 난타용왕, 발난타용왕, 사가라용왕, 화수길용왕, 덕차가용왕, 아나바달다용왕, 마나사용왕, 우발라용왕 등이 약간의 백 천 권속과 함께 있었다.

네 긴나라왕[8]이 있었으니 법긴나라왕, 묘법긴나라왕, 대법긴나라

---

6. 산스크리트어(梵語) "anuttarā samyak sambodhih (아뇩다라삼먁삼보리)"의 음사이다. "anuttarā"는 무상(無上), "samyak"은 바른 완전한, "sambodhih"는 깨달음이란 뜻으로써 무상정등정각(無上正等正覺), 무상정변지(無上正遍知), 무상정변도(無上正遍道) 등으로 번역되고 있다.
7. 깨달음의 세계를 말한다. 중생들의 미혹된 세계는 차안(此岸)이라 하고, 범어는 pramita이다.

왕, 지법긴나라왕 등이 약간의 백 천 권속과 함께 있었다. 네 건달바왕 9)이 있었으니 악건달바왕, 악음건달바왕, 미건달바왕, 미음건달바왕 등이 약간의 백 천 권속과 함께 있었다. 네 아수라왕10)이 있었으니 바치아수라왕, 거라건타아수라왕, 비마질다라아수라왕, 라후아수라왕 등이 약간의 백 천 권속과 함께 있었다. 네 가루라왕11)이 있었으니 대위덕 가루라왕, 대신가루라왕, 대만가루라왕, 여의가루라왕 등이 약간의 백 천 권속과 함께 있었다. 위제희의 아들 아사세왕이 약간의 백 천 권속과 함께 있었다. 이 들 각자가 부처님 발에 절을 하고 물러나 한 쪽에 앉아 있었다.

이때에 세존께서 사부대중에 둘러싸여 공양과 공경 찬탄을 받으시고, 모든 보살을 위하여 대승경을 설하시니 이름이 무량의요 보살을 가르치는 법이며 부처님께서 호념 하는 바이다. 부처님께서 이 경을 설하여 마치시고 결가부좌하여 무량의처삼매12)에 드시니 몸과 마음이 움직이지 않았다. 이때에 하늘에서 만다라꽃, 마하만다라꽃, 만수사꽃, 마하만수사꽃이 부처님 위와 모든 대중에게 비 오듯 내리니, 넓은 부처님

---

8. 범어 kimnara의 음사이다. 불법을 수호하는 팔부 중의 하나, 건달바와 함께 제석천의 음악을 맡아 연주하는 신이다. 인비인(人非人)으로 한역(漢譯)되고 있는데, 생긴 모습이 짐승인지 사람인지 구별하기 어렵기 때문에 이런 명칭이 붙었다.

9. 범어 Gandharva의 음사이다. 불법을 수호하는 팔부 중의 하나, 식향(食香), 심향행(尋香行), 향음(香陰)이라고 한역하는데, 술과 고기를 먹지 않고 오로지 향기만 먹으면서 살기 때문에 이렇게 번역되었다. 제석천의 음악을 맡아 연주하며, 때로는 동방 지국천을 따라 동방을 수호하기도 한다.

10. 범어 Asura의 음사이다. 비천(非天), 부단정(不端正)으로 한역되고, 싸우기를 좋아하는 신이다.

11. 범어 Garuda의 음사이다. 인도 고대 신화에 나오는 새로 본성이 사납다고 한다. 두 날개를 펴면 336만리가 되고, 머리에 여의주가 박혀 있으며, 비쉬누신이 타고다닌다. 용을 잡아먹고 살며, 금시조(金翅鳥) 또는 묘시조(妙翅鳥)라 한역된다.

12. 범어는 ananta-nirdeśa-pratisthāna-asmādhi이다. 무량한 법의 뜻을 나타내도록 하는 힘을 지닌 삼매이다. 다시 말해 한량없는 부처님의 가르침이 이 삼매에 의거하여 나온다는 뜻이다.

세계가 여섯 가지로 진동[13]하였다. 이때 법회 중의 비구 비구니 우바새 우바이 천 용 야차 건달바 아수라 가루라 긴나라 마후라가[14] 인비인 모든 소왕과 전륜성왕에 이르기까지 이 모든 대중이 미증유(未曾有)[15]를 얻어 기쁘고 즐거워 합장하고 일심으로 부처님을 우러러 보았다.

이때 부처님께서 미간 백호상[16]에 빛을 놓아 동방 만 팔 천 세계를 비추니 두루 미치지 아니한 곳이 없었다. 밑으로는 아비지옥에서 위로는 아가니타천[17]에 이르르며, 이 세계에서 저 국토의 육취 중생을 다 보고, 또 저 국토에 계시는 모든 부처님을 보고, 모든 부처님께서 경을 설하는 법을 듣기에 이르렀다. 아울러 저 국토의 모든 비구 비구니 우바새 우바이가 모든 행을 닦아 도를 얻는 자를 보며, 또 모든 보살마하살이 가지가지의 인연과 가지가지의 신해와 가지가지의 형상과 모양으로 보살도를 행하는 것을 보며, 또 모든 부처님이 반열반[18]에 드는 것을 보며,

---

13. 세간에 상서로운 조짐이 있을 때, 땅이 여섯 가지로 진동하는 모양을 말한다. ① 동(動):한쪽으로 움직이는 것, ② 기(起):아래에서 위로 흔들며 올라오는 것, ③ 용(涌):솟아올랐다가 내려가고 하는 것, ④ 진(震):은은히 소리 나는 것, ⑤후(吼):꽝하고 소리 내는 것, ⑥ 각(覺) 또는 격(擊):큰 소리로 깨닫게 하는 것, 앞의 세 가지는 땅의 움직이는 모습을 가리키고, 뒤 세 가지는 땅이 움직이는 소리를 말한다.
14. 범어 Mohoraga의 음사이다. 불법을 수호라는 팔부 중의 하나이다. 대망사(大蟒蛇) 대망신(大蟒神) 등으로 한역한다. 큰 뱀을 뜻하며 인간을 해치는 악신이었으나 부처님께 귀의한 후 불법을 수호하는 신장이 되었다.
15. 지금까지 없었던 것을 말함. 희유(希有), 난득(難得), 난사의(難思議) 등으로도 한역된다. 부처님, 보살 등과 같은 뛰어난 사람의 말씀이나 행적을 찬탄하는 뜻으로 자주 사용된다.
16. 부처님, 전륜성왕 등과 같이 뛰어난 분이 갖춘 32가지 특수한 모습 중 하나, 두 눈썹의 중간에 흰 털이 솟아나 있는 것을 말한다.
17. 범어 Akanistha의 음사이며, 유정천(有頂天)을 말한다. 색계 18천중에서 맨 위에 있는 천이다.
18. 범어 parinirvāna의 음사이다. 열반이란 모든 번뇌가 사라진 경지를 말하하는데, '반'은 범어 파리(pari)의 음사어로 '완전하다'는 뜻이다. 그러므로 열반의 한역어 적(寂)에 원(圓)을 붙여 원적(圓寂)이라고 한역한다. 그런데 파리(pari)는 '들어간다'는 뜻이 있어, 열반의 다른 한역어인 멸(滅)에 입(入)을 붙여 입멸(入滅)이라 하기도 한다. 열반과 동의어로 보는 경우도 있고, 열반보다 한 차원 높은 형태로 보는 경우도 있다. 한 차원 높은 열반으로 볼 때를 무여열반(無餘涅槃)이라 하고, 그 상대인 일반적인 열반을 유여열반(有餘涅槃)이라 한다.

또 모든 부처님의 반열반후에 불사리로 칠보탑을 세우는 것을 보았다.

　　이때 미륵보살이 다음과 같이 생각했다. 지금 세존께서 신통 변화 형상을 나타내니 무슨 인연으로 이러한 상서가 있는가? 지금 부처님 세존께서 삼매에 들어 이런 불가사의를 나타내는 건 희유한 일이다. 마땅히 누구에게 물어볼까? 누가 능히 답할까? 다시 이와 같은 생각을 하였다. 문수사리 법왕자가 일찍이 과거에 한량없는 부처님께 가까이하여 공양하였으므로 응당 이런 희유한 형상을 반드시 보았을 것이다. 내가 지금 마땅히 물어야겠다. 이때 비구 비구니 우바새 우바이와 모든 천 용 귀신 등에 이르기까지 모두 그와 같은 생각을 하여, 이러한 부처님의 광명 신통한 형상을 지금 누구에게 물어야 하나? 이때 미륵보살이 스스로 의심을 끊고자 하고, 또 비구 비구니 우바새 우바이와 모든 천 용 귀신 등 무리 모임의 마음을 관하여 문수사리에게 물어 말하였다. 어떠한 인연으로 이러한 상서로운 신통의 상이 있으며, 큰 광명을 동방 만 팔 천 국토를 비추어 저 국토의 부처님과 국계가 장엄된 것을 다 보게 합니까? 이에 미륵보살이 거듭 이 뜻을 펼치고자 게송으로 물었다.

　　문수사리시여 인도하는 스승(부처님)께서 어떠한 까닭으로
　　미간 백호에서 큰 광명을 널리 비추십니까?
　　만다라, 만수사꽃을 비오듯 하며,
　　전단향의 바람으로 대중의 마음을 기쁘게 하나이까?
　　이 인연으로 땅은 다 엄정해지고 이 세계는 여섯 가지로 진동하고,
　　이 때 사부대중은 모두 다 환희하여 몸과 뜻이 상쾌하여 미증유를
　　얻었나이다.
　　미간의 광명은 동방 만 팔 천 국토를 비추어 모두 금색과 같고,

아비지옥에서 위로 유정에 이르기까지 모든 세계 가운데 육도 중생
의 나고 죽는 곳과 선악업의 연으로 좋고 나쁜 과보를 받는 것을
여기서 다 보고,
또 보니 모든 부처님은 성서로운 주인이며 사자이시니 경전
연설하기를 미묘하고 제일이라,
그 음성이 청정하고 유연한 소리를 내시어 모든 보살을 가르치니
무수억만이라,

깨끗한 음성은 깊고 묘하여 사람에게 즐겁게 들리게 하며 각각의
세계에 정법을 강설하니,
가지가지의 인연과 무량한 비유로 불법을 비추어 밝히니 중생들에
게 열어서 깨닫게 하고,
만약 사람이 고통을 만나서 늙어 병들어 죽음을 싫어하면,
열반을 설하여 모든 괴로움의 끝을 다하도록 하시며,
만약 사람이 복이 있어서 일찍이 부처님께 공양하고,
수승한 법을 구하는 뜻이 있으면 연각[19]을 설하고,
만약 불자(佛子)가 가지가지의 행을 닦아 위없는 지혜를 구하고자
하면 깨끗한 도를 설하십니다.
문수사리시여. 내가 여기에 머물러 보고 들은 것이 천억의 일에
이르니,
이와 같이 많은 것을 지금 응당 간략하게 말하리라,

---

19. 범어는 pratyeka-buddha이다. 벽지불(辟支佛)이라고도 한다. 벽지불에 두 가지가
있다. 부처님이 계시지 않은 세상에 태어나 스스로의 수행력으로 깨닫는 사람을 연각
벽지(緣覺辟支) 또는 독각(獨覺)이라하고, 부처님으로부터 직접 12인연의 연기법을
듣고 그 이치를 관찰하여 깨달은 사람을 성문벽지(聲聞辟支)라 한다.

내가 저 국토의 항하사 보살을 보니,

가지가지의 인연으로 불도를 구하는데,

혹 보시행을 하여 금 은 산호 진주 마니 차거 마노 금강의 모든

보배와 노비와 타는 수레,

보배로 장식된 가마를 기쁘고 즐거운 마음으로 보시하여 불도에

회향하고,

이러한 승은 삼계제일이라 모든 부처님께서 찬탄하는 것을 얻기를

원합니다.

혹 어떤 보살은 네 필의 말이 끄는 보배 수레의 난순에 꽃으로

덮고, 장엄하게 꾸며 보시하고,

또 보니 (어떤) 보살은 몸과 살, 손, 발 그리고 처자를 보시하여

무상도를 구하고,

또 보니 (어떤) 보살은 머리, 눈, 신체를 흔쾌히 보시하여 부처님의

지혜를 구합니다.

문수사리시여, 내가 모든 왕을 보니 부처님 처소에 예방하여

무상도를 묻고는

문득 즐기던 나라와 궁전 신하와 첩을 버리고 수염과 머리를 깎고

법복을 입으며,

혹 보니 (어떤) 보살은 비구가 되어 홀로 한가하고 고요한 곳에서

경전을 즐거이 읽고,

또 보니 (어떤) 보살은 깊은 산에 들어가 용맹정진하여 불도를

사유하고,

또 보니 탐욕을 버리고 항상 비고 한가한 곳에서 깊은 선정을 닦아

다섯 가지 신통을 얻고,

또 보니 (어떤) 보살은 편안히 선을 하고 합장하여 천 만의
게송으로 모든 법왕을 찬탄하고,

또 보니 (어떤) 보살은 지혜가 깊고 뜻이 견고하여 능히 모든
부처님께 물어 들은 것 모두 수지하고,

또 보니 (어떤) 불자는 정혜가 구족하여 무량한 비유로 중생에게
법을 강의하고,

기뻐게 즐거이 법을 설하여 모든 보살을 교화하여 마의 군사를
깨뜨리고 법고를 두드리며,

또 보니 (어떤) 보살은 적연연묵(寂然宴默)하여 천 용이 공경하여도
기뻐하지 않으며,

또 보니 (어떤) 보살은 숲에 살며 빛을 놓아 지옥의 고통을 건져서
불도에 들어오게 하고,

또 보니 (어떤) 불자는 항상 잠을 자지 않고 숲속의 경행하여
정성스럽게 불도를 구하고,

또 보니 모든 계와 위의에 결함이 없고 보배 구슬과 같이 깨끗이
하여 불도를 구하고

또 보니 (어떤) 불자는 인욕의 힘에 머물러 증상만 사람으로부터
악하게 욕을 하고 때려도 모두 능히 참음으로 불 도를 구하고,

또 보니 (어떤) 보살은 모든 유희와 웃음거리, 어리석은 권속을 멀
리하고 지혜로운 사람을 친하게 가까이하고 일심으로 산란함을 없
애고 생각을 굳건히 하여 산림에서 억 천 만 세에 불도를 구하고,

혹 보니 (어떤) 보살은 반찬과 음식 백 가지의 탕약을 부처님과

스님에게 보시하고

가치가 천만인 이름 있는 위 옷과 혹 가치를 따질 수 없는 옷을

부처님과 스님에게 보시하고

천 만 억 가지의 전단 보배 집과 많은 오묘한 눕는 가구를 부처님과

스님에게 보시하고,

청정한 원림과 무성한 꽃과 과실과 흐르는 샘과 목욕하는

연못을 부처님과 스님에게 보시하고

이와 같은 가지가지의 미묘한 것을 보시하기를 환희하고

싫어함이 없이 무상도를 구하고,

혹 보살이 있으니 적멸법을 설하여 무수한 중생에게 여러 가지를

가르치고 알리며,

혹 보니 (어떤) 보살은 모든 법의 성품이 두 가지 상이 없음을

관하여 마치 허공과 같고

또 보니 (어떤) 불자는 마음에 집착하는 바가 없고 이 묘한 지혜로

무상도를 구합니다.

문수사리시여. 또 보살이 있으니 부처님 멸도 후 사리에 공양하고

또 보니 (어떤) 불자는 모든 탑묘를 항하사와 같이 지어서 국계를

장엄하고,

오묘한 보탑의 높이는 오천유순[20]이고 가로와 세로는 반듯하여

이천유순이며,

하나하나의 탑묘는 각각 천 개의 당번이 있고, 구슬이 교차하고

---

20. 범어 yojana의 음사이다. 성왕(聖王)이 하루 동안 가는 거리를 말하는데, 40리(혹은 30리)에 해당한다.

이슬만과 보배령이 화합하여 울리고,

모든 천 용신 사람과 비인이 향과 꽃 기악으로 항상 공양합니다.

문수사리시여 모든 불자 등이 사리에 공양하기 위해 탑묘를

장엄하 게 꾸미고

국가의 경계는 자연스레 수승하게 뛰어나 묘하게 좋으며

하늘의 수왕(樹王)[21]과 같이 그 꽃이 열려 펼쳐져 있습니다.

부처님께서 한 줄기 빛을 놓으니 나와 모인 대중은

이 국계의 가지가지의 수승하고 묘한 것을 보았습니다.

모든 부처님의 신통력과 지혜는 희유하여 한줄기 맑은 빛을

놓으시니 무량한 나라를 비추고

저희들은 이것을 보고 미증유를 얻었습니다.

불자인 문수여 원컨대 대중의 의심을 끊어 주시고

사부대중은 당신과 저를 좋아하여 우러러 봅니다.

세존께서 어떠한 까닭으로 이러한 광명을 놓으십니까?

불자께서는 답을 하여 의심을 끊어서 기쁘게 하여 주소서.

어떠한 넉넉한 이익 되는 바가 있기에 이러한 광명을 펴시나이까?

부처님께서 도량에 앉아 얻은 묘한 법 이것을 설하고자 합니까?

응당 수기를 주기 위함입니까?

모든 불토의 많은 보배와 엄정을 보이시고 모든 부처님을 보는

것은 작은 인연이 아니옵니다.

문수시여 마땅히 아소서. 사부대중과 용과 신이 당신을 우러러

---

21. 제석천의 선견성(善見城) 동북쪽에 있는 나무, 파리질다라수라 한다.

보고 있으니

무엇을 설하려 하십니까?

이때 문수사리께서 미륵보살마하살과 모든 대사에게 말하였다. 선남자들이여 나의 생각으로는 지금 불세존께서 큰 법을 설하시려 하고, 큰 법 비를 내리시려 하고, 큰 법의 나팔을 불려 하시고, 큰 법의 북을 치려고 하시고, 큰 법의 뜻을 설하시려 합니다.

내가 과거 모든 부처님에게서 이러한 상서로움을 보았는데. 이러한 광명을 놓은 후 곧 대법을 설하였습니다. 이러한 까닭으로 마땅히 알아야 합니다. 지금 부처님께서 광명을 나타냄은 또한 역시 이와 같습니다. 중생으로 하여금 모두 일체세간의 믿기 어려운 법을 들어 알게 하고자 이런 상서로움 나타냈습니다. 모든 선남자여 과거 무량하고 무변하며 불가사의한 아승지겁 그때에 부처님께서 있었으니 이름이 일월등명 여래[22] 응공 정변지 명행족 선서 세간해 무상사 조어장부 천인사 불세존이었습니다. 정법을 설하기를 처음도 좋았고 중간도 좋았으며 끝도 좋았습니다. 그 뜻은 깊고 멀며 그 말은 교묘하고 순수하여 하나의 잡됨이 없어서 맑고 깨끗한 범행의 상을 구족하였습니다. 성문[23]을 구하는 사

---

22. 부처님의 열 가지 이름, ① 여래(如來, Tathāgata) : 진여에서 이 세상에 와 진리를 보여주는 사람, ② 응공(應供, Arhat) : 인간과 신들로부터 존경과 공양을 받을 자격 있는 자, ③ 정변지(正遍知, Samyak-sambuddha) : 완전한 진리를 깨달은 자, ④ 명행족(明行足, Vidyā-carana-sampanna) : 지혜와 행을 구비한 자, ⑤ 선서(善逝, Sugata) : 고해를 건너 저 언덕(피안)에 갈 수 있는 자, ⑥ 세간해(세간해, Loka-vid) : 세간과 출세간의 일을 알고 궁구하는 자, ⑦ 무상사(無上士, Anuttara) : 세상에서 가장 높고 훌륭한 사람, ⑧ 조어장부(調御丈夫, Purusa-damya-sārathi) : 사람들을 잘 다루어 깨달음에 이르게 하는 사람, ⑨ 천인사(天人師, Devamanusyaśāstr) : 천(天)과 사람의 스승을 말함, ⑩ 불세존(佛世尊, Bhagavat) : 불은 깨달은 사람, 세존은 세상에서 가장 존귀한 스승이라는 뜻의 합성어.
23. 범어는 śrāvaka이다. 부처님의 제자라는 뜻이다. 부처님의 가르침을 듣고 깨닫는 성자를 말한다.

람을 위하여 사제법을 설하여 생로병사를 건너 궁극에 열반에 이르게 하고, 벽지불을 구하는 사람을 위하여 십이인연법을 설하고, 모든 보살을 위하여 육바라밀을 설하여 아뇩다라삼먁삼보리를 얻어 일체종지를 이루게 하였습니다.

또 부처님이 계셨으니 이름 또한 일월등명이었고, 또 부처님이 계셨으니 또한 이름이 일월등명이었습니다. 이와 같이 이 만 부처님이 모두 같은 한 글자인데 이름이 일월등명 이었고, 또한 같은 성이었는데 파라타이었습니다.

미륵이여 응당 알아야 합니다. 처음 부처님과 뒤의 부처님이 다 같은 한 글자인데 이름이 일월등명으로 십호를 구족하였습니다. 설법한 바가 처음과 중간 끝이 모두 좋았으며, 그 마지막 부처님이 출가하기 전에 여덟 명의 왕자가 있었는데, 첫째 이름이 유의, 둘째 이름이 선의, 셋째 이름이 무량의, 넷째 이름이 보의, 다섯 째 이름이 증의, 여섯 째 이름이 제의의, 일곱 째 이름이 향의, 여덟 째 이름이 법의였습니다. 이 여덟 왕자는 위엄과 덕이 스스로 있어서 각각 사천하를 다스리고, 이 모든 왕자는 아버지가 출가하여 아뇩다라삼먁삼보리를 얻었다는 것을 듣고 모두 왕위를 버리고 역시 출가하여 대승의 뜻을 발원하여 항상 범행을 닦고 모두 법사가 되어 이미 천 만의 부처님 처소에서 모든 착한 근본을 심었습니다.

이때 일월등명불께서 대승경을 설하시니 이름이 무량의경이고, 보살을 가르치는 법이요, 부처님께서 호념하시는 바입니다. 이 경을 설하기를 마치고 즉시 대중 가운데에서 결가부좌하시고 무량의처삼매에 들어 몸과 마음이 움직이지 않았습니다. 이때 하늘에서 만다라꽃 마하만다라꽃 만수사꽃 마하만수사꽃이 비 오듯 내려 부처님 위와 모든 대중들에게 뿌려지고, 넓은 부처님 세계는 여섯 가지로 진동하였습니다. 이때 법회 가운데 비구 비구니 우바새 우바이 천 용 야차 건달바 아수라 가루라 긴나라 마후라가 인비인, 그리고 모든 작은 왕 전륜성왕 등 이 모든 대중이 미증유를 얻어 환희하여 합장하고, 일심으로 부처님을 우러러 보았습니다.

이때 여래께서 미간 백호상에서 광명을 놓으니 동방 만 팔 천 불국토를 비추어 두루 미치지 않은 곳이 없었으며, 지금 보는 이 모든 불국토와 같았습니다.

미륵이여 마땅히 알아야 합니다. 이때 모임 가운데 이 십 억 보살이 있었으니 즐거이 법을 듣기를 원했으며 이 모든 보살이 이 광명이 넓은 불국토를 비추는 것을 보고 미증유를 얻어 이 광명 비추어 지게 된 인연을 알고자 하였습니다. 그때 보살이 있었는데 이름이 묘광이며 팔백의 제자가 있었습니다. 이때 일월등명불께서 삼매에서 일어나 묘광보살 인하여 대승경을 설하시니 이름이 묘법연화이며 보살을 가르치는 법이며 부처님께서 호념하시는 바입니다.

육 십 소겁[24] 동안 자리에서 일어나지 않았는데, 모인 대중도 역시 한 자리에 앉아 육 십 소겁 동안 몸과 마음이 움직이지 않았으며 부처님께서 설하는 바를 들었는데 밥 먹는 시간 정도로 생각했습니다. 그때 대중 가운데 몸과 마음에 게으름 피우는 사람이 한 명도 없었습니다.

일월등명불께서 이 경을 설하기를 마치고 즉시 범천, 마, 사문, 바라문, 그리고 천 인 아수라의 대중 가운데에서 이렇게 말을 하였습니다.

---

24. 소겁(小劫)에 대해 여러 가지 설이 있지만, 8만 세에서 1백 년에 한 살씩 감해 10세에 이르고, 다시 10세에서 1백 년에 한 살씩 늘어가 8만 세가 되는 기간을 말한다.

"여래는 오늘 밤중에 무여열반에 들리라" 그때 보살이 있었는데, 이름이 덕장이고 일월등명불께서 즉시 수기를 하여 모든 비구에게 말하였습니다. "이 덕장보살은 다음에 부처가 되니 이름이 정신 다타아가도 아라하 삼먁삼붓다이니라" 부처님께서 수기를 마치고는 바로 한 밤에 무여열반에 드셨습니다.

부처님께서 멸도하신 후 묘광보살은 묘법연화경을 지녀 팔 십 소겁 동안 사람들에게 설하였습니다. 일월등명불의 여덟 명의 아들 모두 묘광이 스승이었으며, 묘광이 교화하여 아뇩다라삼먁삼보리를 견고하게 하였습니다. 이 모든 왕자는 무량 백 천 만 억 불에게 공양을 마치고 모두 불도를 이루었는데 최후에 성불한 자가 연등이었습니다. 팔백제자 가운데 한 사람이 있었으니 이름이 구명인데 이양을 탐착하고 비록 많은 경을 독송하였으나, 통리하지 못하고 다소 잊어버리고 빠뜨리는 게 많았습니다. 그러한 까닭으로 구명이라 하였습니다. 이 사람 역시 많은 선근을 심은 인연으로, 한량없는 백 천 만 억의 모든 부처님을 만나는 것을 얻어서 공양공경하고 존중 찬탄하였습니다.

미륵이여 마땅히 알아야 합니다. 이때의 묘광보살이 어찌 다른 사람이겠습니까? 바로 나이고, 구명보살이 미륵보살입니다. 지금 상서를 보니 옛날과 다름이 없습니다. 이러한 까닭으로 생각해보면 오늘 여래께서 응당 대승경을 설하는데 이름이 묘법연화이고 보살을 가르치는 법이며 부처님께서 호념하시는 바입니다. 이때 문수사리가 대중 가운데에서 거듭 이 뜻을 펼치고자 게송으로 설하여 말하였다.

내가 생각하니 과거 세상 무량무수겁 전에
사람 가운데 존중을 받는 부처님이 계셨으니 호가 일월등명이시라

세존께서 법을 연설하여 무량한 중생을 제도하시고

무수억 보살을 부처의 지혜로 들게 하시네,

부처님께서 출가하시기 전 낳은 여덟 왕자는

큰 성인을 보고 출가하여 또한 범행을 따라 수행하였다네.

때에 부처님께서 대승경을 설하시니 이름이 무량의라

모든 대중 가운데에서 널리 분별하였다네.

부처님 이 경 설하기를 마치시고 즉시 법자리 위에

결가부좌하여 삼매에 드니 이름이 무량의처라

하늘에서 만다라꽃이 비 내리고 하늘 북이 저절로 울리니

모든 천룡과 귀신들이 사람 가운데 가장 높으신 분께 공양올리고

일체 모든 불토는 즉시 크게 진동하고

부처님 미간에서 광명을 놓으니 모든 희유한 일들이 나타나네.

이 광명 동방 만 팔 천 불토를 비추니

일체 중생의 생사 업보처를 볼 수 있고

모든 불토가 많은 보배로 장엄되었는데

유리 파리 색이라 이것은 부처님 광명 비춤 때문이네.

모든 천인 용 신 야차의 무리

건달바 긴나라에 이르기까지 각각 부처님께 공양 올림을 보이고

또 모든 여래가 자연스레 불도를 이루어

몸 색은 금산과 같으며 단정하고 깊게 미묘함을 보는 것이

깨끗한 유리 가운데에서 진금상을 나타내는 것과 같았네.

세존께서 대중 가운데에서 깊은 법의 뜻을 연설하시니

하나하나의 모든 불토에 성문이 무수하고

부처님 광명을 비춤으로 인하여 저 국토의 대중 모두 다 보네.

혹 모든 비구가 산림 중에 있으면서

정진하고 깨끗한 계를 지니기를 마치 밝은 구슬 보호하듯 하네.

또 보시 인욕 등을 행하는 모든 보살

그 수가 항하사와 같으며 부처님의 광명 비춤으로 보게 되네.

또 모든 보살이 깊은 모든 선정에 들어

신심이 고요하여 움직임이 없고 무상의 도를 구함을 보네.

또 모든 보살이 법의 적멸상을 알아

각기 그 국토에서 법을 설하여 불도를 구하는 것을 보네.

이때 사부대중은 일월등명불이

대신통력을 나타내는 것을 보아 마음이 기쁘고 즐거우며.

각각 서로 묻기를 이것은 어떠한 인연인가?

천인이 받드는 세존께서 마침 삼매에서 일어나

묘광보살을 찬탄하고 너는 세상의 눈이 되니

일체가 돌아가 믿는 바가 되어 능히 법장을 지닐지니.

내가 설한 법과 같이 하면 오직 너만 능히 지혜를 증득하리라.

세존께서 이미 찬탄하시고 묘광이 환희하여서

이 법화경을 설하기를 육 십 소겁이 다하도록

이 자리에서 일어나지 않고 묘한 법을 설하네.

묘광법사가 능히 다 수지하고

부처님께서 이 법화를 설하니 중생이 환희하네.

이날에 천인들에게 말하기를

모든 법 실상의 뜻 이미 너희들에게 설하였네.

오늘 밤 중에 나는 열반에 들리라

너희들은 일심으로 정진하고 응당 방일하지 말라.

모든 부처님 만나기 심히 어려우니 억겁의 때가 되어야

한 번 만나리라.

세존의 모든 제자들이 부처님의 열반을 듣고

각자 슬프고 괴로워하면서 부처님 멸도 어찌 이렇게 빠르신가?

성주이신 법왕께서 무량한 중생을 위로하고

내가 멸도시 너희들은 근심하고 두려워하지 말라.

이 덕장보살이 무루실상에

이미 마음으로 통달했으니 다음에 부처라 되리니

이름이 정신이고 무량한 중생을 제도하리라

부처님께서 오늘 밤에 멸도에 들어 땔 나무가 다하여 불이 꺼지는

것과 같았네.

많은 사리를 분포하여 무량한 탑을 세우고

비구 비구니 그 수가 항하사와 같고

더욱 더 정진하여 무상도를 구하네.

묘광법사가 불법의 장을 받들고 지녀서

팔 십 소겁 동안 널리 법화경을 펴고

여덟 왕자를 묘광이 개화시켜서

무상도에 견고하여 많은 부처님을 친견하고
모든 부처님께 공양을 올리고 큰 도를 따라 닦고.
차례대로 성불하여 차례대로 수기하여
최후의 천중천은 이름이 연등불이었는데,
모든 신선을 인도하는 스승이며 무량한 중생을 제도하셨네.

묘광법사에게 한 제자가 있었으니
마음이 항상 게으르고 명리에 탐착하였네.
명리 구하기를 싫어하지 않고 명문 집을 많이 돌아다니며
익히고 외우기를 버려서 통리하지 못하고
이러한 인연으로 이름이 구명이었다네.

또한 많은 선업을 행하여 무수한 부처님을 친견하여
많은 부처님께 공양을 올리고 큰 도를 수순하여
육바라밀을 구족하고 지금 석사자를 친견하여
다음에 성불을 하니 이름이 미륵이네.
널리 많은 중생을 제도하기를 그 수가 무량이네.

저 부처님(일월등명불) 멸도 후에 게으른 사람이 너(미륵)이고
묘광법사가 지금의 나(문수보살)이네.
내가 본 일월등명불의 상서로운 광명이 지금과 같으니
이 부처님도 법화경을 설하시고자 함을 알 수 있네.
지금의 상서가 모든 부처님의 방편 상서로움과 같으니
지금 부처님의 광명이 실상의 뜻을 도와서

모든 사람들은 마땅히 알아야 할지니 일심으로 합장하고
기다리시오.
부처님께서 법의 비를 내리고 도를 구하는 자에게 충족시키니
모든 삼승을 구하는 사람이 만약 의심을 품으면
부처님께서 마땅히 끊어 없애고 남는 것이 없게 하리라.

해 설

이 서품은 적문의 서분임과 동시에 법화경 전체의 서분에 해당한다. 서분의 내용은 부처님께서 설한 경의 처음에 그 경을 믿어야 함을 증명하기 위해 6가지 사항(六成就)을 밝히는 부분이며, 모든 경에 공통되는 것이다. 그리고 부처님께서 법화경을 설하기 전 상서를 보이는데, 이것은 과거 일월등명불 때에도 있었던 일이어서 부처님께서 큰 법을 설하는 징후라고 문수보살이 말한다. 먼저 육성취부터 공부하고, 상서를 살펴보기로 한다. 경전이 육성취로 시작하게 된 연유가 있는데, 《대지도론》(권 제2)에서 전하고 있는데, 다음과 같다.

『붓다께서 열반에 드실 때에 구이나갈국의 살라나무 두 그루 사이에서 머리를 북쪽으로 하시고 누워서 열반에 드시려 하였다.

그때 아난은 친척으로서의 애정이 각별하여 근심과 걱정에 빠져 헤어나지 못하였다. 이때 아니로두(아나율) 장로는 아난에게 이렇게 말하였다. "그대는 붓다의 법장(法藏)을 지킬 사람이다. 범부들처럼 근심의 바다에 빠져 있어서는 안 된다. 온갖 유위법은 모두 무상한 모습이니 그대는 너무 근심치 말라. 또 붓다께서 몸소 그대에게 법을 전해 주셨거늘 그대가 지금 근심에 빠져 버리면 맡은 소임을 잃어버리는 것이다. 그대는 지금 붓다께 이렇게 물어야 한다. '붓다께서 열반에 드신 뒤에 우리들은 어떻게 도를 닦아야 합니까? 누구를 스승으로 삼아야 합니까? 말이 험한 차익(車匿)과는 함께 어떻게 살아야 합니까? 불경 첫머리에는 무슨 말을 둡니까?'라는 등 갖가지 장래의 일을 붓다께 물으라."

아난이 이 말을 듣고 근심에서 조금 깨어나 도력을 회복하고는 붓다께서 누우신 침상 곁에 기대서서 위의 일을 붓다께 여쭈니 붓다께서 아난에게 이렇게 말씀하셨다. "(……) 또 내가 세 아승지겁 동안에 모은 법보장(法寶藏)의 첫머리에는 '이와 같이 내가 들었다. 어느 때 붓다께서 어느 쪽 어느 나라 어느 지방의 숲 속에 계셨다. [如是我聞 一時佛在 某方某國土 某處 樹林中]'라고 하라. 왜냐하면 과거 모든 붓다의 경 첫머리에도 이 말씀을 두셨고, 미래 모든 붓다의 경 첫머리에도 이 말씀을 두실 것이며, 현재 모든 붓다들께서 마지막 열반에 드실 때에도 이 말씀을 두도록 가르치시기 때문이다."』

1. 육성취(六成就)

(1) 신성취(信成就)

신성취는 믿음이 성취된 것이니 "이와 같이(如是)"라고 한 부분이다. "이와 같이(如是)"는 더하거나 뺀 것이 아니라는 뜻이다.

(2) 문성취(聞成就)

문성취는 들음이 성취된 것이니 "내가 들었다(我聞)"라고 한 부분이다. "내가 들었다"라는 것은 아난 자신이 들은 것뿐이지 결코 자신의 견해가 아니라는 것이다.

(3) 시성취(時成就)

시성취는 "어느 때(一時)"라고 한 부분이다. "어느 때"는 경이 설해진 시기를 말하는데, 지역 마다 시간이 같지 않으므로 "이렇게(어느 때, 一時)"라고 기록한 것이라 한다.

(4) 주성취(主成就)

주성취는 설법의 주체를 밝히는 부분으로 "부처님께서(佛)"라 한 부분이다. 불(佛)은 산스크리트어 "buddha, 붓다"의 음역(音譯)이다. 불(佛)이란 진리를 깨달은 자(覺者)를 말한다. 그러면 부처님께서 깨달은 진리는 무엇일까? 여러 가지 설(說)이 있으나 연기(緣起)를 깨달은 것으로 보는 것이 정설이다. 연기에 대해 《장아함경》 권12에 다음과 같이 언급되어 있다.

「부처님께서 비구에게 말하였다. 연기법이라는 것은 내가 지은
바가 아니다. 역시 다른 사람이 지은 것도 아니다. 그리고 저 여래
가 세상에 나오거나 나오지 않거나 관계없이 (연기법은) 법계에 항
상 머무른다. 저 여래가 스스로 이 법(연기법)을 깨달아 등정각(等
正覺)을 이루고, 모든 중생을 위하여 분별하여 설하고, 열어서 나
타내 보여 주었으니, 이른바 "이것이 있으므로 저것이 있고, 이것
이 일어나므로 저 것이 일어난다." 무명을 연하여 행이 있고, 내지
아주 큰 고의 무더기가 집기하며, 무명이 멸하므로 행이 멸하고,
내지 아주 큰 고의 무더기가 멸한다. (佛告比丘 緣起法者 非我所
作 亦非餘人作 然彼如來 出世及未出世 法界常住 彼如來自覺此法
成等正覺 爲諸衆生 分別演說 開發顯示 所謂此有故彼有 此起故彼
起 謂緣無明行 乃至純大苦聚集 無明滅故行滅 乃至純大苦聚滅)」

(5) 처성취(處成就)

처성취는 설법의 장소를 말하는데, 법화경의 설법장소는 두 군
데이다. 그래서 보통 2처3회라 한다. 첫 번째 설법 장소는 영취산(
서품에서 법사품까지)이며, 두 번째 설법장소는 허공(견보탑품에
서 촉루품까지)이며, 세 번째 설법장소는 다시 영취산(약왕보살본
사품에서 보현보살권발품까지)이다. 따라서 장소는 두 군데이고,
법회는 3회가 되는 셈이다.

(6) 중성취(衆成就)

중성취는 법문을 듣는 대중을 말한다. 경전을 보면 1만 2천의 아라한, 학무학(學無學)의 2천명, 마하파사파제비구니와 그 권속 6천명, 야수다라비구니와 그 권속, 보살마하살 8만, 천상계의 천왕과 그 권속, 팔부신중의 무리와 그 권속, 그리고 인간으로는 아사세왕과 그 권속들이다.

2. 상서로운 조짐

부처님께서 《무량의경(無量義經)》을 설해 마치고 결가부좌하여 무량의처 삼매에 들어가 미동도 하지 않는다. 그때 하늘에서 하늘 꽃등이 내리고, 땅이 여섯 가지로 진동하고, 백호상에서 광명을 놓아 동방 1만 8천의 세계를 비추고, 그 세계의 일들을 보여준다. 이와 같은 상서를 보이는 것은 부처님께서 큰 법을 설하기 위한 조짐이라는 것이다. 중국 양나라 때, 법운(法雲)은 이 상서를 차토(此土)의 6서와 타토(他土)의 6서로 나누었다.

(1) 차토의 6서(이 땅의 6가지 상서)

① 부처님께서 무량의경을 설하신 것(說法瑞)
② 부처님께서 무량의처 삼매에 드신 것(入定瑞)
③ 하늘 꽃이 비 오듯 내리는 것(雨華瑞)
④ 땅이 여섯 가지로 진동하는 것(地動瑞)

⑤ 회중의 4부대중, 천룡팔부들이 위의 것을 보고 환희하는 것(衆喜瑞)

⑥ 부처님께서 백호상에서 광명을 놓은 것(放光瑞)

(2) 타토의 6서(다른 땅의 6가지 상서)

① 다른 땅의 6도 중생을 보는 것(見六趣瑞)

② 다른 땅에 계시는 모든 부처님을 보는 것(見諸佛瑞)

③ 모든 부처님의 설법을 듣는 것(聞諸佛說法瑞)

④ 4부대중이 수행하고 득도하는 것을 보는 것(見四衆得道瑞)

⑤ 보살들이 수행하는 것을 보는 것(見行瑞)

⑥ 모든 부처님께서 반열반하는 것을 보는 것(見佛涅槃瑞)

여기서의 '이 땅'이란 부처님과 부처님을 둘러싸고 있는 대중이 한 자리에 모인 장소, 영축산을 말하며, '다른 땅'이란 부처님의 백호상에서 발한 광명에 의해 비추어진 동방 1만 8천의 세계를 말한다.

그리고 이러한 상서를 본 대중들은 의문을 갖게 되는데, 이것을 미륵보살이 문수보살에게 물어본다. 왜냐하면 문수보살이 예부터 많은 부처님을 모셔 온 보살이기 때문이다. 그에 대한 대답은 과거 아승지겁 전에 일월등명불의 이야기를 함으로써 지금의 석가모니불께서도 법화경을 설할 것이라는 말을 한다.

방편품 제이(方便品 第二)

이때 세존께서 삼매에서 조용히 일어나 사리불에게 말하였다. 모든 부처님 지혜 깊고 깊어 무량하고 그 지혜의 문 이해하기 어렵고 들어가기 어려워서, 모든 성문 벽지불이 능히 알 수 있는 바가 아니니라. 왜냐하면 부처님은 일찍이 백 천 만억의 무수한 부처님을 가까이하여 모든 부처님의 무량한 도법을 행하여 마치고 용맹정진하여서, 그 이름이 널리 퍼졌으며 깊고 깊은 미증유의 법을 성취하여 마땅한 바에 따라 설했으므로 뜻을 알기가 어려운 것이다.

사리불아 내가 성불한 이래 가지가지의 인연과 가지가지의 비유를 들어 널리 설명하고 가르쳤으며, 무수한 방편으로 중생을 인도하였고 모든 탐착을 끊게하였다. 왜냐하면 여래는 방편지견바라밀을 이미 다 구족했기 때문이다. 사리불아 여래의 지견은 넓고 크고 깊고 멀어서 (4) 무량[25] (4) 무애[26] (10) 력[27] (4) 무소외[28]와 선정 해탈 삼매에 깊이 들어 일체의 미증유한 법을 성취하였느니라. 사리불아 여래는 능히 가지가지로 분별하고 모든 법을 교묘히 설하니 언사가 유연하여 중생의 마을을 기쁘게 하느니라. 사리불아 중요한 것을 들어 말하자면, 무량하고

---

25. 사무량심(四無量心)을 말한다. 불보살이 중생을 제도하기 위하여 마땅히 갖추어야 할 네 가지 마음인데, 자(慈), 비(悲), 희(喜), 사(捨)이다. 대비바사론 권 82에 ① 자무량 (慈無量)이란 무량한 중생을 대상으로 그들이 즐거움(樂)을 얻도록 하는 법을 사유하며 자등지(慈等至)로 들어가는 것을 말한다. ② 비무량(悲無量)이란 무량한 중생을 대상으로 그들이 괴로움을 벗어나도록 하는 법을 사유하며 비등지(悲等至)로 들어가는 것을 말한다. ③ 희무량(喜無量)이란 무량한 중생이 괴로움에서 벗어나 즐거움을 얻고 내심 깊이 희열을 느낀다고 사유하며 희등지(喜等至)로 들어가는 것을 말한다. ④ 사무량(捨無量)이란 무량한 중생이 모두 평등하고 멀거나 가까운 등의 차별이 없다고 사유하며 사등지(捨等至)로 들어가는 것을 말한다.

무변한 미증유법을 부처님께서는 다 성취하였느니라.

그만두어라 사리불아. 다시 말할 필요가 없느니라. 왜냐하면 부처님
이 성취한 바는 제일 회유하며 이해하기 어려운 법이어서, 오직 부처님
께서 부처님과 더불어 능히 제법의 실상을 다 알기 때문이니라. 소위 모
든 법이란 이와 같은 상이며, 이와 같은 성이며, 이와 같은 체이며, 이와

---

26. 사무애해(四無礙解) 또는 사무애변(四無礙辯), 사무애지(四無礙智)의 줄임말이다. 자
유자재하고 걸림이 없는 네 가지의 이해능력(智解)과 언어 구사능력(辯才)으로, 대지
도론에 따르면 ① 법무애해(法無礙解)란 법을 나타내는 명구(名句)와 문장의 뜻을 깨
달아 자유롭게 드러내고 걸림 없고 바르게 판단하는 지혜를 말한다. ② 의무애해(義
無礙解)란 법을 해설한 이치(義)에 정통할 뿐만 아니라 걸림 없이 판단하는 지혜를 말
한다. ③ 사무애해(詞無礙解)란 모든 종류의 말들에 정통하여 걸림 없이 자유자재로
구사하는 지혜를 말한다. ④ 변무애해(辯無礙解)란 바른 이치에 따라 걸림 없는 변재
로 드러내는 지혜를 말한다. 또 상대방의 희망에 따라 가장 적절한 방편으로 기꺼이
설해 주므로 낙설무애해라고도 한다.
27. 부처님이 가지는 특유의 10가지 지혜의 힘을 말한다. ① 처비처지력(處非處智力):도
리에 맞는 것과 도리에 맞지 않는 것을 변별하는 힘, ② 업이숙지력(業異熟智力):하나
하나의 업인(業因)과 그 과보와의 관계를 여실히 알 수 있는 힘, ③ 정려해탈등지등지
지력(靜慮解脫等持等至智力):사선(四禪), 팔해탈(八解脫) 삼삼매(三三昧), 팔등지(八
等至) 등의 선정을 아는 힘, ④ 근상하지력(根上下智力):중생들의 근기의 상하 우열
을 아는 힘, ⑤ 종종승해지력(種種勝解智力):중생의 갖가지 소망을 아는 힘, ⑥ 종종
계지력(種種界智力):중생과 모든 법의 본성을 아는 힘, ⑦ 편취행지력(遍趣行智力):
중생이 여러 곳(지옥이나 열반)으로 향하여 가는 것을 아는 힘, ⑧ 숙주수염지력(宿住
隨念智力):전생의 일을 생각나게 하는 힘, ⑨ 사생지력(死生智力):중생이 죽어서 태
어날 곳을 아는 힘, ⑩ 누진지력(漏盡智力):번뇌를 끊은 경지(열반)와 거기에 도달하
기 위한 수단을 여실히 알 수 있는 힘을 말한다.
28. 불보살이 성취한 네 가지 무소외(無所畏)를 일컫는 말인데, 보통 대중에게 설법할 때
한 치의 두려움도 없이 용맹스럽고 편안한 태도를 유지하는 힘을 말한다. 《증일아함
경》권19,《대반야경》권53에 의하면 다음과 같다. ① 제법현등각무외(諸法現等覺無
畏):모든 법을 바르고 평등하게 깨달았기 때문에 외도, 악마, 범천 등이 대중 속에서 '
부처님은 이 법을 성취하지 못하였다.'라고 하거나 '이 법은 바르고 평등하게 깨닫는
법이 아니다.'라고 하면서 비난하더라도 그것에 의해 어떤 두려움도 일으키지 않고
평안한 마음으로 설법하는 것. ② 일체누진지무외(一切漏盡智無畏):모든 번뇌를 다
하여 다시는 태어나지 않는 경지에 도달했기 때문에 외도. 악마. 범천 등이 대중 속에
서 '부처님은 번뇌가 다하지 않았다.'라고 하면서 비난하더라도 그것에 의해 어떤 두
려움도 일으키지 않고 평안한 마음으로 설법하는 것. ③ 장법불허결정수기무외(障法
不虛決定授記無畏):염오법은 장애가 되는 것임을 설하였을 때, 외도 악마 범천 등이
대중 속에서 '부처님은 다시 장애가 되는 법으로 돌아 갈 것이다.'라고 하거나 '이 장
애가 되는 법을 배운다고 해도 장애로부터 벗어나지 못한다.'고 비난 하더라도 그것
에 의해 어떤 두려움도 일으키지 않고 평안한 마음으로 설법하는 것. ④ 위증일체구
족출도여성무외(爲證一切具足出道如性無畏):불도를 닦으면 괴로움을 완전히 벗어
난다고 설할 때, 외도 악마 범천 등이 대중 속에서 '부처님은 괴로움을 벗어나지 못했
다.'라고 하거나 '이 도리에 의지해도 괴로움에서 벗어나지 못한다.'라고 하면서 비난
하더라도 그것에 의해 어떤 두려움도 일으키지 않고 평안한 마음으로 설법하는 것.

같은 역이며, 이와 같은 작이며, 이와 같은 인이며, 이와 같은 연이며, 이와 같은 과이며, 이와 같은 보이며, 이와 같은 여시본말구경등이니라.

이때 세존께서 이 뜻을 거듭 펴시고자 게송으로 말하였다.

세상의 영웅 가히 헤아릴 수 없으니 모든 천과 세상의 사람
모든 중생류에 이르기까지 능히 부처님을 아는 자가 없네.
부처님의 함과 두려움 없음 해탈과 여러 가지 삼매
부처님의 여러 가지 나머지 법 측량할 사람이 없네.

본래 무수한 부처님을 따라 구족하게 모든 도를 행했네.
실히 깊고 미묘한 법, 보기 어렵고 알기 어려워
무량한 겁 동안 이 모든 도를 행하여 마치고
도량에서 과 이룸을 나는 이미 다 보고 아느니라.

이와 같은 큰 과보와 가지가지의 성품과 형상의 뜻을
나와 시방세계 부처님만이 능히 이런 일을 아시니라.
이런 법은 보일 수 없는 것이며 말로 더욱 더 할 수 없으니
모든 중생들 능히 이해를 할 수 없으나
믿는 힘이 견고한 보살들은 제외되니라.

모든 불제자들 일찌기 모든 부처님께 공양 올리고
모든 번뇌를 다하여 최후의 몸에 머무는
이와 같은 모든 사람도 그 힘으로 감당하지 못하리

가령 사리불같은 사람이 세상에 가득하여

함께 헤아려 생각을 다하여도 부처님 지혜 측량하지 못하리.

시방에 사리불 같은 사람 가득하고

모든 제자 또한 시방 국토에 가득하여

함께 헤아려 생각을 다하여도 역시 부처님 지혜 알지 못하리.

예리한 지혜와 무루의 최후 몸인 벽지불이

시방에 가득하여 그 수가 죽림과 같아

이러한 사람들이 함께 일심으로 무량겁 동안

부처님의 진실한 지혜 사량하여도 조금도 알 수 없다네.

처음 발심한 보살이 무수한 부처님께 공양하고

모든 뜻과 이치를 요달하고 능히 법을 잘 설하는 이

시방에 충만 하기가 벼 삼 대 갈대와 같아

일심으로 묘한 지혜로 항하사 겁 동안

함께 사량하여도 부처님의 지혜 알 수 없다네.

불퇴전의 모든 보살 그 수가 항하사 같고

일심으로 함께 사량하여도 역시 알 수 없다네.

또 사리불아 다시 말하노니 번뇌 없고 불가사의한

심히 깊고 미묘한 법 내가 지금 이미 다 갖추었노라.

오직 나만 이러한 모습을 알고 시방세계의 부처님 또한 그러하네.

사리불아 마땅히 알라, 모든 부처님 말씀 다르지 않고

부처님께서 설하신 법에 마땅히 큰 믿음 내어라.
세존의 법은 오랜 후에야 요긴하게 진실을 설하리라.

모든 성문들과 연각승을 구하는 이들에게 말하노니
내가 고통의 결박에서 벗어나게 하고 열반을 체득하게 하리니
부처님께서 방편력으로 삼승의 가르침을 보이시어
중생들 곳곳에 집착하는 것을 인도하여 벗어나게 하니라.

이때 대중 가운데 모든 성문이 있으니 번뇌가 다한 아라한인 아야교진여 등 천 이 백인과 성문과 벽지불의 마음을 낸 비구 비구니 우바새 우바이 등 각자가 이런 생각을 하였다. 지금 세존께서는 어떠한 이유로 은근히 방편을 칭찬하시며 이러한 말씀을 하시는가? 부처님께서 얻은 법 심히 깊어 이해하기 어렵고 설한 말씀도 뜻을 알기 어려워서 모든 성문 벽지불이 미치지 못한다고 하시는가? 부처님께서 설한 일해탈(一解脫)²⁹⁾의(義)를 우리들도 역시 이 법을 얻어 열반에 이르렀는데, 지금 이 뜻은 알 수가 없다. 이때 사리불이 사부대중의 의심을 알고 스스로도 알지 못해 부처님께 물었다. 세존이시여 어떠한 인연으로 모든 부처님의 제일 방편과 매우 깊고 미묘하고 난해한 법을 찬탄하십니까? 제가 예전부터 일찍이 부처님께서 이와 같이 설한 것을 들은 적이 없었습니다. 지금 사부대중이 다 의심하고 있습니다. 원하옵건데 세존이시여 이 일을 설해 주십시오. 세존께서는 어떤 까닭으로 매우 깊고 미묘하며 난해한 법을 찬탄하시나이까?

---

29. 오직 하나뿐인 해탈을 말한다. 즉 부처님의 해탈만이 있을 뿐, 성문이나 연각의 해탈은 참된 해탈이 아니라는 것이다.

이때 사리불이 이 뜻을 거듭 펴고자 게송으로 말하였다.

지혜가 해와 같은 대성존께서 오랜만에 이 법을 설하시네.
이와 같은 힘과 무외삼매 선정해탈 등 불가사의한 법을 스스로
설하시네.

도량에서 얻은 법 묻는 이 한 명 없고
뜻을 측량하기 어려워 역시 묻는 자 없어
묻는 이 없어 스스로 설하시기를 모든 행한 도를 칭탄하시고
지혜는 심히 미묘하여 모든 부처님만 얻는 바이니
무루의 모든 나한과 열반을 구하는 자
지금 모두 의심의 그물에 빠져 부처님께서 어떠한 까닭으로
이것을 설하시는가?

연각을 구하는 자, 비구 비구니
모든 천룡 귀신과 건달바 등이
서로 보고 의심을 품고 양족존(兩足尊)[30]을 우러러 보네.
이 일이 어떠한 까닭인지 원컨대 부처님이시여 해설하여 주소서.
모든 성문의 무리에서 부처님께서 제가 제일이라 말씀하시나
저는 지금 저의 지혜로 의혹을 알 수 없습니다.
이것이 구경법이 됩니까? 행할 바의 도가 됩니까?
부처님 입에서 나온 저는 합장하고 기다립니다.

---

30. 부처님은 지혜(智慧)와 자비(慈悲)를 토대로 서있기 때문에 양족존(兩足尊)이라 부른다.

원하옵건데 미묘한 음성으로 진실을 설하여 주소서.

모든 천룡 신 등 그 수가 항하사 같고

불도를 구하는 모든 보살의 수가 팔 만이 넘고

또 모든 만 억 국토의 전륜성왕까지

합장하여 공경한 마음으로 구족한 도를 듣고자 하나이다.

이때 부처님께서 사리불에게 말씀하셨다.

그치어라. 그치어라. 모름지기 다시 말할 수 없다. 만약 이 일을 설하면 일체 세간의 모든 천룡과 인간이 놀라 의심하리라. 사리불이 부처님께 다시 물었다. 세존이시여 오직 원하옵건데 설하여 주소서. 오직 원하옵건데 설하여 주소서. 왜냐하면 이 회중의 무수한 백 천 만 억 아승지 중생이 일찍이 모든 부처님을 친견하여서 모든 근기 영리하여 지혜가 명료하니 부처님께서 설하는 바를 들으면 즉시 믿고 공경할 것입니다. 이때 사리불이 거듭 이 뜻을 펴고자 게송으로 말하였다.

법왕이신 무상존이시여. 오직 원하옵건데 염려하지 마시고 설하여 주소서.

이 회의 무량한 중생은 능히 믿고 공경하는 자만 있습니다.

부처님께서 거듭 그치어라 하셨다. 사리불아 만약 이 일을 설하면 일체 세간의 천인과 아수라 등이 모두 놀라 의심할지니, 증상만의 비구들은 장차 큰 구덩이에 떨어지리라. 이때 세존께서 거듭 게송으로 말하였다.

그치어라. 그치어라. 말하지 말라. 나의 법 묘하여 생각하기
어렵나니.
모든 증상만(增上慢)31) 자들은 들으면 반드시 공경하지 아니하고
믿지 아니하리라.

이때 사리불이 거듭 부처님께 말하였다. 세존이시여 오직 원하옵건
대 설하여 주소서. 오직 원하옵건데 설하여 주소서. 지금 이 회중에 나
와 같은 비구 백 천 만 억이 세세생생 부처님을 따라 이미 교화를 일찍
이 받았고, 이와 같은 사람은 반드시 공경하고 믿고 긴 밤에 편안하여
이익이 많으리이다.

이때 사리불이 거듭 이 뜻을 펴고자 게송으로 말하였다.

무상의 양족존이시여. 원하옵건데 제일의 법을 설하여 주소서.
저희는 부처님의 장자이니 오직 분별하여 설하소서.
이 회의 무량한 대중은 능히 이 법을 공경하고 믿사옵니다.

부처님 일찍이 세세생생 이와 같은 무리를 교화하였으므로
모두 일심합장하여 부처님 말씀 듣기를 원하옵니다.
저희들 천 이 백 사람과 그 밖에 불도를 구하는 자들
원하옵건데 이들을 위하여 분별하여 설하여 주소서.
이들은 이 법을 들으면 즉시 크게 기쁘고 즐거워 할 것입니다.

---

31. 교법과 깨달음을 얻지 못했으면서도 얻었다고 잘난 체하고 교만하는 것을 말한다.

이때 세존께서 사리불에게 말씀하셨다. 네가 은근히 세 번 간청하니 어찌 설하지 않을 수 있겠는가. 너는 이제 잘 듣고 잘 생각하여라. 내가 마땅히 너를 위하여 분별해서 설하겠다. 이 말씀을 하실 때 회중에 있던 비구 비구니 우바새 우바이 오 천 명 등이 즉시 자리에서 일어나 부처님께 예하고 물러갔다. 왜냐하면 이 무리들은 죄의 뿌리가 깊고 무겁고 또 증상만이라 얻지 못한 것을 얻은 체하고, 증득하지 못한 것을 증득한 체하기 때문이다. 이러한 허물이 있어서 여기에 머물 수 없어 물러갔으나 세존께서는 잠자코 말리지 않으셨다.

이때 부처님께서 사리불에게 말씀하셨다. 지금 이 무리에 가지나 잎이 없고 순순하고 바른 열매만 남아 있다. 사리불아 이와 같은 증상만인은 물러가는 것이 마땅하다. 너는 지금 잘 들어라. 너를 위해 설하리라. 사리불이 말하였다. 그러하겠습니다. 세존이시여. 원하옵건대 즐거이 듣겠습니다. 부처님께서 사리불에게 말씀하셨다. 이와 같은 묘한 법 모든 부처님여래께서 때가 되어야 말씀하시니 우담발화가 때가 되어야 한 번 피는 것과 같으니라. 사리불아 너희 등은 마땅히 부처님께서 설하시는 바를 믿을지니, 그 말은 허망하지 않느니라.

사리불아 모든 부처님께서 설하시는 법은 그 뜻이 난해하니라. 왜냐하면 내가 무수한 방편과 여러 가지의 인연과 비유와 말로 모든 법을 설하였는데, 이 법은 사량 분별로는 능히 알 수 없기 때문이다. 오직 모든 부처님만이 그것을 알 수 있느니라. 왜냐하면 모든 부처님 세존은 오직 일대사인연의 까닭으로 세상에 출현하시기 때문이니라. 사리불아 어찌하여 모든 부처님 세존께서 오직 일대사인연으로 세상에 출현하시는가? 모든 부처님 세존께서는 중생으로 하여금 부처님의 지견을 열어서 청정하게 하려고 세상에 출현하시고, 중생으로 하여금 부처님의 지견을 보게 하려고 세상에 출현하시며, 중생으로 하여금 부처님의 지견을 깨닫게 하려고 세상에 출현하시며, 중생으로 하여금 부처님의 지견의 길에 들어오게 하려고 세상에 출현하시니라. 사리불아 이처럼 모든 부처님은 일대사인언의 까닭으로 세상에 출현하시니라.

부처님께서 사리불에게 말씀하셨다. 모든 부처님 여래께서 다만 보살을 교화하며 모든 하는 것도 항상 한 가지 일을 위하는 것이니, 오직 부처님의 지견으로 중생에게 보여 깨닫게 하는 것이니라. 사리불아 여래는 단지 일불승으로 중생에게 법을 설하기 때문에 나머지 승인, 이승이나 삼승은 없느니라. 사리불아 일체 시방의 모든 부처님의 법도 역시 그러하느니라. 사리불아 과거 모든 부처님이 무량 무수한 방편과 여러 가지의 인연과 비유와 말로 중생을 위하여 모든 법을 설하였는데, 이 법이 모두 일불승을 위한 것이니라. 이 모든 중생은 모든 부처님으로부터 법을 듣고 구경에는 모두 일체종지를 얻었느니라. 사리불아 미래의 모든 부처님도 마땅히 세상에 출현할 때 역시 무량 무수한 방편과 여러 가지 인연과 비유와 말로 중생을 위하여 모든 법을 설하시고, 이 법이 다 일불승을 위한 까닭으로 모든 중생이 부처님으로부터 법을 들어 구경에는 모두 일체종지를 얻느니라. 사리불아 현재의 시방 무량한 백 천 만억 불국토에 계시는 모든 세존께서 이익하게 하는 것이 많아서 중생을 안락하게 하고, 이 부처님들도 역시 무량 무수한 방편과 여러 가지 인연과 비유와 말로 중생을 위하여 모든 법을 설하시니, 이 법 모두 일불승을 위한 까닭이기 때문에 모든 중생이 부처님으로부터 법을 듣고는 구경에 모두 일체종지를 얻느니라.

사리불아 이 모든 부처님께서는 단지 보살을 교화하고 부처님의 지견으로 중생에게 보이고자 하며, 부처님의 지견으로 중생을 깨닫고자 하며, 중생으로 하여금 부처님의 지견에 들게 하고자 함이니라.

사리불아 나도 지금 역시 이와 같아서 모든 중생이 여러 가지 욕망에 마음 깊이 빠져 있는 것을 알아서 그 본성을 따라 여러 가지 인연과 비유와 말과 방편력으로 법을 설하느니라. 사리불아 이와 같아서 모두 일불승인 일체종지를 얻기 위한 까닭이니라. 사리불아 시방세계에서 오히려 이승도 없는데 하물며 삼승이 있겠느냐? 사리불아 모든 부처님께서 오탁악세(五濁惡世)[32]에 출현하시니 소위 겁탁, 번뇌탁, 중생탁, 견탁, 명탁이니라. 이와 같이 사리불아 겁이 흐려 어려울 때에 중생들은 번뇌가 무거워지고 간탐 질투하여 모든 나쁜 근성을 이루기 때문에 모든 부처님께서 방편력으로 일불승에서 분별하여 삼승을 설하느니라.

사리불아 만약 나의 제자들이 스스로 아라한이나 벽지불이라 말하면서 모든 부처님 여래께서 보살을 교화하는 것을 알지 못하고 듣지 못하니 이들은 부처님 제자도 아니고, 아라한도 아니며, 벽지불도 아니니라. 또 사리불아 이 모든 비구 비구니들이 스스로 '이미 아라한을 얻어 최후의 몸이라 하며 필경에 열반이다'라 하면서 아뇩다라삼먁삼보리를 구할 뜻이 다시는 없으면 이 무리들은 증상만인이니라. 왜냐하면 만약

---

32. 악한 세상의 다섯 가지 더러움을 말한다. ① 겁탁(劫濁):시대의 더러움을 말한다. 전쟁, 기근, 질병 등이 많은 것, ② 견탁(見濁):그릇된 사상이 넘치는 것, ③ 번뇌탁(煩惱濁):번뇌가 무성해 지는 것을 말하는데, 탐욕 분노 미혹 등의 번뇌가 활활 타서 인간의 한심스러운 모습과 악덕이 횡행하는 것, ④ 중생탁(衆生濁):중생의 과보가 쇠퇴하고 마음이 무디어 지고 신체가 약해지고 고통이 많아진 모습, 인간의 자질이 저하되는 것, ⑤ 명탁(命濁):중생의 수명이 점점 짧아지는 것을 말한다.

비구 비구니들이 실로 아라한을 얻었다면 이 법을 믿지 않는 그런 일은 없느니라. 부처님께서 멸도하여 안 계실 때는 제외 되느니라. 왜냐하면 부처님 멸도 후에 이와 같은 경을 받아 지녀 독송하고 뜻을 아는 사람을 만나기 어렵기 때문이니라. 만약 다른 부처님을 만나면 이 법 가운데에서 바로 분명하게 알게 되리라.

사리불아 너희 등은 부처님 말씀을 마땅히 일심으로 믿고 이해하고 받아 지녀야 하느니라. 모든 부처님 여래께서 하시는 말은 허망함이 없나니 다른 승은 없고 오직 일불승 뿐이니라.

이때 세존께서 거듭 이 뜻을 펴시고자 하여 게송으로 말씀하셨다.

증상만이 있는 비구 비구니와
아만이 있는 우바새와 믿음이 없는 우바이
이와 같은 넷 무리들 그 수가 오천인데
스스로 그 허물을 보지 못하고 계행만 깨뜨리며
그 흠을 숨기려 하는 이러한 소인들은 이미 나갔으니
대중 가운데 찌꺼기와 등겨이니 부처님의 위엄과 덕으로
물러갔느니라.
이런 사람은 복과 덕이 적어서 이 법을 받아 감당할 수 없느니라.
이 무리에 가지와 잎이 없고 오직 모두 곧은 열매만 있으니
사리불아 잘 들어라 모든 부처님께서 얻은 법
무량한 방편력으로 중생을 위하여 설하느니라.
중생이 마음에 생각하는 바와 여러 가지 행하는 도와
약간의 모든 욕심과 선세의 선악업을

부처님께서 이미 다 알고 모든 인연과 비유와
말과 방편력으로 일체를 기쁘게 하고자
혹은 수다라, 가타 본사 본생 미증유로 또 인연을 설해 주며
비유와 아울러 기야 우바제사경을 설하느니라

둔한 근기는 작은 법을 즐기며 생사에 탐착하고
모든 무량한 부처님의 깊고 묘한 도를 행하지 않고
많은 고통에 괴로워 하니 이를 위하여 열반을 설하고
내가 이러한 방편을 베풀어서 부처님의 지혜에 들게 하고
마땅히 불도를 이룬다고 너희들에게 말하지 않은 것은
아직 설할 때가 아니기 때문이었느니라.

지금 바로 그 시기이니 대승을 설하기를 결정하고
나의 이 구부법을 중생에 수순하여 설하여
대승에 들게 함을 근본으로 하기 위함이니 이런 까닭으로 이 경을
설하느니라.

마음이 깨끗하고 유연하며 또한 근기가 예리한 불자는
무량한 모든 부처님 처소에서 깊고 묘한 도를 행하니
이러한 불자들을 위하여 이 대승경을 설하느니라.
이와 같은 사람에게 나는 내세에 불도를 이룬다고 수기하느니라.
마음 깊이 염불하고 깨끗한 계를 지니는 까닭으로
이러한 사람들은 성불함을 듣고 온 몸에 기쁨으로 충만하니
부처님 저 마음의 행을 알기 때문에 대승을 설하느니라.

성문과 보살 내가 설하는 법을 듣고
하나의 게송에 이를지면 모두 성불함에 의심 없네.

시방불토 가운데 오직 일승법만 있고
이승 삼승 없으니 부처님 방편설은 제외되느니라.
단 거짓 이름으로 중생을 인도한 것은
부처님 지혜를 설하기 위한 까닭이니라.

모든 부처님 세상에 출현하는 것은
오직 이 하나의 일이 진실이고 나머지 둘은 진실이 아니니
마지막에 소승으로는 중생을 제도할 수 없느니라.

부처님 스스로 대승에 머물고 얻은 법과 같이
선정과 지혜로 꾸며, 이것으로 중생을 제도하느니라.

스스로 무상도인 대승평등법을 증득하고
소승으로 한 사람이라도 제도하였다면
나는 바로 간탐에 떨어지니, 이런 일은 옳지 못하느니라.

만약 부처님께 귀의하여 믿으면 여래는 속이지 않고
또한 간탐과 질투가 없어 모든 법 가운데 악을 끊은 이유로
시방에 있는 부처님 두려움이 없느니라.
32상으로 몸을 장엄하고 세간에 광명을 비추어
무량한 중생으로부터 존경을 받고 실상인(實相印)[33]을 설하니

사리불아 마땅히 알라. 내가 본래 세운 서원은

일체 중생으로 하여금 나와 같아서 다르지 않게 함이니.

나의 옛적 소원을 지금 만족하느니.

일체 중생을 교화하여 모두 불도에 들게 하였노라.

만약 내가 중생을 만나 불도로써 가르치기를 다하지만

무지한 자는 착란하여 미혹하여 가르침을 받지 않나니

나는 이러한 중생이 일찍이 깨끗한 선근을 닦지 않고

오욕에 굳게 집착하고 어리석게 애욕 하는 까닭으로 번뇌가 생기고

모든 탐욕의 인연으로 삼악도에 떨어지고

육취 가운데에 윤회하고 모든 고통의 독을 받는 것을 아노라.

수태로 받는 몸 세세에 항상 증장하여

덕은 엷고 복이 적은 사람이니 많은 고통이 핍박하느니라.

삿된 견해가 빽빽한 수풀처럼 들어서서 혹은 있다 혹은 없다는 등

이 모든 견해에 의지하여 육 십 두 가지의 사견[34]을 구족하고

허망한 법에 깊게 집착하여 굳게 받아들여 버릴려고 않나니

아만과 자만이 높아 마음은 비틀어지고 진실하지 못해

천 만 억겁 동안 부처님 이름조차 듣지 못하고

또한 정법을 듣지도 못하니 이러한 사람은 제도하기 어렵도다.

---

33. 제법실상의 도리를 말한다. 경전 속에서 설해진 제법실상의 도리는 불설(佛說)이라는
   것을 증명하는 표준이 되기 때문에 이것을 인(印)이라고 부른다.
34. 62가지의 삿된 견해로 부처님 당시 이교도들의 사상을 종합해서 부르던 말이라 한다.

그러므로 사리불아 내가 방편을 베풀어

모든 고통의 길을 끊는 것을 설하여서 열반으로서 그것을 보여주며

내가 비록 열반을 설하지만 이 역시 진실이 아니니라.

모든 법은 본래 항상 적멸한 상이니

불자가 도 행하기를 마치면 다음 세상에서 부처를 이루리라.

나는 방편력이 있어 삼승법을 열어 보이지만

모든 세존께서 일승의 도를 설하니라.

지금 모든 대중은 마땅히 의심과 미혹하지 말라.

모든 부처님 말씀 다르지 않으니 오직 일승이고 이승은 없느니라.

과거 무수한 겁 전에 멸도하신 부처님이

백 천 만 억이니 그 수 헤아릴 수 없고

이와 같은 모든 세존께서 여러 가지의 인연과 비유

무수한 방편력으로 모든 법의 모습을 연설하시니라.

이 모든 세존께서 일승법을 설하여

무량한 중생을 교화하여 불도에 들게하노라.

또 모든 대성주께서 일체세간의

천인 중생들의 마음에 깊은 욕망을 알아

다시 다른 방편으로 제일의 뜻을 나타내니라.

만약 어떤 중생들이 과거 모든 부처님을 만나

법을 듣고 보시와 지계 인욕

정진과 선정 지혜 등 여러 가지 복과 혜를 닦은
이와 같은 사람들 모두 이미 불도를 이루었느니라.

모든 부처님 멸도한 후 착하고 부드러운 마음의 사람
이와 같은 사람들 모두 이미 불도를 이루었느니라.

모든 부처님 멸도한 후 사리에 공양하는 사람
만 억 종의 탑을 세워 금 은 파리 차거 마노 매괴 유리구슬로
청정하게 널리 장엄하게 꾸미고 모든 탑을 장식하고
혹은 석묘를 짓고 전단과 침수
목밀과 나머지 재료 벽돌 기와 진흙 등으로
광야 가운데에 흙을 쌓아서 부처님의 묘를 만들거나
내지 어린아이가 장난으로 모래를 쌓아 불탑을 만들면
이와 같은 사람들 모두 이미 불도를 이루었느니라.

어떤 사람은 부처님을 위해 많은 형상을 세우거나
많은 상을 조각한 이들도 이미 불도를 이루었느니라.

혹 칠보(七寶)[35]로 이루거나 놋쇠 경쇠 붉고 흰 구리
백랍과 납 주석 쇠 나무와 흙
혹 아교와 옻 칠한 베로 장식하여 불상을 만들면
이와 같은 사람들 모두 이미 불도를 이루었느니라.
아름다운 그림으로 불상을 만들거나 백 가지 복으로 불상을
장엄하거나

스스로 하나 남을 시켜서 하나 이들 모두 이미 불도를 이루었느니라.

어린 아이가 장난으로 풀 나무 그리고 붓
혹 손가락이나 손톱으로 불상을 그리면 이들은 점점 공덕이 쌓여
대비심이 구족하여서 이미 불도를 이루었느니라.

다만 모든 보살을 교화하여 무량한 중생을 제도하여 해탈케
하였느니라.
만약 사람이 탑묘와 보배로 된 형상과 그림으로 된 형상에
꽃과 향 번개로 공경하는 마음으로 공양하고
사람을 시켜 북을 울리고 소라를 불며
퉁소 피리 거문고 공후 비파 징 동발
이와 같은 여러 가지 묘한 소리를
다 지녀서 공양하거나 혹 환희심으로
부처님의 덕을 찬탄하는 노래를 부르되
작은 소리로 한 번 찬탄하거나 모두 이미 불도를 이루었느니라.
만약 사람이 산란한 마음으로 꽃 한송이를
불화에 공양하여 점차 많은 부처님을 친견하거나
혹 예배하거나 혹 다시 단지 합장하거나
손 한 번 들거나 혹 다시 머리를 한 번 숙여
불상에 이런 공양을 하여도 점차 무량한 부처님을 친견하고
스스로 무상도를 이루고 무수한 중생을 널리 제도하고

---

35. 일곱 가지의 보배를 말한다. 금(金), 은(銀), 유리(琉璃, 검푸른 보옥), 파리(玻璃, 수정 혹은 민괴), 차거(硨磲, 흰 산호), 적주(赤珠, 붉은 진주), 마노(瑪瑙, 짙은 녹색의 보옥).

무여열반에 들어 땔나무가 불에 다 타는 것과 같이 멸도하리라.
만약 사람이 산란한 마음으로 탑묘에 들어가
한 번 나무불하더라도 이미 불도를 이루었느니라.

과거 모든 부처님께서 세상에 계실 때이거나 혹 멸도 후에
이와 같은 법 들은 사람 모두 이미 불도를 이루었느니라.

매래의 모든 세존 그 수 무량하고
이 모든 여래께서도 역시 방편으로 법을 설하니라.
일체 모든 여래께서 무량한 방편으로 모든 중생을 제도하고
해탈케하여
부처님의 무루지에 들게하며
만약 법을 들은 자 성불 못하는 이 없으리라.

모든 부처님 본래 서원, 내가 행한 불도는
널리 중생으로 하여금 같은 이 도를 얻게 하는 것이니라.
미래세 모든 부처님께서 비록 백 천 억의 무수한 모든 법문을 설하나
그 실은 일승을 위한 것이니라.
모든 부처님 양족존께서는 법이 항상 성품 없음을 알고
부처의 종성은 연을 따라 일어나기 때문에 일승을 설하니라.
이 법 그 자리에 머물고 세간의 상에도 항상 머무느니라.
도량에서 이미 알아 도사께서 방편을 설하시니
천인이 공양을 올리는 바이니라.

현재 시방의 부처님 그 수가 항하사와 같고 세간에 출현하여
중생을 편안하게 하는 까닭으로 역시 이와 같은 법을 설하니라.

제일이고 적멸을 알아 방편력으로
여러 가지의 도를 비록 보이지만 실은 불승을 위한 것이니라.

중생의 모든 행과 마음 깊이 생각하는 바와
과거 지은 업과 욕심 성품 정진력
그리고 모든 근기를 알고 여러 가지 인연과
비유와 또한 말로 방편을 따라 설하느니라.
지금 나 역시 이와 같아서 중생을 편안하게 하는 까닭으로
여러 가지의 법문으로 불도를 보이노라.
나는 지혜의 힘으로 중생의 성품과 탐욕을 알아
방편으로 모든 법을 설하여 모두 환희하게 하느니라.
사리불아 마땅히 알아야 하느니라. 내가 부처의 눈으로 보건데
육도 중생이 빈궁하고 복과 지혜가 없어서
생사의 험난한 길에 들어 계속하여 고통이 끊이지 않으며
오욕에 깊게 집착하여 마치 들소가 꼬리를 사랑하듯
탐애로 스스로 가두고 눈이 어둡고 소견이 없어
큰 힘인 부처를 구하지 않고 고통을 끊는 법을 구하지도 않으며
깊이 모든 사견에 빠져 괴로움으로 괴로움을 버리고자 하니
이러한 중생을 위한 까닭으로 대비심을 내었느니라.

내가 처음 도량에 앉아 나무을 보고 경행하여

삼칠일 동안 이와 같은 일을 생각하여

내가 얻은 지혜는 미묘하고 제일이나

중생의 모든 근기는 둔하고 욕락에 착하여 어리석고 눈이 어두우니

이런 중생들을 어떻게 제도할까?

이때 모든 범왕과 모든 천신과 제석

세상을 보호하는 사천왕 그리고 자재천신

아울러 모든 천신들 그 권속 백 천 만이

공경히 합장하고 예를 하여 나에게 법륜을 굴리기를 청하니

내가 즉시 사유하여 만약 단지 불승을 찬탄하면

고통에 빠진 중생들 이 법 믿지 않으리.

법을 깨뜨리고 믿지 않는 까닭에 삼악도에 빠지니

내가 차라리 법을 설하지 않고 바로 열반에 들려하였지만

과거 부처님께서 행한 방편력을 깊게 생각하여

내가 지금 얻은 도를 역시 삼승으로 설하리라.

이러한 생각을 하였을 때 시방의 부처님들 나타나시어

범음으로 나를 위로하시니 훌륭합니다. 석가문이여!

제일의 도사이며 무상법을 얻어

모든 부처님과 같이 방편력을 사용하십니다.

우리도 역시 최고로 미묘하고 제일의 법을 얻었지만

모든 중생을 위하여 분별하여 삼승을 설했습니다.

작은 지혜로 작은 법을 즐기는 자는 성불을 믿지 않고

이런 이유로 방편으로 분별해서 모든 과보를 설하니

비록 삼승을 설하지만 다만 보살을 가르치기 위함입니다.

사리불아 마땅히 알라. 내가 성사자의

깊고 깨끗하고 미묘한 소리를 듣고 '나무 모든 부처님'을 부르면서

다시 이와 같은 생각하되 흐린 세상에 출현해서

모든 부처님께서 설한 바를 내 여시 따라 행하리라.

이와 같은 생각을 마치고 즉시 바라나로 향하여

모든 법의 적멸한 상, 말로써 표현할 수 없지만

방편력으로 오 비구[36]를 위하여 설하였느니라.

이것을 전법륜이라 하니, 열반이라는 소리와

아라한이 있게 되니 법과 승의 차별하는 이름이 있게 되었느니라.

멀고 먼 겁 이래 이 열반법을 찬탄하되

생사의 고를 영원히 다한다고 나는 항상 이와 같이 설했노라.

사리불아 마땅히 알라. 내가 불자들을 보니

불도를 구하고자 하는 사람이 무량 천 만 억이

함께 공경하는 마음으로 모든 부처님 처소에 가서

모든 부처님의 방편으로 설하는 법을 들었으니

내가 이런 생각을 하되 여래께서 출현하여

부처님 지혜를 설하기 위한 까닭이기에 지금이 바로 그 때이니라.

사리불아 마땅히 알라. 근기 둔하여 지혜가 적은 사람은

---

36. 부처님의 첫 법문을 들은 다섯 비구를 말한다. 아야교진여, 아습바, 발제, 마하남, 바부 또는 아야교진여, 아습비, 발제, 마하남, 십력가섭을 말한다.

상에 집착하여 교만한 사람이니 이 법을 믿지 않으니
지금 내가 두려워 않으니 모든 보살에게
바로 방편을 버리고 단지 무상도를 설하리라.
보살이 이 법을 들으면 의심의 그물이 없어지고
천 이 백 나한 모두 역시 부처가 되리라.
삼세의 모든 부처님께서 설법한 의식과 같이
나도 지금 그와 같은 분별없는 법을 설하노라.
모든 부처님 세상에 출현하심은 멀어서 만나기 어렵고
설령 세상에 출현하여도 이 법 설하기 어려우며
무량 무수 겁 동안 이 법 듣기 어려우니
이 법을 능히 들을 수 있는 사람 역시 어려우니라.

비유하면 우담바라 꽃, 모두가 사랑하고 즐거워하지만
천상과 인간에게 희유하여 때가 되어야 한 번 피는 것이니라.
법을 듣고 환희하여 찬탄하는 말 한 번하면
바로 삼세의 모든 부처님께 공양하는 것이 되지만
이런 사람 매우 희유하여 우담바라 꽃보다 희유하니라.
너희들은 의심을 말라. 내가 모든 법의 왕이니
널리 모든 대중에게 말하노니 다만 일승도로써
모든 보살을 교화하고 성문 제자는 없느니라.

너희 등 사리불아. 성문과 보살은 마땅히 알라.
이 묘한 법 모든 부처님의 비밀이고 요긴한 것이니라.

오탁악세에 단지 모든 탐욕에 집착하여 즐기는

이런 중생은 끝내 불도를 구하지 않고

오는 세상 악인도 부처님께서 설하는 일승을 듣고

미혹하여 미도 받아 지니니 않고, 법을 깨뜨리고 악도에

떨어지리라.

부끄러워하고 청정한 불도를 구하는 뜻이 있는

사람을 위하여

마땅히 널리 일승도를 찬탄하노라.

사리불아 마땅히 알라. 모든 부처님 법 이와 같아서

만 억 방편으로 마땅하게 법을 설하니

익히고 배우지 않는 사람은 능히 이것을 모르지만

너희 등은 이미 모든 불세존의 마땅하게 쓰는 방편을 알아

다시 모든 의혹이 없으니 마음이 크게 기쁘고 스스로 성불함을

아노라.

 ## 해 설

본 「방편품」의 해설에 앞서, 일념삼천(一念三千), 구부경(九
部經)과 십이부경(十二部經)을 먼저 살펴본다.

1. 일념삼천(一念三千)

앞에서 공부한 "삼제원융(三諦圓融)"은 제법의 실상을 설명한 것이다. 그러면 천태대사는 제법을 무엇이라고 하였을까? 아비달마불교에서는 제법을 5위 75법으로 분류하였고, 유식학에서는 5위 100법으로 분류하였다. 천태는 제법을 "일념삼천(一念三千)"이라 한다. 그러나 각 법에 대해서는 설명이 없다. 여기서의 '삼천(三千)'은 아비달마불교나 유식학에서 분류하는 것과 같이 특정한 제법의 수(數)를 말하는 것이 아니라 제법이 차별적이면서 그 수가 많음을 뜻한다.

여기서의 일념(一念, 한 생각)이란 범부 중생의 순간적인 마음을 말하는데, 수(受, 느끼는 마음), 상(想, 생각하는 마음), 행(行, 작용하는 마음), 식(識, 분별하는 마음)의 마음으로서 여기에 3천이라는 온 우주만유가 갖추어져 있다는 것이다. 따라서 범부의 마음에 우주만유가 갖추어져 있다고 하여 "심구(心具)"라고도 한다.

다음 3천이라는 숫자는 십계호구(十界互具)와 십여시(十如是) 그리고 삼세간(三世間)을 곱한 것을 말한다. 십계(十界)는 지옥, 아귀, 축생, 수라, 인간, 천상 등 미혹의 6세계와 성문, 연각, 보살, 불 등 깨달음의 4세계를 합한 것이다. 그리고 각 세계(世界)는 나머지 9세계를 갖추고 있다. 다시 말해서 지옥세계도 불, 보살, 연각, 성문, 천상, 인간, 수라, 축생, 아귀 등 9세계를 갖추고 있고, 불(佛)에도 보살, 연각, 성문, 천상, 인간, 수라, 축생, 아귀, 지옥 등 9세계를 갖추고 있다는 것이다. 이것이 십계호구(十界互具)다. 따라서 10계에 10계를 갖추고 있으니 100계가 된다(10× 10 = 100). 또 100계는 열 가지 범주(十如是)로 이루어져 있다. 열 가지 범주는 여시상(如是相), 여시성(如是性), 여시체(如是體), 여시력(如是力), 여시작(如是作), 여시인(如是因), 여시연(如是緣), 여시과(如是果), 여시보(如是報), 여시본말구경등(如是本末究竟等)이다. 100계가 10여시(如是)을 갖추고 있으니 천여(千如)가 된다(100×10 = 1,000). 천여는 삼세간(三世間)에 다 갖추어져 있다.

삼세간은 오온세간(五蘊世間), 중생세간(衆生世間), 국토세간(國土世間)을 말한다. 삼세간(三世間)에 천여(千如)가 갖추어져 있으므로 삼천(三千)이 되는 것이다(1,000×3 = 3,000). 이리하여 삼

[십계호구(十界互具)]

10界 ⟵――――――――――――――――――――――――――⟶ 하성(下性)

불 계(佛 界) : 지옥 축생 아귀 수라 인간 천상 성문 연각 보살 佛 (10계)

보살계(菩薩界) : 지옥 축생 아귀 수라 인간 천상 성문 연각 菩薩 불 (10계)

연각계(緣覺界) : 지옥 축생 아귀 수라 인간 천상 성문 緣覺 보살 불 (10계)

성문계(聲聞界) : 지옥 축생 아귀 수라 인간 천상 聲聞 연각 보살 불 (10계)

천상계(天上界) : 지옥 축생 아귀 수라 인간 天上 성문 연각 보살 불 (10계)

인간계(人間界) : 지옥 축생 아귀 수라 人間 천상 성문 연각 보살 불 (10계)

수라계(修羅界) : 지옥 축생 아귀 修羅 인간 천상 성문 연각 보살 불 (10계)

아귀계(餓鬼界) : 지옥 축생 餓鬼 수라 인간 천상 성문 연각 보살 불 (10계)

축생계(畜生界) : 지옥 畜生 아귀 수라 인간 천상 성문 연각 보살 불 (10계)

지옥계(地獄界) : 地獄 축생 아귀 수라 인간 천상 성문 연각 보살 불 (10계)

상성(上性) ――――――――――――――――――――――――――⟶ 100계

천제법(三千諸法)이 산출된 것이다.

이 삼천제법 하나하나의 법이 삼제원융(三諦圓融)의 진리를 갖추고 있다는 것이 천태의 제법실상(諸法實相)이다. 이제 십계호구(十界互具), 십여시(十如是), 삼세간(三世間)에 대하여 공부하기로 한다.

(1) 십계호구(十界互具)

십계(十界)는 지옥(地獄), 아귀(餓鬼), 축생(畜生), 수라(修羅), 인간(人間), 천상 (天上) 등 미혹한 6계와 성문(聲聞), 연각(緣覺), 보살(菩薩), 불(佛) 등 깨달은 4계를 합한 것을 말한다. 위 삼제원융에서 하나의 법이 일체법의 공(空), 가(假), 중(中)을 말하고 있다고 하였다. 이것이 일법구일체법(一法具一切法)이니 하나의 법이 일체법을 갖추고 있다는 결론이 된다. 이러한 논리는 십계에도 적용된다. 따라서 십계의 각계가 나머지 9계를 갖추게 되는 것이다. 이것이 십계호구(十界互具)설이다.

천태지의는 10계를 범부 중생의 6도(道)와 4성(聖)의 차별을 가진 법계(法界)라 한다. 이것은 하나의 법이 일체법의 공, 가, 중을 말하고 있다(삼제원융)는 논리에서 나온다. 즉 가관(假觀)에서 보면 법계는 10계의 차별이 있다는 것이다. 또 공관(空觀)에서 보면 법계는 무차별이다. 동시에 중관(中觀)에서 보면 차별의 10계가 무차별의 일법계(一法界)라는 것이다. 따라서 법계는 차별과 무차별 그리고 차별즉평등(差別即平等)이라는 세 가지 면이 있다는 것이다. 십계호구를 그림으로 나타내면 다음과 같다.

위 그림에서 겉으로 나타난 모습(外相)이 지옥이면 지옥보다 위의 성품(性品) 즉 상성(上性)만 갖추고 하성(下性)은 없다. 지옥이 제일 아래 성품이기 때문이다. 만약 겉으로 나타난 모습(外相)이 인간이면 상성은 천상, 성문, 연각, 보살, 불이고, 하성은 수라, 아귀, 축생, 지옥을 갖추고 있다. 겉으로 나타난 모습이 불(佛)이면 하성(下性)만 갖추고 있다.

이렇게 10계의 각 계는 나머지 9계를 본래부터 갖추고 있다는 것이 천태의 설명이다. 따라서 10계 하나하나는 그대로 완전한 법계(法界)를 이룬다는 것이다. 이것이 일법계구일체법계(一法界具一切法界)이다. 개별 중에 전체를 나타내는 것이 십계호구의 뜻이다.[37]

또 십계의 명칭을 보면 유정(有情)들의 마음상태를 나타내는 것이다. 즉 우리들의 마음이 미혹(迷惑)에 빠져 있는가?, 아니면 깨달음에 있는가 이다. 미혹에 빠져 있으면 그 정도에 따라서 아주 깊으면 지옥계가 나타나고 성내는 마음을 내면 수라계가 나타나는 것이다. 반대로 우리의 마음이 깨달음의 세계에 들어가면 그 깊이에 따라 성문, 연각, 보살, 불계(佛界)가 나타난다는 것이다. 따라서 지옥에 있는 사람도 보살이나 부처의 심성을 가지고 있고, 존경을 받는 성인(聖人)도 마음에는 지옥, 아귀 등과 같은 심성이 있다는 것이다. 이러한 것을 성구설(性具說)이라 한다.

천태지의는 《관음현의》에서 여래(如來)에게도 본성으로서의 악성(惡性)이 있다고 한다.(十界互具의 논리상 당연한 결론이다).

---

37. 화엄의 일즉일체다즉일사상(一卽一切多卽一思想)과 같다. 그래서 화엄의 일즉일체사상(一卽一切思想)은 천태사상에서 영향을 받았다고 말하기도 한다.

그리고 악(惡)을 수악(修惡)과 성악(性惡)으로 구분한다. 수(修)는 수치조작(修治造作)의 뜻이고, 성(性)은 본유불개(本有不改)의 뜻 이다. 수악(修惡)은 경험악이고, 성악(性惡)은 악의 가능성을 말하 는데 악성(惡性)과 같은 뜻이라고 한다. 그리하여 여래(如來)는 수 악(修惡)으로서 경험악을 끊고 있지만, 선천적인 성악(性惡)은 본 래부터 갖추고 있다고 하며, 이 본래부터 갖추고 있는 성악(性惡) 때문에 오히려 중생을 제도 하는데 있어서 무위(無爲)의 신통력을 자재(自在)로 펼친다는 것이다. 왜냐하면 악(惡)에 대하여 연(緣) 이 없으면(無緣) 어떻게 악(惡)의 중생을 제도할 수 있겠는가 이다.

어떻든 천태의 십계호구 성구설은 우리가 어떻게 하느냐에 따 라 부처도 되고 지옥에 떨어지기도 한다는 가능성을 가지고 있다 는 것이다.

(2) 십여시(十如是)

십여시는 본 「방편품」『모든 법은 이와 같은 상(相)이며, 이와 같은 성(性)이며, 이와 같은 체(體)이며, 이와 같은 역(力)이며, 이 와 같은 작(作)이며, 이와 같은 인(因)이며, 이와 같은 연(緣)이며, 이와 같은 과(果)이며, 이와 같은 보(報)이며, 이와 같은 본말구경 등(本末究竟等)이니라 (所謂諸法 如是相 如是性 如是體 如是力 如是作 如是因 如是緣 如是果 如是報 如是本末究竟等)』이라 하는 데에서 나오는 것이다. 천태지의는 십계의 각 계가 이 십여시를 갖 추고 있다는 것이다. 그래서 1,000여시(십계호구 100계 x 10여시 = 1,000)가 된다. 그러면 십여시가 무엇이고, 십여시가 십계에 어떻게 나타나는지 살펴보자.

1) 십여시의 정의[38]

십여시에 대한 의미는 천태지의가 지은 《마하지관》에서 정의하고 있다. 그리고 십여시를 정의하면서, 우리의 마음이 모든 것(一切)을 갖추고 있다는 심구(心具)의 의미도 아울러 말하고 있다.

① 여시상(如是相)은 바깥에 근거한 것이니 이는 보아서 구별할 수 있는 것이다. 지옥에는 지옥의 형상이 있고, 아귀에는 아귀의 형상이 있고, 불보살의 형상이 있다는 것이다. 또 사람의 얼굴이 일체상(一切相)을 갖추고 있는 것처럼 우리의 마음도 이와 같아서 일체상(一切相)을 갖추고 있다.

② 여시성(如是性)에서 성(性)은 안에 근거한 것이다. 이 성(性)에 세 가지 뜻이 있다. 첫째는 바뀌지 않는 것을 성(性)이라 한다. 《무행경(無行經)》에서는 이것을 부동성(不動性)이라 하였는데, 이 성(性)은 바뀌지 않는 의미이다. 둘째 성(性)은 성분(性分) 곧 종류(種類)를 말하는 것이다(種性). 종류는 그 대상마다 같지 않아 각기 바뀌지 않는 것이다. 셋째 성(性)은 실성(實性)이다. 실성은 이성(理性)이고 진정한 실제이어서 이를 넘어서는 것이 없다. 이는 불성(佛性)의 다른 이름이다. 앞에서 소개한 세 가지 성(性)의 의미와 공, 가, 중의 관계를 살펴보자. 부동성(不動性)은 공(空)을 돕고, 종성(種性)은 가(假)를 돕고, 실성(實性)은 중(中)을 돕는다. 그리

---

38. 『천태사상연구』, 이병욱 지음, 경서원, pp.342~346를 참고 하였음.

고 여기서는 안에 있는 성(性)은 바뀌지 않는다는 것을 밝힌다. 비유하면 대나무 안에 있는 화성(火性)을 볼 수는 없으나, 없다고 말할 수 없는 것과 같다. 왜냐하면 부싯돌을 가진 사람이 마른 풀에 불을 놓으면 모든 것을 태울 수 있기 때문이다. 마음도 이와 같아 오음성(五陰性)을 갖추고 있다. 따라서 볼 수 없다고 해서 없다고 말해서는 안 된다. 지혜의 눈으로 보면 일체(一切)의 성(性)을 갖추고 있음을 볼 것이다.

③ 여시체(如是體)에서 체(體)는 주요한 바탕이다. 십법계의 오음(五陰)이 모두 물질과 마음을 근본 바탕으로 삼는다.

④ 여시력(如是力)은 힘써 쓸 수 있는 것이다. 비유하면 왕의 역사(力士)는 많은 재주가 도리어 병통이 되니, 병들고 잘못됨이 없어야 비로소 재주를 쓸 수 있는 것과 같다. 마음도 이와 같아 모든 역(力)을 갖추고 있으나, 번뇌라는 병 때문에 힘을 쓸 수 없다. 이와 같이 본다면 일체력(一切力)을 갖추는 것이다. 다시 말해서 여시력은 상(相), 성(性), 체(體)가 있으면 이로부터 나오는 원동력이다.

⑤ 여시작(如是作)에서 작(作)은 활동을 해서 무엇인가 만들어 내는 것이다. 그런데 마음을 떠나서는 작동할 것도 없다. 그러므로 마음이 일체작(一切作)을 갖추고 있다.

⑥ 여시인(如是因)에서 인(因)은 과(果)를 초래하는 것이다. 또

삼전독(三轉讀)

시상여(是相如)······ 여(如) : 공(空) ······ 평등
여시상(如是相)······ 상(相) : 가(假) ······ 차별
상여시(相如是)······ 시(是) : 중(中) ······ 절대

한 업(業)이라고도 한다. 십법계의 업(業)이 일어남은 마음에서 시작하는 것이다. 그러므로 마음만 있게 된다면 모든 업이 갖추어 진다. 그래서 여시인(如是因)이라 말한다.

⑦ 여시연(如是緣)에서 연(緣)은 연유(緣由)를 말하는 것이다. 그리고 업(業)을 돕는 것은 모두 연(緣)의 측면을 가지고 있다. 그런데 무명(無明)과 애(愛) 등이 업을 도우므로, 마음에서 보자면 무명과 애가 연이 된다. 다시 말하면 과(果)를 내는 인(因)을 돕는 것을 여시연(如是緣)이라는 것이다.

⑧ 여시과(如是果)란 여시인(如是因)과 여시연(如是緣)에 의해 초래되는 결과(結果)를 말한다.

⑨ 여시보(如是報)에서 보(報)는 인(因)을 갚는 것이다. 습인(習因)과 습과(習果)를 통틀어 인(因)이라 말하는데, 이것이 후세(後世)의 보(報)를 이끈다. 이 보(報)가 인(因)을 갚는 것이다. 예를 들어 사람의 몸을 받는 것은 여시과(如是果)이고, 사람의 몸을 받음으로서 고락(苦樂)이 뒤따르는데, 그 고락(苦樂)이 여시보(如是報)이다. 또 사람의 몸을 받아서 선과 악을 짓게 되는데, 그 선악(善惡)의 행위에 따라 다음 생의 과보를 이끌게 된다. 이것도 여시보(如是報)이다. 그래서 습인과 습과을 통틀어 인(因)이라 한 것이다.

⑩ 여시본말구경등(如是本末究竟等)은 위 여시상(本)에서 부터 여시보(末)까지의 존재 방식이 공(空), 가(假), 중(中)임을 말하는 것이다. 여시상 내지 여시보가 인연화합해서 생겨난 것이므로 독자적인 자성(自性)이 없다. 그러므로 공(空)이다. 여시상 내지 여시보가 서로 다른 내용인 것 같지만 공(空)이라는 점에서 모두 평등하다.

다음 가(假)에서 보면 서로 나타내 주고 있다. 여시상을 보고서 여시보를 알고, 여시보를 보고서 여시상을 안다. 이는 여시상 내지 여시보가 서로 관계를 맺고 있다는 것이다. 다시 말하면 현상계의 존재는 서로 밀접한 상의상관(相依相關)이라는 것이다. 또한 이것은 현상계의 가(假)이다. 따라서 현상계의 가(假)라는 점에서 보면 모두 같다.

그 다음 중(中)을 보면, 여시상의 경우 상(相)은 무상(無相)이다. 이는 공(空)을 말한다. 그리고 무상(無相)이면서 상(相)인데, 이는 가(假)를 말한다. 또한 상(相)도 아니고 무상(無相)도 아니다. 이는 중(中)을 말하는 것이다. 그리고 나머지 여덟 가지도 이와 같다. 그래서 중(中)이라는 점에서 모두 같다고 하는 것이다.

이처럼 여시본말구경등(如是本末究竟等)은 여시상 내지 여시보의 존재방식이 공, 가, 중이라 하였는데, 그렇게 공, 가, 중으로 볼 수 있는 십여시(十如是)의 읽는 방법이 있으니 그것이 "삼전독(三轉讀)"이다. 즉 십여시의 문장을 읽을 때, 첫째, 시상여(是相如) 내지 시보여(是報如)로 여(如)에 중점을 두고 읽는 것이다. 여(如)는 다르지 않다는 뜻으로 모두가 평등한 모습인 공제(空諦)를 나타낸다. 둘째, 여시상(如是相) 내지 여시보(如是報)로 상(相), 성(性) 내지 보(報)에 중점을 두고 읽는 것이다. 이것은 차별적인 제법의 가제(假諦)를 나타낸다. 셋째, 상여시(相如是), 성여시(性如是) 내지 보여시(報如是)로 시(是)에 중점을 두고 읽는 것이다. 시(是)는 진실의 뜻으로 공(空)이면서 가(假)이고, 공(空)이 아니면서 가(假)도 아닌 중제(中諦)를 나타낸다.

2) 십법계에 나타난 십여시

십여시가 십법계에 어떻게 나타나는가? 이다. 《마하지관》제5 권에서는 십법계를 네 종류로 묶어서 설명하고 있다. 네 종류는 삼악도(三惡道), 삼선도(三善道), 이승(二乘), 불보살(佛菩薩)이다.

① 첫째, 삼악도(三惡道)에 십여시가 어떻게 나타나는가? 삼악 도는 지옥(地獄), 축생(畜生), 아귀(餓鬼)를 말한다. 삼악도의 상 (相)은 고(苦)이고, 악취(惡聚)에 태어남이 결정된 것이 성(性)이 며, 삼악도에 사는 중생의 몸과 마음을 꺾는 것이 체(體)이다. 칼날 위에 올라서고 뜨거운 가마솥에 들어감이 역(力)이고, 십불선업(十不善業)을 일으킴이 작(作)이며, 유루(有漏)의 악업(惡業)이 인(因)이고, 애(愛)와 취(取)가 연(緣)이다. 악한 습과(習果)가 과(果) 이다. 그리고 삼악도(三惡道)에 태어남이 보(報)이다. 삼악도는 모 두 어리석다는 점에서 같다. 이것이 여시본말구경 등이다.[39]

② 둘째, 삼선도(三善道)이다. 삼선도는 수라(修羅), 인간(人間), 천상(天上)을 말한다. 삼선도의 상(相)은 낙(樂)이다. 선취(善聚)임 이 결정된 것이 성(性)이며, 몸과 마음에서 벗어나 위로 올라간 것 이 체(體)이며, 즐겨 받아들이는 것이 역(力)이다. 그리고 오계(五 戒)와 십선(十善)을 일으킴이 작(作)이고, 선업(善業)이 인(因)이 며, 선(善)한 애(愛)와 취(取)가 연(緣)이고, 선(善)한 습과(習果)가

---

39. 三途以表苦爲相 定惡聚爲性 摧折色心爲體 登刀入鑊爲力 起十不善爲作 有漏惡業爲 因 愛取等爲緣 惡習果爲果 三惡聚爲報 本末皆癡爲等.
40. 三善表樂爲相 定善聚爲性 升出色心爲體 樂受爲力 起五戒十善爲作 白業爲因 善愛取 爲緣 善習果爲果 人天有爲報 應就假名 初後相在爲等也.

과(果)이다. 인(人)과 천(天)이 있음이 보(報)이고, 가명(假名)에 나아가서 처음과 나중이 서로 있음이 여시본말구경등이다.[40]

③ 셋째, 이승(二乘)이다. 이승은 성문(聲聞)과 연각(緣覺)을 말한다. 이승에서는 열반(涅槃)을 나타냄이 상(相)이고, 해탈(解脫)이 성(性)이며, 오분법신(五分法身 : 계, 정, 혜, 해탈, 해탈지견)이 체(體)이고, 얽힘 없음이 역(力)이다. 그리고 도품(道品)이 작(作)이고, 무루지혜(無漏智慧)의 행이 인(因)이며, 행의 행(行)이 연(緣)이고, 사과(四果 : 수다원, 사다함, 아나함, 아라한)가 과(果)

[십법계와 십여시]

	삼악도 (三惡道)	삼선도 (三善道)	이승(二乘)	불보살 (佛菩薩)
상(相)	고(苦)	낙(樂)	열반(涅槃)	연인(緣因)
성(性)	악취에 내어남이 결정	선취임이 결정	해탈(解脫)	요인(了因)
체(體)	삼악도에 사는 중생의 몸과 마음을 꺽는 것	몸과 마음에서 벗어나 위로 올라간 것	오분법신	정인(正因)
역(力)	칼날위에 올라서고 뜨거운 가마솥에 들어감	즐겨 받아들이는 것	얽힘 없음	4홍서원
작(作)	십불선업을 일으킴	오계와 십선을 일으킴	도품(道品)	6바라밀과 많은 보조행
인(因)	유루의 악업	선업(善業)	무루지의 행	지혜로 장엄함
연(緣)	애(愛)와 취(取)	선한 애와 취	행의 행	복덕으로 장엄함
과(果)	악한 습과	선한 습과	사과(四果)	삼보리(三菩提)
보(報)	삼악도에 태어남	인(人)과 천(天)이 있음	後有가 없으므로 보는 없음	대열

이며, 이미 후유(後有 : 범부가 분단생사를 겪는 것)가 없으므로 보(報)는 없다.[41]

④ 넷째, 불보살(佛菩薩)이다. 불보살계는 연인(緣因)이 상(相)이고, 요인(了因 : 보조적으로 사물의 생성을 도와주는 인연)이 성(性)이며, 정인(正因)이 체(體)이고, 4홍서원(四弘誓願)이 역(力)이고, 6바라밀과 많은 보조행이 작(作)이다. 그리고 지혜(智慧)로 장엄(莊嚴)함이 인(因)이고, 복덕(福德)으로 장엄함이 연(緣)이며, 삼보리(三菩提)가 과(果)이고, 대열반(大涅槃)이 보(報)이다.[42]

여기서 이승(二乘)은 보(報)가 없고, 불보살(佛菩薩)은 보(報)가 있다. 그 이유는 이승은 미혹을 완전히 끊어버려 세간에 나와서 교화함이 없기 때문에 보(報)를 남겨두지 않고 바로 열반에 들어가기 때문이다. 그러나 대승의 보살은 세상에 나와서 교화하기 때문에 보(報)를 남겨둔다. 세간에 나와서 교화함과 교화하지 않음에 따라서 보(報)가 있고 없음의 차이가 있다.

(3) 삼세간(三世間)

삼세간은 오음세간(五陰世間), 중생세간(衆生世間), 국토세간(國土世間)을 말한다.

오음세간은 열 가지 음(陰), 계(界), 입(入)이 다름을 말한다.

---

41. 二乘表涅槃爲相 解脫爲性 五分爲體 無繫爲力 道品爲作 無漏慧行爲因 行行爲緣 四果爲果 旣後有田中 不生故無報.
42. 菩薩佛類者 緣因爲相 了因爲性 正因爲體 四弘爲力 六度萬行爲作 智慧莊嚴爲因 福德莊嚴爲緣 三菩提爲果 大涅槃爲報.

《마하지관》제5권에서『십법계를 음(陰), 계(界), 입(入)이라고 통칭하나, 그 실제는 같지 않다. 삼악도는 유루(有漏)의 악(惡)한 음, 계, 입이다. 삼선도는 유루의 선(善)한 음, 계, 입이다. 이승은 무루(無漏)의 음, 계, 입이다. 보살은 유루이면서 무루인 음, 계, 입이다. 불(佛)은 유루도 아니고 무루도 아닌 음, 계, 입이다.』[43]라 하고 있다.

중생세간은 십계의 중생이 존귀함이 서로 다른 것을 말한다. 《마하지관》제5권에서『오음을 통칭하여 중생이라고도 하는데, 중생이 같지 않다. 삼악도의 오음을 보면 죄를 지어 고통스러운 중생이요, 인천(人天)의 오음을 보면 즐거움을 받은 중생이다. 무루(無漏)의 오음을 보면 진정한 성인중생(聖人衆生)이요, 자비의 오음을 보면 보살대사(菩薩大師)의 중생이며, 상주(常住)의 오음을 보면 가장 존귀한 중생이다.』[44]라 하고 있다.

국토세간은 열 가지 중생이 거주하는 곳이다. 《마하지관》제5권에서『지옥계는 뜨거운 철에 의지해서 머무르고, 축생계는 지(地), 수(水), 공(空)에 의지해서 머무르며, 수라계는 물가와 해저(海底)에 의지해서 머무른다. 인간계는 지(地)에 의지해서 머무르고, 천계(天界)는 궁전에 의지해서 머무르며, 육바라밀을 닦는 보살은 인간계와 같이 지(地)에 의지해서 머무른다. 통교보살(通教菩薩) 가운데 미혹을 다 끊지 못한 자는 인간계나 천계와 같이 지(地)나 궁전에 의지해서 머무르고, 미혹을 다 끊은 자는 방편토(方

---

43. 十法界通稱陰入界 其實不同 三途是有漏惡陰界入 三善是有漏善陰界入 二乘是無漏陰界入 菩薩是亦有漏亦無漏陰界入 佛是非有漏非無漏陰界入.
44. 攬五陰 通稱衆生 衆生不同 攬三途陰 罪苦衆生 攬人天陰 受樂衆生 攬無漏陰 眞聖衆生 攬慈悲陰 大師衆生 攬常住陰 尊極衆生.

便土)에 의지해서 머무른다. 별교보살(別敎菩薩)과 원교보살(圓敎菩薩) 중 미혹을 아직 다 끊지 못한 자는 인간계의 지(地), 천계의 궁전과 방편토에 의지해서 머무르고, 미혹을 다 끊은 자는 실보토(實報土)에 의지해서 머무르며, 여래는 상적광토(常寂光土)에 의지하여 머무른다.』[45]라 하고 있다.

이리하여 앞 1,000여시에 삼세간을 곱하면 3,000세간이 되는데, 이 3,000세간이 범부의 한 순간 마음에 다 갖추어져 있다고 하여 일념삼천(一念三千)이라 한 것이다. 여기서 삼천(三千)은 삼천제법의 의미로서 일체제법을 말하는 것이고 일체제법이 삼천 가지로 한정되어 있다는 의미가 아니다. 그리고 일념 삼천사상(一念三千思想)이 말하는 것은 단순히 일체제법을 말하는 것이 아니라 일체제법이 상호원융무애(相互圓融無礙)하여 한 법이 일체법을 포섭(互具圓融)하고 한 법과 일체법이 상즉 하는 것(相即圓融)을 나타내기 위하여 삼천세간이라 한 것이다. 따라서 구사학의 5위 75법이나 유식학의 5위 100법과는 그 취지가 다르다.

2. 십이부경(十二部經)과 구부경(九部經)

십이부경이란 초기 불교에서 전승된 부처님의 가르침의 형태를 그 형식과 내용에 따라 12가지로 분류한 것을 말하며, 여기에서 3가지를 뺀 것을 구부경이라 한다.

---

45. 地獄依赤鐵住 畜生依地水空주 修羅依海畔海底住 人依地住 天依宮殿住 六度菩薩同人依地住 通敎菩薩 惑未盡 同人天依住 斷惑盡者 依方便土住 別圓菩薩 惑未盡者 同人天方便等住 斷惑盡者 依實報土住 如來依常寂光土住.

① 수다라(修多羅) : 범어 'SŪTRA'의 음사이다. 보통 경(經) 또는 계경(契經)으로 한역되고 있다. 부처님께서 설한 가르침을 후세에 전하는 산문(散文) 형태를 말한다.

② 가타(伽陀) : 범어 'GĀTHĀ'의 음사이다. 풍송(諷誦)으로 한역되며, 독립된 시(詩), 운문(韻文) 을 말한다. 따라서 오직 게문(偈文)으로만 이루어져 있는 경을 말한다. 가타는 기야(GEYA)동일한 운문이지만 장행(長行)의 내용을 거듭해서 설하는 기야와는 달리 거듭해서 설하는 것이 아니라는 뜻에서 고기송(孤起頌)이라고도 한다.

③ 본사(本事) : 범어로는 'ITIVRTTAKA'라 하며, 음사로는 '이제목다가(伊帝目多伽)'라 한다. 부처님과 부처님의 제자들에게 일어난 과거세의 인연을 서술한 교법을 가리킨다.

④ 본생(本生) : 범어로 'JĀTAKA'라 한다. 음사는 '사다가(闍多伽), 사타가(闍陀伽)이다. 석가모니부처님께서 과거세에 각종의 다양한 몸을 받아 보살도를 실천했던 고사가 주된 내용이다.

⑤ 미증유(未曾有) : 범어로는 'ADBHUTA-DHARMA'이며, 음사는 '아부다달마(阿浮多達磨)'이다. '미증유'는 "아직까지 없었던 것"이라는 뜻으로, 부처님과 관련된 것 가운데 신비하고 불가사의한 것, 아직까지 일어난 적이 없던 기특한 경계를 드러낸 것, 부처님의 불가사의한 공덕을 찬탄한 것 등을 기록한 것을 말한다.

⑥ 인연(因緣) : 범어로는 'NIDĀNA'이다. 한역은 인연(因緣)외에 '연기(緣起)'로도 번역되고 있다. 부처님께서 경전을 설한 유래나 계율을 제정한 이유와 배경 등을 설명한 부분을 말한다.

⑦ 비유(譬喻) : 범어로는 'AVĀDĀNA'이다. 교설의 의미와 내용

을 쉽게 이해할 수 있도록 실례나 우화 등을 들어 설명하는 것을 말한다.

⑧ 기야(祇夜) : 범어 'GEYA'의 음사이다. 경전 중에 앞부분에서 산문으로 설한 대의를 간결하게 한데 모아 운문의 형식으로 붙여 설한 것을 말한다. 이미 설한 경전의 의미를 다시 한 번 설하고 또 그에 상응하는 내용을 가진 게송(偈頌)이기 때문에 중송(重頌), 중송게(重頌偈) 등이라고도 한다.

⑨ 우바제사(優婆提舍) : 범어 'UPADEŚA'의 음사이며 '논의(論議)'라 한역된다. 부처님 또는 부처님의 뛰어난 제자 등이 법에 대해 논의하고 판별하여 해석한 경전 형식을 말한다. 예를 들어 부처님께서 사성제를 설명할 때 "무엇이 네 가지인가? 이른바 네 가지 성스러운 진리이다. 무엇이 네 가지 성스러운 진리인가? 이른바 고성제, 집성제, 멸성제, 도성제 등이다." 이와 같은 문답으로 그 뜻을 널리 해석하는 것을 말한다.

⑩ 무문자설(無問自說) : 범어는 'UDĀNA'이며 '우다나(優陀那)'라고 음사한다. 묻는 자 없이 부처님께서 스스로 설한 경을 말한다.

⑪ 수기(受記) : 범어는 'VEYYĀKARANA'이며 '바가라나'라고 음사한다. 부처님께서 제자들에게 다음 세상에 성불(成佛)하리라는 것을 예언한 부분을 말한다.

⑫ 방광(方廣) : 범어는 'VAYPULYA'이며 '비불략(毘佛略), 비부라(毘富羅)'라고 음사한다. 부처님의 가르침 가운데 교리를 폭넓고 심도 있게 다룬 경문을 말한다. 예를 들면 "나의 이 구부법을 중생에 수순하여 설하여, 대승에 들게 함을 근본으로 하기 위함이니 이런 까닭으로 이 경을 설하느니라."라고 한 것이 방광이다.

앞 본문 방편품에 따르면, 위 12가지 중에서 세 가지 ⑩ 무문자설 ~ ⑫ 방광을 뺀 것이 구부경(九部經)이다.

제4장 '법화경의 구조'에서 이미 보았듯이 방편품 제2는 적문 정종분 중의 정종분이라 하며 일승을 천명한다. 석가모니부처님께서 그때까지 설했던 삼승은 중생을 불도로 인도하기 위한 방편설이다. 일체중생에게는 불성이 있어서 성불할 수 있다고 하는 것이 일승이고 이것을 밝히는 것이 부처님의 본래의 뜻이다. 그리하여 이것을 밝혀 성문승이나 벽지불승도 성불할 수 있다는 사실이 밝혀진다. 그리고 성불할 수 있는 행법은 불탑신앙에 의해 성불한다는 보증을 보여주고 있다.

묘법연화경 권 제이
(妙法蓮華經 卷 第二)

비유품 제삼 (譬喻品 第三)
신해품 제사 (信解品 第四)

비유품 제삼(譬喩品 第三)

그때 사리불이 뛸 듯이 기뻐하며 즉시 일어나 합장하고 부처님의 얼굴을 우러러 보며 물었다.

지금 세존에게서 이 법음을 들어서 마음이 뛸 듯이 기뻐 미증유를 얻었습니다. 왜냐하면 내가 옛적 부처님으로부터 이와 같은 법을 들었을 때, 모든 보살에게 수기작불하는 것을 보았습니다. 그러나 저희들은 이일에 참여하지 못하여 여래의 무량한 지견을 잃었다고 매우 슬퍼하였습니다. 세존이시여. 저는 항상 홀로 숲 속의 나무아래에 앉거나 거닐기를 하면서, 매양 생각하기를 저희들은 법의 성품에 함께 들어왔는데 어찌하여 여래께서 소승법으로 제도하려 하시는가? 하였지만, 이것은 저희들의 허물이지 세존의 허물이 아니었습니다. 왜냐하면 만약 저희들이 아녹다라삼먁삼보리를 성취할 수 있는 인연을 설할 때까지 기다렸으면 반드시 대승으로 제도되어 해탈할 수 있었을 것입니다. 그러나 저희들은 방편과 마땅함을 따라 설하는 바를 알지 못하고, 처음에 부처님의 법을 듣고 바로 믿어 받아서 증득했다고 생각했습니다. 세존이시여. 제가 옛적부터 날이 저물고 밤이 새도록 매양 스스로 엄하게 꾸짖었는데, 이제 부처님으로부터 듣지 못했던 미증유의 법을 듣고는 모든 의심과 뉘우침을 끊고, 몸과 뜻이 태연해져 상쾌하고 편안해졌습니다.

오늘에야 참 불자이며, 부처님 입으로부터 났으며, 법으로부터 화생하여, 불법의 분한을 얻은 줄 알았습니다.

이때 사리불이 거듭 이 뜻을 펴고자 게송으로 말하였다.

내가 이 법음을 듣고 미증유를 얻은 바

마음은 크게 기뻐하고 의심의 그물 모두 버렸네.

옛적부터 부처님의 교화를 받아 대승을 잃지 않았네.

부처님 음성 심히 희유하여 능히 중생의 번뇌를 없애주니.

내가 번뇌를 다했지만 듣고는 역시 근심과 번뇌를 버렸나이다.

내가 산과 계곡에 있거나 혹 숲속의 나무아래에 있을 때

앉거나 경행을 하면서 항상 이 일을 생각하여

탄식하면서 스스로 책망하기를 어찌하여 자신을 속였는가?

저희들 또한 불자이며 무루법에 함께 들어갔는데,

미래에 무상도를 연설하지 못하는가?

금색의 삼십이상 십력과 모든 해탈이

일법 중에 다 있거늘 이것을 얻지 못하고

팔십종의 묘하고 좋은 것 십팔불공법(十八不共法)[46]

이와 같은 공덕을 나는 모두 잃었구나.

---

46. 부처님에게만 있는 특유한 18가지 특징을 말한다. 이에 대하여 두 가지가 있다. 먼저
     십력(十力), 사무외(四無畏), 삼염주(三念住), 대비(大悲)의 18가지라는 설. 다음 대승
     불교에서는 ①~③ 신(身), 구(口), 의(意)의 삼업에 허물이 없는 것, ④ 중생에 대한 평
     등심, ⑤ 선정에 의한 마음의 안정, ⑥모든 것을 포용해서 버리지 않는 마음, ⑦~⑪
     중생을 구하려는 욕(欲)과 정진, 염력(念力), 선정(禪定), 지혜(智慧)의 5가지 점에 대
     해 감퇴함이 없는 것, ⑫ 해탈에서 물러나지 않는 것, ⑬~⑮ 중생 제도를 위해 신, 구,
     의 3업을 나타내는 것, ⑯~⑱ 과거, 현재, 미래의 모든 일을 충분히 알고 있어 막힘
     이 없는 것.

내가 홀로 경행할 때 부처님 대중 가운데 계시는 것을 보고

이름이 시방세계에 들리고 널리 중생을 이익 되게 하시거늘.

스스로 이 이익을 잃었다 생각하고 내 스스로 속였음이라.

나는 항상 밤낮으로 매양 이 일을 생각하여

잃었는가 잃지 않았는가를 세존께 묻고자 하였으나

내가 항상 세존께서 모든 보살을 칭찬하는 것을 보고

밤낮으로 이 일만 생각하였나이다.

지금 부처님 음성 듣고, 마땅함을 따라 설하는 법은

무루이며 부사의라 중생들을 도량으로 이끌지만

내가 본래 사견에 착하여 모든 범지(梵志)[47]의 스승이 되었으나

세존께서 저의 마음을 아시고 삿된 것을 뽑고 열반을 설하시거늘

내가 사견을 다 버리고 공법을 증득했습니다.

이때 마음으로 스스로 멸도를 이루었다고 했지만

이제 이것은 실로 멸도가 아님을 알았습니다.

만약 부처가 되었다면 삼십이상이 구족하고

천인과 야차의 무리, 용과 신 등이 공경하리니

이때에야 영원히 다 멸하여 남음이 없다고 할 수 있습니다.

부처님 대중 가운데에서 저의 성불을 말하니

---

47. 범어 'brāhmana'의 한역, 음사는 '바라문(婆羅門)'이다. 인도 바라문계급 출신의 수행
자를 말하며, 범사(梵士)라고도 한다. 바라문교의 최고원리인 범(梵, Brahman)에 뜻
을 두고 구하는 사람을 일컫는다. 이 사람들은 네 가지 기(期)를 두고 수행하는데, 학
생기(學生期), 가주기(家住期), 임주기(林住期), 유행기(遊行期)이다. 그 중에서 첫 번
째 학생기에 스승을 찾아가서 공부하는 사람이 범지이다.

이와 같은 법음을 듣고 의심과 뉘우침을 이미 다 없앴습니다.

처음 부처님의 말씀을 들었을 때 마음이 크게 놀라 의심하고
문득 마구니가 부처로 가장하여 나의 마음을 어지럽게 하는 것이
아닌가?
부처님께서 여러 가지 인연과 비유로 교묘하게 말씀하시니
마음이 바다와 같이 편안해져서 의심의 그물을 끊었습니다.

부처님께서 과거에 멸도한 한량없는 부처님도
방편 가운데에 편안히 머물고 역시 이 법을 설했다고 말씀하시며,
현재와 미래의 부처님께서도 그 수가 무량하고
역시 모든 방편으로 이와 같은 법을 연설하시고
지금의 세존께서 태어나 출가하여
얻은 도의 법륜을 굴려 역시 방편으로 설하시니
세존께서는 진실로 도를 설하지만 파순은 이런 일이 없습니다.

이로써 저는 바로 부처로 가장한 마가 아님을 알고
제가 의심의 그물에 떨어진 까닭으로 마가 행한 바라고 여겼습니다.

부처님의 유연한 음성은 심원하고 매우 미묘하고
청정한 법을 설하시니 저는 크게 기뻐하고
의심과 뉘우침을 이미 영원히 끊어서 진실한 지혜 가운데
안주하였습니다.
저는 결정코 부처가 되어 천인의 공경하는 바가 되고

무상의 법륜을 굴려서 모든 보살을 교화하겠나이다.

그때 부처님께서 사리불에 말씀하셨다.

나는 지금 천인 사문 바라문 등 대중들에게 설하노라. 내가 옛적 이만 억 부처님 계신 곳에서 위 없는 도를 위한 까닭으로 항상 너희들을 가르쳐 교화하였고, 너희들 역시 오랜 기간 나를 따라 배웠느니라. 내가 방편으로 너희들을 인도하여 나의 법 중에 나게 되었느니라. 사리불아. 내가 옛적 너를 가르칠 때 불도에 뜻을 두게 하였는데, 너는 지금 다 잊어버리고 스스로 멸도를 얻었다고 생각하는구나. 내가 지금 돌이켜 너를 하여금 본래 원하고 행하던 도를 기억시키기 위해 모든 성문에게 이 대승경을 설하니, 이름이 묘법연화이며 보살을 가르치는 법이며, 부처님께서 호념하시는 것이니라.

사리불아. 너는 미래세에 무량무변한 불가사의의 겁 동안 천 만 억 부처님을 공양하고, 정법을 받들어 지니고 보살이 행하는 도를 구족하여서, 부처가 되리니 이름이 화광여래 응공 정변지 명행족 선서 세간해 무상사 조어장부 천인사 불 세존이니라. 나라 이름은 이구이며 그 땅은 평탄하고 청정하게 꾸며져 있고 편안하고 풍성하며, 천인과 사람들이 많으며, 땅은 유리이고 여덟 갈래로 교차하는 길은 황금 줄이 경계로 되어있고, 그 옆에는 칠보로 된 나무가 있는데 항상 꽃과 과일이 열려있다. 화광여래 역시 삼승으로 중생을 교화하느니라.

사리불아. 저 부처님께서 출현할 때 비록 악세는 아니지만 본래 세운 서원이 있어 삼승법을 설하느니라. 그 겁명은 대보장엄인데 어떠한 이유로 대보장엄이라 하는가 하면 그 나라는 보살로써 큰 보배를 삼기 때문이니라.

저 많은 보살들은 무량무변하고 불가사의해서 산수와 비유로 헤아릴 수 없고 부처님의 지혜가 아니면 알 수 없는 것이니라. 보행할 때는 보배 꽃이 발을 받드느니라. 이 모든 보살들은 처음 발심한 것은 아니지만 모두 오랫동안 덕의 근본을 심어서, 무량 백 천 만 억 부처님 처소에서 범행을 깨끗이 닦고, 항상 모든 부처님께서 칭탄하였으며, 항상 부처님의 지혜를 닦아서 큰 신통을 구족하고 일체 모든 법의 문을 잘 알아서, 바탕은 곧고 거짓이 없으며 뜻과 생각이 견고한 이와 같은 보살들이 그 나라에 가득하느니라.

사리불아. 화광부처님의 수명이 십 이 소겁이며 왕자로서 부처님이 되기 전은 제외하느니라. 그 나라 백성의 수명은 팔 소겁이니라. 화광여래가 십 이 소겁을 지나면 견만보살에게 아뇩다라삼먁삼보리를 수기하면서 모든 비구에게 다음과 같이 말하느니라. "이 견만보살이 다음에 부처가 되는데 이름이 화족안행 다타아가도 아라하 삼먁삼불타이니라. 그 불국토 역시 이와 같으리라."

사리불아. 이 화광불이 멸도한 후 정법(正法)[48]은 세상에 삼 십 이 소겁 머물고, 상법(像法)도 세상에 역시 삼 십 이 소겁이 머무느니라. 이때 세존께서 거듭 이 뜻을 펴고자 게송으로 말씀하셨다.

사리불은 내세에 성불하여 널리 지혜가 높으며

이름이 화광, 무량한 중생을 제도하리.

---

48. 정법, 상법, 말법의 삼시설(三時說) 중, 부처님의 가르침이 올바르게 세상에 행하여지는 기간으로서, 교(敎)와 실천(行)과 그 결과로써의 깨달음(證)이 올바르게 갖추어져 부처님의 가르침이 완전히 행해지는 시대를 말한다. 상법(像法)은 부처님의 교설과 실천(行)은 있으나 그 결과로서 깨달음(證)이 결여된 시대를 말한다. 말법(末法)시대는 가르침(敎)만 있고 실천(行)도 깨달음(證)도 없는 시대를 말한다. 부처님 입적 후 최초의 500년(1천년이라는 설도 있음)을 정법, 다음 1천년을 상법, 그 후 1만년을 말법이라 한다.

무수한 부처님을 공양하고 보살행과
십력 등 공덕을 구족하여 무상도를 증득하리라.

무량한 겁을 지나 대보장엄겁이 되면
세계의 이름은 이구이며 청정하고 더러움이 없으며

유리로 땅이 되고 황금 줄로 길의 경계를 삼고
칠보로 된 나무에는 항상 꽃과 과실이 열리고

저 국토의 모든 보살들은 뜻과 생각이 견고하며
신통 바라밀을 모두 구족하여서

무수한 부처님 처소에서 보살도를 잘 배우니
이와 같은 대사들을 화광 부처님께서 교화하셨네.

부처님 왕자였을 때 나라와 세상의 영화를 버리고
최후의 몸으로 출가하여 불도를 이루었네.

화광부처님께서 세상에 머무는 수명은 이십 소겁이고
그 나라 백성의 수명은 팔 소겁이니라.

부처님 멸도 후 정법이 세상에
삼십이 소겁이 머물고 널리 많은 중생을 제도하고
정법이 끝난 뒤에 상법이 삼십이 소겁이 머무느니라.

사리를 널리 유포하고 천인이 널리 공양하리니.
화광부처님께서 하시는 일이 다 이와 같으니라.

복과 지혜가 구족한 성존은
가장 뛰어나서 비교할 사람이 없으며

그 부처님이 바로 너이니
마땅히 기뻐할 지니라.

이때 사부대중인 비구 비구니 우바새 우바이 천 용 야차 건달바 아수라 가루라 긴나라 마후라가 등 대중은, 사리불이 부처님 앞에서 아뇩다라삼먁삼보리의 수기를 받는 것을 보고, 마음이 크게 뛸 듯이 기뻐서 각각 입고 있던 상의를 벗어서 부처님께 공양하였으며, 석제환인과 범천왕 그리고 함께한 무수한 천자들 역시 묘한 천상의 옷과 천상의 만다라 꽃 마하만다라 꽃 등을 부처님께 공양하니, 천상의 옷이 허공 중에 머물고 스스로 돌았으며, 하늘의 모든 백 천 만 종의 기악이 허공 중에 일시에 울려 퍼지고, 하늘 꽃이 비 오듯 내리더니, 이런 말이 들렸다.
"부처님 옛적에 바라나에서 법륜을 처음 굴리고, 지금 또 무상의 최대 법륜을 굴리시구나."
이때 모든 천자가 거듭 이 뜻을 펴고자 게송으로 말하였다.

옛적 바라나에서 사제의 법륜을 굴리시어
모든 법을 분별하여 설하니 오중(五衆)[49]의 생멸이라.

지금 다시 최고로 묘한 무상의 대법륜을 굴리시니
이 법 매우 심오하여 믿는 사람이 거의 없습니다.

저희들이 옛적부터 자주 세존의 말씀을 들었지만
이와 같이 깊고 묘한 최고의 법을 듣지 못했는데
세존께서 설한 이 법 저희들 모두 따라 기뻐합니다.

대지 사리불이 지금 세존에게서 수기를 받으니
저희들도 역시 이와 같이 반드시 성불하여
일체 세간의 최고로 높은 세존이 되오리다.
부사의한 부처님 도, 근기에 따라 방편을 설하시니
내가 지은 복과 업, 지금 세상이나 과거 세상에
부처님 친견한 공덕, 모두 불도에 회향합니다.

이때 사리불이 부처님께 여쭈었다.

세존이시여 저는 지금 다시 의심 없이 부처님 앞에서 직접 아뇩다라 삼먁삼보리의 수기를 받았는데, 여기 천 이 백 명의 마음이 자재한 사람은 옛적 배우는 지위에 있을 때, 부처님께서 항상 교화하시며 말하기를 "나의 법은 능히 생로병사를 여의게 하고 구경에는 열반에 이르느니라." 하셨습니다. 이 배우는 사람과 배울 것이 없는 사람들 역시 각자 아견과 유무견 등을 여의고 열반을 얻었다고 하였는데, 지금 세존 앞에서 듣지 못한 것을 듣고 모두 의혹에 빠졌습니다. 거룩하신 세존이시여.

---

49. 5음(陰), 5온(蘊)을 말함. 모든 존재는 5가지 요소(색, 수, 상, 행, 식)로 성립되었다고 보는 것이다.

원하옵건대 사부대중을 위하여 그 인연을 설하시어 의심을 풀도록 하여 주시오소서.

이때 부처님께서 사리불에게 말씀하셨다.

내가 먼저 말하지 않았느냐. 여러 부처님 세존께서 여러 가지 인연과 비유 말 방편으로 법을 설하는 것이 다 아뇩다라삼먁삼보리를 위하는 것이라고. 이 설한 바 모두는 다 보살을 교화하기 때문이니라. 그러나 사리불아 지금 다시 비유를 들어 그 뜻을 분명하게 말하겠으니, 지혜 있는 자들은 이 비유를 이해할 수 있을 것이라.

사리불아 어느 나라 마을에 큰 장자가 있었는데, 나이가 많아 노쇠하지만 재산이 무한하게 많아 전답과 집과 모든 하인 등이 많았다. 그 집은 매우 광대하지만 오직 문이 하나였다. 사람들이 많았는데 일백 이백 내지 오백 명의 사람이 그 집에서 살고 있었다. 그 집은 노후하여 담과 벽이 퇴락하고, 기둥뿌리는 썩었고, 대들보는 기울어져 위태로왔다. 그때 주위에서 홀연히 불이 나서 집을 태우고 있었다. 그 장자의 아이들 약 십, 이십 혹 삼십 명이 이 집에 있었다. 장자가 네 방위에서 일어나는 큰 불을 보고, 즉시 크게 놀라 다음과 같이 생각했다. "나는 비록 이 불타는 문으로 나와서 편안하지만, 나의 아이들은 불타는 집에서 장난하고 노느라, 알지 못하고, 놀라지도 두려워하지도 않고, 불이 덮쳐서 고통을 받을 텐데 걱정하지도 않고, 나오려는 뜻도 없었다.

사리불아. 장자는 또 생각했는데, "나는 몸과 손에 힘이 있어 옷과 상자 책 등을 가지고 나오리라." 그리고 다시 생각했는데, "이 집은 문이 오직 하나이고 협소하여 나의 아이들이 어려서 알지 못하므로 놀기를 좋아하는 이들이 넘어져 불에 타지 않을까?" 라고 생각했다. 그리하여 장자는 그 위험함을 말하여 이 집이 불타고 있으니 빨리 나와서 화재를 입지 않게 하리라. 이렇게 생각하고는 "아이들에게 빨리 나오너라." 하였지만 아버지는 연민으로 좋게 말하였는데, 아이들은 놀이에 빠져 믿지도 않고 놀라지도 않고 나오려고도 하지 않았다. 또 불이 무엇인지, 집은 어떠한지, 무엇을 잃는지를 알지 못하고, 동서로 달리며 놀면서 아버지만 바라 볼 뿐이었다.

이때 장자는 또 이런 생각을 하였다. "이 집은 이미 큰 불에 타고 있으니 나와 아이들이 지금 나오지 않으면 반드시 불에 타리라. 내가 지금 방편을 베풀어 아이들을 화재에 면하게 하리라." 아버지는 아이들이 여러 가지의 장난감을 좋아하는 줄을 미리 알고 장난감을 보여주면 좋아할 것이라고 생각하고 아이들에게 말하였다. "너희들 좋아하고 가지기 어려운 장난감이 있는데 너희들이 가지지 않으면 반드시 후회하리라. 여러 가지의 양수레 사슴수레 소수레가 지금 문 밖에 있으니 가지고 놀기 좋다. 너희들이 불난 집에서 빨리 나와 가져라. 너희들이 갖고자 하는 대로 모두 주겠다." 이때 아이들이 아버지가 말하는 장난감을 가지고 싶어 서로 밀치고 다투면서 불타는 집에서 나왔다. 그때 장자는 아이들이 무사히 나와 사거리 중에 앉아 있는 것을 보고, 다시 애타는 마음이 없고 태연하게 기뻐하였다. 이때 아이들이 각각 아버지에게 말하였다. "아버지께서 주신다고 했던 양수레 사슴수레 소수레의 장난감을 주십시오."

사리불아. 이때 장자는 아이들에게 평등하게 큰 수레를 나누어 주었다. 그 수레는 높고 넓으며, 많은 보배로 장식되어 있고, 주위에는 난간이 있으며, 사면에는 방울이 달려 있고, 위에는 휘장을 쳤는데 모두 진기한 보배로 장식되어 있고, 보배로 만든 줄이 늘어져 있으며, 화려한 영락이 드리어져 있고, 예쁜 자리를 겹겹이 깔고, 붉은 베개를 두었는데, 흰 소가 끌었다. 그 소는 피부가 깨끗하고 몸은 어여쁘면서 좋고 큰 힘이 있고, 걸음이 바르고 바람같이 빠르며, 많은 시종이 호위하였다. 왜냐하면 이 장자의 재물은 한량이 없어 모든 창고마다 가득 찼으므로 이런 생각을 하였다. "나의 재산은 한량이 없다. 하열한 작은 수레로 아이들에게 주지 않겠다. 지금 이 아이들은 다 나의 아들이니 한쪽에 치우쳐 사랑을 주지 않겠다. 나는 칠보의 큰 수레가 많은데 평등한 마음으로 차별 없이 아이들에게 주겠다. 왜냐하면 나의 물건은 온 나라의 사람들에게 나누어 주어도 모자라지 않는데, 하물며 나의 아이들에게 아끼겠는가?" 이때 아이들은 각각 큰 수레를 탔으니 본래 바라지 않았던 것을 얻었다.

"사리불아. 너는 어떻게 생각하느냐? 이 장자가 아이들에게 보배로 만든 수레를 평등하게 나누어 준 것이 허망한 일인가?" 사리불이 대답하였다. "아니옵니다. 세존이시여. 이 장자가 아이들로 하여금 불난 집에서 생명과 신체만을 구하는 것도 허망한 것이 아니오니, 왜냐하면 만약 목숨만 보전하면 장난감을 얻은 것이 되는데, 하물며 방편으로 불난 집에서 벗어나 구제함이겠습니까? 세존이시여. 만약 이 장자가 가장 작은 수레 하나 주지 않더라도 오히려 허망한 것이 아니온데, 왜냐하면 이 장자는 먼저 생각하여 방편으로 아이들을 나오게 하였는데 이 인연으로 허망하지 않습니다. 하물며 장자가 재물이 한량없음을 알고 아이들에게 이익을 주고자 평등하게 큰 수레를 줌이오리까?"

부처님께서 사리불에게 말씀하셨다.

"훌륭하고 훌륭하도다. 네가 말한 바와 같다. 사리불아. 여래 또한 이와 같아서 일체 세간의 아버지이니라. 모든 두려움, 외로움, 우환, 무명, 어두움을 영원히 다하여 남음이 없고, 무량한 지견 힘 두려움 없음을 다

성취하여, 큰 신통의 힘과 지혜의 힘이 있고, 방편과 지혜바라밀을 구족하여 대자대비하고, 항상 게으름이 없으며, 영원토록 좋은 일만 하여 일체를 이익 되게 하느니라. 이 삼계의 노후 되어 불난 집에 태어나 중생의 생로병사, 근심, 슬픔, 고통, 괴로움, 어리석음과 어두움 등 삼독의 불로부터 벗어나게 하기 위해, 가르쳐서 교화하여 아뇩다라삼먁삼보리를 얻게하였다. 모든 중생이 생로병사와 근심 슬픔 고통 괴로움 속에서 시달리는 것을 보며, 또 오욕의 재물과 이양을 위해 여러 가지의 고통을 받고 탐착하여 추구하는 까닭으로 현재 많은 고통을 받으며, 죽은 후에는 지옥 축생 아귀의 고통을 받고, 만약 천상에 태어나거나 인간으로 태어나더라도 빈궁과 곤란한 고통을 받으며, 사랑하는 사람과 헤어지는 괴로움, 미워하는 싫어하는 사람과 함께 있어야 하는 괴로움, 이와 같은 여러 가지의 괴로움에 빠져 있어도 즐거워하고 노느라 깨닫지 못하고 알지 못하며 놀라지도 않고 두려워하지도 않으며, 또한 싫어하는 마음도 내지 않고 해탈을 구하지도 않은 채, 삼계라는 불타는 집에서 동서로 뛰어다니며 큰 고통을 만나도 걱정할 줄 모른다. 사리불아. 부처는 이것을 보고 다음과 같은 생각을 하였다. 나는 중생의 아버지이다. 마땅히 고난의 뿌리를 뽑아서 무량무변한 부처님 지혜의 즐거움을 주어서 중생들을 즐겁게 해야겠다.

사리불아. 여래는 또 다음과 같이 생각했다. 내가 만약 방편을 버리고 단지 신통력과 지혜의 힘만으로 중생에게 여래의 지견과 힘과 두려움 없음을 찬탄하였다면 중생들은 제도를 얻지 못하였을 것이다. 왜냐하면 중생들은 생로병사와 근심 슬픔 고통 뇌로움에서 벗어나지 못했고 삼계라는 불타는 집에서 타고 있기 때문에 어떻게 부처님의 지혜를 알겠는가?

사리불아. 저 장자가 비록 몸과 손에 힘이 있으나 그것을 사용하지 않고, 단지 은근히 방편으로 아이들을 불난 집의 난에서 벗어나게 한 후, 보배로 된 큰 수레를 각각 준 것처럼, 여래도 또한 이와 같아서 비록 힘과 두려움 없음이 있으나, 그것을 사용하지 않고 단지 지혜와 방편으로 삼계라는 불타는 집에서 중생을 제도하기 위해 성문, 벽지불, 불승이라는 삼승을 설하면서 이렇게 말하였다. 너희들은 삼계라는 불난 집에서 머물러 즐거워하지 말라, 추하고 나쁜 색, 성, 향, 미, 촉을 탐하지 말라. 만약 탐하고 애착하면 바로 불에 타게 된다. 너희들이 빨리 삼계에서 벗어나면 마땅히 삼승 즉 성문, 벽지불, 불승을 얻으리라. 내가 지금 너희들을 위하여 이일을 보증하니 허망하지 않으리라. 너희들은 단지 마땅히 부지런히 정진하라. 여래는 이러한 방편으로 중생들에게 권하여 인도하리라. 또 이런 말씀을 하였다. 너희들은 마땅히 알아야 한다. 이 삼승법은 성인이 칭탄하는 바이며, 자재하여 얽매임이 없고, 의지하거나 구할 것이 없으니, 이 삼승을 타면 번뇌가 없는 근기, 힘, 깨달음, 도, 선정, 해탈, 삼매 등으로 스스로 즐길 것이며, 한량없는 안온과 쾌락을 얻을 것이다.

사리불아. 만약 중생이 안으로 지혜가 있어 부처님 세존으로부터 법을 들어 믿고 지녀서 부지런히 정진하여 빨리 삼계에서 벗어나려고 열반을 구하고자 하는 것은 성문승이니, 저 아이들이 양의 수레를 구하려고 불타는 집에서 나오는 것과 같다. 만약 중생이 부처님 세존으로부터 법을 들어 믿고 지녀서, 부지런히 정진하여 자연의 지혜를 구하여, 홀로 조용한 곳에 있기를 좋아하며, 깊이 모든 법의 인연을 알면, 이를 벽지불승이라고 하니, 저 아이들이 사슴의 수레를 구하려고 불타는 집에서 나오는 것과 같다. 만약 중생이 부처님 세존으로부터 법을 들어 믿고 지녀서 부지런히 정진하여 일체지(一切智)[50], 불지(佛智), 자연지(自然智)[51], 무사지(無師智)[52], 여래지견, 힘, 두려움 없음 등을 구하여 무량한 중생을 가엾게 생각하여 안락하게 하고, 천상과 인간들을 이익 되게 하고자 일체를 제도하여 해탈시키고자 하면, 이 사람을 대승보살이라 하니, 이런 승을 구하는 까닭으로 마하살이라 하며, 저 아이들이 소의 수레를 구하고자 불타는 집에서 나오는 것과 같다.

사리불아. 저 장자가 아이들이 불타는 집에서 나와서 안온하며 두려움 없는 곳에 있는 것을 보고는, 무량한 재물이 있는 것을 생각하고 큰 수레로 평등하게 아이들에게 주는 것처럼, 여래도 또한 이와 같아서 일체중생의 아버지이니, 무량 억 천 중생이 부처님 가르침의 문으로 삼계의 두려움과 험한 고통에서 벗어나 열반을 얻는 것을 보고, 또 이런 생각을 하여 "나는 무량무변한 지혜와 힘과 두려움 없음과 모든 부처님의 법을 가지고 있다. 이 모든 중생은 나의 아들이니 대승을 평등하게 설해서 홀로 멸도하게 하지 않고, 여래의 멸도로 멸도하게 하리라." 하였다. 이 삼계를 벗어난 중생에게 모든 부처님의 선정, 해탈 등 오락 기구를 주었으니, 다 한 모양이며 한 종류로서 성인들이 칭찬하는 바이니 깨끗하고 묘한 제일 좋은 즐거움을 낸다.

사리불아. 저 장자가 처음에 세 가지 수레로 아이들을 유인한 후에, 오직 보물로 장엄하고 아주 편안한 큰 수레를 주었는데, 그러나 저 장자에게 허망한 허물이 있는 것이 아니다. 여래도 또한 이와 같아서 허망함이 없다. 처음에 삼승을 설하여 중생을 인도한 후에, 오직 대승으로 제도하여 해탈하게 하였다. 왜냐하면 여래는 무량한 지혜, 힘, 두려움 없

---

50. 온갖 것을 다 아는 지혜를 말한다.
51. 인위적인 노력에 의하지 않고, 자연적으로 생기는 부처님의 깨달음의 지혜를 말한다.
52. 스승 없이 깨달은 부처님의 지혜를 말한다.

음, 모든 법장이 있어서 능히 일체 중생에게 대승법을 설하였지만 (중생은) 능히 받지 못하는 구나.

사리불아. 마땅히 알라. 이러한 인연으로 모든 부처님은 방편으로써 일불승을 분별하여 삼승으로 설하는 것이다. 부처님께서 거듭 이 뜻을 펴시고자 게송으로 말씀하셨다.

비유하면 어떤 장자 큰 집이 있는데,
그 집은 오래되어 퇴락하고 낡았으며
당사는 아주 위험하고, 기둥뿌리는 썩어 꺾어지고,
대들보는 기울어져 있고, 계단은 허물어져 내리고
담과 벽은 갈라져 무너져 내리고, 담벼락 흙도 떨어져 내리며
덮은 이엉이 떨어져 내리고, 서까래도 이탈하고
꾸불꾸불한 울타리에 온갖 오물이 가득한데,
오 백 명이 그 집에서 살고 있네.

솔개 올빼미 수리 독수리 까마귀 까치 산비둘기 집비둘기
까치독사 살모사 전갈 지네 그리마들.
도마뱀과 노리개들 족제비 살쾡이 쥐
모든 나쁜 벌레들이 서로 기고 뛰며

똥, 오줌 냄새나는 곳 더러운 것 넘쳐흐르고,
말똥구리 벌레들이 위로 모여들고
여우 이리 야간들이 씹고 물고 밟고 다니며
죽은 것을 먹고 뼈와 살이 흩어져 있고

많은 개들이 와서 서로 밀고 당기고

굶주리고 두려워하며 이리 저리 먹을 것을 찾으며

서로 다퉈 싸우고 물어뜯고 크게 짖나니

그 집의 공포가 이와 같은데

곳곳에 도깨비들이 있고

야차와 악귀들이 사람고기 씹어 먹고

독충들과 악한 금수들

새끼 낳아 각자 기르고

야차들이 달려와서 다투어 먹으려하고

배가 부르면 악한 마음 치성하여

서로 싸우면서 소리 질러 무섭게 하고

구반다[53] 귀신들이 흙더미에 웅크리고 앉아

어떤 때는 땅위로 일척 내지 이척

왔다 갔다 하면서 멋대로 장난하고

개의 양다리를 잡아서 소리 못 지르게 하고

다리를 목에 붙여서 개를 놀라게 하고

또 많은 귀신들 키가 큰데,

검고 파리한데 벌거벗고 그 가운데 머물면서

큰 소리를 질러대며 울부짖으면서 먹을 것을 구하고

또 모든 귀신들 목구멍이 바늘 같고

---

53. 남방 증장천왕 밑에 있는 귀신으로 사람의 정기를 먹고 산다고 함. 항아리 같은 고환
(睾丸)을 갖는다는 뜻임.

어떤 귀신들 머리가 소머리 같고

사람 개를 잡아먹고 머리털은 헝클어져

잔인하게 해치고 기갈에 시달려서 울부짖고 내달린다.

야차 아귀 사나운 새 짐승

매우 굶주려서 사방으로 향하고 창문을 엿보고 있는데,

이와 같은 모든 재난과 공포가 한량이 없다.

이 노후된 집, 한 사람에 속해

그 사람 나온 지 얼마 되지 않는 때

그 집에서 홀연히 불이 일어나

일시에 사방으로 불길이 치솟고

대들보 서까래 큰 소리로 갈라지고

꺾이어 부서져 내리며

담장과 벽도 붕괴하고

모든 귀신들이 소리 내어 절규하고

부엉이 독수리 등 모든 새와 구반다들이

두렵고 놀라서 나올 줄 모르고

악한 짐승 독한 벌레 구멍 찾아 숨고

비사사[54] 귀신들도 그 가운데 머물러서

복덕이 박하여 불길에 핍박받고

서로 잔인하게 해쳐서 피를 마시고 살을 씹어 먹고

야간의 무리는 이미 먼저 죽었으니

큰 악한 짐승들이 쫓아 와서 뜯어 먹으며

냄새나는 연기 피어올라 사면에 가득하고

지네와 그리마 독사의 무리들

불에 타서 다투어 나올 적에

구반다 귀신들이 따라와서 잡아 먹고

또 모든 아귀들 머리에 불 붙어

배고프고 목마르고 뜨거워서 달아나니

이 집이 이와 같아 매우 무서우며

독하고 해로운 불의 재앙, 많은 재난이 적지 않네.

이때 이집 주인 문 밖에 서 있고

어떤 사람 말 들으니, 너의 아이들

먼저 놀기 좋아하여 이 집에 들어와

어리고 작아 아무것도 모르고 오락에만 집착하는구나.

장자 이 말 듣고 놀라 불난 집에 들어가

방편으로 구제하여 화난이 없게 하리라 하고

아이들에게 많은 환난을 말하니

악귀 독충 재화가 만연하고

많은 고통 차례로 이어져 끊이지 않고

독사 까치독사 전갈 그리고 야차

구반다 귀신 야간 여우 개와

수리 독수리 솔개 백족의 무리들이

배고프고 목이 말라 급하여 심히 두려운데

---

54. 비사차(毘舍遮)라고도 하며, 서방 광목천왕이 통솔하는 귀신. 아귀 모양을 하고 있다고 함.

비유품 제삼 ● 189

이 고난의 집에 큰 불까지 일어났는데

아이들은 모르는 채, 비록 아버지의 말을 들었지만
놀이에 빠져서 마치지 않으려 하니
이때 장자 이런 생각을 하여
아이들 이와 같으니 나의 근심 더하구나.

지금 이 집 즐거움이 하나도 없고
아이들이 노는 데만 정신이 빠져
나의 가르침을 받으려 않아 장차 화난을 당하리
그때 문득 생각하여 모든 방편을 베풀어
아이들에게 말하기를 나에게는
여러 가지의 장난감 중에 묘한 보배 수레가 있어
양의 수레, 사슴 수레, 큰 소의 수레가
지금 문 밖에 있으니 너희들이 밖으로 나오너라.
내가 너희들을 위하여 이 수레를 만들었으니
원하는 대로 가지고 놀아라.

아이들 이런 수레 말을 듣고
즉시 다투어 밖으로 나와
빈 땅에 이르러 모든 고난을 벗어났네.

장자 아이들이 불난 집에서 벗어나
사거리에 있는 것을 사자좌에 앉아서 보아

스스로 즐거워 나는 지금 쾌락하다 하네.

이 아이들 낳아 키우기 심히 어렵고
우매하여 아는 것 하나 없이 위험한 집에 있으니
많은 독충과 도깨비는 무섭고
큰 불이 사면에서 맹렬히 타오르는데
아이들이 놀이에 탐착하고 있는 것을
내가 이미 구해서 재난에서 벗어나니
이런 이유로 사람들아 나는 지금 쾌락하다

이때 아이들 아버지가 편안하게 앉아 있는 것을 알고
아버지께 나아가 말하기를
저희들에게 세 종류의 보배 수레를 주소서.
조금 전에 허락한, 아이들이 나오면
마땅히 세 가지 수레를 너희들이 원하는 대로 주겠다. 하였으니
지금 바로 그때이니 나누어 주소서.
장자는 큰 부자여서 창고에 재물이 많고
금 은 유리 차거 마노 등 많은 보물로
큰 수레를 만들어 장식하고 난간을 둘렀으며
사면에 방울을 달고 금줄을 내리우고
진주 그물로 그 위를 덮고
금빛 꽃과 많은 영락으로 곳곳에 늘어뜨리고
많은 채색으로 꾸며서 주위를 둘렀네.

부드러운 비단과 솜으로 자리를 삼고
가치가 천 억이고 선명하고 희며 정결하며
묘하고 가는 천을 그 위를 덮었으며
힘이 세고 몸매가 아름다운
흰 소가 보배 수레를 끌게 하였고
많은 시종으로 수레를 호위하게 하였으니
이 묘한 수레를 너희들에게 평등하게 주겠노라.

이때 아이들은 뛸 듯이 기뻐하고
이 보배 수레에 타고 사방으로 다니니
쾌락하고 자재하여 걸림이 없네.

사리불아. 나 역시 이와 같아
성인 중에서 가장 높은 세간의 아버지이니라.
일체 중생이 나의 아들인데
세상 쾌락에 깊게 애착하여 지혜의 마음 없구나
삼계는 편안하지 않고 오히려 불난 집이니
많은 고통만 충만해서 매우 무서우며
항상 나고 늙어 병들어 죽는 근심 항상 있어
이러한 불길이 치성하여 쉼이 없는데,
여래는 이미 삼계의 불난 집에서 벗어나
고요한 데 살며 편안한 숲에서 사느니라.

지금 삼계는 나의 것이니

그 가운데 중생들은 다 나의 아들인데,

지금 이 곳에 많은 환란이 있으니

오직 나만이 능히 구할 수 있네.

비록 가르치고 타이르지만 믿어서 가지지 않고

어러 욕망에 물이 들어 깊게 탐착하기 때문에

방편으로 삼승을 설하여

모든 중생들로 하여금 삼계의 고통을 알게 하여

세간의 길을 벗어나는 연설을 열어 보여서

아이들이 마음으로 결정하여

삼명(三明)[55]과 육신통(六神通)[56]을 구족하면

연각이나 불퇴전의 보살이 되리라

사리불아. 나는 중생을 위해 이 비유로써 일불승을 설하니

너희들은 이 말을 믿고 받아 지니면

---

55. 무학위(無學位)에 이르러 어리석음을 제거하고 세 가지 일에 걸림 없이 통달한 밝은 지혜를 말한다. ① 숙명지증명(宿命智證明) : 숙명명이라고도 하며, 자신과 중생의 일생과 무수한 전생의 일들을 명백하게 아는 지혜를 말한다. ② 생사지증명(生死智證明) : 천안명(天眼明)이라고도 하며, 중생이 죽을 시기와 태어날 시기 또는 좋은 외형과 추악한 외형 등의 차별, 삿된 법을 인연으로 악행을 저질러 죽은 다음 악취에 태어나거나 바른 법을 인연으로 선행을 쌓아 죽은 다음 선취에 태어나는 등 죽거나 태어날 때 벌어지는 갖가지 형상을 아는 지혜를 말한다. ③ 누진지증명(漏盡智證明) : 누진명이라고도 하며, 사제(四諦)의 이치를 그대로 증득하고 모든 속박에서 완전히 벗어나며 모든 번뇌를 소멸한 지혜를 말한다. 《대비바사론》 권 102에 숙명명은 과거사를 보고 벗어나려는 마음을 일으키며, 천안명은 미래사를 보고 벗어나려는 마음을 일으키며, 누진명은 이미 벗어난 뒤에 열반을 즐긴다고 한다. 그리고 숙명명은 상견(常見)을 끊을 수 있고, 천안명은 단견(斷見)을 끊을 수 있으며, 누진명은 이 양변을 벗어나 중도에 안주하는 것이라 한다.
56. 부처님과 보살 등이 갖춘 여섯 종류의 초인적인 능력, ① 천안통(天眼通) : 사후세계와 천계, 지옥을 보며, 세간의 일체의 멀고 가까운 모든 고락의 모양과 가지가지의 형을 내다 볼 수 있는 능력, ② 천이통(天耳通) : 자유자재로 모든 언어와 음성을 들을 수 있는 능력, ③ 타심통(他心通) : 다른 사람의 마음을 알 수 있는 능력, ④ 숙명통(宿命通) : 과거세의 일을 다 아는 능력, ⑤ 신족통(神足通) : 어디라도 갈 수 있는 자재한 능력, ⑥ 누진통(漏盡通) : 번뇌를 끊음이 자유자재한 능력,

모두가 마땅히 불도를 성취하리라.

이 승은 미묘하고 청정하며 제일이라.

모든 세간에서 가장 높아

부처님께서 기뻐하며 일체 중생이

칭찬하고 공양 예배하여야 할 바이며

무량 억 천의 모든 힘과 해탈

선정 지혜 그리고 부처님의 나머지 법이니라.

이와 같은 승을 얻어야만 모든 아이들로 하여금

밤낮의 오랜 세월 동안 항상 유희하게 하며

많은 보살과 성문들과 함께

이 보배 수레에 타면 바로 도량에 이르리라.

이 인연으로 시방에서 진리를 구하여도

다른 승이 없으나 부처님의 방편은 제외되느니라.

사리불아. 너희들은

나의 아들이니 나는 바로 아버지이니라.

너희들은 오랜 겁 동안 많은 고통에 받았으니

내가 다 뽑아서 제도하여 삼계를 벗어나게 하리라.

내가 비록 너희들에게 멸도를 먼저 설했지만

단지 생사만 다했지, 실은 멸도가 아니었느니라.

지금 마땅히 오직 부처님 지혜만 생각하라.

이 대중 가운데 보살이

일심으로 모든 부처님의 진실한 법을 들으면

모든 부처님 세존께서 비록 방편을 썼지만

교화된 중생은 다 보살이었느니라.

어떤 사람 지혜 작아 애욕에 깊게 집착하고

이런 사람 위해 고제를 설하니

중생들 기뻐하여 미증유를 얻고

부처님께서 설한 고제 진실하여 다름이 없네.

어떤 중생 고의 근본을 몰라

고의 원인 깊게 집착하여 잠시도 못 버리고

이런 사람위하여 방편으로 도를 설하니

모든 고의 원인 탐욕이 근본이라

탐욕을 멸하면 의지할 바 없어

모든 고를 다 멸하는 것, 셋째 삼제(三諦)라 하네.

멸제를 위하여 도를 수행하면

모든 고의 결박에서 벗어나 해탈을 얻었다 하느니라.

이런 사람 어찌하여 해탈을 얻었는가?

단지 허망을 떠난 것을 해탈이라 하지만

진실로 일체 해탈을 얻은 것이 아니므로

부처님께서 이런 사람을 진실로 멸도라 하지 않네.

이런 사람 무상의 도를 얻지 못했으므로

멸도에 이르렀다고 생각하지 않네.

나는 법왕이므로 법에 자재하여
중생을 안온하게 하고자 세상에 출현하네.

사리불아. 나의 이 법인(法印)은
세간을 이익 되게 하고자 설하느니라.
노는 장소에 함부로 전하지 말고
만일 듣는 사람을 따라 기뻐해서 받아 지니면
이런 사람은 아비발치[57]임을 알라.

만약 이 경법을 믿고 지니는 사람
이 사람 이미 과거 부처님을 친견하여
공경공양하고 역시 이 법을 들었네.
만약 어떤 사람 네가 설한 바를 믿으면
바로 나를 보는 것이며 또 너와
비구승 그리고 모든 보살을 본 것이니라.
이 법화경 깊은 지혜를 설하니
지혜가 얕은 사람 들으면 미혹하여 알지 못하니
일체 성문 그리고 벽지불의 힘이
이 경에 미치지 못하느니라.

---

57. 범어 'avaivartika'의 음사, 보통 불퇴전(不退轉)이라 한역되고 있다. 보살 계위의 명
    칭으로 보살은 부처가 되는 것이 결정되어 있고, 다시 악취나 성문, 연각, 또는 범부의
    자리로 전락하지 않고, 또 깨달은 법을 잃지 않는 것을 말함.

사리불 너도 오히려 믿음으로
이 경에 들어와서 얻었거늘
하물며 다른 성문이랴!
나머지 성문 부처님 말씀 믿고
이 경에 수순하지만 자기의 지혜는 아니리라.

또 사리불아. 교만하고 게으르고
아견을 계탁하는 사람에게 이 경 설하지 말고.
지혜 얕은 범부는 오욕에 깊게 집착하여
들어도 알지 못하므로 역시 설하지 말라.
만약 이 경을 믿지 않고 훼방하는 사람은
바로 일체 세간의 불종자를 끊는 것이리라.
혹 얼굴을 찌푸리며 의혹을 품으면
이 사람 죄의 과보를 말하겠으니 잘 들어라.

부처님 세상에 계시거나 멸도한 후에
이런 경전 비방하거나
읽고 외우고 쓰거나 지니는 사람을
경멸하고 미워하며 원한을 품으면
이런 사람 죄의 과보도 너는 잘 들어라.

이 사람 죽어서 아비지옥에 떨어져서
일 겁을 지내고, 겁이 다한 뒤에 다시 태어나고
이와 같이 반복하기를 무수한 겁에 이르러서

지옥에서 나와 여우 개 등 축생으로 태어나니

그 형상이 대머리이고 파리하며

검으면서 누렇고 옴과 문둥병에 걸리고,

사람이 찌르고 어지럽게 하고

또 사람이 미워하고 천대하며

항상 배고프고 목이 마르며 야위서 마르고,

살아서는 회초리로 독하게 맞고 죽어서는 기와나 돌로 덮여지니

불종자를 끊은 까닭으로 이런 죄를 받느니라.

혹 낙타나 나귀로 태어나면 항상 무거운 것을 채찍을 맞으면서

물과 풀만 생각할 뿐 아는 것이 없으니

이 경을 비방한 까닭으로 이와 같은 죄를 받느니라.

만약 야간이가 되어 동네에 들어오면

몸은 옴과 문둥이고 또 한 쪽 눈이 없고

많은 아이들이 때리니

모든 고통을 받다가 잘못하여 죽기도 하고

이렇게 죽어서 다시 구렁이 몸 받아

그 몸이 길어 오백유순이며

귀 먹고 발이 없어 구불 구불 배로 기어 다니고

작은 벌레들이 씹어 먹고

밤낮으로 고통을 받아서 쉴 수 없으니

이 경을 비방한 까닭으로 이와 같은 죄를 받느니라.

만약 사람으로 태어나면 모든 감각기관이 어둡고 둔하며

난쟁이고 못생기고 곰배팔 절름발이 장님 귀머거리 곱사등이가
되며
말을 해도 사람들이 믿지 않고,
입에서 항상 냄새가 나고 귀신들이 따라 붙고
가난하고 천하며 사람의 부림을 받고
병이 많고 수척하며 의지하여 믿을 곳이 없고
비록 사람과 친하려 해도 가까이하는 사람 없고
혹 이익을 얻더라도 금방 잃어버리고
혹 의사가 되어 병을 치료하더라도
오히려 다른 병만 더하여 혹 죽음에 이르고
만약 병이 생기면 치료해 줄 사람 없고
설사 좋은 약을 먹어도 병은 악화되고
다른 사람의 반역 노략질 도둑질
이와 같은 죄에 휘말려 들어 재앙에 걸리느니라.
이런 죄인들 영원히 부처님 보지 못하고
성인 중의 왕이 법을 설하여 교화하더라도
이런 죄인은 항상 어려운 곳에 태어나며
미치거나 귀머거리이거나 마음이 산란하여 영원히 법을 듣지
못하고
항하사 같은 무수한 겁 동안
귀머거리 벙어리로 태어나 모든 감관이 불구이고
항상 지옥에 떨어져 공원처럼 여기고
나머지 악도에 떨어져 자기 집과 같이 여기며
낙타 나귀 돼지 개, 이것이 그 사람이 가는 곳이니

이 경을 비방한 까닭으로 이와 같은 죄를 받느니라.

사람으로 태어나도 귀머거리 장님 벙어리이고
빈궁하고 쇠약한 몸으로 치장하고
수종 목마름 두통 학질 문둥병 등을 옷으로 삼고
몸에서 항상 냄새나고 더럽고 깨끗하지 못하며
아견에 깊게 집착하여 더욱 성을 내고
음욕이 치성하여 금수도 가리지 않으니
이 경을 비방한 까닭으로 이와 같은 죄를 받느니라.

사리불아. 이 경을 비방한 사람
그 죄를 말하고자 하면 겁을 다해도 다 말 못하느니라.
이와 같은 인연으로 너에게 말하노니
무지한 사람에게 이 경을 설하지 말라.

근기가 예리하고 지혜가 명료하며
많이 들어 잘 알아서 부처님도 구하는 사람
이와 같은 사람에게 설해 주며
억 백 천의 부처님을 보고
많은 선의 근본을 심고 마음이 견고한
이런 사람에게 설해 주며
정진하여 항상 자비심을 닦고
몸과 목숨을 아끼지 않는
이런 사람에게 설해 주며

만약 어떤 사람이 공경하며 다른 마음 없고
모든 우매한 사람을 떠나 홀로 산과 못에 있는
이와 같은 사람에게 설해 주며

또 사리불아. 악한 지식을 버리고
선지식을 가까이 하는 사람을 보면
이와 같은 사람에게 설해 주며

계를 청결하게 지녀서 말고 밝은 구슬과 같고
대승경을 구하는
이런 사람에게 설해 주며

화를 내지 않고 성품이 곧고 유여하며
항상 일체를 불쌍히 여기고 모든 부처님을 공경하는
이런 사람에게 설해 주며

또 대중 가운데에서 청정한 마음으로
여러 가지의 인연과 비유와 말로 걸림 없이 법을 설하는
이와 같은 불자에게 설해주며
만약 비구가 일체지를 위하여
사방으로 법을 구하여 합장하고 받아서
대승경전을 지니기를 즐거워하고
나머지 경의 일게라도 받지 않는
이런 사람에게 설해 주며

지극한 마음으로 부처님 사리를 구하고

이와 같은 경을 구하여 받아 지니고

다시 나머지 경을 구하는 뜻이 없고

외도 전적에 마음이 없는

이와 같은 사람에게 설해 주어라.

사리불아. 내가 말하노니. 이러한 모양으로

부처님 도를 구하는 사람을 겁을 다해도 말할 수 없으니

이와 같은 사람은 믿고 이해하니

너는 마땅히 묘법연화경을 설해 주어라.

 # 해 설

앞 방편품에서 성문, 연각, 보살의 3승에 대한 가르침은 중생을 불도로 인도하기 위한 방편설이었다고 하였다. 이리하여 사리불은 지금까지 보사에 대한 수기를 보아 왔으나, 성문은 수기를 받을 수 없다고 단정하였는데, 부처님으로부터 성문에게 미래에 성불하리라는 수기를 받고 미증유를 얻었다고 한다. 사리불이 수기를 받음을 본 대중은 환희하였으나 다른 천이백의 아라한들은 아직도 자기들은 열반을 얻고 있다고 믿고 있으며, 부처님의 2승 작불에 대한 설법에 의혹을 품고 있었다. 사리불이 이를 알고 부처님께 그들의 의혹을 풀어 주실 것을 간청했는데, 부처님께서 이들의 의혹을 풀고자 하여 큰 부자와 불난 집의 이야기를 들려준다. 이것이

장자화택(長者火宅)의 비유 또는 삼계화택(三界火宅)의 비유이다.

이 비유를 보면, 성문은 양이 끄는 수레를 얻으려고 불난 집에서 나오고, 연각은 사슴이 끄는 수레를 얻으려고 불난 집에서 나오고, 보살은 소가 끄는 수레를 얻으려고 불난 집에서 나온다. 이 불난 집에서 나와 안온한 곳에 이르는 것을 보고, 부처님께서는 흰 소가 끄는 수레를 각각에게 준다. 이 흰 소가 끄는 수레를 "대백우거(大白牛車)"라 하는데, 불도에 들어가는 것을 말한다. 즉 불승(佛乘)을 비유한 것이다.

천태대사는 삼계화택의 비유를 개삼현일(開三顯一)을 나타낸 것이라 한다. 삼승을 열어 일승을 나타낸다는 말이다. 다시 말하면 지금까지 설한 삼승은 방편이며, 중생을 유인하기 위한 수단에 불과하고, 법화경을 설하는 이것이 본래의 진실한 일불승의 가르침이라는 것이다.

그런데 이것을 사리불만 이해하고 다른 성문들은 이해하지 못했다. 그래서 부처님께서는 그들의 근기에 맞추어 차례로 설하는데, 그것이 비설주(譬說周), 인연주(因緣周)이다.

	근 기		품
법설주(法說周)	상근기(上根機)	사리불	방편품, 비유품
비설주(譬說周)	중근기(中根機)	가섭, 목건련 수보리, 마하가전연	비유품, 신해품 약초유품, 수기품
인연주(因緣周)	하근기(下根機)	부루나, 교진연 5백아라한, 아난, 라후라 무학, 유학 등 2천명	화성유품, 오백제자 수기품 수학무학인기품

신해품 제사 (信解品 第四)

　이때 혜명수보리 마하가전연 마하가섭 마하목건련이, 부처님으로부터 일찍이 듣지 못했던 법과 부처님께서 사리불에게 수기를 주는 것을 보고, 희유한 마음을 내어 뛸 듯이 기뻐하면서, 즉시 자리에서 일어나 옷을 단정히 하고 오른쪽 어깨를 드러내고, 오른 쪽 무릎을 땅에 대고 일심으로 합장한 채, 허리를 굽혀 공경하고 존안을 우러러 보면서 여쭈었다.

　"저희들은 대중의 우두머리로서 나이가 들어 늙었으며, 스스로 '이미 열반을 얻었다.'라 하면서 더 이상 할 일이 없다하여 다시 나아가 아뇩다라삼먁삼보리를 구하지 않았습니다. 세존께서 예부터 법을 설한 지 오래고, 저희가 그때 자리에 있었지만 몸이 피곤하고 게을러서, 단지 공(空), 무상(無相), 무작(無作)만 생각하고, 보살법에 신통으로 즐거워함과 부처님 국토를 깨끗이 하고, 중생을 성취시키는 것에는 즐거워하지 않았습니다. 왜냐하면 세존께서 저희들로 하여금 삼계에서 벗어나 열반을 얻도록 하였으며, 또 지금 저희들이 늙었기 때문에 부처님께서 보살을 교화시키는 아뇩다라삼먁삼보리에는 한 생각도 좋아하는 마음을 내지 않았습니다.

　저희들은 지금 부처님 앞에서 성문에게도 아뇩다라삼먁삼보리의 수기를 주시는 것을 듣고 마음이 크게 환희하고 미증유를 얻었습니다. 생각하지도 못한 지금 홀연히 희유한 법을 듣고, 매우 기쁘고 다행스러우며 큰 이익을 얻었으니 무량한 보배를 구하지도 않았는데 저절로 얻은 것과 같습니다.

　세존이시여. 저희들이 지금 그것을 비유를 들어 이 뜻을 밝히겠습니다. 어떤 사람이 어린 나이에 아버지를 버리고 도망을 가 다른 나라에 오랫동안 머물기를 10년, 20년, 50년을 지냈는데, 나이가 이미 들었어도 빈곤하기는 더하고, 사방으로 옷과 음식을 구하러 다니다가 우연히 본국으로 향하게 되었습니다. 그 아버지는 먼저 본래 아들을 찾았으나 찾지 못하고, 어느 성에 머물게 되었습니다. 그 아버지는 큰 부자이어서 재물이 한량없었으니 금, 은, 유리, 산호, 호박, 파리, 진주 등이 모든 창고마다 흘러넘치고, 많은 시종과 신하와 관리와 일하는 사람들이 많았으며, 코끼리, 말, 수레와 소, 양이 무수히 많았으며, 들어오고 나가는 이익이 다른 나라에게까지 미쳐서 상인과 손님들 역시 많았습니다.

그때 가난한 아들이 여러 마을과 여러 나라를 떠돌아다니다가 드디어 아버지의 성에 도달하게 되었습니다. 아버지는 항상 이별한 아들을 생각하기를 오 십 여년인데, 이일을 어느 누구에게도 말하지 않고, 마음속으로 한탄하되, '늙고 쇠약한데 재물과 금 은 보배가 많아 창고에 가득하지만 자식이 없구나, 만약 하루아침에 죽게 되면 재물은 잃게 될 것이니 누구에게 맡길 것인가?' 하였습니다. 그러므로 매양 아들을 기억하며 다시 생각하되 '내가 만약 아들을 찾아서 재물을 맡기게 되면 당연히 쾌락하고 근심이 없으리라.' 하였습니다.

세존이시여. 이때 가난한 아들이 품팔이를 하며 이리 저리 다니다가 우연히 아버지가 사는 집 대문 앞에 이르러 멀리서 아버지를 보게 되었습니다. 그는 사자자리에 앉아 있었는데, 보배궤로 발을 받쳤고, 모든 바라문 찰리와 거사 등이 공경하며 둘러있었으며, 가치가 천 만인 진주와 영락으로 그 몸을 꾸미고 있었으며, 관리 백성 시종이 손에 흰 불자를 들고 좌우로 시립하고, 보배 휘장으로 덮고, 꽃과 번으로 드리웠으며, 향수를 땅에 뿌리고, 많은 이름난 꽃을 뿌리고, 보물을 나열하고 출납하는 이러한 것들로 꾸며서 위엄과 덕이 특별히 높았습니다. 가난한 아들은 큰 세력을 가진 아버지를 보고 즉시 두려워하여 이 곳에 온 걸 후회하면서 가만히 이렇게 생각하였습니다. '저 사람은 혹 왕이거나 혹 왕족이어서 내가 품을 팔아 물건을 얻을 곳이 아니다. 가난한 마을에 가서 일을 하여 옷과 음식을 구하는 것만 못하다. 만약 여기에 오래 머물렀다가 혹 핍박을 받고 강제로 일을 시킬지도 모른다.' 이렇게 생각하고는 빨리 달아났습니다.

이때 대부호 장자가 사사자리에서 문득 아들을 알아보고는 마음이 크게 기쁘고 즐거워서 곧 이런 생각을 하였습니다. '내 재물이 보관된 창고를 지금 맡길 수가 있다. 나는 항상 이 아들을 생각하였으나 만날 수가 없었는데, 홀연히 스스로 왔으니 나의 원이 성취되었다. 내 비록 늙었으나 오히려 탐하고 아꼈노라.' 하고 곧 사람을 보내어 데려오라 하였습니다. 그때 사자가 빨리 달려가 붙잡으니 가난한 아들이 경악하고 큰소리로 외쳤습니다. '나는 아무 잘못도 없는데 왜 잡으려 합니까?' 하자, 사자는 더욱 급하게 잡아 억지로 데려오려고 하였습니다. 이때 가난한 아들은 생각하기를 '죄가 없는데, 죄인처럼 잡혀서 반드시 죽일 것이다.' 이렇게 생각하니 더욱더 놀라고 두려워서 기절하여 땅에 넘어졌습니다.

아버지가 멀리서 이것을 보고 사자에게 말했습니다. '그 사람을 억지로 데려오지 말라. 얼굴에 냉수를 끼얹고 깨어나게 하고는 다시 말하지 말라.' 왜냐하면 아버지는 그 아들의 마음과 뜻이 하열한 줄 알며, 자기는 호화롭고 귀하기 때문에 아들이 어려워하는 하는 것을 알았습니다. 분명히 아들인줄 알았지만 방편으로써 다른 사람에게 이 아이는 나의 아들이라고 말하지 않고 사자를 시켜 말하였습니다. '내가 너를 놓아 줄 테니 네 마음대로 가거라.' 가난한 아들은 기뻐하며 땅에서 일어나 어느 가난한 마을에 가서 옷과 음식을 구하였습니다.

이때 장자는 그 아들을 유인하기 위한 방편으로 형색이 초라하고 덕이 없어 보이는 두 사람을 몰래 파견하면서 '너희들은 그기에 가서 살며 시 가난한 아들에게 말하여라. 저기 일할 곳이 있는데, 너의 품삯보다 배로 준다고, 가난한 아들이 만약 허락하면 데리고 와서 일을 시키되, 혹 하는 일이 무엇이냐고 묻거든 거름을 치우는 일인데, 우리 두 사람도 너와 함께 일할 것이다.'라 하였습니다. 이 두 사람은 곧 가난한 아들을 찾아가서 그런 말을 하였습니다.

이때 가난한 아들은 먼저 선금을 받고 거름을 치우는데, 아버지가 아들을 보고 가엾은 생각이 들었습니다. 어느 날 창문을 통해 멀리서 아들을 보니 몸은 야위어 초췌하고 흙과 먼지를 뒤집어쓰고 더러웠습니다. 아버지는 즉시 영락과 좋은 옷, 장신구를 벗어 버리고, 추하고 때가 묻은 옷으로 갈아입고, 먼지를 몸에 바르고, 오른 손에는 거름 치우는 기구를 들고 나가 여러 일꾼들에게 말하였습니다. '너희들은 게으름 피우지 말고 부지런히 일하라.' 그러면서 방편으로 그 아들 가까이 다가가 말하였습니다. '남자여. 너는 항상 여기서 일을 하되 다른데 가지 말라. 너의 품삯도 더 줄 것이고, 필요한 물건, 항아리, 그릇, 쌀, 밀가루, 소금, 식초 등 무엇이든 어려워 말고 말하라. 늙은 하인이 있으니 도와 줄 것이며 편안히 하여라. 나는 너의 아버지와 같으니 근심 걱정하지 말거라. 왜냐하면 나는 늙었지만 너는 젊고 일할 때 항상 속이거나 게으름 피우거나 성내거나 원망하는 말을 하지 않았느니라. 도무지 너에게는 다른 일꾼들이 짓는 모든 이와 같은 악을 볼 수 없으니, 지금 이후부터 친자식처럼 생각하겠다. 그리하여 바로 장자는 이름을 지어 주고 아들이라고 불렀습니다.

이때 가난한 아들은 비록 이런 대우에 기뻐하였으나, 생각하기를 '나

그네로서 천한 사람이다.' 이리하여 이 십 여 년 동안 항상 거름을 치우고 난 후에는 마음이 서로 통하여서 출입이 무난하였지만 그 머무는 곳은 본래의 거처이었습니다.

세존이시여. 이때 장자는 병이 생겨 오래되지 않아 죽을 것을 알고 가난한 아들에게 말하였습니다. '나는 금은보배가 가득한 창고를 가지고 있는데, 그 가운데 많고 적은 것과 주고받는 것을 네가 알아서 하라. 나의 뜻이 이와 같으니, 이대로 하라. 왜냐하면 지금 나는 너와 더불어 다를 것이 없으니 마땅히 마음을 잘 써서 잃어버리지 않도록 하라.' 이때 가난한 아들이 바로 교칙을 받고 많은 금은보배와 모든 창고를 맡았으면서도 한 가지도 욕심을 내지 않았지만 거처는 본래 그대로였었고, 하열한 마음은 아직도 버리지 못했습니다.

다시 시간이 조금 지나고 나서 아버지는 아들의 뜻이 점점 통하고 커져서 큰 뜻을 성취하고 예전에 비열했던 마음도 뉘우칠 줄 아는 것도 알았습니다. 아버지가 임종 때에 이르러 아들에게 명하여 친족과 국왕 대신 칠제리와 거사를 다 모이게 하고 곧 선언하였는데, '여러분은 마땅히 알아야 합니다. 이 아이가 나의 아들이며 내가 그를 낳았습니다. 어느 성중에서 나를 버리고 도주하여 50여년을 외롭게 떠돌아다니면서 고생하였습니다. 그의 본래 이름은 아무개였고, 나의 이름은 아무개였습니다. 옛적 본성에 있을 때부터 걱정하여 찾았는데, 홀연히 이 순간 여기서 만났습니다. 이 사람은 진실로 나의 아들이며, 나는 진실로 그의 아버지입니다. 지금 내가 소유하고 있는 일체의 재물은 모두 이 아들 것이며, 이미 출납한 재산도 이 아이가 알아서 할 것입니다.'

세존이시여. 이때의 가난한 아들이 아버지의 이 말을 듣고 크게 기뻐하며 미증유를 얻고는 이런 생각을 하였습니다. '나는 본래 바라는 마음이 없었는데, 지금 이 보배창고가 저절로 이르렀다.' 세존이시여. 큰 부자인 장자가 즉 여래이시고, 저희들은 다 부처님 아들 같으니 여래께서 항상 말씀하시기를 저희들을 아들이라고 하였습니다. 세존이시여. 저희들은 세 가지 고통[58]으로 말미암아 생사 가운데에서 모든 뜨거운 고통을 받고, 미혹하고 무지하여 소승법을 집착하고는 즐거워 하였습니다. 금일 세존께서 저희들로 하여금 모든 법의 희론거리인 거름을 생각하여 제거하도록 하셨으나, 저희들은 그 속에서 부지런히 정진하여 얻은 열반은 하루 가치에 불과하였습니다.

이미 이것을 얻고는 마음이 크게 환희하여 스스로 만족하면서 말하기를 '부처님 법 가운데에서 부지런히 정진한 까닭으로 얻은 것이 많다.'고 하였습니다. 그러나 세존께서는 저희들이 나쁜 욕심에 집착하여 소승법을 즐기는 것을 먼저 알고 있었으나, 내버려 두고는 '너희들도 마땅히 여래지견인 보배장의 분(如來知見寶藏之分)이 있다.'고 분별하여 주시지 않았습니다. 세존께서는 방편력으로 여래의 지혜를 설하였으나, 저희들은 부처님을 따라 열반의 하루 가치를 받고는 크게 얻었다고 여기고는 이 대승을 구하려는 뜻을 두지 않았습니다. 저희들은 또 여래께서 지혜로 모든 보살을 위하여 열어서 보이고 설하였으나, 스스로 여기에 원하는 뜻이 없었습니다. 왜냐하면 부처님께서는 저희들이 작은 법을 즐기는 것을 아시고 방편력으로 저희들에게 맞게 설하였지만 저희들

---

58. 고통을 성질에 따라 세 가지로 분류한 것을 말한다. ① 고고(苦苦) : 마음에 들지 않는 대상경계에 의해 생겨나는 몸과 마음의 고통을 말한다. 추위, 굶주림 등과 같이 생겨날 때부터 고통이라는 감수작용을 일으키는 것이다. ② 괴고(壞苦) : 마음에 드는 대상경계에 의해 생겨나는 몸과 마음의 고통을 말한다. 이는 생겨날 때, 지속될 때에는 즐거운 것이지만 그것이 무너질 때는 몸과 마음에 고통을 일으키기 때문에 괴고라 한다. ③ 행고(行苦) : 마음에 드는 대상경계와 마음에 들지 않는 대상경계를 제외한 나머지에 의해서 일어나는 고통을 말한다. 보통 인연에 의해 생겨난 것(行)은 어느 것이든 생멸을 면하기 어렵다. 그래서 성자의 눈으로 이를 바라보았을 때 몸과 마음에 모두 고통을 느끼게 되는데 이를 행고라 한다.

은 진실로 불자(佛子)임을 알지 못했습니다.

지금 저희들은 이제야 세존께서 부처님 지혜를 아끼지 않는다는 것을 알았습니다. 왜냐하면 저희들은 예부터 진실로 불자이었지만 단지 작은 법을 즐겼기 때문입니다. 만약 저희들이 큰 것을 좋아하는 마음이 있었다면 부처님께서는 즉시 저희들에게 대승법을 설하였을 것입니다. 이 경은 오직 일승만 설하고 옛적 보살들 앞에서 성문들이 소승법을 좋아하는 것을 꾸짖었습니다. 그러나 부처님께서는 실로 대승으로 교화시켰습니다. 이러한 까닭으로 저희들은 본래 구하는 생각이 없었는데, 지금 법왕의 큰 보배가 저절로 이르렀으니, 부처님의 아들로서 얻을 것을 응당 모두 얻은 것과 같다고 하였습니다.

이때 마하가섭이 이 뜻을 거듭 펴고자 게송으로 말하였다.

저희들은 금일 부처님의 가르침을 듣고
뛸 듯이 기뻐하고 미증유를 얻었습니다.
부처님께서 성문에게 성불의 수기를 설하시니
위 없는 보배더미 구하지 않아도 저절로 얻어지네.

비유하면 동자가 어리고 아는 것이 없어
아버지를 버리고 도망하여 멀리 다른 나라에 이르고
많은 나라 두루 다니기를 오 십 여년
그 아버지 걱정되어 사방으로 찾아서

찾다가 피로하여 어느 성에 머무르고
집을 짓고 오욕을 즐기나니

그 집은 큰 부자라 금과 은

차거 마노 진주 유리

코끼리 말 소 양 등이 많고

연과 수레, 논과 밭 종들이 많이 있고

이자 출입이 다른 나라에까지 두루 미치며

사고파는 상인 없는 곳이 없네.

천 만 억의 많은 사람, 둘러써서 공경하고

항상 왕과 왕족들 아끼고 생각하는 바이며

많은 신하와 호족들 다함께 우러러 받들고 존중하니

이러한 많은 인연으로 왕래하는 사람 많네.

호화스럽고 부유함이 이와 같아, 큰 힘이 있었지만

나이 들어 쇠약하니, 아들 생각 더욱 간절하네.

새벽부터 밤까지 깊이 생각하니

죽을 때가 이르렀거늘

어리석은 아들 나를 버린 지 50여년

창고마다 많은 재물 어떻게 해야 하나

이때 가난한 아들 옷과 음식 구하러

이 마을 저 마을 떠돌고 이 나라 저 나라 떠돌아 다녀

혹은 얻기도 하고, 혹은 얻지 못하기도 하고

굶주리고 야위어서 부스럼과 버짐이 생겼으며

점차 헤매다가 아버지 사는 성에 이르렀어도

품팔이로 전전하다가 아버지 집에 이르렀네.

이때 장자 자기 집 문안에서 큰 휘장 둘러치고

사자좌에 앉았으니 권속들이 둘러싸고 많은 사람 호위하며

혹 금 은 보물 계산하며, 재산 출납 기록하고

가난한 아들 호화롭고 귀하며 존엄한 아버지를 보고

왕이나 왕과 같다고 여기고 놀라서 스스로 괴이하게 생각하여

어찌하여 여기에 이르렀을까 하고는 또 다시 생각하기를

만약 내가 오래 머물면 핍박받고 강제 노동 당하리라.

이런 생각 마치고는 빨리 도망가서

가난한 마을 묻고 품팔이 하고자 하였네.

장자 이때 사사좌에 앉아 멀리서 아들을 알아보고

즉시 사자 보내 붙들어 오게 하니

가난한 아들 놀라서 기절하고

이 사람들이 날 붙잡아 반드시 죽일 걸세.

어찌하여 옷과 음식 구하고자 이렇게 되었는가?

장자 아들이 용렬하여 아버지 말 믿지 않고, 아버지인 줄 모르는
것 알아

방편으로 다시 사람을 보내는데, 애꾸이며 난장이이고 덕이 없는
사람에게

네가 가서 말하기를 나에게 와서 일을 하면

거름이나 치우게 하고 품삯은 배를 준다 하라.

가난한 아들 이 말 듣고 기뻐하며 따라와서
거름 취우고 모든 집을 깨끗이 청소하네.

장자 항상 창문으로 아들을 보니
아들 어리석고 용렬하여 비천한 일 좋아 하는지라.
장자 즉시 더러운 옷 입고 거름 치우는 기구 들고
아들 처소에 가 방편으로 접근하여 부지런히 일하라 하니

이미 너에게 품삯을 더 주기로 했으며
아울러 발에 바르는 기름과 음식을 충족하게 주고
자리고 따뜻하게 하겠노라.
이와 같은 간절한 말을 하되, 너는 마땅히 부지런히 일하라.
또 부드러운 말로 너는 내 아들 같다 하였네.

장자 지혜 있어 점차 출입하기를 이 십 여년 지내면서
집안일을 보게 하고 금 은 진주 파리 보여주고
재물 출입 모두 맡아서 보게 하였지만
오히려 문 밖의 초암에서 잠을 자고 스스로 가난하다고 생각하여
나는 재물이 없다 하였네.
아버지 아들 마음 점점 넓어지는 것 알고는
재물을 주고자 하여 친족과 국왕과 대신 찰리 거사를 모아 놓고
대중에게 말하되, 이 아이는 나의 아들인데,
나를 버리고 떠난 지 50 여년이 지나더니

스스로 아이가 온지 20 여년이 또 지났네.

옛적 어떤 성에서 이 아이 잃어버려

이리 저리 찾아다녀 이곳까지 왔네.

무릇 내가 가진 집과 사람을 다 전해 주어

마음대로 쓰게 하리라.

아들은 옛적 가난하고 뜻이 하열하다 생각했는데,

이제야 아버지의 처소에서 많은 보배를 얻고

아울러 집과 모든 재물을 얻으니

마음이 크게 기쁘고 미증유를 얻었네.

부처님 역시 이와 같아 저희들이 소승을 즐기는 것을 알고

너는 성불하리라는 것을 말하지 않고

저희들은 모든 무루(無漏)[59]를 얻었다고

소승을 성취한 성문제자라 하였나이다.

부처님께서 저희들에게 최상의 도를 설하시여

이 법을 닦는 자는 성불한다 하였습니다.

저희들은 부처님의 가르침대로 큰 보살들을 위하여

모든 인연과 여러 가지의 비유와

이야기로 위 없는 도를 말했는데,

모든 불자 등이 저희의 법을 듣고

---

59. 유루(有漏)의 대칭어이다. 누(漏)란 흘러나온다는 뜻으로 번뇌의 다른 이름이다. 이러
한 누를 동반한 법을 유루라 하고, 그렇지 않은 법을 무루(無漏)라 한다.

밤낮으로 생각하며 부지런히 정진하였나이다.

이때 모든 부처님들 즉시 수기하여 주시면서
너희들은 오는 세상 마땅히 부처가 되리라.

모든 부처님의 비밀한 법은
단지 보살을 위하여 그 실상을 설하고
저희들을 위하여 이 진실하고 요긴한 것을 설하지 않았습니다.
마치 저 궁한 아들이 아버지에게 가까이 가
모든 재물을 알았으나 가지려고 하지 않듯
저희들도 부처님의 법보장(法寶藏)을 설하나
스스로 원하는 마음 없는 것 또한 이와 같습니다.

저희들 안으로 (번뇌) 멸하여 스스로 만족하고
이런 일은 오직 알고 다시 다른 일은 없다 하였습니다.

저희들 불국토를 청정히 함과 중생을 교화함을 듣고도
도무지 기뻐하고 즐거워한 적 없었으니
왜냐하면 일체제법 모두 공적하여 남이 없고 멸함 없으며
크거나 작은 것 없고, 무루무위(無漏無爲)[60]라고
이와 같이 생각하여 기쁨과 즐거움을 내지 않았습니다.

---

60. 번뇌도 없고 조작(造作)도 없음을 말한다. '또는 부처님의 열반이나 법신(法身)을 지
  칭하는 뜻을 말하기도 한다. 루(漏)'는 번뇌와 같고, '위(爲)'는 조작(造作), 작위(作
  爲)의 뜻이다.

저희들은 오랜 세월 부처님의 지혜에

탐착하지 않고 또한 원하는 뜻도 없었으며

스스로 법에는 이것이 구경이라 하고

저희들은 오랜 세월 공법(空法)만 닦아

삼계 고뇌의 환란에서 벗어나 최후의 몸인 유여열반을 머물러

부처님의 교화로 허망하지 않는 도를 얻었다 하여

부처님의 은혜 갚았다 하였습니다.

저희들이 비록 모든 불자를 위하여

보살법을 설하여 불도(佛道)를 구하게 하면서도

그러나 이 법을 영원히 원하지 않았는데

도사께서 보시고 버려서 저희 마음 관하는 까닭으로

처음에는 참된 이익 있다고 하여 권하지 않았습니다.

저 부자 장자가 아들의 뜻이 하열한 것을 알고

방편력으로 그 마음 부드럽게 조복한 후

일체 재물을 맡기는 것과 같이

부처님 또한 이와 같이 희유한 일을 나타냈습니다.

작은 것을 즐거워하는 것을 아시고 방편력으로

그 마음 조복하여 큰 지혜 가르치시니

저희들 금일 미증유를 얻었습니다.

바라던 바가 아니었는데 지금 저절로 얻었으니

저 궁한 아들이 무량한 보배를 얻은 것과 같습니다.

세존이시여 저희들은 지금 도와 과보를 얻어
무루법(無漏法)에서 청정한 눈 얻었습니다.
저희들 오랜 세월 부처님의 청정한 계를 지녀서
오늘에야 비로소 그 과보를 얻었습니다.

법왕의 법 가운데에서 깨끗한 행을 오래 닦아서
지금 무루(無漏)의 위 없는 큰 과보를 얻었습니다.

저희들 지금 참된 성문이라
부처님 도의 소리로 일체를 듣게 하고
저희들 지금 참된 아라한이라
모든 세간과 천인 마와 범
널리 그 가운데에서 마땅히 공양을 받게 되었습니다.

세존의 크신 은혜 희유한 일이며
가엾고 불쌍히 여겨 교화하시어 저희들 이익 얻게 하시니
무량억겁 동안 누가 능히 갚으리까?

손과 발로 받들어 모시고, 머리 조아려 예경하고
모든 것으로 공양해도 다 갚지 못하며
머리 위에 받들거나 양 어깨에 메어
항하사 겁 동안 마음을 다하여 공경하고
또 맛있는 음식과 한량없는 보배 옷과
모든 와구와 여러 가지의 탕약과

우두전단과 모든 보배로 탑묘를 세우고,

보배 옷으로 땅에 깔고, 이와 같은 일들로 공양해서

항하사 겁 동안 해도 역시 다 갚지 못하리.

모든 부처님 드물게 계시어

무량무변하고 불가사의한 큰 신통력과

무루무위한 모든 법의 왕께서

능히 하열한 중생을 위하여 이런 일 참으시고

상을 취하는 중생에게 마땅히 설하시네.

모든 부처님 최고의 자재한 법 얻어서

중생들의 모든 욕락을 알아

또 그의 뜻과 힘을 아시고 받아들일 수 있는 바에 따라

무량한 비유로 법을 설하시며, 모든 중생의 숙세의 선근에 따라

또 성숙과 미성숙을 알고

가지가지로 요량하여 분별해 아시고

일승의 도를 위해 삼승으로 설하시네.

 # 해 설

앞 비유품에서 사리불에게 수기를 주는 것을 목격한 가섭을 비
롯한 수보리, 마하가전연, 마하목건련 등 4대 성문들은 크게 놀라

고 기뻐하면서 "한량없는 진귀한 보배를 구하지도 않았는데, 자연히 얻었다."고 하였다. 그리고 그들이 이해한 것을 "장자궁자의 비유"로 말하는데 이것이 신해품의 내용이다. 이 신해품을 비설주라 하는데, 비설주는 수기품 제6까지 이어진다. 장자궁자의 이야기의 골자는 3가지 전으로 요약할 수 있다.

(1) 장자와 궁자는 본래 아버지와 아들이라는 친자관계였다.
(2) 궁자는 본래 장자의 아들이었다는 것을 몰랐으나, 장자는 궁자가 자신의 아들임을 알고 있었다.
(3) 장자가 방편을 써서 궁자를 고용하여 일하도록 하면서, 서서히 자신이 누구인지를 알도록 유인하여 넓고 큰 마음을 가지게 하였다.
(4) 그리하여 때가 되었을 때, 친자임을 밝히고 장자의 모든 재산을 물려주었다.

궁자가 장자의 아들임을 깨닫는 것은 "우리 중생이 불자(佛子)"임을 깨닫는 것을 말한다. 즉 불자임을 깨닫는 것은 자신의 본래면목(本來面目)을 깨닫는 것이니, 자신도 부처가 될 수 있다는 깨달음이다. 이것이 신해품의 가르침이다.

묘법연화경 권 제삼
(妙法蓮華經 卷 第三)

약초유품 제오(藥草喩品 第五)

이때 세존께서 마하가섭과 모든 큰 제자들에게 말씀하셨습니다.

"훌륭하고도 훌륭하도다. 가섭아 여래의 진실한 공덕을 잘 말했으니 진실로 말한 바와 같다. 여래는 또 무량무변한 아승지 공덕이 있으니, 너희들이 무량억겁 동안 말해도 다 못하리라. 가섭아 마땅히 알라. 여래는 모든 법의 왕이니 설한 바는 허망하지 않느니라. 일체법에 지혜의 방편으로 연설하였는데, 그 설한 법은 모두 일체지지(一切智地)[61]에 도달하게 하느니라. 여래는 일체제법의 돌아갈 곳을 관하여 알며, 또한 일체중생의 마음 깊이 행하는 바를 알며, 통달하여 걸림이 없고, 모든 법을 명료하게 다 알며, 일체중생에게 모든 지혜를 보이시니라.

가섭아. 비유하면 삼천대천세계의 산과 내, 계곡과 땅에서 나는 훼목총림 그리고 모든 약초의 종류가 이름과 모양이 각각 다르니라. 먹구름이 두루 퍼져 삼천대천세계를 덮고 일시에 비가 내려 널리 흡족하면, 풀과 나무 숲 그리고 모든 약초들의 작은 뿌리, 작은 줄기, 작은 가지, 작은 잎과 중간 뿌리, 중간 줄기, 중간 가지, 중간 잎, 큰 뿌리, 큰 줄기, 큰 가지, 큰 잎, 여러 나무들이 크고 작은 것들이 상. 중. 하를 따라서 각각 비를 받느니라. 한 구름에서 내리는 비가 그들의 종류와 성질에 따라서 나고 자라며, 꽃이 피고, 과실이 맺나니, 비록 한 땅에서 나서 한 구름의 비로 젖는 바이나 모든 초목이 각각 차별이 있느니라.

가섭아. 마땅히 알라. 여래 또한 이와 같아서 세상에 출현함은 큰 구름이 일어나는 것과 같고 큰 음성으로 널리 세계의 하늘과 사람과 아수

---

61. 모든 것을 다 아는 지혜의 바탕 또는 지위를 말한다. 일체지는 부처님의 지혜의 다른 이름이고, 지(地)는 그 출소(出所)를 말한다.

라에게 두루 미치는 것은 저 큰 구름이 삼천대천국토를 두루 덮는 것과 같으니라. 그리하여 대중 가운데서 이런 말을 하였느니라. 나는 여래 응공 정변지 명행족 선서 세간해 무상사 조어장부 천인사 불세존이니, 제도되지 않은 자를 제도하고, 이해하지 못한 자를 이해하게 하고, 편안하지 못한 자를 편안하게 하고, 열반하지 못한 자를 열반하게 하느니라. 지금 세상이나 오는 세상을 여실히 아니, 나는 일체를 아는 사람이며, 일체를 보는 자이며, 도를 아는 자이며, 도를 여는 자이며, 도를 설하는 자이니, 너희들 하늘과 사람 아수라 등은 모두 응당 여기에 이르러 법을 들을지니라.

이때 무수한 천 만 억 종류의 중생들이 부처님 처소에 이르러 법을 들었느니라. 여래는 이때 중생의 모든 근기가 예리하고 둔함과 정진하고 게으름을 관하여, 그가 감당할 수 있는 바에 따라서 여러 가지 무량한 법을 설하여, 모두 환희하게 하고 좋은 이익을 얻게 하였느니라. 이 모든 중생이 이 법 듣기를 마치니, 현세에는 편안하고 후세에는 좋은 곳에 태어나서 도로써 즐거움을 받고 또한 법을 얻어 들으며, 법 듣기를 마치고 모든 장애를 여의며, 모든 법 가운데에서 힘의 능력에 따라 점점 도에 들어가게 되니, 저 큰 구름이 일체의 초목과 숲 그리고 모든 약초에 비를 내리면 그 종류와 성질에 따라 비를 맞아 제각기 자라는 것과 같으니라.

여래가 설한 법은 한 모습 한 맛이니, 소위 해탈의 모습, 여읜 모습, 멸하는 모습이니 구경에는 일체종지에 이르는 것이니라. 중생이 여래의 법을 듣고 만약 지녀서 독송하고 설한 바와 같이 수행하면 얻는 공덕을 스스로 알지 못하니라. 왜냐하면 오직 여래만 이 중생들의 종류와 모양과 체의 성품을 알며, 무엇을 염하고, 무엇을 생각하고, 무슨 일을 닦으며, 어떻게 염하고, 어떻게 생각하고, 어떻게 닦는지, 무슨 법으로 염하고, 무슨 법으로 생각하고, 무슨 법으로 닦는지, 무슨 법으로 어떤 법을 얻는지를 아느니라.

중생이 가지가지의 지에 머물러 있는 것을 오직 여래만이 여실히 그것을 보며, 명료하게 걸림이 없는데, 마치 저 초목과 숲 그리고 모든 약초 등이 스스로 상. 중. 하의 성품을 알시 못하는 것과 같기 때문이니라. 여래는 이 한 모습과 한 맛의 법을 아는데, 소위 해탈의 모습, 떠난 모습, 멸한 모습, 구경열반의 항상 적멸한 모습이니 마침내 공(空)으로 돌아가느니라. 부처는 이것을 이미 알고 중생들 마음의 욕망을 관찰하여 잘 보호하나니, 이러한 까닭으로 일체종지를 설하지 않았느니라. 너희 등 가섭은 심히 희유하여 여래가 근기에 따라 법을 설하는 줄 알고 능히 믿고 받는구나. 왜냐하면 모든 부처님 세존께서 근기에 따라 설한 법은 이해하기 어렵고 알기 어렵기 때문이니라.

이때 세존께서 거듭 이 뜻을 펴시고자 게송으로 말씀하셨다.

유(有)를 깨뜨린 법왕께서 세간에 출현하사
중생의 욕망에 따라 가지가지 법을 설하되
여래께서는 높고 귀중하고 지혜가 심원(深遠)하고
오래도록 침묵하여 요긴한 것을 빨리 설하지 않았느니라.

지혜 있는 자 만약 들으면 바로 믿고 이해하지만
지혜 없는 자 의심 품고 바로 영원히 잃게 되느니라.
이런 까닭으로 가섭아. 근기에 따라 설하여
가지가지의 인연으로 정견(正見)을 얻게 하니
가섭아 마땅히 알라. 비유하면 큰 구름이

세간에 일어나 일체를 두루 덮듯이
지혜의 구름, 비를 품고 번개 불 번쩍이며
천둥소리 멀리까지 울리어 중생들 즐겁고 기쁘게 하며
햇빛 막아 가려서 지상은 서늘하며
구름 끼어 내려 앉아 손에 잡힐 듯하고

그 비 넓게 고루 사방에 내려
헤아릴 수 없이 흘러 들어가 모든 땅 흡족히 적시고
산과 내 험한 골짜기 깊은 곳에서 생겨난
풀과 나무 약초와 크고 작은 모든 나무와
백 가지 곡식과 싹과 감자 포도들이
비를 흠뻑 맞아 풍족하지 않음이 없고

건조한 땅 널리 적시어 약초와 나무 무성하니,
그 구름에서 나온 한 맛의 물이
풀과 나무와 숲이 분에 따라 물기를 받으니
일체 모든 나무 상, 중, 하 등
크거나 작거나 제각기 생장(生長)하고
뿌리, 줄기, 가지, 잎, 꽃, 과실의 빛과 모양
한 비로 적신 바 모두 곱고 윤택하며
그 체와 모습에 따라 성분은 크고 작으나
윤택한 바는 하나인데 각각 무성하느니라.

부처님 또한 이와 같아 세상에 출현함은

비유하면 큰 구름이 일체를 널리 덮음과 같듯
이미 세상에 출현하여 모든 중생을 위해
모든 법의 실상을 분별하여 연설하느니라.

대성 세존께서 모든 천인과 일체내중 가운데에서
이 말을 선언하되 나는 여래이니 양족존으로써
세간에 출현함이 마치 큰 구름이
일체를 충분히 적시는 것과 같아
마르고 야윈 일체중생을
모두 고에서 벗어나게 하여 편안한 안락과
세간의 즐거움과 그리고 열반의 즐거움을 얻게 하고

모든 천인의 무리 일심으로 잘 들어
모두 응당 여기에 이르러서 무상존을 뵈오니
나는 세존이라 미칠 이가 없도다.

중생을 안온케 하려 세상에 출현하여
대중을 위해 감로의 깨끗한 법을 설하고
그 법 한 맛이니 해탈이요 열반이라.
하나의 묘한 음성으로 이 뜻을 연설하며
항상 대승을 위하여 인연을 지음이라.
내가 일체를 관하니 모두 평등하여
이것이니 저것이니 사랑하고 미워하는 마음 없으며
나는 탐착이 없고 또한 한과 걸림이 없네.

항상 일체를 위하여 평등하게 법을 설하고
한 사람을 위하는 것과 같이 많은 중생 그러하고
항상 법을 설하여 다른 일 전혀 없고
가거나 오거나 앉거나 서거나 피곤한 줄 모르고

세간을 충족하는 것이 비가 널리 윤택 하는 것과 같아
귀하거나 천하거나 위거나 아래거나
계를 지니거나 계를 훼손하거나
위의가 구족하거나 구족하지 않거나
정견이거나 사견(邪見)이거나
근기가 예리하거나 둔하거나
평등하게 법 비(法雨) 내리기를 싫어함이 없느니라.

일체중생 나의 법을 들으면
근기에 따라 받아서 모든 지위에 머무니
혹 인간 천상 전륜성왕 제석천왕 범천왕 모든 왕에 머물면
이것은 작은 약초이니라.

무루법을 알아서 열반을 얻고
육신통을 일으키고 삼명(三明)을 얻고
홀로 산림에 거하여 항상 선정을 행하여
연각을 얻는 것은 중간의 약초이니라.

세존 계신 곳 찾아 나도 성불하리라 하고

정진과 선정을 행하면 이것은 높은 약초이니라.

또 모든 불자(佛子) 불도에 전념하여
항상 자비를 행하며 성불할 줄 알아
결정쿠 의심이 없으면 이는 작은 나무라 하느니라.

신통에 머물러 불퇴의 법륜을 굴리고
무량 억 백 천 중생 제도하는 이와 같은 보살을
큰 나무라 하느니라.
부처님의 평등한 말씀 한 맛의 비와 같아
중생의 성품 따라 받는 것이 같지 않아서
저 풀과 나무가 받는 것이 각각 다른 것과 같으니
부처님 비유로 방편을 열어 보이시고
가지가지의 말로 한 가지 법을 연설하나
부처님 지혜에는 바다의 한 물방울 물과 같으니라.

내가 법의 비를 내려 세간을 충만케 하고
한 맛인 법을, 힘 따라 수행하는 것이
저 숲의 약초 모든 나무, 크고 작음에 따라서
점점 더 무성하여 좋아지는 것과 같으니라.

모든 부처님 법 항상 한 맛으로써
모든 세간 중생들이 널리 구족케 하고
점차 수행하여 도의 과보 얻게 하느니라.

성문 연각 산림에 거하여
최후의 몸에 머물러서 법을 듣고 과를 얻으면
이것은 약초가 각각 자라나는 것과 같으니라.

또 많은 보살 지혜가 견고하고
삼계를 요달하여 최상승을 구하면
이것은 작은 나무이지만 점점 자라나는 것이며

또 선에 머물러 신통력을 얻고
모든 법이 공함을 듣고 마음이 크게 환희하여
무수한 광명을 놓아 많은 중생 제도하면
이것은 큰 나무가 점점 자라나는 것이라 하네.

이와 같이 가섭아. 부천님께서 설한 법
비유하면 큰 구름이 한 맛의 비로
사람과 꽃을 적시어서 각각 열매를 맺음과 같으니라.

가섭아 마땅히 알라. 모든 인연과
가지가지의 비유로 불도를 열어 보이는 것이
나의 방편이며 모든 부처님 또한 그러하네.
이제 너희들을 위하여 최상의 진실한 일을 설하니
모든 성문 대중들 다 멸도가 아니니
너희 등이 행할 바 이 보살도를
점점 닦고 배우면 모두 성불하느니라.

해 설

약초유품은 수보리, 가섭, 마하가전연, 마하목건련 등 사대성문 (四大聲聞)에게 부처님께서 약초의 비유를 들어 설법한 것이다. 부처님께서 법을 설할 때에 부처님은 중생의 근기 즉, 소질과 능력을 모두 아시고 각각의 중생에게 가장 알맞은 법을 설하신다. 그리하여 그것을 듣는 중생은 저마다 근기에 따라 다르게 이해하고 불도에 들어오는 것이다. 이것이 큰 비가 내리지만 숲에 있는 나무들은 저마다 크기가 다르기 때문에 물을 흡수하는 것도 다른 것에 비유하였다. 즉 부처님의 설법은 원래 본질과 작용이 하나(一相一味)인데, 중생들이 받아들이는데 있어서 제각각이다. 이 제각각 받아들이는 것이 3승이다.

이 약초유품에는 약초에 중생을 비유하고 있다. 즉 상초(上草), 중초(中草), 소초(小草)의 3초와 대수(大樹)와 소수(小樹)의 2목이라는 다섯 종류의 약초에 중생을 비유한 것이다. 이에 대하여 예부터 해석이 갈라져 있다. 우선 3초 2목(三草二木)은 인(人), 천(天), 성문, 연각, 보살의 5승(五乘)을 비유한 것이다. 천태의 해석은 소초(작은 풀)는 인(人)과 천(天)의 양승(兩乘)을, 중초(중간 풀)는 성문과 연각의 2승을, 상초 이상은 보살승을 하여, 상초는 육도의 보살, 소수(작은 나무)는 통교의 보살, 대수(큰 나무)는 별교의 보살이라 한다. 이에 반해 길장(吉藏)은 소초와 중초는 천태의 해석과 같고, 상초를 지전(地前)의 사십심(四十心)보살, 작은 나무(小樹)를 초지(初地)보살, 큰 나무(大樹)를 칠지(七地 : 원행지)의 보살이라고 한다.

어떻든 중생을 5승으로 분류하더라도 본래부터 불자(佛子)이며 모두 부처가 되는 길로 가는 것이 법화경의 가르침이다. 이 약초유품의 가르침과 동일한 것이 의상대사의 법성게(法性偈)에 나타난다. "우보익생만허공(雨寶益生滿虛空) 중생수기득이익(衆生隨器得利益), 중생을 이익 되게 하는 보배비가 허공에 가득하고, 중생은 근기에 따라 이익을 얻는다."가 그것이다.

수기품 제육(授記品 第六)

이때 세존께서 게송 설하시기를 마치시고 모든 대중에게 큰 소리로 말하였다. 나의 제자 마하가섭은 미래세에 마땅히 삼 백 만 억 모든 불세존을 받들어 친견하여 공경 공양 존중 찬탄하며, 널리 모든 부처님의 무량한 큰 법을 널 펴다가 마지막 몸으로 부처를 이루는데, 이름이 광명여래 응공 정변지 명행족 선서 세간해 무상사 조어장부 천인사 불세존이니라. 나라이름은 광덕이고, 겁명은 대장엄이니라. 부처님 수명은 십이 소겁이며, 정법이 세상에 머무는 기간은 이 십 소겁이며, 상법이 머무는 기간도 역시 이 십 소겁이니라.

온 나라를 장엄하게 꾸며서 모든 더러움과 악이 없고, 기와 돌 가시 나무 더러운 오물이 없으며, 그 땅은 평탄하여 바르고 높고 낮고 하는 구릉 구덩이 언덕이 없고, 땅은 유리(琉璃)로 되어 있으며, 보배로 된 나무가 줄을 서고, 황금 줄로 경계를 하며, 모든 보배꽃이 흩날려서 두루 청정하느니라. 그 나라의 보살은 무량 천 억이며, 모든 성문 또한 무수히 많고, 마(魔)의 일은 없으며, 비록 마와 마의 백성이 있다할지라도 다 불법을 보호하느니라.

이때 세존께서 거듭 이 뜻을 펴시고자 게송으로 말씀하셨다.

모든 비구들에게 말하노니. 나의 불안(佛眼)으로
가섭을 보니 미래세에
무수한 겁을 지나 반드시 성불하리라.
오는 세상에 삼 백 만 억 모든 불세존을
친견하여 받들어 공양하고

부처님 지혜를 위해 청정한 행을 깨끗이 닦고

최상인 양족존 부처님을 공양하며

모든 최고의 지혜를 닦고 익혀

최후의 몸으로 성불하리라.

그 나라 땅은 청정하여 유리로 되어 있고

많은 보배나무가 열을 지어 서 있으며

황금 줄로 경계를 삼으니, 보는 사람 환희하며

항상 좋은 향이 나오는 유명한 꽃들이 흩날리고

가지가지의 기묘한 것으로 장엄하였느니라.

그 땅은 평탄하여 바르고 언덕 구덩이가 없느니라.

모든 보살들 수는 알 수 없이 많고

마음은 부드럽고 큰 신통을 얻었으며

모든 부처님의 대승경전을 받들어 지니고 있느니라.

모든 성문들 무루의 후신인

법왕의 아들들도 역시 헤아릴 수 없이 많아

천안(天眼)으로도 그 수를 알 수 없느니라.

부처님의 수명은 십 이 소겁이며

정법이 세상에 머물기는 이 십 소겁이며

상법이 역시 이 십 소겁 세상에 머무느니라.

광명세존의 일은 이와 같으니라.

---

62. 범어 'nayuta'의 음사이다. 아주 많은 수를 나타내는 단위를 말하는데, 천만 혹은 천
    억에 해당한다고 한다.

이때 대목건련, 수보리, 마하가전연 등 모두 일심합장하여 부처님 존안을 우러러 보며 눈도 깜박이지 않고 즉시 함께 게송으로 말하였다.

대웅이신 세존께서는 석씨의 법왕이라
저희들을 가엽게 여기는 까닭으로 부처님 말씀 주옵소서.
만약 저희들의 깊은 마음을 알아 수기를 주신다면
감로의 물을 뿌려 열을 없애 청량하게 하는 것과 같습니다.
굶주린 나라로부터 와서 대왕의 음식을 만나도
오히려 의심과 두려움만 품고 감히 먹으려고 하지 않았으나
다시 왕의 명이 있은 뒤에 먹는 것과 같으니
저희들 역시 이와 같아서 매양 소승의 허물만 생각하고
어떻게 부처님의 위없는 지혜를 얻을 것인지를 알지 못했나이다.

비록 저희들이 성불한다는 부처님 말씀을 들어도
오히려 의심과 두려움을 품고, 감히 선뜻 먹지 못함과 같습니다.
만약 부처님 수기를 입으면 이제는 쾌히 안락하오리다.

대웅이며 용맹하신 세존께서는 항상 세간을 안락하게 하고자
하시니
원컨대 저희들에게 수기를 주시면 굶주린 이에게 먹을 것을
가르쳐 주심과 같습니다.

이때 세존께서 모든 제자들의 마음에 생각하는 것을 알고, 모든 비구들에게 말하였다. 이 수보리는 오는 세상에 삼 백 만 억 나유타[62] 부

처님을 친견하여 받들고 공양 공경 존중 찬탄하고, 항상 깨끗한 행을 닦고, 보살도를 구족하여 최후의 몸으로 성불하리라. 이름은 명상 여래 응공 정변지 명행족 선서 세간해 무상사 조어장부 천인사 불세존이니라. 겁명은 유보, 나라이름은 보생이니라. 그 땅은 평탄하고 발라서 파리로 되어있고, 보배나무로 꾸미고, 모든 언덕이나 구덩이 모래 자갈 가시나무 더러운 오물이 없으며, 보배꽃이 땅을 덮어 두루 청정하게 하느니라.

그 나라의 사람은 모두 보배 정자와 진기하고 묘한 누각에 살며, 성문제자는 무량무변하여 산수나 비유로 알 수 없으며, 모든 보살들도 무수한 천 만 억 나유타이니라. 부처님의 수명은 십 이 소겁이고, 정법에 세상에 머무는 기간은 이 십 소겁이며, 상법 역시 이 십 소겁 머무느니라.

그 부처님은 항상 허공에 계시면서 중생에게 법을 설하여 무량한 보살과 성문들을 제도하여 해탈하게 하느니라.

이때 세존께서 거듭 이 뜻을 펴시고자 하여 게송으로 말씀하셨다.

모든 비구들아. 지금 너희들에게 말하노니.
모두 마땅히 일심으로 내가 설하는 것을 잘 들으라.
나의 큰 제자 수보리는
마땅히 성불하리니. 이름은 명상이니라
마땅히 무수한 만 억 모든 부처님을 공양하고
부처님을 따라 점점 큰 도를 구족하여
최후의 몸으로 삼십 이상의
단정하고 묘한 몸 얻으니 보배 산과 같으니라.
그 불국토는 장엄하고 깨끗하여 제일이며

이를 보는 중생 좋아하고 즐겨하느니라.

부처님 그 가운데서 무량한 중생 제도하니

부처님 법 가운데서 많은 보살

다 근기가 예리하여 불퇴전의 법륜[63]을 굴리며

서 국토는 항상 보살들로 장엄하느니라.

모든 성문들 헤아릴 수 없이 많고

모두 삼명을 얻고 육신통을 구족하고

팔해탈(八解脫)[64]에 머물고 큰 위엄과 덕이 있느니라.

그 부처님 설법은 무량한 신통변화 나타내어 불가사의 하느니라.

항하사와 같은 모든 천인과 사람들 합장하고 부처님 말씀 듣고

지니니라.

그 부처님 수명 십 이 소겁이며

정법 머물기를 이 십 소겁이며

상법 역시 이 십 소겁 머무느니라.

이때 세존께서 다시 모든 비구들에게 말씀하셨다.

---

63. 물러남이 없는 법륜이라는 뜻이다. 법륜은 불.보살의 설법을 말한다.
64. 멸진정(滅盡定)에 이르는 8종류의 해탈, ① 어떤 대상을 일념으로 생각하여 색욕을 제
거하고, ② 나아가 생각을 한 곳에 집중하여 정신을 통일하고, ③ 그 위에 바깥 경계로
부터 마음을 분리하여 냉정하게 가지고, ④ 마음도 몸도 깨끗한 경계에 이르고, ⑤ 이
단계에서 오직 무한한 공간만을 생각하여 외계(外界)의 차별상을 없애고, ⑥ 마음의
작용이나 몸이 함께 무한한 경계에 이르며, ⑦ 그 공간이나 마음의 경계를 초월한 근
원에 이르고, ⑧ 그 근원이 되는 곳이 항상 현실로 나타나는 경지에 도달하는 것이다.

나는 지금 대가전연에게 말하노니, 오는 세상에 모든 공양구로 팔천 억불을 공양하며 받들고 공경 존중하고, 모든 부처님 멸도 후에 각각 탑묘를 세우는데, 높이가 천 유순, 세로와 가로가 똑 같이 오 백 유순이며, 금 은 유리 차거 마노 진주 매괴 등 칠보를 합하여 만들어져 있고, 많은 꽃과 영락 도향 말향 소향 증개 당번으로 탑묘에 공양하고, 이 일을 마친 후 마땅히 다시 이 만 억불을 공양하기를 또한 이와 같이 하여서 모든 부처님 공양을 마치고 보살도를 구족하여 마땅히 성불하리니. 이름은 염부나제금광 여래 응공 정변지 명행족 선서 세간해 무상사 조어장부 천인사 불세존이니라. 그 땅은 평정하여 파리로 되어 있고, 보배 나무로 장엄하고, 황금 줄로 경계로 하며, 묘한 꽃이 땅을 덮어 두루 청정하느니라. 이를 보는 사람은 환희하고, 사악도(四惡道)인 지옥 아귀 축생 아수라도가 없으며, 천인과 모든 성문들 그리고 모든 보살이 무량한 만억이 있어서 그 나라를 장엄하느니라. 부처님 수명은 십 이 소겁이며, 정법이 세상에 머무는 기간은 이 십 소겁이며, 상법 역시 이 십 소겁 머무느니라.

　　이때 부처님께서 거듭 이 뜻을 펴시고자 하여 게송으로 말씀하셨다.

모든 비구들은 한 마음으로 들어라.
내가 설한 것은 진실하고 다르지 않느니라.
가전연은 마땅히 여러 가지 묘하고 좋은 기구로
모든 부처님을 공양하고
모든 부처님께서 멸도한 후 칠보탑을 세우되
꽃과 향으로 사리에 공양하고
최후의 몸으로 부처님 지혜를 얻어

등정각을 성취하느니라.

국토는 청정하고,
무량한 만 억 중생을 제도하여 해탈케 하며
시방에서 공양을 받느니라.

부처님의 광명보다 능한 자 없느니라.

그 부처님 이름 염부금광이며
일체 유(有)를 끊은 보살 성문이 무량무수하여
그 나라를 장엄하느니라.

이때 세존께서 다시 대중에게 말씀하셨다.

나는 지금 대목건연에게 말하노니 마땅히 가지가지의 공양구로 팔천의 모든 부처님을 공양 공경 존중하고, 모든 부처님 멸도 후에 각기 탑묘를 세우는데, 높이가 천 유순이며, 세로와 가로가 똑같이 오 백 유순이며, 금 은 유리 차거 마노 진주 매괴 등 칠보를 합하여 만들어져 있고, 많은 꽃과 영락 도향 말향 소향 증개 당번으로 탑묘에 공양하고, 이 일을 마친 후 마땅히 다시 이 백 만 억 모든 부처님을 또 이와 같이 공양하여서 성불하리니. 이름이 다마라발전단향 여래 응공 정변지 명행족 선서 세간해 무상사 조어장부 천인사 불세존이니라. 겁의 이름은 희만(喜滿)이고, 나라 이름은 의락(意樂)이니라. 그 나라의 땅은 평정하고 파리로 되어 있으며, 보배나무로 장엄하고, 진주꽃이 흩날려서 두루 청정하느니라.

이것을 보는 사람 환희하며, 많은 천인과 보살 성문의 수가 무량하느니라. 부처님 수명은 이십 사 소겁이며, 정법이 세상에 머무는 기간은 사 십 소겁이며, 상법 역시 사십 소겁이니라.

이때 부처님께서 거듭 이 뜻을 펴시고자 하여 게송으로 말씀하셨다.

나의 제자 대목건연은
이 몸 버린 뒤에 팔천 이백 만억 모든 불세존을 친견하고
부처님 도를 위한 까닭으로 공양 공경하고
모든 부처님 처소에서 항상 깨끗한 행을 닦고
무량한 겁 동안 불법을 받들어 지녀서
모든 부처님 멸도한 후 칠보 탑을 세우되
금찰간을 높게 표하며 꽃과 향과 기악으로
모든 부처님 탑묘에 공양하여
점점 보살도를 구족하여 마치고는
의락국에서 성불하니
이름이 다마라전단지향이니라.

그 부처님 수명 이십 사겁이며
항상 하늘과 사람을 위하여 불도를 연설하고
성문이 무량하여 항하사와 같고
삼명과 육신통으로 큰 위엄과 덕이 있느니라.

무수한 보살들 뜻이 견고하고 정진하여
부처님의 지혜에 물러나지 않느니라.

부처님 멸도 후 정법 사십 소겁 머무르고
상법 또한 그러하느니라.

나의 모든 제자들은 위엄과 덕이 구족하며
그 수 오백인데 모두 수기하리니
미래세에 모두 성불하리라.

나와 너희들의 숙세의 인연을
나는 지금 마땅히 설할 것이니, 너희들은 잘 들어라.

해 설

「수기품」제6부터 적문의 정종분 제2가 시작되어 「수학무학
인기품」제9까지 이어진다. 이미『법화경강의Ⅰ』에서 공부하였듯
이, 수기품은 불자라는 것을 자각한 4대 성문에게 부처님께서 장
래작불의 수기를 주는 대목이다. 수보리와 마하가섭에게는 수많
은 부처님을 받들어 모시고 공양 공경하며 범행을 갖추어 보살도
를 닦으면 성불한다고 한다. 이에 대해 가전연과 목건련에게는 수
많은 부처님을 공경 공양하고, 그 부처님께서 열반한 후에는 탑묘
를 세워 칠보와 각종 꽃과 영락으로 탑묘에 공양한 공덕으로 성불
한다고 한다.

화성유품 제칠(化城喩品 第七)

부처님께서 모든 비구들에게 말씀하셨다.

"지난 과거 무량무변 불가사의한 아승지겁, 그때에 부처님이 계셨으니 이름이 대통지승 여래 응공 정변지 명행족 선서 세간해 무상사 조어장부 천인사 불세존이었다. 그 나라 이름은 호성(好城)이고, 겁의 이름은 대상(大相)이었다. 모든 비구들아 저 부처님께서 멸도한 지가 아주 오래되었는데, 비유하면 삼천대천세계에 있는 모든 땅을 갈아서 먹물로 만들어 동방 천 국토를 지나 한 방울 떨어뜨리고, 또 천 국토를 지나 한 방울 떨어뜨려서 이렇게 하길 거듭하여 땅으로 된 묵을 다한다면, 너희들 생각은 어떠하냐? 이 모든 국토를 셈을 잘하는 사람이나 그의 제자들이 능히 그 끝을 알 수 있겠느냐?" "알 수 없습니다. 세존이시여." "모든 비구들아. 이 사람이 지나간 국토 가운데 한 방울 떨어진 국토나 안 떨어진 국토를 합쳐서 티끌을 만들어 그 한 티끌을 1겁이라 하더라도, 저 부처님께서 멸도 한 것이 더 오래되어 무량무변 백천만억 아승지겁을 지나니라.

내가 여래의 지견의 힘으로 그 오래된 일을 오늘의 일처럼 볼 수 있느니라.

이때 세존께서 거듭 이 뜻을 펴시고자 하여 게송으로 말씀하셨다.

내가 생각하니 지난 세상 무량무변한 겁에
양족존인 부처님 계셨으니 이름이 대통지승이라
어떤 사람 삼천대천의 모든 땅을 갈아서 묵으로 만들어
천 국토를 지나 한 방울 떨어뜨리고

이와 같이 하여 모든 먹물이 다하고
이와 같은 모든 국토 한 방울 떨어진 국토나 안 떨어진 국토 등을
다시 티끌로 만들어 한 티끌을 일 겁이라 하더라도
이 모든 티끌 수 보다 그 겁이 지나니
저 부처님 멸도한 것이 이와 같이 무량한 겁이니라.

여래의 걸림 없는 지혜로 저 부처님 멸도와
성문 보살을 알기를 지금 멸도를 보는 것과 같으니라.

모든 비구들아 마땅히 알아라. 부처님의 지혜는 깨끗하고 미묘해서
번뇌 없고 걸림이 없어 무량한 겁을 통하노라.

부처님께서 모든 비구에 말씀하셨다. 대통지승불의 수명은 540만 억 나유타 겁이니라. 그 부처님 본래 도량에 앉아 마군을 깨뜨리고 아뇩다라삼먁삼보리를 얻으려 하였으나, 모든 불법(佛法)이 앞에 나타나지 않으므로 일 소겁에서 십 소겁을 결가부좌하고 몸과 마음이 움직이지 않았으나, 오히려 나타나지 않았다. 이때 도리천의 모든 천인이 먼저 그 부처님을 위하여 보리수 아래에 사자좌를 펴니, 높이가 일 유순이었다. 부처님께서 '이 자리에 앉아 아뇩다라삼먁삼보리를 얻으리라' 하시고 이 자리에 앉으셨다.
그때 모든 범천왕이 하늘 꽃을 비 오듯 내리는데, 백 유순이었고, 향기로운 바람이 때에 불어와 시든 꽃을 불어내고, 다시 새로운 꽃이 비 오듯 내리어, 이와 같이 끊어지지 않고 십 소겁을 동안 부처님께 공양하였으며, 또한 열반에 이르기까지 항상 이 꽃비를 내렸느니라. 사천왕

과 모든 천인이 부처님께 공양하기 위하여 항상 하늘 북을 치고, 그 밖의 여러 천인은 하늘 기악을 울리되, 십 소겁을 다하고 멸도에 이르기까지 또한 이와 같이 하였느니라. 모든 비구들이여. 대통지승불은 십 소겁을 지나 모든 부처님의 법이 앞에 나타나니 아뇩다라삼먁삼보리를 이루었느니라.

그 부처님께서 출가하시기 전에 열여섯 명의 아들이 있었는데, 첫째 아들 이름이 지적이었느니라. 모든 아들들은 각각 여러 가지의 진기한 기구들을 가지고 있었고, 아버지가 아뇩다라삼먁삼보리를 이루었다는 것을 듣고 모두 보배를 버리고 부처님 처소에 나아가니, 어머니는 눈물을 흘리며 보내주었다. 그의 할아버지인 전륜성왕은 백 명의 대신과 백천 만억의 백성과 함께 도량에 나아가 대통지승여래에 가까이 가서 공양 공경 존중 찬탄하고자, 머리 숙여 발에 예를 하고 부처님 돌기를 마치고, 한 마음으로 합장하고 세존을 우러러 보며 게송으로 말하였다.

큰 위엄과 덕을 갖추신 세존께서 중생을 제도하기 위한 까닭으로
무량 억 겁 지나서야 성불 하셨나이다.
모든 원 이미 구족하고 훌륭하고 길함은 더 이상 없으시며
세존은 심히 희유하여, 한 번 앉아 십 소겁이 되도록
신체와 손과 발을 고요하게 움직이지 않으시며
그 마음 항상 담박하여 산란하지 않으며
구경에 영원히 적멸하여 무루법에 안주하였습니다.

지금 세존께서 안락하게 불도를 이룸을 보니
저희들 좋은 이익 얻고 크게 기뻐합니다.

중생들 항상 고뇌하고 눈이 멀어 인도하는 스승 없고

고를 다하는 도를 알지 못하고, 해탈을 구할 줄 모르고

긴 세월 악취만 더하고 하늘 사람은 줄어들고

어둠따라 어둠에 들어가고 영원히 부처님 이름 듣지 못했나이다.

지금 부처님 최상으로 안락한 무루도를 얻어

저희들과 천인 큰 이익을 얻어서

다함께 머리 숙여 무상존께 귀명하나이다.

이때 열여섯 명의 왕자가 게송으로 부처님 찬탄을 마치고, 세존께 법륜을 굴리기를 권청하여 다 함께 이와 같이 말하였다. "세존께서 법을 설하시면 편안하고 안온할 바가 많겠사오니, 불쌍히 여기시고 여러 하늘과 사람들을 이익되게 하여 주소서."

그리고는 거듭 게송으로 말하였다.

세상에 다시없는 세웅께서는 백가지 복으로 스스로 장엄하시고

무상의 지혜가 있으니 원컨대 세간을 위하여 설하시어

저희들과 모든 중생들을 제도하여 해탈케 하시고

분별하여 보여주시어 이 지혜를 얻게 하소서.

만약 저희들도 부처가 되면 중생 또한 그러하니

세존께서 중생의 깊은 마음 생각하는 바를 아시며

또한 행하는 도를 아시며, 또 지혜의 힘을 아시며

욕락과 닦은 복과 숙명과 행한 업을

세존께서 이미 다 아시니 마땅히 무상의 법륜을 굴리소서.

부처님께서 모든 비구에게 말씀하셨다. 대통지승불께서 아뇩다라삼먁삼보리를 얻었을 때, 시방의 각 오백만억 모든 부처님 세계가 여섯 가지로 진동하고, 그 나라 가운데 해나 달이 비추지 못하는 어두운 곳까지 다 크게 밝았으며, 그 중생들 서로 볼 수 있어서 함께 이런 말을 하였다. '이 가운데 어찌하여 중생이 문득 생겼는가?' 또 그 나라의 모든 천상 궁전과 범천 궁전이 여섯 가지로 진동하고 큰 광명이 널리 비치어서 세계에 가득하니, 모든 하늘의 빛을 능가하였느니라.

이때 동방 500만억 모든 국토 가운데 범천 궁전에 광명이 비치니 보통 때 보다 배로 밝아, 모든 범천왕이 각자 생각하되, '지금 궁전에 비치는 광명은 옛적에 없었다. 무슨 인연으로 이러한 현상이 나타나는 것인가?' 이때 여러 범천왕이 바로 서로 모여서 함께 이 일을 의논하더니, 그 무리 가운데 한 큰 범천왕이 있는데, 이름이 구일체이고 모든 범천 중생들을 위하여 게송으로 말하였다.

저희들 모든 궁전 광명이 비치니 옛적 없었는데
이것은 무슨 인연인가? 마땅히 함께 찾아보자.
대덕천이 나오심인가? 부처님께서 세상에 출현하심인가?
이 대광명 시방을 두루 비추네.

이때 500만억 국토의 모든 범천왕이 궁전과 함께 옷자락에 하늘 꽃을 가득 담고 서방에 함께 가서 이 형상을 물어 찾다가, 대통지승여래가 도량의 보리수 아래 사자좌에 앉아 있는 것을 보았는데, 모든 천 용왕 건달바 긴나라 마후라가 인비인(人非人) 등이 둘러서서 공경하는 것을 보고, 또 열여섯의 왕자가 부처님께 법륜을 굴리기를 청하는 것을 보고는, 모든 범천왕이 즉시 부처님의 발에 머리 숙여 예를 올리고는 부처님 주위를 백 천 번을 돌고 즉시 하늘 꽃으로 부처님 위에 뿌리니 그 꽃이 수미산과 같았으며, 아울러 보리수에도 공양하니 그 보리수의 높이는 십 유순이었다.

꽃으로 공양을 마치고는 각기 궁전을 저 부처님께 받들어 올리며 이런 말을 하였다. "오직 불쌍히 보아 저희들을 이익케 하소서. 드리는 궁전 너그러이 받아들이소서."

이때 모든 범천왕들이 즉시 부처님 앞에서 한마음 같은 음성으로 게송을 말하였다.

세존께서는 심히 드물게 계시어 가히 만나기 어려워라.
무량한 공덕 구족하여 능히 일체를 구호하시며
천인의 대사로 세간을 슬피 여겨서
시방의 모든 중생 모두 널리 이익을 입나이다.
저희들 500만억 국토에서 와서
깊은 선정의 즐거움을 버리고 부처님께 공양을 하기 위한 까닭으로
저희들 먼저 세상의 복으로 매우 장엄하게 꾸민 궁전을
지금 세존께 올리오니 오직 원컨대 불쌍히 여기시어 받으소서.

이때 모든 범천왕이 게송으로 부처님 찬탄을 마치고 각자 이런 말을 하였다. "오직 원하건대 세존이시여! 법륜을 굴리시어 중생을 제도하여 해탈하게 하시고 열반의 도를 열어 주소서." 그때 모든 범천왕들이 한마음 한 음성으로 게송을 말하였다.

세웅 양족존이시여. 오직 원컨대 법을 설하소서.
대자비의 힘으로 고뇌의 중생을 제도하소서.

이때 대통지승여래께서 묵묵히 이를 허락하였다. 또 모든 비구들아.
동남방 500만억 국토의 모든 대범천왕들이 각기 자기의 궁전에 광명이
비치는 것을 보고, 옛적에 없던 일이어서 뛸 듯이 기뻐하고 마음이 희
유하여 즉시 서로 찾아가 이 일을 함께 의논하더니, 그 대중 가운데 한
대범천왕이 있으니 이름이 대비(大悲)인데, 모든 범천의 대중을 위하여
게송으로 말하였다.

이 일 어떠한 인연으로 이와 같은 형상이 나타났는가?
저희들 모든 궁전 비추는 광명, 옛적에 있지 않았는데
대덕천이 나오심인가? 부처님께서 세상에 출현하심인가?
일찍이 이런 형상 보지 못했으니 마땅히 함께 한 마음으로 찾아보세.
천 만 억 국토를 지나서라도 빛을 찾아 물어 보세
아마 부처님 고통의 중생 제도하려 세상에 오심인가?

이때 500만억 모든 범천왕들이 궁전과 함께 옷자락에 하늘 꽃을 가
득 담고, 서북방에 함께 가서, 이 형상을 물어 찾다가 대통지승여래가 도
량의 보리수 아래 사자좌에 앉아 있는 것을 보았는데, 모든 천 용왕 건
달바 긴나라 마후라가 인비인(人非人) 등이 둘러서서 공경하는 것을 보
고, 또 열여섯의 왕자가 부처님께 법륜을 굴리기를 청하는 것을 보고는,
모든 범천왕이 즉시 부처님의 발에 머리 숙여 예를 올리고는 부처님 주
위를 백 천 번을 돌고 즉시 하늘 꽃으로 부처님 위에 뿌리니 그 꽃이 수

미산과 같았으며, 아울러 보리수에도 공양하고, 꽃 공양을 마치고는 각자의 궁전을 저 부처님께 받들어 올리고 이런 말을 하였다. "오직 불쌍히 보아 저희들을 이익케 하소서. 드리는 궁전 너그러이 받아들이소서."

이때 모든 범천왕들이 즉시 부처님 앞에서 한마음 같은 음성으로 게송을 말하였나.

성주(聖主)이신 천중왕(天中王)께서 가릉빈가[65]의 소리로
중생을 위해 법을 설하니 저희들 지금 예경합니다.
세존은 심히 희유하여 오래되어야 한 번 나타납니다.
180겁 동안 부처님 안 계시어서
삼악도가 충만하고 모든 하늘대중은 감소하였습니다.
지금 부처님 세상에 출현하여 중생을 위하여 눈이 되시니
세간이 돌아갈 곳입니다.
일체를 구호하는 중생의 아버지이시며
불쌍히 여겨 이익되게 하시는 분이시니
저희들 지난 복력으로 경사롭게 지금 세존 만나 뵙습니다.

이때 모든 범천왕이 게송으로 부처님 찬탄을 마치고 각자 이런 말을 하였다. "오직 원하건대 세존이시여! 일체를 불쌍히 여기시어 법륜을 굴려서 중생을 제도하여 해탈하게 하소서."

그때 모든 범천왕들이 한 마음 한 음성으로 게송을 말하였다.

---

65. 범어 'kalavinka'의 음사이다. 인도에서 나는 새로 목소리가 아주 곱다. 극락조라고
     도 한다.

큰 성인께서 법륜을 굴려 모든 법의 형상을 나타내 보이시고
고뇌의 중생을 제도하여 큰 기쁨을 얻게 하시네.
중생들 이 법을 들으면 도를 얻거나 천상에 나며
모든 악도는 줄어들고 착한 사람 많아지리라.

이때 대통지승여래께서 묵묵히 이를 허락하였다. 또 모든 비구들이
여! 남방 500만억 국토의 모든 대범천왕들이 각기 자기의 궁전에 광명
이 비치는 것을 보고, 옛적에 없던 일이어서 뛸 듯이 기뻐하고 마음이 희
유하여 즉시 서로 찾아가 이 일을 함께 의논하니, 무슨 인연으로 저희들
궁전에 이런 광명 비치는가? 그때 대중 가운데 한 대범천왕이 있으니 이
름이 묘법(妙法)인데, 모든 범천의 대중을 위하여 게송으로 말하였다.

저희들 모든 궁전에 광명 매우 밝으니
이것은 인연 없음이 아니니 이 형상을 찾아봅시다.
백 천겁을 지나도록 이 형상을 보지 못했는데
대덕천이 나오심인가? 부처님께서 세상에 출현하심인가?

이때 500만억 모든 범천왕들이 궁전과 함께 옷자락에 하늘 꽃을 가
득 담고, 북방에 함께 가서, 이 형상을 물어 찾다가 대통지승여래가 도량
의 보리수 아래 사자좌에 앉아 있는 것을 보았는데, 모든 천 용왕 건달바
긴나라 마후라가 인비인(人非人) 등이 둘러서서 공경하는 것을 보고, 또
열여섯의 왕자가 부처님께 법륜을 굴리기를 청하는 것을 보고는, 모든
범천왕이 즉시 부처님께 머리 숙여 예를 올리고는 부처님 주위를 백 천
번을 돌고 즉시 하늘 꽃으로 부처님 위에 뿌리니 그 꽃이 수미산과 같았

으며, 아울러 보리수에도 공양하고, 꽃 공양을 마치고는 각자의 궁전을 저 부처님께 받들어 올리고 이런 말을 하였다. "오직 불쌍히 보아 저희들을 이익케 하소서. 드리는 궁전 너그러이 받아들이소서."

이때 모든 범천왕들이 즉시 부처님 앞에서 한마음 같은 음성으로 게송을 말하였다.

세존 매우 뵙기 어렵고 모든 번뇌 깨뜨리는 분이시라
130겁이 지나서 이제 한 번 친견합니다.
기갈에 찬 모든 중생을 법비(法雨)로 충만하게 하소서.
옛적 볼 수 없는 무량한 지혜의 분이시니
우담발화를 오늘에야 보는 것과 같습니다.
저희들 모든 궁전 빛으로 장엄되었습니다.
세존이시여! 대자비로 원컨대 받아 주소서.

이때 모든 범천왕이 게송으로 부처님 찬탄을 마치고 각자 이런 말을 하였다. "오직 원하건데 세존이시여! 법륜을 굴리어 일체세간의 모든 천마범 사문 바라문을 안온하게 하시고 해탈케 하소서."

이때 모든 범천왕들이 한 마음 같은 음성으로 게송을 말하였다.

오직 원컨대 천인존께서 무상의 법륜을 굴리고
대법고를 두드리고 대법라를 부르시고
널리 큰 법의 비를 내리시어 무량한 중생을 제도하소서.
저희들 모두 귀의하여 청하오니 마땅히 깊은 법문 연설하소서.

이때 대통지승여래께서 묵묵히 이를 허락하셨다. 서남방 내지 하방 또한 이와 같았다. 이때 상방 500만억 국토의 모든 범천왕들 모두 궁전에 광명이 밝게 비추는 것을 보고, 옛적에 있지 아니한 일이어서 뛸 듯이 기뻐하고 마음이 희유하여, 즉시 서로 찾아가 이 일을 함께 의논하니, "무슨 인연으로 저희들 궁전에 이런 광명이 있는가?"

그때 대중 가운데 한 대범천왕이 있으니 이름이 시기(尸棄)인데, 모든 범천의 대중을 위하여 게송으로 말하였다.

지금 무슨 인연으로 저희들 궁전에
위엄과 덕이 있는 광명이 비추는가?
아름답게 꾸며져 일찍이 있지 않았는데
이와 같은 묘한 형상 옛적에 보지 못했고 듣지 못했네.
대척천이 나오심인가? 부처님께서 세상에 출현하심인가?

이때 500만억 모든 범천왕들이 궁전과 함께 옷자락에 하늘 꽃을 가득 담고, 하방에 함께 가서, 이 형상을 물어 찾다가 대통지승여래가 도량의 보리수 아래 사자좌에 앉아 있는 것을 보았는데, 모든 천 용왕 건달바 긴나라 마후라가 인비인(人非人) 등이 둘러서서 공경하는 것을 보고, 또 열여섯의 왕자가 부처님께 법륜을 굴리기를 청하는 것을 보고는, 모든 범천왕이 즉시 부처님께 머리 숙여 예를 올리고는 부처님 주위를 백 천 번을 돌고 즉시 하늘 꽃으로 부처님 위에 뿌리니 그 꽃이 수미산과 같았으며, 아울러 보리수에도 공양하고, 꽃 공양을 마치고는 각자의 궁전을 저 부처님께 받들어 올리고 이런 말을 하였다. "오직 불쌍히 보아 저희들을 이익케 하소서. 드리는 궁전 너그러이 받아들이소서."

이때 모든 범천왕들이 즉시 부처님 앞에서 한마음 같은 음성으로 게송을 말하였다.

거룩하신 모든 부처님, 세상을 구원하시는 성존(聖尊)을 뵈오며
능히 삼계 지옥의 모든 중생을 힘써 건져내며
넓은 지혜 천인존(天人尊)께서 어린 중생 불쌍히 여기시어
감로문을 활짝 열어 널리 일체를 제도하여 주시오소서.

옛적 무량겁 동안 부처님 없이 헛되이 보내고
세존께서 출현하지 않을 때 시방은 항상 어두웠습니다.
삼악도는 증장하고 아수라 역시 성(盛)하였으며
모든 하늘 대중은 더욱 감소하고 많은 이가 죽어서 악도에
떨어졌습니다.
부처님 법을 듣지 못하고 항상 나쁜 일을 저지르고
모양과 힘과 지혜 모두 다 줄어들어
죄업의 인연으로 즐거움과 즐거운 생각까지 잃고
삿된 견해와 법에 머물러 선한 예의와 법칙을 모르고
부처님 교화를 입지 못해 항상 악도에 떨어졌습니다.

세간의 눈이신 부처님께서 오랜 세월 만에 출현하사
모든 중생 불쌍히 여겨서 세간에 출현하였습니다.
뛰어나게 나오시어 정각을 이루시니 저희들 심히 기뻐하고
나머지 대중들도 미증유를 기뻐합니다.

저희들 모든 궁전 광명을 입어 아름답게 꾸며져서
지금 세존께 바치오니 부디 받아주시옵소서.
원컨대 이 공덕을 널리 일체에 보급하여
저희들과 모든 중생이 함께 불도를 이루게 하소서.

이때 500만억 모든 범천왕들이 게송으로 부처님 찬탄을 마치고 각자 부처님께 말하였다. "오직 원컨대 세존이시여! 법륜을 굴리시어 안온하게 하시고 제도하여 해탈하게 하소서."
이때 모든 범천왕들이 게송으로 말하였다.

세존께서 법륜을 굴리시고, 감로의 법고를 두드려서
고뇌의 중생을 제도하고 열반의 도를 열어 보이시네.
오직 원컨대 저희 청을 들어서 큰 미묘한 음성으로
불쌍한 중생 위해 무량한 겁에 익힌 법을 널리 설하소서.

이때 대통지승여래께서 시방의 모든 범천왕과 십육왕자의 청을 받으시고, 즉시 삼전십이행(三轉十二行)⁶⁶⁾의 법륜을 굴리시니, 사문 바라문 혹은 천상 마군 범천 그리고 나머지 세간은 능히 굴리지 못하는 것이니라. 소위 이것이 고(苦)이고, 이것이 고의 집(集, 모임)이며, 이것이 고의 멸(滅)이며, 이것이 고를 멸하는 도(道, 길)이니라.

---

66. 부처님께서 4제(四諦)를 시(示), 권(勸), 증(證)의 세 단계로 나누어 12가지 모양에 따라 합계 12단계로 고찰하는 것을 말한다. ① 시전(示轉) : 이것이야 말로 바로 고(苦), 집(集), 멸(滅), 도(道)라고 4제를 나타내 보이는 것을 말한다. ② 권전(勸轉) : 고(苦)는 알아야 할 것임, 집(集)은 끊어야 할 것임, 멸(滅)은 증득해야 하는 것임, 도(道)는 수행하여야 하는 것임을 권하는 것을 말한다. ③ 증전(證轉) : 고(苦)를 스스로 알고, 집(集)을 스스로 끊고, 멸(滅)을 스스로 증득하고, 도(道)를 스스로 닦아야 하는 것을 말한다.

그리고 널리 십이인연법(十二因緣法)을 설하시니, 무명(無明)은 행(行)의 인연이고, 행은 식(識)의 인연이고, 식은 명색(名色)의 인연이고, 명색은 육입(六入)의 인연이고, 육입은 촉(觸)의 인연이고, 촉은 수(受)의 인연이고, 수는 애(愛)의 인연이고, 애는 취(取)의 인연이고, 취는 유(有)의 인연이고, 유는 생(生)의 인연이고, 생은 노사우비고뇌(老死憂悲苦惱)의 인연이니라.

무명이 멸하면 곧 행이 멸하고, 행이 멸하면 곧 식이 멸하고, 식이 멸하면 곧 명색이 멸하고, 명색이 멸하면 곧 육입이 멸하고, 육입이 멸하면 곧 촉이 멸하고, 촉이 멸하면 곧 수가 멸하고, 수가 멸하면 곧 애가 멸하고, 애가 멸하면 곧 취가 멸하고, 취가 멸하면 곧 유가 멸하고, 유가 멸하면 곧 생이 멸하고, 생이 멸하면 곧 노사우비고뇌가 멸하느니라.

부처님께서 하늘과 사람의 대중 가운데에서 이 법을 설할 때, 600만억 나유타의 사람들이 일체 세간법의 영향을 받지 않아서, 모든 번뇌에서 벗어나 마음의 해탈을 얻고, 모두 깊고 묘한 선정과 삼명육통(三明六通)을 얻고, 팔해탈(八解脫)을 구족했느니라.

그리고 두 번째, 세 번째, 네 번째 법을 설할 때에도, 1,000만억 항하사 나유타 중생 또한 일체 세간법의 영향을 받지 않아서, 모든 번뇌에서 벗어나 마음의 해탈을 얻었고, 그 후 여러 성문들도 무량무변하여 수를 헤아릴 수 없었느니라.

그때 십육왕자들은 다 동자로 출가하여 사미가 되었는데, 모든 근이 영리하고 지혜가 명료하며, 일찍이 백 천 만 억 모든 부처님께 공양하였으며, 청정한 범행을 닦아 아뇩다라삼먁삼보리를 구하려고 함께 물었느니라. 세존이시여! 이 무량한 천 만 억 대덕성문들이 이미 성취하였으니, 세존이시여! 또한 마땅히 저희들을 위하여 아뇩다라삼먁삼보리

법을 설하여 주소서. 저희들이 듣고 함께 닦고 배우겠습니다. 세존이시여! 저희들은 간절한 마음으로 원하는 여래의 지견과 마음 깊이 생각하는 바를 부처님께서 스스로 증득하여 아시옵니다. 이때 전륜성왕이 거느린 무리 가운데 팔 만 억 사람이 십육왕자가 출가하는 것을 보고 또한 출가하려 하므로 왕이 즉시 허락하였다.

이때 저 부처님께서 사미의 청을 받아들여 이 만 겁이 지나서 사부대중들에게 이 대승경을 설하시니, 이름이 묘법연화이고, 보살을 가르치는 법이며, 부처님께서 보호하고 생각하는 바이니라. 이경 설해 마치자, 십육사미는 아뇩다라삼먁삼보리를 위하여 다 함께 받아 지니고 읽고 외워서 통달하였다. 이 경을 설할 때 십육보살사미는 다 믿어 지녔고, 성문대중 가운데 또한 믿고 이해하는 사람이 있었으나, 나머지 천 만 억 종류나 되는 다른 중생들은 모두 의혹하였다.

부처님께서 이 경을 팔 천 겁 동안 쉬지 않고 설하였고, 이 경을 다 설하시고는 조용한 방에 들어가 팔 만 사 천 겁 동안 선정에 들었느니라. 이때 십육보살사미는 부처님께서 방에 들어가 선정에 드신 것을 알고, 각각 법좌에 올라 또한 팔 만 사 천 겁 동안 사부대중을 위해 묘법연화경을 분별하여 널리 설했는데, 육 백 만 억 나유타 항하사 중생 하나하나 다 제도하고, 가르쳐 이롭고 기쁘게 하였고, 아뇩다라삼먁삼보리심을 내게 하였다.

대통지승불께서 팔 만 사 천 겁을 지나 삼매에서 일어나 법좌에 나아가 편안히 앉으시고, 널리 대중들에게 말하였다. 이 십육보살사미는 매우 희유하여 육근이 영리하고 지혜가 명료하며, 일찍이 무량한 천 만 억의 모든 부처님을 공양하고, 부처님 처소에서 항상 범행을 닦고, 부처님의 지혜를 지녀서, 중생에게 열어 보이고 들어오게 하였다. 너희들 모두 마땅히 자주자주 친근하여 공양할 지니라. 왜냐하면 성문과 벽지불 그리고 모든 보살들이 십육보살사미가 설하는 경과 법을 믿고 받아지녀서 훼방하지 않으면, 마땅히 아뇩다라삼먁삼보리의 여래지혜를 얻기 때문이리라.

부처님께서 모든 비구에게 말씀하셨다. 이 십육보살은 한상 이 묘법연화경 설하기를 즐거워하고, 각 보살이 제도한 600만억 나유타 항하사 중생들은 태어나는 세상마다 보살들과 함께 나서 그에게 법을 듣고 모두 믿고 이해하였으며, 이 인연으로 400만억 모든 불세존을 만나는데, 지금도 다 만나지 못했다.

모든 비구들아. 나는 지금 너희들에게 말하노라. 저 부처님의 제자 십유사미는 지금 모두 아뇩다라삼먁삼보리를 얻어 시방국토에서 현재 법을 설하고 있는데, 무량한 백 천 만 억 보살 성문들이 권속이니라. 그 가운데 두 사미는 동방에 성불하였는데, 첫째 이름이 아촉(阿閦)인데 환희국에 계시며, 둘째 이름이 수미정(須彌頂)이니라. 동남방 두 분 부처님 이름은 첫째 사자음(師子音)이며 둘째 사자상(師子相)이니라. 남방 두 분 부처님 이름은 첫째 허공주(虛空住)이며 둘째 상멸(常滅)이니라. 서남방 두 분 부처님 이름은 첫째 제상(帝相)이며 둘째 범상(梵相)이니라. 서방 두 분 부처님 이름은 첫째 아미타(阿彌陀)이며 둘째 도일체세간고뇌(度一切世間苦惱)이니라. 서북방 두 분 부처님 이름은 첫째 다마라발전단향신통(多摩羅跋栴檀香神通)이며 둘째 수미상(須彌相)이니라. 북방 두 분 부처님 이름은 첫째 운자재(雲自在)이며 둘째 운자재왕(雲自在王)이니라. 동북방 부처님 이름은 괴일체세간포외(壞一切世間怖畏)이며 열여섯 번째가 나 석가모니불(釋迦牟尼佛)인데, 사바국토에서 아뇩다라삼먁삼보리를 이루었느니라.

모든 비구들아. 우리가 사미로 있을 때, 각각 무량한 백 천 만 억 항하사와 같은 중생들을 가르쳐 교화하였느니라. 나의 법을 들음은 아뇩다라삼먁삼보리를 위함이어서 이 모든 중생이 지금 성문지에 있어 내가 항상 아뇩다라삼먁삼보리로 교화하고 이 모든 사람들이 응당 이 법으로 점차 불도에 들게 되리라. 왜냐하면 여래의 지혜는 믿기 어렵고 이해하기 어렵기 때문이니라.

그때 교화한 무량한 항하사와 같은 중생들이 너희들 비구와 내가 멸도 후 미래의 세상에 날 성문제자들이니라. 내가 멸도 후 어떤 제자가 이 경을 듣지 못하고 보살이 행할 바를 알지 못하고 깨닫지도 못하고 스스로 얻은 공덕으로 멸도하였다는 생각을 내어 마땅히 열반에 든다고 하나, 내가 다른 나라에서 부처가 되어 다른 이름이 있을 것이니, 이 사람이 비록 멸도의 생각을 내어 열반에 들었다고 하나, 그 나라에서 부처님 지혜를 다시 구하여 이 경을 얻어 들으리라. 그러므로 오직 불승(佛乘)으로 멸도를 얻을 뿐, 다시 다른 승은 없는데, 모든 여래의 방편으로 설한 법은 제외되느니라.

모든 비구들아. 만약 여래께서 스스로 열반할 때가 이르러, 대중들이 청정하여서 믿고 이해함이 견고하며, 공법(空法)을 요달하여 선정에 깊이 든 것을 알면, 바로 모든 보살과 성문들을 모아서 이 경을 설하리라. 세간에 이승으로 멸도를 얻을 수 없고, 오직 일불승(一佛乘)으로 멸도를 얻을 뿐이니라.

비구들아 마땅히 알아야 하니, 여래께서는 방편으로 깊게 중생의 성품에 들어가서, 그 뜻이 소승법을 즐기고 오욕에 깊이 집착하여 있는 것을 아시고, 이들을 위하여 열반을 설하시니 이런 사람들이 들으면 곧 믿고 받느니라. 비유하면 오백유순이나 되는 험하고 나쁜 길에 인적이 끊기고 무서운 곳을 많은 사람이 이 길을 지나서 진귀한 보물이 있는 곳에 가려고 할 때 한 도사가 있었으니, 지혜가 총명하고 밝고 통달하여서 험한 길의 막히고 트인 곳을 잘 알아 많은 사람을 거느리고 인도하여 험한 길을 지나가려고 하였느니라. 그러나 그 사람들이 중도에서 피로하고 세으름이 생겨 도사에게 말하였다. "저희들 피로하고 두려워서 앞으로 갈 수 없고, 가야할 길이 아직 멀어서 돌아가려고 합니다." 그때 도사는 방편이 많으므로 이렇게 생각했다. "이들은 참으로 불쌍하구나. 왜 많은 보배를 버리고 돌아가려고 하는가?" 이런 생각을 하고는 방편력으로 험한 길 삼백유순을 지나서 도중에 화성(化城)을 만들고, 대중에게 말하였다. "너희들 두려워 말라. 돌아가려고 하지 말라. 이제 이 큰 성에 들어가 원하는 대로 할지니, 만약 이 성에 들어가면 쾌락하고 편안할 것이며, 또 앞에 보물이 있는 곳도 역시 갈 수 있느니라."

이때 피로에 지친 사람들이 크게 기뻐하고 일찍이 없던 일을 찬탄하여, "저희들은 지금 이 나쁜 길을 벗어나 쾌락하고 편안합니다." 이 사람들 앞의 화성(化城)에 들어가 이미 제도되었다는 생각을 내고, 편안한 생각을 내었다. 그때 도사가 이 사람들이 이미 충분한 휴식을 해서 피로가 없는 것을 알고, 화성을 없애면서 사람들에게 말하였다. "너희들 빨리 가거라. 보배 있는 곳이 가까우니라. 앞의 큰 성은 너희들을 잠시 쉬게 하려고 임시로 만든 것일 뿐이니라."

모든 비구들아. 여래 또한 이와 같아서, 지금 너희들을 위하여 큰 도사가 되어, 모든 생사와 번뇌의 악한 길이 위험하고 어려우며 길고도 멀지마는 마땅히 떠나야 하고 제도되어야 한다는 것을 아느니라.

만약 중생이 단지 일불승만 들으면, 곧 부처님을 보려고 하지 않으며, 가까이 하려고도 않으며, 바로 "불도는 멀고도 멀어 오랫동안 부지런히 고행을 닦아야만 성취할 수 있으리라." 라고 생각하느니라. 부처님께서 이러한 나약하고 하열한 마음을 알아서, 방편력으로 중도에 쉬게 하였느니라. 그리하여 두 가지 열반[67]을 설하였고, 만약 중생이 두 지위[68]에 머무르면, 여래는 이때 바로 설하나니, "너희들은 아직 할 바를 다하지 못하였느니라. 너희들이 머무른 지(地)는 부처님 지혜에 가까우니, 마땅히 관찰하고 사량할지니라. 너희들이 얻은 열반은 진실이 아니니라. 단지 여래가 방편력으로 일불승을 분별하여 삼승으로 설하였느니라. '마치 저 도사가 사람들을 쉬게 하려고 큰 화성을 지은 것과 같아서, 이미 휴식한 것을 알고, 보배 있는 곳이 가까이 있다고 말하고, 이 성은 진실이 아니라 내가 변화로 지은 것 뿐이니라.'고 말한 것과 같으니라."

이때 세존께서 거듭 이 뜻을 펴시고자 하여 게송으로 말하였다.

대통지승불께서 10겁 동안 도량에 앉았으나
불법은 현전하지 않고 불도를 이루지 못하였네.

모든 천신과 용왕, 아수라 등이
항상 하늘 꽃을 비 오듯 뿌려, 저 부처님께 공양하고
모든 천인 하늘 북을 두드리고, 아울러 여러 기악을 연주하고
향기로운 바람 불어서 시들은 꽃 불어내고, 새로운 꽃 또 내려서
10소겁이 지나서 불도를 이루어
모든 하늘과 세상 사람들이 뛸 듯이 기뻐하였네.
저 부처님의 열여섯 명의 아들들

---

67. 성문승의 열반과 연각승의 열반인데, 곧 2승의 열반을 말한다
68. 성문과 연각을 말하는데, 2승의 열반경지를 말한다.

천 만 억 권속들로 둘러싸여 부처님 처소 찾아가서

부처님 발에 머리 숙여 예경하고 법륜 굴리기를 청하여

성사자(聖師子)께서 법비(法雨)를 내려 저희들과 일체를 충만하게

하소서.

세존은 심히 만나기 어려워 오랜 세월 지나야 한 번 출현하니

모든 중생 깨우치게 하려고 일체를 진동시키네.

동방 모든 세계 500만억 국토의

범궁에 광명이 비치어 옛적 없었던 것이라.

모든 범왕 이 상서를 보고 부처님 도량 찾아가서

꽃을 뿌리고 공양하고 아울러 궁전을 바치면서

부처님 법륜 굴리기를 청하고 게송으로 찬탄하였네.

부처님 아직 때가 아니라 하여, 청을 받고 묵연히 앉아 계시네.

3방 4유(維)⁶⁹⁾ 그리고 상. 하 또한 그러하여

꽃을 뿌리고 궁전을 바쳐서, 부처님 법륜 굴리기를 청하네.

세존 매우 만나기 어려워, 원컨데 본래의 대자비로

감로문을 활짝 열어서 무상의 법륜을 굴리소서.

무량한 지혜 구족한 세존께서, 저 사람들 청을 받아들여

사제십이연(四諦十二緣) 등 여러 가지 법을 설하시고

무명(無明)에서 노사(老死)까지 인연으로 생겨 있음이니

이와 같은 모든 환난, 너희들 마땅히 알아야 할지니

이 법 널리 설할 때, 600만억 나유타 중생

---

69. 4방의 중간 방향으로 동남, 서남, 서북, 동북을 말한다.

모든 괴로움 다 여의고 아라한을 이루었네.
두 번째 설법 할 때, 1,000만 항하사 중생
세간법 받지 않아 아라한 또 이루었으며
그 후 도를 얻은 이 한량없이 많아
그 수 만 억 겁에 헤아려도 알 수 없네.

때에 십육왕자 출가하여 사미가 되고
모두 저 부처님께 대승법을 설하기를 청하고
저희들과 따라온 사람 모두 불도를 이루려고 하오니
원컨대 세존과 같은 제일 청정한 혜안(慧眼)을 얻게 하소서.

동자들의 마음과 숙세에 행한 바를 부처님께서 다 아시고
무량한 인연과 가지가지의 비유로써
육바라밀과 모든 신통한 일을 설하시어
진실한 법인 보살이 행할 도를 분별하시고
이 법화경의 항하사 같은 게송을 설하였네.

저 부처님 경 설하기를 마치고 조용한 방에 들어가 선정에 들어
한 마음으로 한 곳에 앉아 있기를 8만 4천겁이네.
이 사미들은 부처님께서 선에 드심을 알고
무량한 중생들에게 부처님의 위 없는 지혜를 설하려고
각각 법좌(法座)에 앉아 이 대승경을 설하였으며
부처님 열반 후, 법을 펴서 교화하되
하나 하나의 사미들이 제도한 중생

600만억 항하사 같았네.

저 부처님 멸도 후, 이 법 들은 모든 사람은

모든 부처님 국토마다 스승과 함께 태어나리.

십육사미 불도를 구족하여, 현재 시방에시 정각을 이루었고

그때 법을 들은 사람 모든 부처님 처소에서

성문에 머물러 점차 가르쳐서 불도에 들게 하네.

나도 열여섯 번째 왕자로 있을 때, 또한 너희들을 위하여 설했노라.

이리하여 방편으로 너희들을 부처님 지혜에 인도하며

본래 이런 인연으로 지금 법화경을 설하여서

너희들을 불도에 들게 하리니, 놀라거나 두려워 말라.

비유하면 험하고 나쁜 길, 인적 없고 맹수와 독이 많고

또 물과 풀조차 없어 사람이 두려워하는 곳을

무수한 사람들이 이 험한 길을 지나고자 하건만

그 길 매우 멀어 오백유순이네.

때에 한 도사 있으니 지혜가 명료하고

험한 데 있으면서 많은 어려움을 건지려고 결정하였지만

많은 사람들이 피로하여 도사에게 말하되

저희들 지금 지쳐서 돌아가려 합니다.

도사 생각하기를 이 무리들 매우 불쌍하구나.

어찌하여 큰 보배 버리고 돌아가려 하는가?

깊이 방편을 생각하고 마땅히 신통력으로 임시 큰 성을 지으니

장엄한 여러 저택, 숲으로 쌓인 동산, 흐르는 물과 연못

중문(重門)과 높은 누각, 남녀들이 충만하고,

이런 화성을 짓고는 사람들에게 위로하는 말을 했네.

두려워 말라. 너희들 이 성에 들어가 각각 뜻대로 즐겨라.

모든 사람 성에 들어가 크게 기뻐하고

안락한 생각을 내어 스스로 제도되었다고 하였네.

도사 충분한 휴식을 알고 사람들을 모아서 하는 말

너희들 마땅히 전진하라. 이성은 화성일 뿐이니라.

나는 너희들의 피로하여 중도에서 돌아가려고 하므로

방편력으로 이 성을 임시로 지었네.

너희들은 지금 부지런히 정진하라.

마땅히 보배가 있는 곳에 도달하리라.

나 또한 이와 같아서, 일체의 도사이니라.

도를 구하는 모든 사람들이 중도에서 게으르고 포기하여

생사번뇌의 모든 험한 길에서 제도되지 못함을 보고

방편력으로 쉬게 하려고 열반을 설하되

너희들 고를 멸하여 할 바를 다 했노라고 말하되

이미 열반에 이르러 아라한을 얻었음을 알고

이내 대중을 모아서 진실한 법을 설하기 위해

모든 부처님의 방편력으로 분별해서 삼승을 설하였다.

오직 일불승만 있고 쉬게 하려고 2승을 설했네.

지금 너희들을 위하여 진실을 설하니
너희가 얻은 것은 멸도가 아니니라.
부처님의 일체지를 위해 마땅히 대정진을 발원하라.
너희가 일체지와 십력 등 불법을 증득하면
삼십이상을 구족하니 이것이 진실한 멸도이니라.

모든 부처님 도사께서 쉬게 하려고 열반을 설하시고
이미 쉼을 알아서 부처님의 지혜에 인도하여 들게 하느니라.

해 설

　화성유품은 삼승의 가르침이 방편이라는 것을 화성(化城)의 비유로 보이고 있다. 이 비유에 앞서 3천진점 겁의 옛날에 대통지승불과 이 부처님에게 16명의 왕자가 있다고 설하고, 이 16왕자는 법화경을 듣고 시방국토에서 각각 성불한다. 그 중에서 동북방 두 부처님 중의 16번째의 부처님이 사바세계의 석가모니불이라는 것이다.

　그리고 석가모니부처님께서 보살사미이었을 때, 무수한 중생을 교화해 왔는데, 그때의 중생들이 지금 여기에 있는 대중들이라는 것이다. 이것이 석가모니부처님께서 비구들에게 이야기한 숙세의 인연이다. 이 인연을 들어 설하는 것을 인연주(因緣周)라 한다. 앞의 사리불과 4대성문은 근기가 높지만, 부루나 등과 같은 비구들은 근기가 낮기 때문에 보다 구체적인 설명이 필요한데, 그것이 숙세의 인연인 것이다. 따라서 법화경이 현세에만 설한 것이 아니라, 구원(久遠)의 옛날부터 연결되어 설해졌다는 것, 그리고 지금 법을 듣고 있는 대중들도 과거세로부터 연결되어 있다는 것을 설하여, 법화경을 믿게 하여 일불승에 들어오게 하려는 뜻이 있는 것이다.

그리고 부처님께서는 중생의 심성을 관찰하여 알고는 퇴보하려는 중생이 염려되어 임시로 2승의 열반을 설하는데, 그것을 화성(化城)에 비유했다. 그리고는 2승의 열반(化城)이 진실한 것이 아니라 오직 일불승이 참된 열반이라 설한다.

묘법연화경 권 제사
(妙法蓮華經 卷 第四)

오백제자수기품 제팔
(五百弟子受記品 第八)

이때 부루나미다라니자는 부처님으로부터 이 지혜의 방편으로 마땅함을 따라 법을 설하심을 듣고, 또 모든 큰 제자들에게 아뇩다라삼먁삼보리를 수기함을 듣고, 또 지난 세상의 인연의 일들을 들었고, 또 모든 부처님께서 대자재한 신통력이 있음을 듣고, 미증유를 얻어 마음이 청정하고 뛸 듯이 기뻐하며 자리에서 일어나 부처님 앞에 이르러 머리 숙여 발에 예경하고는 한 쪽으로 물러나 부처님의 존안을 우러러 보되, 잠시도 눈을 떼지 않고 생각하였다.

"세존께서는 매우 기묘하고 특별하시고, 하시는 일이 또한 희유하시어 세간의 여러 가지 종성(種性)[70]에 따라 방편과 지견으로 법을 설하시어 중생이 곳곳마다 탐착하는 것을 뽑아주시니, 저희들은 부처님의 공덕을 말로써 다 할 수 없습니다. 오직 부처님 세존만이 저희들의 깊은 마음 본래 원을 아십니다." 이때 부처님께서 여러 비구들에게 말씀하셨다. "너희들은 부루나미다라니자를 보는가? 내가 항상 법을 설하는 사람 중에서 그가 최고제일이라고 칭찬했으며, 또한 항상 여러 가지의 공덕을 찬탄하였느니라." 부지런히 정진하여 나의 법을 호지(護持)하고 도와서 선설(宣說)하고, 사부대중에게 보이고 가르치며 이롭게 하고 기쁘게 하며, 부처님의 정법을 흡족하게 해석해서 같은 깨끗한 행을 하는 자에게 크게 이익 되게 하느니라. 그리고 여래를 제외하고는 그 언론의 재주를 당할 사람이 없느니라.

---

70. 중생의 본성, 숨어 있는 본성을 말한다.

너희들은 부루나가 단지 나의 법만 호지하고 도와서 선설한다고 여기지 말라. 또한 과거 90억 모든 부처님 계신 곳에서 부처님의 정법을 호지하고 도와 선설할 때에도 저 설법하는 사람들 중에서 역시 최고로 제일이었다. 또 부처님께서 설한 공법(空法)에도 명료하게 통달하여 4무애지를 얻어, 항상 진리를 잘 살펴서 청정하게 법을 설하되, 의혹이 없었고 보살의 신통력을 다 갖추어 그 수명을 따라 항상 범행(梵行)을 닦았으므로, 저 부처님 세상의 사람들이 참다운 성문이라 하였다.

부루나는 이런 방편으로써 무량한 백 천 중생을 요익(饒益)하게 하고, 또 무량한 아승지 사람을 교화하여 아뇩다라삼먁삼보리에 이르도록 하였고, 불국토를 청정하게 하기 위하여 항상 부처님의 일을 하여 중생을 교화하였다.

모든 비구들아. 부루나 또한 과거 칠불(七佛)[71]시대에도 설법하는 사람 중에서 제일이었고, 지금 내가 있는 곳에서도 설법하는 사람 중에서 제일이며, 현겁(賢劫)[72] 중에서 미래에 올 모든 부처님시대의 설법하는 사람 중에서 또한 제일이니, 불법을 호지하고 도와 선설 하느니라. 또한 미래에도 무량무변한 모든 부처님의 법을 호지하고 도와서 선설하고, 무량한 중생을 교화하여 이익되게하며, 아뇩다라삼먁삼보리에 이르도록 하였고, 불국토를 청정하게 하기 위하여 항상 부지런히 정진하고 중생을 교화하여 점점 보살도를 구족하여서, 무량아승지겁을 지나 이 땅에서 아뇩다라삼먁삼보리를 얻으니, 이름이 법명 여래 응공 정변지 명행족 선서 세간해 무상사 조어장부 천인사 불세존이니라. 그 부

---

71. 과거에 출현한 일곱 분의 부처님을 말한다. 석가모니불과 그 이전에 출현한 여섯 부처님을 일컬음. 비바시불, 시기불, 비사부불, 구류손불, 구나함모니불, 가섭불, 석가모니불 등이다.
72. 현재의 대겁을 말하는데, 대겁은 우주가 성(成), 주(住), 괴(壞), 공(空)하는 한 주기를 말한다. 이 기간에 천불(千佛)이 나타난다고 한다. 또 현겁(現劫)이라고도 한다.

처님 항하사와 같은 삼천대천세계를 하나의 불국토로 만드니 칠보로 땅이 되고, 땅이 손바닥처럼 평평하여, 산이나 구릉 계곡 도랑 등이 없고, 칠보로 된 누각이 가득하며, 모든 하늘의 궁전이 허공 가까이 있어, 사람과 하늘이 서로 볼 수 있으며, 모든 악도는 없고, 또한 여인도 없으며, 일체 중생이 화하여 나며, 음욕이 없고, 큰 신통을 얻어, 몸에서 광명이 나오고, 비행이 자재하며, 의지와 생각이 견고하여, 정진하여 지혜가 있고, 몸은 금색이며 삼십이상으로 장엄하느니라.

그 국토의 중생은 항상 두 가지 음식을 먹는데, 하나는 법희식(法喜食)[73]이며, 둘째는 선열식(禪悅食)[74]이니라. 무량한 아승지 천 만 억 나유타의 보살들이 있는데, 대신통과 사무애지(四無碍智)를 얻어서 중생들을 잘 교화하고, 성문들은 산수로 계산하여 헤아릴 수 없고, 모두 육신통과 삼명과 팔해탈을 구족하였다. 그 부처님의 국토는 이와 같이 한량없는 공덕으로 장엄하게 이루어져 있으며, 겁(劫)의 이름은 보명(寶明)이고, 나라 이름은 선정(善淨)이며, 그 부처님의 수명은 무량한 아승지 겁이니라. 법이 오래 머무르고, 부처님 멸도 후에 칠보탑을 세워 그 나라를 채우니라.

이때 세존께서 거듭 이 뜻을 펴시고자 하여 게송으로 말씀하셨다.

모든 비구들아. 잘들어라. 불자가 행하는 도는

방편을 잘 배우기 때문에 가히 생각할 수 없는 것이라.

중생이 소승법을 즐기며 큰 지혜를 두려워하는 것을 알고

---

73. 법을 들음으로써 얻는 기쁜 마음을 음식에 비유한 것, 곧 법을 듣고 기뻐하는 마음이 생기면, 이로 말미암아 선근이 증장되고, 혜명을 돕고 이익되게 하는 결과를 낳는 것을, 세간의 음식을 먹음으로써 여러 가지 감각기관을 기르고 그 목숨을 유지하는 결과를 낳은 것에 비유한 것이다.
74. 선정에 들어가면 마음이 진정되고 쾌적하게 된다. 이것을 음식에 비유한 것이다.

모든 보살이 성문이나 연각이 되어서
무수한 방편으로 많은 중생을 교화하되
스스로 바로 성문이라 하고, 부처님 도에 가기가 멀다 하며
무량한 중생 제도하여 해탈케 하고 모두 성취하게 하며
비록 작은 것을 하고자 하여 나태하더라도
점점 성불하게 하느니라.

안으로 은밀히 보살행을 하고 밖으로 성문을 나타내어
작은 것을 하고자 하여 생사를 싫어하나
실상은 스스로 불국토를 깨끗하게 하느니라.

중생에게 삼독(三毒)이 있음을 보이고,
삿된 견해의 모습을 나타내는 것
나의 제자들은 이런 것으로 방편을 써서 중생을 제도하나니,

만약 내가 여러 가지로 현화(現化)한 일을 다 말하면
이를 듣는 중생들 즉시 의혹을 품을 것이리라.

이 부루나는 옛적 천 억 부처님에게서
행할 도를 부지런히 닦아 모든 불법을 잘 연설하며
무상의 지혜를 구하기 위해 모든 부처님 처소에서
큰 제자로 있을 때에도 많이 들어 지혜가 있으며
두려움 없이 설하고 중생들을 기쁘게 하였는데
피곤하거나 싫증을 내지 않았으며, 부처님 하시는 일 잘 도우며

이미 큰 신통을 얻고 사무애지를 갖추고

모든 영리한 근기 둔한 근기를 알아 항상 청정한 법을 설하느니라.

이러한 뜻을 널리 펴서 천억의 모든 중생을 가르치고

대승법에 머물게 하여 불국토를 깨끗하게 하였느니라.

미래에두 역시 무량한 부처님께 공양하고

정법을 보호하고 선설하며 불국토를 깨끗하게 하고

항상 모든 방편으로 법을 설하되 두려움이 없고

헤아릴 수 없는 중생을 제도하여 일체지를 성취시키네

모든 여래에게 공양하고 법보장(法寶藏)을 호지하여

성불하니 이름이 법명이고

그 나라 이름은 선정(善淨)이며 칠보로 합성되어 있고

겁명(劫名)은 보명(寶明)이니라.

보살이 매우 많아 그 수가 무량억이며

모두 대신통이 있고 위엄과 덕과 힘을 구족한

보살이 그 나라에 가득하느니라.

성문 또한 무수히 많고, 삼명(三明)과 팔해탈(八解脫)

사무애지를 얻은 이들이 승려가 되어있느니라.

그 국토의 모든 중생들 음욕을 이미 끊고

순일한 변화로 태어나므로 장엄한 몸을 가지며

법희(法喜)와 선열(禪悅)만 먹고 다시 다른 음식은 생각없으며

여인이 없고 모든 악도(惡道)도 없느니라.

부루나비구는 공덕을 원만하게 이루어서
이런 청정한 국토를 마땅히 얻나니
현인과 성인이 매우 많고,
이와 같은 무량한 일을
나는 지금 간략하게 말하였느니라.

이때 마음이 자재한 천이백의 아라한들이 이런 생각을 하였다. "저희들 미증유를 얻어 매우 기쁘다. 만약 세존께서 큰 제자들처럼 우리에게도 수기를 하시면 얼마나 기쁘지 아니하겠는가?" 부처님께서 이들의 마음을 아시고 마하가섭에게 말씀하셨다. "이 천이백의 아라한들에게 나는 지금 차례로 아뇩다라삼먁삼보리의 수기를 주리라. 저 대중 가운데 나의 큰 제자 교진여 비구는 육 만 이 천 억 부처님께 공양한 후에 부처가 되리니, 이름이 보명(普明) 여래 응공 정변지 명행족 선서 세간해 무상사 조어장부 천인사 불세존이니라. 또 오백 아라한 우루빈나가섭 가야가섭 나제가섭 가유타이 우타이 아누루다 이바다 겁빈나 박구라 주타 사가타 등 모두 아뇩다라삼먁삼보리를 얻어 성불하리니, 모두 같은 이름인데 보명이니라."

그때 세존께서 거듭 이 뜻을 펴시고자 하여 게송으로 말씀하셨다.

교진여 비구는 무량한 부처님을 친견하고
아승지 겁을 지나 평등하고 바른 깨달음을 이루니.
항상 큰 광명을 놓고 모든 신통을 갖추니
시방세계에 이름이 두루미치고 모든 이들이 공경하리라.

항상 위 없는 도(無上道)를 설하므로 이름이 보명(普明)이니라.

그 국토는 청정하고 보살들은 모두 용맹하고

함께 미묘하고 아름다운 누각에 올라, 모든 나라를 유람하되

훌륭한 공양구로 모든 부처님께 받들어 올리고

공양을 마친 후 큰 환희심을 품고

잠깐 사이에 본국으로 돌아가니, 신통력이 이와 같으니라.

부처님 수명은 육 만 겁이고, 정법은 수명의 배이며

상법 또 정법의 배이니라.

법이 멸하면 하늘과 인간이 근심하리니.

그 오백비구가 차례로 성불하니.

이름이 보명이고, 돌아가며 차례로 수기하니

내가 멸도 후, 아무 누구가 성불하리니.

그 교화한 바 세간은 나의 오늘과 같아서.

국토는 엄정하고 모든 신통력과

보살과 성문들, 정법과 상법 수명의 겁

많고 적음이 모두 위에서 말한 바와 같으니라.

가섭아. 너는 이미 오백의 자재한 아라한과

나머지 성문들도 마땅히 이와 같음을 알고 있으니

이 법회에 참석하지 못한 사람들에게 선설 할지니라.

이때 오백 아라한들이 부처님 앞에서 수기를 받고 뛸 듯이 기뻐, 즉시 자리에서 일어나 부처님 앞에 나아가 발에 머리 숙여 예경하고 잘못

을 뉘우치고 자책하면서 말하였다. "세존이시여. 저희들은 항상 이런 생각을 하였습니다. '스스로 구경의 멸도를 얻었다고 했는데, 이제 알고 보니 무지한 일이었습니다.' 왜냐하면 저희들은 마땅히 여래의 지혜를 얻어야 하는데, 작은 지혜로 만족했기 때문입니다." "세존이시여. 비유하면 어떤 사람이 친구의 집에 가서 술에 취해 누웠는데, 그때 친구가 관청의 일로 집을 나가면서, 값을 따질 수 없는 보배구슬을 그의 옷 속에 매어두고 갔습니다. 그 사람은 술에 취해서 그것을 모르고 깨어나 돌아다니다가 다른 나라에 이르게 되었습니다. 그곳에서 옷과 음식을 힘써 구하였으나 매우 고생을 많이 하여 조그만 것을 얻어도 바로 만족하였습니다." 그 후 친구와 우연히 만나서 그 친구 말하기를 '애석하다. 장부야. 어찌 옷과 음식을 구하려고 여기까지 이르렀느냐? 내가 옛적 너를 안락하게 오욕락을 즐기게 하려고, 어느 해 어느 달 어느 날에 값을 따질 수 없는 보배구슬을 너의 옷 속에 매어 두었는데, 지금 그대로 있을 것이다. 너는 그것을 모르고 옷과 음식을 구하기 위해 고생하고 근심하고 고민하면서 스스로 살기를 구하니, 심히 어리석구나. 너는 지금 이 보배로 필요한 것을 구하면 항상 뜻대로 되어 궁핍함이 없을 것이다.'

부처님께서도 역시 이와 같아, 보살이었을 때 저희들을 교화하여 일체지의 마음을 내도록 하였지만, 저희는 그것을 잊어버리고 알지도 깨닫지도 못하고는 이미 아라한도를 얻어 스스로 멸도했다고 생각하였습니다. 그러나 재물이 생기는 것이 어려워서 작은 것을 얻고 만족하게 여겼으나, 일체지를 원하는 것은 오히려 잃지 않았습니다. 지금 세존께서 저희들을 깨닫게 하시려고 이와 같은 말을 하였습니다. '모든 비구들아. 너희들이 얻은 것은 구경의 멸도가 아니니라. 내가 오랫동안 너희들로 하여금 부처님의 선근을 심게 하려고 방편으로 열반의 모습을 보였는데, 그러나 너희들은 그것으로 실상의 멸도를 얻었다고 여겼느니라.' 세존이시여. 저희들이 지금에서야 진실한 보살로서 아뇩다라삼먁삼보리의 수기 받음을 알고, 이러한 인연으로 매우 기뻐하여 미증유를 얻었습니다.

이때 아아교진여 등이 거듭 이 뜻을 펴고자 게송으로 말하였다.

저희들 위 없는 편안한 수기 주심을 듣고
기뻐하며 미증유를 얻고 무량한 지혜의 부처님께 예경하면서
지금 세존 앞에서 모든 허물을 참회합니다.
무량한 부처님 보배에서 조그마한 열반의 몫을 얻고는
마치 무지하고 우매한 사람과 같이 스스로 만족했습니다.

비유하면 어떤 가난한 사람이 친구의 집에 이르렀는데
그 집은 매우 부자여서 여러 가지 술과 안주를 대접하고
값을 헤아릴 수 없는 보배구슬을 옷 속에 매어주고
조용히 집을 떠났습니다.
그때 이 사람 잠이 들어 알지 못하였습니다.
이 사람 일어나 유행하다가 다른 나라에 이르러서
음식과 옷을 구하기 위해 스스로 생활하나,
재물 생기는 것이 매우 어려워
적게 얻어도 만족하고, 다시 좋은 것을 원하지 아니하며
옷 속의 보배구슬 알지 못하고
구슬을 준 친구가 후에 이 가난한 사람을 보고
몹시 꾸짖고는 매어 준 구슬을 보여주니

가난한 사람 이 구슬을 보고 크게 기뻐하였으며,
많은 재물이 넉넉하게 있고 오욕락을 마음대로 누리니.

저희들 또한 이와 같아서, 세존께서 긴 세월 동안
항상 불쌍히 보시어 교화하고 위 없는 원을 심게 하였으나
저희들은 무지한 까닭으로 깨닫지도 알지도 못하여
조그마한 열반의 몫을 얻고는
스스로 만족하여 더 이상 구하지 않았습니다.
이제 부처님께서 저희들을 깨우치게 하여서
진실한 멸도가 아니라 하시고
부처님의 위 없는 지혜를 얻어야만 진실한 멸도라 하십니다.
저희들 지금 부처님으로부터 수기의 장엄한 일과
차례대로 수기하리라는 말씀을 듣고, 몸과 마음이 모두 환희합니다.

해 설

이 품은 부루나미다라니자가 1천 2백의 아라한을 대표하여 지금까지의 부처님의 방편설법, 수보리 등 4대성문에 대한 수기, 숙세의 인연, 모든 부처님의 자재한 신통력 등을 듣고 부처님을 우러러 본 채 말없이 이해한다. 이것을 안 부처님께서 대중들에게 부루나에 대해 변설제일(辯舌第一, 또는 說法第一)이라 하며, 수기를 준다. 부루나의 수기를 들은 1천 2백인의 아라한들도 수기 받음을

원하자, 이들에게도 부처님께서는 수기를 주신다고 한다. 그래서 그 중 가섭3형제 등 500아라한에게 먼저 직접 수기를 주신다. 이리하여 이 500아라한들은 크게 기뻐하며 지금까지의 자기들의 허물을 참회하면서 자신들이 깨달은 바를 부처님께 말씀을 드리는데, 그것이 "계주(繫珠)의 비유"이다.

이 계주의 비유에서 가난한 사람이 입은 옷은 더러울 것이 뻔하다. 그런데 그 더러운 옷 속에 있는 보배구슬은 결코 더러워지지 않는다. 이와 같이 우리 자신의 불성(佛性)은 무시이래 영원토록 더러워지는 것이 아니다. 그런데 가난한 사람이 자신의 옷 속에 보배구슬이 있는 것을 모르는 것처럼 우리 중생들은 불성을 잊고 살아간다.

이것을 깨우치라는 것이 이 오백제자수기품의 가르침이다.

수학무학인기품 제구
(授學無學人記品 第九)

이때 아난과 라후라가 이렇게 생각하였다. "우리도 수기를 받으면 또한 기쁘지 않겠는가?" 그리고 즉시 자리에서 일어나 부처님 앞에 나아가 머리 숙여 부처님 발에 예경하고 말하였다. "세존이시여. 저희들도 마땅히 분수가 있으니, 오직 여래께 귀의하며, 또한 일체 세간의 하늘과 사람과 아수라들이 보고 압니다. 아난은 항상 시자가 되어 법장(法藏)[75]을 호지(護持)하고 있으며, 라후라는 바로 부처님의 아들입니다. 부처님께서 만약 아뇩다라삼먁삼보리의 수기를 주신다면 저희들의 소원이 성취되며, 대중들의 소망도 역시 만족할 것입니다."

이때 배우는 사람과 배울 것이 없는 사람, 그리고 성문제자 2천명이 다 자리에서 일어나 웃옷 오른 쪽을 벗어 오른 쪽 어깨를 드러내고, 부처님 앞에 이르러 일심합장하고 세존을 우러러 보면서 아난과 라후라의 원과 같이 하고, 한 쪽으로 물러나 앉았다. 이때 부처님께서 아난에게 말씀하셨다. "너는 오는 세상에 부처가 되리니, 이름은 산해혜자재통왕(山海慧自在通王) 여래 응공 정변지 명행족 선서 세간해 무상사 조어장부 천인사 불세존이니라. 마땅히 육 십 이 억의 모든 부처님을 공양하고 법장을 호지한 후에 아뇩다라삼먁삼보리를 얻어, 이 십 천 만 억 항하사와 같은 모든 보살들을 아뇩다라삼먁삼보리를 이루게 하리라. 나라의 이름은 상립승번(常立勝幡)이며, 그 땅은 청정하여 유리(琉璃)로 되어 있고, 겁의 이름은 묘음편만(妙音偏滿)이니라. 부처님의 수명은 무량한

---

75. 경전을 말함.

천 만 억 아승지 겁이니라. 만약 어떤 사람이 천 만 억 무량한 아승지 겁 동안 헤아린다고 해도 알 수 없느니라. 정법이 세상에 머무는 기간은 부처님 수명의 배이고, 상법이 세상에 머무는 기간은 정법의 배이니라. 아난아. 이 산해혜자재통왕불을 시방의 무량한 천 만 억 항하사와 같은 모든 부처님들께서 그 공덕을 함께 찬탄하느니라.”

그때 세존께서 이 뜻을 거듭 펴시고자 하여 게송으로 말씀하셨다.

내가 모든 승려들에게 말하노니, 아난은 법을 호지하고
마땅히 모든 부처님을 공양한 후에 정각을 이루니
이름이 산해혜자재통왕불이며,
그 나라는 청정하고 이름이 상립승번이니라.

모든 보살을 교화하기를 항하사와 같고,
부처님께서는 큰 위엄과 덕이 있어서 시방에 널리 알려지며
수명은 무량한데, 불쌍한 중생을 위한 까닭이니라.

정법은 수명의 배 이고, 상법 또한 정법의 배이며
항하사와 같은 무수한 중생이
이 부처님 법 가운데에서 부처님 도의 인연을 심으리라.

이때 대중 가운데에서 새로 발심한 팔천 명의 보살들이 함께 이렇게 생각하였다. “저희들은 모든 큰 보살들도 이와 같은 수기를 얻는 것을 오히려 듣지 못했거늘, 어떠한 인연으로 모든 성문들이 이와 같은 결정을 얻는가?” 그때 세존께서 모든 보살의 마음에 생각하는 것을 아시고,

말씀하셨다. "모든 선남자야. 나와 아난은 함께 공왕불 계신 곳에서 아뇩다라삼먁삼보리의 마음을 일으켰는데, 아난은 항상 많이 듣기를 좋아하고, 나는 항상 부지런히 정진하였다. 이런 이유로 나는 이미 아뇩다라삼먁삼보리를 이루었고, 아난은 나의 법을 호지하며 역시 장래에도 모든 부처님의 법장을 호지하여, 모든 보살을 가르쳐 교화하여 성취시킬 것이니, 그 본래 서원이 이와 같기 때문에 수기를 주느니라."

아난이 부처님 앞에서 수기 받음과 국토가 장엄함을 듣고, 원하는 바가 구족하여 큰 환희심을 내어 미증유를 얻고는, 즉시 과거의 무량한 천만 억 모든 부처님의 법장을 기억한 것을 생각하였는데, 통달하여 걸림이 없고 마치 지금 듣는 바와 같았고, 또한 본래의 서원을 알 수 있었다.

그때 아난이 게송으로 말하였다.

세존께서는 매우 희유하십니다.
저로 하여금 과거 무량한 모든 부처님 법을
오늘 듣는 것처럼 생각하게 하십니다.
저는 지금 다시 의심이 없으며, 부처님의 도에 안주하고
방편으로 시자가 되어 모든 부처님의 법을 호지합니다.

이때 부처님께서 라후라에게 말씀하셨다. 너는 오는 세상에 마땅히 부처가 되리니, 이름이 도칠보화(蹈七寶華) 여래 응공 정변지 명행족 선서 세간해 무상사 조어장부 천인사 불세존이니라.

마땅히 10세계 미진과 같은 수의 모든 부처님을 공양하고, 항상 모든 부처님의 장자가 되리니, 지금과 같으니라. 이 도칠보화 부처님의 나라는 장엄하고 부처님의 수명, 교화할 제자, 정법과 상법 또한 산해혜자

재통왕 여래와 같아서 다름이 없느니라. 또 이 부처님의 장자가 되리니, 이러한 후에 아뇩다라샴막삼보리를 얻느니라. 그때 세존께서 거듭 이 뜻을 펴시고자 하여 게송으로 말씀하셨다.

> 내가 태자 때 라후라는 상자였네.
> 지금 나는 불도를 이루었는데, 법을 받아 법자가 되었네.
> 미래 세상에 무량한 부처님을 친견하여
> 그 부처님들의 장자가 되어, 일심으로 불도를 구하네.

> 라후라의 밀행(密行)[76]을 아는 사람 오직 나 뿐이네.
> 현재 나의 장자가 되어, 모든 중생에게 보이니
> 무량한 억 천 만 공덕 헤아릴 수 없고
> 부처님 법에 안주하여 위 없는 도를 구하네.

이때 세존께서 배우고 있는 사람 그리고 배움을 다한 사람 이 천 명의 뜻이 유연하고 적연(寂然)하며 청정하면서 한 마음으로 부처님을 우러러 보고 있는 것을 보시고, 아난에게 말씀하셨다. "너는 이 배우고 있는 사람 그리고 배움을 다한 사람 이 천 명을 보았는가?" "예 보았습니다." "아난아. 이 모든 사람들은 마땅히 50세계 미진수 모든 부처님여래를 공양하고 공경 존중하며 법장을 호지하여, 끝에 동시에 시방국토에서 각각 부처가 되리니, 모두 동일한 이름이니라. 이름은 보상(寶相) 여래 응공 정변지 명행족 선서 세간해 무상사 조어장부 천인사 불세존이

---

76. 지계밀행(持戒密行)을 말하는데, 곧 계율을 지키며 은밀하게 실천하는 것이다.

니라. 수명은 일겁이고, 국토는 장엄하며 성문과 보살, 정법과 상법 등이 모두 같으니라."

그때 세존께서 거듭 이 뜻을 펴시고자 하여 게송으로 말씀하셨다.

이 이천 명의 성문은 지금 내 앞에 머물러서
모두 수기하리니, 미래에 성불하리라.
모든 부처님께 공양께 공양하기를 위에서 말한 수와 같네.
그 법장을 호지한 후에 정각을 이루고
각 시방 국토에서 동일한 이름되리라.

함께 도량에 앉아 위없는 지혜를 증득하니
모두 이름이 보상이며, 국토와 제자
정법과 상법 모두 같아 다름이 없네.

함께 모든 신통력으로 시방의 중생을 제도하며
그 이름 널리 두루 퍼지고, 점차 열반에 들리라.

이때 배우고 있는 사람 그리고 배움을 마친 사람 이 천 명이
부처님의 수기를 듣고 뛸 듯이 기뻐하며 게송으로 말하였다.

세존께서는 밝은 지혜의 등불이시며, 저희들 수기를 듣고
마음은 기쁨으로 충만하니 감로를 뿌려 주시는 것과 같습니다.

해 설

　이 품은 아난과 라훌라 그리고 2천의 배우고 있는 사람과 배움을 마친 사람에 대한 수기이다. 부처님의 시자 아난과 부처님의 아들 라훌라는 사리불 등 많은 성문이 수기를 받음을 보고 자신들도 수기를 받고 싶다고 원했다. 그리고 2천의 무학(無學), 수학(授學)인도 마찬가지였다.

　부처님께서는 이들의 마음을 아시고 모두에게 수기를 주신다. 그리고 새롭게 불도에 뜻을 둔 보살 8천인이 대보살에게도 없는 수기를 왜 성문들에게 주는 것일까? 하는 의문을 품자 부처님께서 그것을 설명하는데, 아난의 과거와 라훌라의 밀행이다.

법사품 제십(法師品 第十)

이때 세존께서 약왕보살로 인하여 팔만 대사(大士)[77]에게 말씀하셨다. "약왕아. 너는 이 대중 가운데에서 무량한 여러 하늘 용왕 야차 건달바 아수라 가루라 긴나라 마후라가 사람과 더불어 사람 아닌 것과 비구 비구니 우바새 우바이들이 성문을 구하거나 벽지불을 구하거나 불도를 구하는 것을 보느냐? 이와 같은 무리들이 부처님 앞에서 《묘법연화경》의 한 게송이나 한 구절이라도 듣고, 일념으로 따라 기뻐하면 나는 마땅히 아뇩다라삼먁삼보리의 수기를 주리라." 부처님께서 또 약왕에게 말씀하셨다. "또 여래께서 멸도한 후에 만약 어떤 사람이 《묘법연화경》의 한 게송이나 한 구절이라도 듣고 일념으로 따라 기뻐하면 나는 또한 아뇩다라삼먁삼보리의 수기를 주리라." "만약 어떤 사람이 묘법연화경의 한 게송을 받아 지니거나 읽거나 외우거나 해설하거나 서사(書寫)하거나, 이 경권을 부처님 보듯이 공경하거나 가지가지의 꽃과 향 영락(瓔珞)[78] 말향(抹香), 도향(塗香) 소향(燒香)[79] 증개(繒蓋)[80] 당번(幢幡)[81] 의복과 기악(伎樂) 등으로 공양하고, 합장하여 공경하면, 약왕아 마땅히 알아라. 이 모든 사람들은 이미 일찍이 십 만 억 부처님을 공양하고, 모든 부처님 처소에서 큰 원을 성취하고, 중생을 불쌍히 여기는 이유로 인간으로 태어났느니라."

"약왕아. 어떤 사람이 '어떤 중생들이 앞으로 미래의 세상에서 부처

---

77. 범어는 'Mahāsattva'이다. 음사는 '마하살타(摩訶薩唾)'이고 줄여서 '마하살(摩訶薩)'이라고도 한다. 보살의 미칭(美稱)이다.
78. 보배구슬이나 귀금속을 꿰어 목과 가슴에 거는 장신구를 말한다.
79. 말향은 가루향, 도향은 바르는 향, 소향은 태우는 향을 말한다.
80. 비단으로 된 일산(日傘)을 말한다.
81. 불전(佛殿)을 장엄하는 기(旗)를 말한다.

님이 되는가?' 라고 물으면 마땅히 이러한 사람들이 미래의 세상에서 반드시 부처가 된다고 하여라. 왜냐하면 만약 선남자 선여인이 법화경의 한 구절이라도 받아 지녀서 읽거나 외우거나 해설하거나 서사하거나 여러 가지의 꽃과 향과 영락 말향 도향 소향 증개 당번 의복 기악 등으로 공양하고, 합장하여 공경하면, 이 사람을 일체세간이 마땅히 우러러 받들므로 마땅히 여래에게 하는 공양으로 공양할 지니라. 마땅히 알아라. 이 사람은 대보살이어서 아뇩다라삼먁삼보리를 성취하였지만 중생을 불쌍히 여기므로 인간을 원하여 태어나서, 《묘법연화경》을 분별하여 널리 연설하거늘, 하물며 능히 받아 지녀서 여러 가지로 공양하는 사람이야 말할 필요가 있겠느냐? 약왕아 마땅히 알아라. 이 사람은 스스로 청정한 업보를 버리고 내가 멸도한 후 중생을 불쌍히 여기기 때문에 악한 세상에 태어나 이 경을 널리 연설하리라. 만약 이러한 선남자 선여인이 내가 멸도한 후 능히 은밀히 한 사람을 위해서 법화경의 한 구절이라도 설하면, 마땅히 알아라, 이 사람은 곧 여래의 사자(使者)로 여래가 보내서 여래의 일을 하는 줄 알아라. 하물며 모든 대중 가운데에서 널리 연설하는 사람은 말할 필요가 있겠느냐?

약왕아. 만약 어떤 악한 사람이 있어서 착하지 못한 마음으로 일 겁동안 부처님 앞에서 항상 부처님을 욕하더라도 그 죄가 오히려 가볍거늘, 만일 어떤 사람이 법화경을 독송하는 재가자나 출가자를 한 마디의 말로 욕을 하면 그 죄가 더 무거우니라. 약왕아. 법화경을 읽거나 외우는 사람이 있으면, 마땅히 알아라. 이 사람은 부처님으로 장엄으로 스스로 장엄하여 곧 여래가 어깨에 맨 것과 같으니라.

그가 이르는 곳마다 따라 예배하고 일심으로 합장하여 공경 공양 존중 찬탄하고, 꽃과 향과 영락 말향 도향 소향 증개 당번 의복 음식과 여러 가지 기악으로 인간 중에서 가장 높은 공양을 해야 하며, 마땅히 하늘의 보배로 그 위에 뿌리고, 하늘의 보배를 모아 받들어 바쳐야 하느니라.

왜냐하면 이 사람이 환희하여 설법하면 모름지기 그것을 잠깐 동안만 들어도 바로 구경의 아뇩다라삼먁삼보리를 얻기 때문이니라.

그때 세존께서 거듭 이 뜻을 펴시고자 하여 게송으로 말씀하셨다.

부처님 도에 머물러 자연지(自然智)를 성취하려면
항상 부지런히 법화경을 수지한 사람을 공양하고

일체의 지혜를 빨리 얻으려면 이 경을 마땅히 받아 지니거나
아울러 이 경을 지니는 자에게 공양할지니라.

만약 묘법연화경을 능히 받아 지니는 자가 있으면
부처님의 사자임을 마땅히 알라.
모든 중생을 불쌍히 여기는 바라.
묘법연화경을 능히 받아 지니는 모든 사람은
청정한 국토를 버리고 중생을 불쌍히 여기기 때문에 여기에
태어나니.
이러한 사람은 스스로 원하는 바에 따라 태어나느니라.
능히 이 악한 세상에서 위 없는 법을 널리 연설하니
하늘의 꽃과 향 그리고 하늘의 보배 의복
하늘의 묘한 보배를 모아 법을 설하는 자에게 공양하라.

내가 멸도한 후 악한 세상에 능히 이 경을 지니는 사람에게
합장하여 예경하고 세존께 공양하듯이 하며
맛있고 좋은 음식 그리고 여러 가지의 의복으로
이 불자(佛子)를 공양하고 잠깐이라도 법 듣기를 바랄지니라.

능히 후세에 이 경을 받아 지니는 사람은
내가 보냈는데, 사람 가운데에 여래의 일을 행하리라.
만약 일 겁 동안 항상 착하지 않은 마음으로
부처님을 욕하면 무량한 죄를 짓는데
이 법화경을 읽거나 외우거나 지니는 사람을
잠깐이라도 악한 말을 하면 그 죄가 더 크니라.

불도를 구하려는 사람이 일 겁 동안
부처님 앞에서 합장하여 무수한 게송으로 찬탄하면
부처님을 찬탄한 까닭으로 무량한 공덕을 얻느니라.
법화경을 지니는 자를 찬미하면 그 복이 더 많으리라.

80억 겁 동안 가장 묘한 빛과 소리
향과 맛있는 것과 옷으로 경을 지니는 자에게 공양하고
이런 공양을 마치고 만약 잠깐이라도 법을 들으면
곧 스스로 기뻐 경사롭게 여겨서 나는 지금에야 큰 이익을
얻었다고 하니라
약왕아 지금 너에게 이르노니 내가 설한 모든 경
그 모든 경 중에서 법화경이 제일이니라.

이때 부처님께서 약왕보살마하살에게 말씀하셨다. 내가 설한 경전이 무량 천 만 억인데, 이미 설했고, 지금 설하고, 앞으로도 설하겠지만 그 중에서 이 법화경이 최고로 믿기 어렵고 이해하기 어려우니라. 약왕아. 이 경은 모든 부처님의 비밀하고 중요하게 여기는 것이어서 분포하여 함부로 사람들에게 주지말라. 모든 부처님께서 수호하는 바이니 이 경을 옛적부터 일찍이 나타내 설하지 않은 것은, 여래가 계시는 때에도 원망과 질투가 오히려 많거늘, 하물며 여래가 멸도한 후에는 말할 필요가 있겠느냐?

약왕아. 마땅히 알라. 여래가 멸도한 후 능히 써서 지녀 읽거나 외우거나 공양하며 다른 사람을 위하여 설하는 사람은 여래가 즉시 옷으로 덮어주며, 또 다른 방향에서 현재의 모든 부처님께서 보호하고 생각하는 바이니라. 이 사람은 큰 믿음의 힘이 있고, 뜻에 원력이 있고, 모든 선근의 힘이 있나니, 이 사람은 여래와 함께 자며, 여래가 손으로 머리를 어루만져 주느니라.

약왕아. 어느 곳에서나 혹 설하거나 읽거나 외우거나 써거나 이 경이 있는 곳에는 마땅히 칠보탑을 세우는데 극히 높고 넓게 하고 장엄하게 꾸미되, 사리를 봉안할 필요는 없느니라. 왜냐하면 이 가운데에는 이미 여래의 전신(全身)이 있기 때문이니라. 이 탑을 마땅히 일체의 꽃과 향과 영락 증개 당번 기악과 노래 등으로 공양 공경 존중 찬탄하여야 하느니라. 만약 어떤 사람이 이 탑을 보고 예배공양하면 이 사람은 아뇩다라삼먁삼보리에 가까운 줄 알아야 하느니라.

약왕아. 많은 사람이 재가자이거나 출가자이거나 간에 보살도를 행할 때, 만약 이 법화경을 보고 듣고 읽고 외우고 써서 지니거나 공양하지 않으면, 마땅히 알아라. 이 사람은 보살도를 잘 하지 못하는 사람이며, 만약 이 경전을 얻어 듣는 사람은 능히 보살의 행을 잘 하는 사람이니라. 어떤 중생이 있어서 불도를 구하는 자가 만약 이 법화경을 보거나 듣거나, 그리고 이미 들어서 믿어 이해하고 받아 지니는 자는 아뇩다라삼먁삼보리가 가까운 줄 알아라. 약왕아. 비유하면 어떤 사람이 목이 말라 물을 구하려고 저 높은 언덕을 파고 뚫을 때 여전히 마른 흙만 부게 되면 물이 아직 먼 줄 알지만, 쉬지 않고 부지런히 파면 점차 젖은 흙이 나오고, 진흙이 나오면 물이 가까운 줄을 아는 것과 같으니라.

보살 또한 이와 같아서 만약 아직 듣지 못하고 이해하지 못하고 이 법화경을 닦고 익히지 못하면 이 사람은 아직 아뇩다라삼먁삼보리에서 멀리 있는 줄 알아야 하고, 사유하거나 닦아 익히면 반드시 아뇩다라삼먁삼보리에 가까운 줄 알아야 하느니라. 왜냐하면 일체보살의 아뇩다라삼먁삼보리는 모두 이 경 속에 있기 때문이니라, 이 경은 방편의 문을 열어서 진실한 상(相)을 보인 것이니라. 이 법화경의 법장은 깊고 굳고 그윽하며 멀어서 능히 도달한 사람이 없지만, 지금 부처님께서 보살을 가르쳐 교화하여 성취시키려고 열어 보이느니라.

약왕아. 만약 어떤 보살이 이 법화경을 듣고 놀라거나 의심하거나 두려워하면 이 사람은 새로 발심한 보살임을 알아라. 만약 성문이 이 경을 듣고서 놀라거나 의심하거나 두려워하면 이 사람은 증상만(增上慢)임을 알아라. 약왕아. 만약 어떤 선남자 선여인이 여래가 멸도한 후 사부대중을 위하여 이 법화경을 설하고자 할 때 어떻게 설해야 하는가? 이 선남자 선여인은 여래의 방에 들어가 여래의 옷을 입고 여래의 자리에 앉아 사부대중을 위하여 이 경을 널리 설해야 하느니라.

여래의 방이란 일체중생 가운데 대자비심을 말하고, 여래의 옷이란 유화인욕심(柔和忍辱心)을 말하며, 여래의 자리란 일체법공(一切法空)

을 말하느니라. 이러한 가운데 편안히 머문 후에 해태한 마음 없이 모든 보살과 사부대중을 위해 이 법화경을 널리 설해야 하느니라.

약왕아. 내가 다른 나라에서 변화한 사람을 보내어 그를 위해 법을 들을 대중을 모이게 하며, 또 변화한 비구 비구니 우바새 우바이를 보내 그 설법을 듣게 하리니, 이 모든 변화한 사람들이 법을 듣고 믿어 지녀서 거역하지 않고 순순히 따르리라. 만약 설법자가 고요하고 한적한 곳에 있으면 내가 그때 천룡 귀신 건달바 아수라 등을 보내어 그 법을 듣게 하리라. 내가 비록 다른 나라에 있지만, 수시로 법을 설하는 자로 하여금 나의 몸을 보게 하며, 또 만약 이 경의 구절을 잊으면 내가 돌아와서 알려주고 흡족하게 하리라.

이때 세존께서 거듭 이 뜻을 펴시고자 하여 게송으로 말씀하셨다.

모든 게으름을 버리고자 하면 마땅히 이 경을 들어라.
이 경은 얻어 듣기가 어려우며 믿어서 받기 또한 어렵네.
마치 어떤 사람이 목이 말라 높은 곳에서 우물을 파니
마른 흙이 나오면 물이 먼 것을 알지만
점차 젖은 흙과 진흙을 보면 물이 가까운 줄 아는 것과 같으니라.

약왕아. 마땅히 알라. 이와 같은 모든 사람이
법화경을 듣지 못하면 부처님의 지혜가 매우 멀고
만약 이 깊은 경을 들으면 성문의 법을 결정코 알리라.

이 경은 모든 경 중의 왕이니 듣고는 자세히 생각하면
이러한 사람들은 부처님의 지혜에 가까운 줄 알아라.

만약 어떤 사람이 이 경을 설하려면 여래의 방에 들어가
여래의 옷을 입고, 여래의 자리에 앉아
대중 가운데에서 두려움 없이
분별하여 널리 설할지니라.
대자비는 방이며, 유화인욕은 옷이며
제법이 공한 것은 자리이니, 여기에 앉아 법을 설하라.

만약 이 경을 설할 때, 어떤 사람이 악한 말을 하거나
칼, 막대기, 돌로 때릴지라도 부처님을 생각하는 까닭으로 참아야
하느니라.

나는 천 만 억 국토에 청정하고 견고한 몸을 나타내어
무량한 겁 동안 중생을 위하여 법을 설하며,
내가 멸도한 후에 능히 이 경을 설하는 자에게
내가 변화한 사부대중 비구 비구니
그리고 청신사녀를 보내서 법사를 공양하게 하고
모든 중생을 인도하여 모아서 법을 듣게 하리라.

만약 어떤 사람이 칼과 막대기 돌로 때릴려고 하면
곧 변화인을 보내어 보호할 것이며
법을 설하는 사람이 홀로 고요하고 한적한데 있어서
적막하고 사람소리 없는 데, 이 경전을 읽고 외우면
내가 그때 청정한 광명의 몸을 나타내며
만약 구절을 잊으면 설하여 통해 주리라.

이러한 사람이 이런 덕을 구족하여 혹 사부대중을 위해 설하고
고요한 곳에서 경을 읽거나 외우면 나의 몸을 얻어 보며
만약 어떤 사람이 고요하고 한적한데 있으면
내가 하늘과 용왕 야차 귀신 등을 보내어
그가 설하는 법을 듣게 하리니
이러한 사람 좋아하는 대로 법을 설하며
분별하되 걸리거나 막힘이 없으며
모든 부처님께서 생각하고 보호하기 때문에
대중을 환희케 하느니라.
만약 법사와 친하고 가까이 하면 빨리 보살도를 얻고
이 법사를 따라 배우면 항하사의 부처님을 친견하리라.

 **해 설**

이 법사품부터 적문의 유통분이 시작된다. 앞의 수학무학인기
품 제9까지는 성문들에게 3승 방편 1승 진실의 법을 설하였는데,
이 법사품 제10부터는 약왕보살을 대상으로 하여 많은 보살들에
게 법을 설한다. 그 주된 내용은 말세의 중생에게 어떻게 하면 이
법화경을 널리 알리고 수지하게 할 것인가 이다. 그래서 이 법사품
이하를 유통분이라 한다.

또 법사품에서는 법화경의 일구(一句), 일게(一偈)라도 듣고 일
념으로 기뻐하는 자는 모두 성불의 수기를 받는다고 한다. 수기

의 조건은 앞에서는 '불자의 자각'이었는데, 법사품에서는 '경전수지(經典受持)'로 변하고 있다. 경전수지는 다섯 가지(五種)의 수행 중 하나인데, 다섯 가지란 수지(受持), 독(讀), 송(誦), 해설(解說), 서사(書寫)를 말한다. 이 다섯 가지를 수행[82]하는 사람을 오종법사라 부르고 있다. 수지(受持)란 경의 뜻을 믿고 마음에 지니는 것을 말하며, 독(讀)이란 경전을 소리 내어 읽는 것을 말하고, 송(誦)이란 경전을 암송하는 것이며, 해설(解說)이란 사람들에게 경을 설명해 주는 것이며, 서사(書寫)란 경전을 옮겨 써서 후세에 전하는 것을 말한다.

이 오종은 신(身), 구(口), 의(意) 삼업으로 나누어 볼 수 있는데, 신(身)은 서사이고, 구(口)는 독과 송이며, 의(意)는 수지이다.

그리고 경전에 꽃, 향, 영락, 말향, 도향, 소향, 증개, 당번, 의복, 기악으로 공양하는 것을 십종경전공양(十種經典供養)이라 부르고 있다. 이상과 같이 5종법사와 십종경전공양하는 사람들을 법사라 하는데, 이들은 과거 전생에 10만억 부처님을 공양하고 여러 부처님에게 큰 서원을 세운 사람들인데, 중생을 불쌍히 여겨 중생제도를 위해 이 세계에 스스로 원해서 태어난 사람들이라 한다. 그래서 이들을 "여래의 사(使)"라 칭찬하며, "여래의 집에 들어가 여래의 옷을 입고 여래의 자리에 앉아 중생을 위해 분별해서 설해야 한다."[83]라 하고 있다. 이것은 모든 사람에게 자비의 마음으로 대하고, 어떠한 어려움이 있더라도 참고 견디면서 법을 설하라는 뜻이다.

---

82. 이 다섯 가지 중 하나만 수행해도 경전수지와 같이 수기가 예언되어 있다.
83. 이것을 "의좌실(衣座室)의 3궤(三軌)" 또는 "홍경(弘經)의 3궤"라 한다.

견보탑품 제십일(見寶塔品 第十一)

이때 부처님 앞에 칠보탑이 있는데, 높이는 500유순이고, 가로와 세로가 250유순으로, 땅 속에서 솟아올라 허공중에 머물러 있었다. 여러 가지의 보물로 장식되어 있고, 5천의 난간과 천만의 감실과 무수한 당번으로 장엄하게 꾸며져 있으며, 보배 영락이 드리워져 있고, 만 억이나 되는 보배 방울이 그 위에 매달려 있으며, 사방에서 다마라발전단향이 나와 세계에 충만하고, 그 모든 번개(幡蓋)는 금 은 유리 차거 마노 진주 매괴 등 칠보가 합하여 이루어져 있으며, 그 탑 꼭대기는 사천왕천 왕궁에 이르고, 삼십삼천(三十三天)[84]은 하늘의 만다라꽃을 비 내리듯 내려 보탑에 공양하고, 그 밖에 모든 하늘 용 야차 건달바 아수라 가루라 긴나라 마후라 인비인 등 천 만 억의 대중이 모든 꽃과 향과 영락 번개 기악으로 보탑에 공양하고 공경 존중 찬탄하였다.

이때 보탑에서 큰 음성으로 찬탄하여 말하였다. "거룩하고 거룩하시도다. 석가모니 세존이시여. 능히 평등한 큰 지혜로 보살을 가르치는 법이며, 부처님께서 보호하고 생각하는 묘법연화경을 대중을 위하여 설하시니 그와 같고 그와 같아서, 석가모니 세존께서 설하는 바는 모두 진실이니라."라 하였다. 이때 사부대중은 큰 보탑이 허공 중에 머물러 있는 것을 보고, 또 탑에서 나오는 음성을 듣고, 모두 법의 기쁨을 얻고, 전에 없었던 것이라 이상하게 생각하고 자리에서 일어나 공경합장하고 한 쪽으로 물러났다.

---

84. 욕계 6천 중에서 제석천을 말한다. 제석천 가운데에 선견성(善見城)이 있고, 사방에 각각 8천이 있는데 사방이 32천이다. 이 선견성과 사방의 32천을 합하면 33천이 된다.

그때 보살마하살이 있었으니 이름이 대요설인데, 일체 세간의 하늘 사람 아수라 등의 마음에 있는 의심을 알고 부처님께 여쭈었다. "세존이시여. 어떠한 인연으로 이 보탑이 땅에서 솟아 올라왔으며, 또 탑 속에서 이런 음성이 나옵니까?" 이때 부처님께서 대요설보살에게 말씀하셨다. 이 보탑 안에 여래의 전신(全身)이 계시니, 오랜 과거에 동방으로 무량 천 만 억 아승지 세계를 지나 보정(寶淨)이라는 나라가 있었고, 그 나라에 다보(多寶)라는 부처님이 계셨다. 그 부처님께서 보살도를 행할 때 큰 서원을 세웠는데, "만약 내가 성불하여 멸도한 후에 시방국토에서 법화경을 설하는 곳이면 나의 탑묘가 이 경을 듣기 위하여 그 곳에 솟아 나타나서 증명하고, 거룩하다고 찬탄하리라"라 하였다.

　　저 부처님께서 성도하여 멸도에 임할 때, 하늘과 사람 등 대중 가운데서 여러 비구들에게 말씀하셨다. "내가 멸도 후 나의 전신에 공양을 하고자 하면 마땅히 큰 탑을 세워라."고 하였다. 그 부처님께서 신통한 원력으로, 시방세계 곳곳에서 만약 법화경을 설하는 자가 있으면, 보탑이 모두 그 앞에 솟아나며 전신(全身)이 탑 안에 있으면서 찬탄하여 거룩하다고 말하느니라.

　　대요설아. 지금 다보여래의 탑도 법화경을 들으려고 땅에서 솟아올라 거룩하다고 찬탄하느니라. 그때 대요설보살이 여래의 신력으로 부처님께 물었다. "세존이시여. 저희들은 이 부처님의 전신을 뵙고자 합니다." 부처님께서 대요설보살마하살에게 말씀하셨다. 이 다보불은 깊은 원이 있으니, "만약 나의 보탑이 법화경을 듣기 위하여 모든 부처님 앞에 출현할, 그 부처님이 나의 전신을 사부대중에게 보이고자 하면, 시방세계에서 법을 설하는 그 부처님의 모든 분신 부처님을 다 모이게 한 후에 나의 몸이 출현한다."고 하였느니라.

대요설아. 시방세계에서 법을 설하고 있는 나의 분신 모든 부처님을 지금 마땅히 다 모이게 하리라. 대요설이 부처님께 말하였다. "세존이시여. 저희들은 또 세존의 분신 모든 부처님을 친견하여 예배하고 공양하고자 합니다." 이때 부처님께서 백호(白毫)에서 한 광명을 놓으니, 곧 동방 500만억 나유타 항하사와 같은 국토의 모든 부처님을 볼 수 있었다. 저 모든 국토는 파리로 땅이 되고 보배 나무와 보배 옷으로 장엄하고, 무수한 1,000만억 보살이 가득하고, 보배 휘장을 치고, 보배 그물로 위를 둘러있었다. 저 국토의 모든 부처님께서 크고 묘한 음성으로 모든 법을 설하시고, 무량한 1,000만억 보살이 모든 국토에 가득하고 중생을 위하여 법을 설하고 있는 것을 볼 수 있었다. 남 서 북방과 사유(四維) 상 하방에도 백호에서 광명을 비추니, 그 비추어지는 곳도 또한 이와 같았다.

이때 시방의 모든 부처님께서 보살대중에게 말씀하셨다. "선남자야. 나는 지금 마땅히 사바세계의 석가모니불 계신데 가서, 공양을 하고 아울러 다보여래의 보탑에도 공양을 하여야 하느니라."라 하였다. 그때 사바세계는 즉시 청정하게 변하고, 유리로 땅이 되고, 보배나무로 장엄하였으며, 황금 줄을 드리워 팔도를 경계하고, 모든 취락과 촌락, 성읍, 큰 바다, 강과 하천, 산과 내, 술과 덤불 등이 없고, 만다라 꽃이 그 땅에 뿌려지며, 보배 그물 휘장으로 그 위를 덮고, 많은 보배 방을 달아놓고, 오직 이 법회의 대중만 여기에 머물게 하고, 모든 하늘과 사람들을 다른 땅으로 옮겼다. 그때 모든 부처님들께서 각각 한 큰 보살을 시자로 거느리고, 사바세계에 와서 각 보배나무 아래에 이르러고, 하나하나의 보배나무의 높이는 500유순이고, 가지와 잎, 꽃과 열매가 차례대로 꾸며지고, 모든 보배나무 아래에 사자자리가 있는데, 높이가 5유순이며, 또한

큰 보배로 장식되었다. 이때 모든 부처님께서 이 자리에 앉아서 결가부
좌를 하니, 이와 같이 전전하여 삼천대천세계가 가득 찼지만, 석가모니
불의 한 쪽 방위 분신에도 못 미치었다.

그때 석가모니 부처님께서 모든 분신 부처님을 수용하고자 하여 팔
방으로 각각을 다시 200만억 나유타국을 변화시키니, 모두 청징하고
지옥 아귀 축생 그리고 아수라가 없었다. 또 모든 하늘과 사람을 다른
땅으로 옮겼으며, 그 변화한 나라 역시 유리로 땅이 되고, 보배 나무로
장엄하니, 나무 높이가 500유순이었으며, 가지와 잎, 꽃과 열매가 차례
로 꾸며지고, 나무 아래에 보배 사자자리가 있는데, 높이는 5유순이며,
가지가지의 모든 보배로 장식되었으며, 또한 큰 바다와 강과 하천, 그리
고 목진린타산[85] 마하목진린타산[86] 철위산[87] 대철위산 수미산[88] 등 모
든 산왕(山王)이 없어 하나의 불국토로 통일 되었으며, 보배 땅은 평평
하고, 이슬 같은 보배로 그 위를 덮었으며, 모든 번을 달아 덮고, 큰 보배
향을 태우고, 모든 하늘의 보배와 꽃을 땅위에 두루 덮었다.

석가모니 부처님께서 또 여러 부처님을 앉게 하려고, 다시 팔방으로
각각 200만억 나유타 국을 다시 변화시키니, 모든 나라가 청정하고, 지
옥 아귀 축생 그리고 아수라가 없었다. 또 모든 하늘과 사람을 옮겨서
다른 땅에 두었다. 그 변화한 나라 역시 유리로 땅이 되고, 보배 나무로
꾸며지고, 나무의 높이는 500유순이며, 가지와 잎, 꽃과 열매가 차례로
꾸며져 있고, 나무 아래에 보배 사자자리가 있는데, 높이가 5유순이며,
역시 큰 보배로 꾸며져 있었으며, 또한 큰 바다, 강과 하천, 그리고 목진

---

85. 중인도 마갈다국에 있는 산인데, 이 산에 같은 이름의 용왕이 살고 있다고 한다.
86. 큰 목진린타산이라는 뜻이다.
87. 수미산을 중심으로 9산(山) 8해(海)가 있는데, 가장 바깥쪽에 있는 산을 말한다.
88. 세계의 중심에 있는 산을 말한다.

린타산 마하목진린타산 철위산 대철위산 수미산 등 모든 산왕이 없어 하나의 불국토로 통일 되었으며, 보배 땅은 평평하고, 이슬 같은 보배로 그 위를 덮었으며, 모든 번을 달아 덮고, 큰 보배 향을 태우고, 모든 하늘의 보배와 꽃을 땅위에 두루 덮었다.

이때 동방에서 온 석가모니 분신인 백 천 만 억 나유타 항하사와 같은 나라의 모든 부처님께서 각각 설법하면서 여기에 모였다. 이와 같이 차례로 시방의 모든 부처님이 다 와서 모여, 팔방에 앉았는데, 그 때 하나하나의 방위마다 400만억 나유타 국토의 모든 여래께서 가득하였다. 이때 모든 부처님께서 각각 보배나무 아래에 있는 사자좌에 앉으시고, 데리고 온 시자를 석가모니 부처님께 보내어 문안을 묻게 하였는데, 각각 보배 꽃을 한 움큼 쥐고 말하였다. "선남자야. 너는 기산굴산에 계시는 석가모니 부처님께 가서 나의 말과 같이 하되 '병환이 적으시며, 고뇌도 없으시며, 기력이 안락하시고, 그리고 보살 성문의 무리 모두 편안하시옵니까.'라고 물으면서, 이 보배 꽃으로 부처님께 뿌려 공양하고, 이런 말을 하되 '저 모 부처님께서 함께 이 보탑을 열어 주셨으면 합니다.'라고 하여라." 또한 모든 부처님께서 사자(使者)를 보냈는데 이와 같았다.

이때 석가모니 부처님께서, 분신 부처님들이 다 모여 각각 사자좌에 앉아, 모든 부처님들이 함께 보탑을 열고자 하는 것을 보고, 즉시 자리에서 일어나 허공에 머무르니, 일체 사부대중이 일어나 합장하고, 한 마음으로 부처님을 우러러 보았다. 그때 석가모니 부처님께서 오른 쪽 손가락으로 칠보탑의 문을 여시니, 큰 성문의 자물쇠가 풀리어 열리는 것과 같이 큰 소리가 났다.

그때 모인 대중들은 다보탑안 사사좌에 앉아 산란하지 않고 선정에 드신 다보여래를 보았고, 또 그 말씀을 들었다. "훌륭하고도 훌륭하십니다. 석가모니불이시여. 이 법화경을 쾌히 설하시니, 나는 이 경을 듣기 위하여 이곳에 이르렀습니다." 이때 사부대중은 과거 무량한 천 만 억 겁 전에 멸도한 부처님을 뵈옵고, 그 부처님께서 이와 같은 말씀을 하는 것은 미증유라고 찬탄하며, 하늘의 보배와 꽃을 모아 다보부처님과 석가모니부처님 위에 뿌렸다. 이때 다보불께서 보탑안의 자리를 반으로 나누어 석가모니불께 드리면서 이런 말을 하였다. "석가모니불이시여. 이 자리를 받으소서." 그러자 즉시 석가모니불께서 그 탑 안으로 들어가 결가부좌하여 자리에 앉았다.

이때 대중은 두 여래께서 칠보탑 안의 사자좌에 결가부좌한 것을 보고, 각각 이런 생각을 하였다. "부처님 자리는 높고 멀다. 오직 원하건데 여래께서 신통력으로 저희들로 하여금 허공에 머물도록 해주십시오." 그러자 즉시 석가모니불께서 신통력으로 모든 대중을 허공에 머물게 하였고, 큰 음성으로 널리 사부대중에게 말씀하셨다. "누가 이 사바세계에서 묘법연화경을 널리 설하겠느냐? 지금이 바로 그때이다. 여래는 오래지 않아 열반에 들 것이니 부처는 이 묘법연화경을 부촉하려고 여기에 있느니라."

이때 세존께서 거듭 이 뜻을 펴시고자 하여 게송으로 말씀하셨다.

성주(聖主) 세존 멸도한지 오래지만
보탑에 계시면서 법을 위해 오셨네.

모든 사람 어찌하여 부지런히 법 구하지 않는가?
이 부처님 멸도한지 무한한 겁 전이나

곳곳에서 법 듣기가 어려우므로,
저 부처님 본래 서원은 멸도 후
곳곳마다 가는 곳에서 항상 법 듣기 위함이네.
나의 분신 무량한 부처님
항하사와 같고, 법 들으려고 오고
그리고 멸도한 다보여래 뵈오며,
각각 묘한 국토와 제자들
하늘과 사람, 용과 신에게서 모든 공양 받는 일 버리고,
법이 영구히 머물게 하려고 여기에 왔느니라.

모든 부처님 앉게 하려고 신통력을 써서
무량한 중생을 옮기고, 나라를 청정하게 하였노라.
모든 부처님 보배나무 아래에 이르고
청정한 연못 위에 연꽃으로 장엄하듯
그 보배나무 아래 모든 사자좌에
부처님 앉으시고 광명으로 장식하니
어두운 밤에 큰 불 밝히는 것과 같더라.

몸에서 묘한 향기 나와 시방 나라에 두루하니
중생 향기 입어 기쁨 스스로 이기지 못하네.
비유하면 큰 바람 작은 나뭇가지에 부는 것과 같고
이런 방편으로 법을 영구히 머물게 하네,
모든 대중에게 말씀하시니, 내가 멸도 후
누가 이 경을 지니고 읽고 설할까?

지금 부처님 앞에서 스스로 서원을 말하라.
저 다보불께서 비록 오랜 세월 전에 멸도 하였지만
큰 서원으로 사자후를 하시니,
다보여래와 더불어 나와 모인 모든 화한 부처님께서
당연히 이 뜻을 알리라.
모든 불자들 누가 법을 보호할 것인가?
마땅히 대원을 발하여 영원히 머물게 하라.
능히 이 경법을 보호하는 것은
바로 나와 다보불에게 공양하는 것이니라.
다보 부처님 보탑에 계시면서
항상 시방에 노니심은 이 경을 위함이시라.
또한 여기 오신 모든 화불(化佛) 공양함이며
광명으로 모든 세계 장엄하게 꾸밈이니라.

만약 이 경을 설하면 곧 나와 다보여래를 봄이며
그리고 모든 화불을 봄이니라.

모든 선남자야. 깊이 생각하여라.
이것은 어려운 일이니 마땅히 큰 원을 발하라.
모든 나머지 경전이 항하사와 같은
이런 모든 경을 설하는 것은 어렵지 않고
수미산을 잡아서 타방 무수한 불국토에
던지는 것도 역시 어렵지 않으며
만약 발가락으로 대천 세계를 움직여

멀리 다른 나라에 던지는 것도 어렵지 않으며
만약 유정에 서서 중생을 위하여
무량한 경을 설하는 것도 어렵지 않으나
부처님 멸도 후 악세(惡世) 중에
능히 이 경을 설하는 것이 곧 어려우니라.

가령 어떤 사람이 손으로 허공을 잡아서
유행하는 것은 어렵지 않으나
내가 멸도한 후 스스로 써서 지니거나
다른 사람으로 하여금 쓰게 하는 것이 어려우니라.

만약 큰 땅을 발톱 위에 올려놓고
범천까지 올라간다 해도 어렵지 않지만
부처님 멸도 후 악세 중에
이경을 잠깐 동안 읽는 것이 어려우니라.

가령 겁이 타는데 마른 풀을 짊어지고
타는 불 속에 들어가는 것은 어렵지 않지만
내가 멸도한 후 이 경을 지녀서
한 사람을 위하여 설하는 것이 어려우니라.

만약 팔 사 천의 법장과 십이부경을 지녀서
사람을 위하여 설하여
들은 모든 사람으로 하여금 육신통을 얻게 하는

이런 일들은 어렵지 않지만
내가 멸도한 후 이 경을 들어서 받고
그 뜻을 묻는 것이 어려우니라.

만약 법을 설하는 사람이 천 만 억 무량한
항하사와 같은 중생으로 하여금
아라한을 얻게 하고 육신통을 구족하게 하는
이런 일들은 어렵지 않으나
내가 멸도한 후 능히 이 경전을 받들어 지니는
이것이 어려우니라.

내가 불도를 위하여 무량한 국토에서
예부터 지금에 이르기까지 여러 경을 널리 설하였는데
그중에서 이 경이 제일이라,
만약 능히 지니면 곧 불신(佛身)을 지니는 것이니라.

모든 선남자야. 내가 멸도한 후
누가 이 경을 받아 지녀서 읽고 외우겠느냐?
지금 부처님 앞에서 스스로 서원의 말을 하라.

이 경은 지니기 어려워서, 잠깐이라도 지니면
나는 곧 환희하고, 모든 부처님 또한 그러하리니.
이와 같은 사람을 모든 부처님께서 찬탄하니,
이것이 용맹이고 정진이며 지계(持戒)이고 두타(頭陀)[89]를

행하는 것이니
곧 위 없는 불도를 빨리 얻으리라.

능히 오는 세상에 이 경을 일고 지니는 것이
진실한 불자이고 순박하고 좋은 지위에 머무르며
부처님 멸도 후에 능히 그 뜻을 이해하면
모든 하늘과 사람과 세간의 눈이며
무섭고 두려운 세상에 능히 잠깐이라도 설하면
일체의 하늘과 사람들이 마땅히 공양하리라.

 ## 해 설

이 견보탑품은 법화경이 진실이라는 것을 증명하는 품이다. 영산회상에 갑자기 칠보로 된 큰 탑이 땅에서 솟아오르는데, 이 탑 속에 '다보'여래께서 계신다. 그래서 이 탑을 다보탑이라 한다. 이 다보탑을 본 대중들의 의혹을 풀기 위해 대표로 대요설보살이 석가모니부처님께 묻는데, 그 내용이 이품의 줄거리이다. 다보여래께서 옛날 보살로 수행할 때, 큰 서원을 세웠는데, "자신이 성불하여 입멸한 후 법화경을 설하는 곳이면 언제 어디든지 이 보배탑과 함께 그 장소에 나타나 법화경이 진실한 가르침이라는 것을 증명하고 찬탄하겠다."라는 것이다.

---

89. 범어 'dhūta'의 음사이다. 의, 식, 주를 탐하지 않고 오로지 수행에만 전념하는 것을 말한다.

그런데 왜 다보여래께서 법화경을 설하는 장소에 나타나 증명하려는 것일까? 이에 대해 나가르주나(龍樹)는 《대지도론》에서 "다보여래께서 세상에 계실 때 법화경을 설하지 못했다. 그 이유는 중생의 근기가 법화경을 들어 이해할 수 있는 정도로 성숙하지 못했기 때문이나. 그러므로 모든 부처님께서 빠짐없이 최후에 설하시는 법화경을 자기는 설하지 못했으므로 혹시 법화경에 대해 의심을 품는 사람이 있으면 안 되기 때문에 법화경이 설해지는 장소에 나타나 진실하다고 증명하게 되었다."라 한다.

다음으로 석가모니불께서 다보탑에 들어가 다보부처님과 나란히 앉는다. 이에 대해 중국 삼론종의 길장(吉藏)과 천태종의 천태의 해석이 있다. 먼저 길장은 "다보불께서 멸도 했지만 불멸(不滅)을 또한 불멸이면서도 멸도의 상(相)을 나타내고 있기 때문에, 그 다보불과 함께 석가모니불이 앉음에 의해서 지금의 석가모니불도 실제로는 생멸(生滅)이 없으나 방편으로 생멸한다는 것을 나타내려고 한다."라 해석하고 있다.

다음 천태는 보배탑의 문을 여는 것에 대해 방편을 연다는 개권(開權)에 배대하고, 탑중의 부처님을 친견하는 것을 진실을 나타낸다는 현실(顯實)에 배대하여 해석하고 있다. 그리고 2불병좌(二佛並坐)에 대해 경(境)인 법신(法身)의 다보와 지(智)인 보신(報身)의 석가와의 경지묘합(境智妙合)을 나타내는 것이라고 해석한다.

그리고 석가모니불께서 "여래는 오래지 않아 입멸한다."라 알리고 법화경을 부촉할 사람을 모집한다. 그런데 이에 대하여 나타나는 사람은 본 품에서나 뒤의 제바달다품에서 나오지 않고 권지품 제13 이하에서 나온다.

제바달다품 제십이(提婆達多品 第十二)

이때 부처님께서 모든 보살과 하늘과 사람 사부대중에게 말씀하셨다. 내가 과거 무량한 겁 전에 법화경을 구하기를 게으름이 없었는데, 많은 겁 중에 항상 국왕이 되어 무상보리를 구하기를 발원하고 물러남이 없었다. 육바라밀을 만족하게 하려고 부지런히 보시할 때, 아끼는 마음 없이 코끼리, 말, 칠보(七寶), 나라와 성, 처와 자식, 남종과 여종, 머리와 눈, 골수와 뇌, 몸, 손과 발, 목숨 등을 아끼지 않았느니라. 그때 세상 사람들의 수명은 한량이 없었다. 법을 구하기 위하여 국왕을 버리고, 태자에게 정치를 맡기고, 법을 구하기 위하여 북을 치면서 사방에 영을 내렸다.

누가 나를 위하여 대승을 설하겠는가? 내가 종신(終身)토록 받들어 모시겠다. 그때 선인이 있었는데, 왕에게 와서 말했다. "나에게 대승이 있는데, 묘법연화경이라 합니다. 만약 나를 어기지 않으면 마땅히 설하겠습니다." 왕은 선인의 말을 듣고 환희용약하고는 즉시 선인을 따라 가서 필요한 것을 공급했는데, 채소 과일 물 땔감 식사, 내지 몸으로 자리도 되어 몸과 마음이 게으르지 않았다. 이렇게 봉사하여 천 년이 지났는데, 법을 위하는 까닭으로 부지런히 받들어 모셔 조금도 부족함이 없게 하였다.

이때 부처님께서 거듭 이 뜻을 펴시고자 하여 게송으로 말씀하셨다.

내가 지나간 예전 겁을 생각하니, 큰 법을 구하기 위해
비록 세상의 왕이 되었으나 오욕(五欲)을 즐겨하는 탐착이 없었고
종을 쳐서 사방을 알려 '누가 큰 법이 있는가?'

만약 나를 위해

해설하면

이 몸 마땅히 노복이 되리라.

그때 아사선인이 있었는데, 대왕을 찾아와 말하기를

'나에게 미묘한 법이 있는데, 세간에 희유합니다.

만약 능히 수행한다면 대왕을 위하여 설하겠습니다.'

그때 왕은 선인의 말을 듣고 큰 희열(喜悅)내어

곧 선인을 따라가 받들어 모시기를

채소, 땔감, 과일, 그리고 수시로 공경하였다.

뜻은 묘법에 있는 까닭으로 몸과 마음에 나태가 없고,

널리 모든 중생을 위하여 부지런히 큰 법을 구하며

또 자신과 그리고 오욕락을 탐하지 않았다.

그리하여 큰 나라의 왕이 되어서도 부지런히 이 법을 구하여서

마침내 성불하여 지금 너희들에게 설하느니라.

부처님께서 모든 비구에게 말씀하셨다. 그때의 왕이 지금 나(석가모니)이고, 그때의 선인이 지금 제바달다이니라. 제바달다 선지식(善知識)90)으로 말미암아 내가 육바라밀, 자비희사(慈悲喜捨), 삼십이상(三十二相), 팔십종호(八十種好), 자마금색(紫磨金色), 십력(十力), 사무소외(四無所畏), 사섭법(四攝法)91), 십팔불공(十八不共), 신통과 도력을 구족하여 등정각(等正覺)을 이루고 널리 중생을 제도하였는데, 모두 제바달다 선지식 때문이었다.

모든 사부대중에게 이르노니 제바달다는 무량한 겁을 지나 성불하니, 이름이 천왕(天王) 여래 응공 정변지 명행족 선서 세간해 무상사 조어장부 천인사 불세존인데, 세계의 이름은 천도(天道)이니라. 그때 천왕불께서 20중겁 동안 세상에 머물러서 중생을 위하여 널리 묘한 법을 설하여 항하사와 같은 중생을 아라한과를 얻게 하고, 무량한 중생으로 하여금 연각(緣覺)의 마음을 일으키게 하고, 항하사와 같은 중생을 무상도심(無上道心)을 일으키게 하여서 무생인(無生忍)[92]을 얻게 하고, 불퇴전에 이르게 하였다. 천왕불께서 반열반에 드신 후에 정법은 20중겁 세상에 머물 것이며, 전신사리로 칠보탑을 세우니, 높이가 60유순, 세로와 가로가 40유순이며, 모든 하늘과 사람들이 여러 가지 꽃과 말향, 소향, 도향, 의복, 영락, 당번, 보개, 기악과 노래로 칠보의 묘탑에 공양하고 예배하느니라.

　　무량한 중생이 아라한과를 얻고, 무량한 중생이 벽지불을 깨닫고, 불가사의 한 중생이 보리심을 일으켜서 불퇴전에 이르니라. 부처님께서 모든 비구에게 말씀하셨다. 미래 세상에 만약 어떤 선남자 선여인이 묘법연화경의 제바달다품을 듣고 마음을 깨끗이 해서 믿고 공경하여 의혹을 내지 않으면 지옥, 아귀, 축생에 떨어지지 않고, 시방의 부처님 세

---

90. 가르침을 설하고, 불도(佛道)에 들어가게 하는 사람, 훌륭한 지도자를 말한다.
91. 보살이 중생을 섭수하여 불도에 인도함으로써 중생이 깨달음을 얻도록 하기 위한 4가지 방법을 말한다. ① 보시섭(布施攝) : 베푸는 것을 말하는데, 재물과 법을 베풀고, 그리고 두려움을 없애 주는 것이다. ② 애어섭(愛語攝) : 부드럽고 온화하게 말하는 것, ③ 이행섭(利行攝) : 중생을 이익 되게 행하여 만족시켜주는 것, ④ 동사섭(同事攝) : 상대방의 입장에서 함께 일하는 것을 말한다.
92. 무생법인(無生法忍)의 준말이다. 일체법이 공(空)하여 그 자체 고유한 성질을 갖지 않고, 생멸변화를 넘어서 있음을 깨달아 그 진리에 편안하게 머물며 마음이 흔들리지 않는 것을 말한다.
93. 사갈라용왕, 범어 'Sāgara'의 음사이다. 해용왕(海龍王)이라고도 한다. 바다의 궁전에 머물며 지상에 비를 내린다고 알려져 예부터 기우제에 사갈라용왕을 본존으로 삼았다. 몸은 적백색이고 왼 손에는 적룡(赤龍)을 잡고 오른 손에는 칼을 쥐고 있으며 매우 용맹한 형상을 하고 있다.

계에 태어나며, 태어나는 곳에서 항상 이 경을 들으며, 만약 사람과 하늘에 태어나면 수승하고 묘한 즐거움을 받을 것이며, 만약 부처님 앞에 나게 되면 연꽃에 화생(化生)하리라.

그때 하방세계에서 다보세존을 따라온 지적이라는 보살이 본토로 놀아가려고 다보부처님께 말을 하니, 석가모니부처님께서 지직에게 말씀하셨다. "선남자야. 잠깐기다려라. 보살이 있는데, 이름이 문수사리이니라. 서로 만나보고 묘한 법을 논설한 뒤에 본토에 돌아가거라." 이때 문수사리는 큰 수레바퀴와 같은 천 잎의 연화 위에 앉았고, 함께 온 보살들도 역시 보배 연꽃에 앉아, 큰 바다의 사갈라용궁[93]으로부터 저절로 솟아올라 허공 가운데 머물더니 영취산에 나아가 연꽃에서 내려와 부처님 처소에 이르러 두 분 부처님께 머리 숙여 예경하였다. 공경하기를 마치고는 지적의 처소에 가서 서로 위문하고 각자 한 쪽에 물러나 앉았다.

지적보살이 문수사리에게 물었다. "인자(仁者)께서 용궁에 가서 교화한 중생이 얼마나 됩니까?" 문수사리가 대답하였다. "그 수 무량하여 계산할 수 없습니다. 말로 표현할 수 없고, 마음으로도 측량할 수 없습니다. 잠깐 기다리면 저절로 알 수 있습니다." 이 말이 채 끝나기도 전에 무수한 보살이 보배 연꽃 위에 앉아서 바다로부터 솟아올라 영취산에 이르러 허공 중에 머물렀다. 이 모든 보살을 문수사리가 교화한 바이니, 보살행을 갖추어 6바라밀을 서로 논설하고, 본래 성문인 사람은 허공 중에 있으면서 성문행을 설하다가, 이제 모두 대승의 공(空)한 뜻을 닦아 행하였다. 문수사리가 지적에게 말하였다. "바다에서 가르쳐 교환일이 그와 같습니다."

그때 지적보살이 게송으로 찬탄하며 말하였다.

큰 지혜와 덕이며 용맹하시고 굳센 분

무량한 중생 제도하여

지금 모든 대회의 대중과 제가 보았습니다.

실상의 뜻을 연설하고 일승법을 열어 밝히시어

널리 모든 중생을 인도하여 빨리 보리를 이루게 하였습니다.

　문수사리가 말했다. "내가 바다 가운데에서 오직 항상 묘법연화경을 설하였습니다." 지적이 문수사리에게 물었다. "이 경은 매우 미묘하여 모든 경 중에서 보배이니 세상에서 희유합니다. 자못 중생이 이 경을 부지런히 정진하고 수행하면 빨리 부처를 이룰 수 있습니까?" 문수사리가 말하였다. "사갈라용왕에게 딸이 있으니 나이가 18세이나, 지혜가 있어 영리하고, 중생의 모든 근기와 행하는 업을 잘 알며, 다라니를 얻어 모든 부처님께서 설하는 깊은 법장을 다 수지하고, 깊은 선정에 들어 모든 법을 요달하였으며, 찰나 사이에 보리심을 일으켜서 불퇴전을 얻고, 변재가 걸림이 없고, 중생을 자비롭게 생각하여 마치 어린아이처럼 여기고, 공덕이 구족하고, 마음으로 생각하고 입으로 연설함이 미묘하고 광대하며, 자비롭고 어질고 겸손하며, 뜻과 의지가 올바르고 온화하여 능히 깨달음에 이르렀습니다."

　지적보살이 말했다. "제가 보기에 석가여래께서 무량한 겁 동안 난행과 고행을 하여 공덕이 쌓이고 보리도를 구하여 잠깐이라도 쉬지 않았으며, 삼천대천세계 내지 겨자씨만한 땅이라도 이 보살이 신명을 버리지 않는 곳이 없음을 봅니다. 중생을 위하기 때문에 그렇게 한 후에 보리도를 이루어 얻는데, 이 용녀가 잠깐 사이에 곧 정각을 이루는 것은 믿지 못하겠습니다." 그 말이 채 끝나기도 전에 용녀가 홀연히 앞에

나타나 머리 숙여 예경하고 한 쪽에 물러나 앉고는 게송으로 찬탄하며
말했다.

> 죄와 복의 상을 깊이 통달하시어 두루 시방을 비추시며
> 미묘하고 깨끗한 법신, 삼십이상 구족하시며
> 80종호로 법신을 장엄하시니.
> 하늘과 인간 우러러보고, 용과 신이 함께 공경하니
> 일체 중생이 높이 받들지 않는 자가 없습니다.
> 또 보리를 이루는 일, 오직 부처님만 증득하여 알 뿐
> 나도 대승의 가르침을 펴서 고해의 중생을 제도하여 해탈하게
> 하리라.

그때 사리불이 용녀에게 말하였다. "네가 오래지 않아 무상도를 얻는 다는 것을 믿기 어렵다. 왜냐하면 여자의 몸은 깨끗하지 못하여서 법기(法器)가 아닌데, 어떻게 무상보리를 얻는다 말인가?

부처님의 도는 멀어서 무량한 겁 동안 부지런히 고행을 쌓고, 모든 법도를 닦아 갖춘 뒤에 이루는 것이고, 또한 여인의 몸은 다섯 가지 장애가 있는데, 첫째 범천왕이 될 수 없고, 둘째 제석천왕이 될 수 없으며, 셋째 마왕이 될 수 없고, 넷째 전륜성왕이 될 수 없으며, 다섯째 불신(佛身)이 될 수 없으니, 어떻게 여자의 몸으로 빨리 성불할 수 있다고 하느냐?"

그때 용녀에게 보배 구슬이 있었는데, 가치가 삼천대천세계와 같았다. 그것을 부처님께 받들어 올리니 부처님께서 즉시 받았는데, 용녀가 지적보살과 존자 사리불에게 말하였다. "제가 보배 구슬을 세존께 바쳤는데, 세존께서 받으셨습니다. 이것이 빠릅니까 빠르지 않습니까?" 대

답하기를 "매우 빠르도다." 용녀가 말하였다. "여러분의 신통력으로 제가 성불하는 것을 보십시오. 이 보다 더 빠를 것입니다." 그때 모든 대중이 용녀를 보았는데, 홀연지간에 남자로 바뀌어 보살행을 구족하고, 곧 남방 무구세계에 이르러 보련화에 앉아 등정각을 이루어, 삼십이상과 팔십종호를 갖추고 시방 일체중생에게 묘한 법을 연설하였다. 그때 사바세계의 보살 성문 천룡팔부 사람과 비인(非人) 모두 멀리서, 용녀가 성불하여 널리 그때 모인 사람과 하늘에게 설법하는 것을 보고, 마음이 크게 환희하고 모두 멀리서 예경하였다.

무량한 중생이 법을 듣고 이해하고 깨달아 불퇴전을 얻었고, 무량한 중생이 도의 수기를 받았으며, 무구세계는 여섯 가지로 진동하였고, 사바세계의 삼천대천 중생은 불퇴지에서 머물고, 삼천중생은 보리심을 발하여 수기를 얻었으며, 지적보살과 사리불과 그 회의 모든 대중은 묵연히 받아 지녀 믿었다.

 해 설

이 품은 석가모니불께서 전생에 법화경을 구하는 이야기와 제바달다의 수기 그리고 용녀성불을 다루고 있다. 먼저 석가모니불의 전생 법화경 구하는 이야기는 법화경이 석가모니부처님에 의해 처음 설한 것이 아니라, 아득히 먼 과거에서부터 많은 부처님들에 의해 설해져 왔다는 것을 뜻한다. 이는 앞에서 서품 제1, 화성유품 제7에서 법화경을 설하는 장면이 나오는데 모두같은 취지이다. 그리고 제바달다에게 성불의 수기를 준다.

일반적으로 제바달다[94]는 5역죄[95]를 범한 대악인으로 알려져 있다. 이러한 악인은 일천제라 하여 선근을 끊은 사람이라 하여 성불할 수 없는 것으로 취급되어졌다. 그러나 법화경은 열반경과 더불어 누구나 성불할 수 있다는 사상이므로 이것은 천명하고자 제바달다의 수기가 행하여지는 것이다.

다음으로 용녀의 성불 이야기이다. 이것도 역시 일체성불이라는 법화경의 사상을 말해주고 있는 것이다. 일체성불이기 때문에 남, 녀의 성별에 따라 성불이 가능 여부가 없다는 것이다. 그리고 엄격히 말하자면 용녀는 인간이 아니라 축생이다. 축생의 성불을 말함으로써 일체성불 사상을 천명하고 있는 것이다. 이것이 한층 발전하여 열반경에서 일체중생실유불성(一切衆生悉有佛性)을 설하고 있다.

---

94. 제바달다는 역사적으로는 오역죄를 범한 대악인이 아니라고 한다. 석가모니부처님의 말년에 교단의 계율을 한층 엄격히 하자고 주장하였다. 그러나 이것이 받아들여지지 않자 자기의 권속을 거느리고 교단을 떠났다고 한다. 실제 중국의 법현(法顯)이나 현장(玄奘)이 인도에 갔을 때, 그때까지 제바달다가 이끈 교단이 존속해 있었다고 한다. 법현과 현장이 인도에 갔을 때에는 이미 부처님의 입멸 후 천년이 지난 시간이다. 만약 제바달다가 대악인 이었다면 그가 이끈 교단이 오랜 시간 존속했을 리가 없었을 것이다.

95. 무간지옥에 떨어지는 가장 무거운 죄인데, 다섯 가지가 있다. ① 살모(殺母, 어머니를 살해하는 것), ② 살부(殺父, 아버지를 살해하는 것), ③ 살아라한(殺阿羅漢, 아라한을 살해하는 것), ④ 파화합승(破和合僧, 교단의 화합을 깨뜨리고 분열시키는 것), ⑤ 출불신혈(出佛身血, 부처님의 신체에 상처를 입혀 출혈시키는 것)

권지품 제십삼(勸持品 第十三)

이때 약왕보살마하살 그리고 대요설보살마하살과 이만보살의 권속과 더불어 부처님 앞에 나아가 서원을 하였다. "오직 원하옵건대 세존이시여. 염려하지 마시옵소서. 저희들이 부처님 멸도 후에 마땅히 이 경전을 받들어 지녀서, 읽고 외우며 설하겠습니다. 뒤에 악한 세상에 중생들의 선근이 점점 줄어들고, 증상만이 늘어나고 이양과 공양을 탐하여 선하지 못한 근기가 늘어나서, 해탈을 멀리하여, 교화하기가 비록 어려울지라도, 저희들은 마땅히 큰 인욕의 힘을 일으켜서 이 경을 읽고 외우며 지녀서 쓰고 설하겠으며, 가지가지로 공양하고 신명(身命)을 아끼지 않겠습니다."

이때 대중 가운데 수기를 받은 오백아라한이 부처님께 말했다. "세존이시여. 저희들 또한 다른 국토에 이 경을 널리 설할 것을 서원합니다." 또 수기를 받은 배우고 있는 사람 배움을 마친 사람 팔천 명이 자리에서 일어나 부처님을 향하여 합장하고 서원을 말했다. "세존이시여. 저희들 또한 다른 국토에 이 경을 널리 설하겠습니다. 왜냐하면 이 사바국토 중에 많은 사람이 모질고 악하며, 증상만을 품고, 공덕이 천박하며 성내고 흐리며 아첨하며 비뚤어져 마음이 진실하지 못하기 때문입니다."

그때 부처님의 이모 마하파사파제비구니와 배우고 있는 비구니와 배울 것이 없는 비구니 육천 명이 자리에서 일어나 일심합장하여 부처님의 존안을 우러러 보고 눈을 떼지 않았다. 그때 부처님께서 교담미에게 말씀하셨다. "어떠한 까닭으로 근심스러운 얼굴로 여래를 보느냐? 너의 생각에 내가 너에게 아뇩다라삼먁삼보리의 수기를 주지 않을까 걱정하고 있구나. 교담미여. 내가 먼저 총설로 일체 성문에게 수기를 주었는데, 지금 그대가 수기를 알고자 한다면, 장래 세상에 마땅히 육 만 팔 천억 모든 부처님 법 중에서 대법사가 될 것이며, 그리고 육 천 명의 배 우고 있는 비구니 배울 것이 없는 비구니도 법사가 될 것이며, 너는 이 와 같이 점점 보살도를 구족하여 부처가 되리니, 이름이 일체중생희견 (一切衆生喜見)여래 응공 정변지 명행족 선서 세간해 무상사 조어장부 천인사 불세존이니라. 교담미여. 이 일체중생희견불과 육천보살이 차 례로 수기하여 아뇩다라삼먁삼보리를 얻을 것이니라.”

이때 라후라의 어머니 야수다라비구니가 이렇게 생각했다. “세존께 서 수기하시면서 내 이름만 말씀하시지 않는구나.”하였는데, 부처님께 서 야수다라에게 말씀하였다. “너는 오는 세상에 백 천 만 억 모든 부처 님 법 중에서 보살행을 닦아 대법사가 될 것이며, 점차 불도를 구족하여 선국(善國) 중에 마땅히 부처가 되리니, 이름이 구족천만광상(具足千萬 光相)여래 응고 정변지 명행족 선서 세간해 무상사 조어장부 천인사 불 세존이며, 부처님의 수명은 무량한 아승지겁이니라.”

이때 마하파사파제비구니와 야수다라비구니와 그 권속들 모두 크게 환희하고 미증유를 얻어 즉시 부처님 앞에서 게송으로 말하였다.

세존 도사시여. 하늘과 사람을 안온하게 하시고
저희들 수기 듣고 마음이 편안하여 구족합니다.

모든 비구니가 이 게송을 말하기를 마치고 부처님께 말했다. “세존 이시여. 저희들도 역시 다른 나라에서 이 경을 널리 설하겠습니다.” 그 때 세존께서 팔 십 만 억 나유타 보살마하살을 보시고, 이 모든 보살이 아비발치이니 물러나지 않는 법륜을 굴리며, 모든 다라니를 얻고 즉시 자리에서 일어나 부처님 앞에 이르러 일심합장하고 이런 생각을 하였다. "만약 세존께서 저희들에게 이 경을 지녀서 설할 것을 명하시면 부처님 가르침 같이 마땅히 이 법을 널리 설하리라." 또 이렇게 생각하였다. "부처님께서 지금 묵연하여 칙명이 없는데, 저희들은 어떻게 해야 하나?" 하였다.

그때 모든 보살이 부처님의 뜻을 잘 공경하고 순종하며, 아울러 스스로 본래 서원을 만족하려고 부처님 앞에서 사자후로 서원하였다. "세존이시여. 저희들 여래께서 멸도한 후에 시방세계를 두루 다니면서 능히 중생으로 하여금 이 경을 서사(書寫) 수지(受持) 독송(讀誦) 해설기의(解說其義)하게 하여 법과 같이 수행해서 바르게 생각하고 알게 하겠습니다. 이것은 모두 부처님의 위력입니다. 오직 원하건데 세존이시여 다른 국토에 계시더라도 멀리서 보시고 보호하여 주시옵소서."

그때 모든 보살이 함께 소리를 내어 게송으로 말하였다.

오직 원하건데 염려하지 마소서.
부처님 멸도 후 공포 악세 중에
저희들 마땅히 널리 설하겠습니다.
모든 지혜없는 사람들이 악한 입으로 욕하고 꾸짖고
칼과 막대기로 때리더라도, 저희들 마땅히 참겠습니다.
악한 세상 중 비구, 삿된 지혜로 마음이 첨곡되어
얻지 못한 것을 얻었다 하며, 아만심이 충만하고
혹 아련야(阿練若)[96]에서 기운 옷 입고 한가한 곳에서

---

96. 범어 'aranya'의 음사이다. 수행승이 수행하는 장소로 마을에서 멀지도 않고 가깝지도 않은 적절한 장소를 말한다. 보통 조용하고 한적한 곳이라 한다.

스스로 진실한 도 행한다 하고 인간을 가벼이 여겨 천대하고
이양만 탐착하는 까닭으로 속인에게 법을 설하고
세상에서 공경받는 것이 육신통의 나한과 같으니라.

이런 사람 악심을 품고 항상 세속의 일을 생각하고
거짓으로 아련야라 하여 저희들의 허물을 드러내기 좋아하고
이런 말을 하는데, 저 모든 비구들은 이양만 탐착하기 때문에
외도의 논의를 설하며, 스스로 이 경전을 만들어서
세간의 사람을 혹세하며, 명예를 구하기 위해
이 경을 분별한다 할 것입니다.

항상 대중 가운데 있으면서 저희들을 훼방하려고
국왕 대신 바라문 거사 그리고 다른 비구들에게
저희를 나쁘다고 비방하는데, '이는 삿된 견해의 사람이라.
외도의 논의를 설한다.' 하고
저희들은 부처님을 공경하기 때문에 이런 모든 악을 다 참겠습니다.

'너희들 모두 부처이니라.' 라는 경시하는 말
이런 업신여기는 말 다 참겠습니다.
흐린 겁 악세 중에 공포가 많이 있고
악귀가 몸에 들어와 저희를 욕하고 꾸짖어도
저희들 부처님 믿고 공경하므로 인욕의 갑옷 입고
이 경을 설하기 위하여 이 모든 어려운 일을 참으며
저희들 신명을 아끼지 않고 다만 위 없는 도를 아껴서

저희들 오는 세상에 부처님께서 부촉한 바를 보호하며 가지오리다.

세존께서 스스로 마땅히 아시오리다.
흐린 세상 악한 비구
부처님 방편 따라 설한 법을 모르고
악한 입으로 빈축하며, 자주자주
탑과 절에서 멀리 떠나게 하더라도
이와 같은 모든 악,
부처님께서 명한 것을 생각하는 저희들
모두 마땅히 이 일을 참으오리다.

촌락이나 도시에서 법을 구하는 자
저희들이 찾아가서 부처님께서 부촉한 법을 설하리다.

저희들 세존의 사자(使者)이니 많은 사람 중에 있어도 두려움 없고
저희들 마땅히 법을 잘 설하겠으니
원컨대 부처님께서는 편안히 머무소서.
저희들 세존 앞과 시방에서 오신 모든 부처님께
이와 같은 서원을 발하였으니
부처님께서 저희들 마음 아시오리다.

해 설

이 품은 앞 견보탑품에서 서가모니부처님께서 부처님 멸도 후 법화경을 누가 널리 설하겠는가(법화경의 弘經)에 대한 답에 해당한다. 이에 대해 약왕보살, 대요설보살을 비롯한 2만 보살, 5백의 아라한, 8천의 배움을 마친 사람과 아직 배우고 있는 사람들, 6천의 비구니들, 다시 80만억의 보살들이 법화경을 믿어 가지고 널리 유통 시킬 것을 맹세한다. 그러나 이에 대한 석가모니부처님의 답은 다음의 안락행품 제14에는 없고, 안락행품에는 도리어 문수보살이 불멸 후의 악세에 법화경을 홍포하리라 서원했던 보살의 말과 연관해서 법화경의 홍포의 필요성을 부처님께 묻는다.

그리고 이와 더불어 마하파사파제비구니와 아수다라비구니에 대한 수기가 있는 품이다.

묘법연화경 권 제오
(妙法蓮華經 卷 第五)

안락행품 제십사(安樂行品 第十四)

이때 문수사리법왕자보살마하살이 부처님께 말하였다. "세존이시여. 이 모든 보살은 있기가 매우 어렵습니다. 부처님을 공경하고 따르기 때문에 큰 서원을 세워, 뒤의 악한 세상에 이 법화경을 호지하여 읽고 설하고자 합니다. 세존이시여. 보살마하살이 뒤의 악한 세상에서 어떻게 하면 이 경을 설할 수 있습니까?"

부처님께서 문수사리에게 말씀하셨다. "만약 보살마하살이 뒤의 악한 세상에서 이 경을 설하고자 하면, 마땅히 네 가지 법에 안주하여야 한다. 첫째 보살이 행할 곳과 친근할 곳에 안주하여 중생을 위하여 이 경을 연설하라. 문수사리야. 무엇이 보살마하살이 행할 곳이라 하는가? 만약 보살마하살이 인욕지(忍辱地)에 머물러 부드럽고 온화하며 착하고 순하며, 그리고 포악하지 않으며 마음에 놀라지 않으며, 또 법에 행한다고 하는 바가 없어야 하며, 모든 법의 여실상(如實相)을 관하고, 또 행함도 없고 분별함도 없으면 이것을 보살마하살이 행할 곳이라 한다.

무엇을 보살마하살이 친근할 곳이라 하는가? 보살마하살이 국왕 왕자 대신 관리들을 친근하지 말고, 외도 범지와 니건자(尼子)[97]들과 세속의 문필과 외도의 서적을 찬탄하는 사람 그리고 노가야타[98]와 역로가야타[99]들을 친근하지 말고, 또 모든 세속의 욕망과 즐거움을 따라가는 외도와 서로 치고 겨루는 무리와 나라(那羅)[100] 등의 여러 가지 변하여 나타나는 놀이에 친근하지 말 것이며, 또 전다라[101]와 돼지, 양, 닭,

---

97. 외도의 일파인데, 자이나교도를 말한다.
98. 6사외도의 하나인데, 유물론을 주장한다. 지수화풍의 네 가지 원소가 합해져서 사람이 생겨나고, 죽으면 네 가지 원소로 흩어지고 감각기관도 또한 허공으로 돌아가는 것일 뿐, 영혼이라든가 사후세계 같은 것은 존재하지 않는다고 주장한다. 한역은 순세외도(順世外道)라 한다.

개 등을 기르는 사람과 사냥하고 물고기를 잡는 등 여러 가지 나쁜 율의 (律儀)에 친근하지 말 것이며, 이와 같은 사람들이 혹시 오면 곧 법을 설하되, 아무것도 바라지 말아야 한다. 또 성문을 구하는 비구 비구니 우바새 우바이들을 친근하지 말 것이며, 또한 문안하지도 말 것이며, 만약 방이거나 경행하는 곳이거나, 강당 중에 있게 되면 함께 머물지 말 것이며, 혹 찾아오면 근기에 따라 법을 설하되 바라는 것이 없어야 한다. 문수사리야. 또 보살마하살이 여인의 몸에 대하여 욕심을 내어 법을 설하지 말 것이며, 또한 보는 것을 즐겨하지 말 것이며, 만약 다른 사람의 집에 들어가게 되면 소녀 처녀 과부 등과 함께 말하지 말 것이며, 또 오종불남(五種不男)[102]과 친근하지 말 것이며, 홀로 남의 집에 들어가지 말되, 만약 인연이 있어서 홀로 들어가게 되면 단지 일심으로 염불을 하여야 한다. 만약 여인을 위하여 법을 설할 때, 이를 드러내고 웃지 말 것이며, 가슴을 드러내지 말 것이며, 법을 위해서라도 오히려 친하지 못하거늘 하물며 다른 일이야 말할 것이 있겠는가? 나이 어린 제자와 사미와 작은 아이를 기르는 것을 좋아해서 안 되며, 또 스승과 더불어 풍류하지 말며, 항상 좌선을 좋아해서 조용한 곳에 있으면서 그 마음을 잘 닦고 다스려야 하느니라. 문수사리야. 이것을 첫째 친근처라 한다.

또 보살마하살이 일체법이 공한 여실한 상을 관하여 전도되지 말고,

---

99. 순세외도 중에 좌파사람들을 말한다. 세속을 거스르고 극단의 쾌락주의를 실행하는 사람들을 말한다.
100. 범어 'nata'의 음사이다. 무용수 또는 배우를 말한다.
101. 범어 'caṇḍāla'의 음사이다. 인도의 사성계급 중 천민 계급으로 도살, 수렵, 형참 등을 업으로 함. 가장 천하고 카스트 외의 자로 간주되어 인간으로 취급받지 못하고 개와 돼지 같은 종류로 간주 되는 계급이다.
102. 남근(男根)이 불구인 다섯 가지를 말한다. ① 생불남(生不男) : 나면서부터 남근이 발육되지 못한 사람, ②건불남(腱不男) : 칼로 남근을 잘라버린 사람, ③ 투불남(妬不男) : 다른 사람의 음행을 보고 정욕을 일으키는 사람, ④ 변불남(變不男) : 다른 이와 음행할 때에 남근을 상실하여 불구가 되는 사람, ⑤ 반불남(半不男) : 반달은 남근을 사용하고, 반달은 사용하지 못하는 사람.

흔들리지 말고 물러나지 말고 구르지도 말아야 한다. 허공과 같이 성품이 있는 것이 아니니, 일체 언어가 끊어져서 남이 아니고, 나오는 것도 아니고, 일어나는 것도 아니고, 이름도 없고, 상도 없고, 실로 있는 바가 없으며, 무량무변하고, 걸림이 없고, 막힐 것도 없으나, 단지 인연으로 있는 것이며, 전도(顚倒)로 말미암아 생기는 것이니라. 그러므로 설한다. 항상 이와 같은 법의 상을 즐거이 관하라. 이것이 보살마하살의 둘째 친근처이니라.

이때 세존께서 거듭 이 뜻을 펴시고자 하여 게송으로 말씀하셨다.

만약 보살이 뒤의 악세에
두려운 마음 없이 이 경을 설하고자 하면
마땅히 행처와 친근처에 들어가라.

항상 국왕과 왕자 대신 관리를 멀리하고
흉하고 험하게 노는 자와 전다라 외도범지
또한 친근하지 말 것이며,
증상만인과 소승을 탐착하는 삼장학자를 친근하지 말 것이며
파계한 비구 이름뿐인 나한,
그리고 잘 웃고 희롱하는 비구니
오욕락에 집착한 채 멸도를 구하려는
모든 우바이를 친근하지 말 것이며,
만약 이런 사람들이 좋은 마음으로
보살의 처소에 찾아와서 불도를 듣고자 하면
보살은 곧 두려운 마음 없이

바라지 말고 법을 설하라.

과부 처녀 그리고 모든 완전하지 않는 남자를
친하게 하거나 두텁게 하지 말 것이며,
또한 친하거나 가까이 하지 말되
백정, 사냥, 고기잡이, 이익 위해 살생하고
고기를 팔아 생활하고 여색을 파는
이와 같은 사람들 친하거나 가까이 하지 말 것이며
흉악하게 서로 치고 여러 가지로 노래하고 춤추며
모든 음녀(淫女)들을 친하거나 가까이 하지 말 것이며

홀로 으슥한 곳에서 여자에게 법을 설하지 말 것이며
만약 설법할 때 희롱하여 웃지 말며

마을에 들어가 걸식할 때 한 비구와 같이 하고
만약 비구가 없으면 일심으로 부처님을 생각하라.
이것이 행할 곳과 친근할 곳이라 하는데,
이 두 가지 곳이라야 능히 편안하고 즐겁게 설하리라.

또 상, 중, 하의 법과 유위법과 무위법,
진실하지 않거나 진실한 법을 행하지 말라.
또 이는 남자, 이는 여자다 분별하지 말고
모든 법을 얻었다 하지 말고, 안다고 하지 말며, 보았다고 하지 말라.
이것이 보살이 행할 곳이니라.

일체제법은 공하여 있는 바가 없으니
항상 머무는 것이 없고, 일어나고 멸하는 것이 없느니라.
이것을 지혜라 하는데, 친하고 가까이 할 곳이니라.

모든 법이 있다 없다, 이는 참이다 아니다,
이는 남(生)이다 남(生)이 아니다 라고 하는 것은
전도된 분별이니, 조용한 곳에 머물러 그 마음을 거두어 닦되
수미산처럼 편안히 머물러서 움직임이 없이 하며,

일체법을 관하되, 있는 바가 없는 것이
허공과 같고, 견고함도 없고
생기는 것도 아니고 나오는 것도 아니며
움직임도 아니고 물러감도 아니며
항상 하나의 상에 머무는, 이것을 가까이 할 곳이라 하느니라.

만약 어떤 비구가 내가 멸도한 후
이런 행할 곳과 친하고 가까이 할 곳에 들어가
이 경을 설하면, 비겁하고 나약하지 않으리라.
보살이 고요한 방에 있을 때,
곧고 바른 생각으로 뜻에 따라 법을 보고,
선정에서 나오면 모든 국왕 왕자 신민(臣民), 바라문 등에게
이 경전을 열어서 연설하고,
그 마음은 편안하여 비겁하거나 나약하지 않으리라.

문수사리야. 이것을 보살이 첫째 법에 안주하는 것이라 하는데 이런 곳에 잘 들어가 능히 후세에 법화경을 설할지니라.

또 문수사리야. 여래가 멸도한 후, 말법 중에 이 경을 설하려고 하면, 마땅히 안락행에 머물러서 입으로 연설할 것이며, 만약 독경할 때 사람들과 더불어 경전의 허물을 말하지 말라. 또 모든 다른 법사를 가볍게 여겨 경시하지 말며, 다른 사람을 좋고 나쁜 것과 장점과 단점을 말하지 말라. 성문인(聲聞人)에게도 그 이름을 일컬어 허물을 말하지 말며, 또한 그 이름을 일컬어 아름다움을 찬탄하지 말며, 원망하고 싫어하는 마음을 내지 말라. 이와 같이 안락한 마음을 잘 닦으면 법을 듣는 모든 사람이 그의 뜻을 거역하지 않으리라.

혹 어려운 질문을 받더라도 소승법으로 답하지 말고, 단지 대승으로 해설하여 일체종지를 얻게 하라.

이때 세존께서 거듭 이 뜻을 펴시고자 하여 게송으로 말씀하셨다.

보살은 항상 편안하게 법을 설하는 것을 즐겨하되
청정한 땅에 법좌를 펴고
기름을 몸에 바르고 먼지와 때를 씻고
깨끗한 새 옷을 입어, 안과 밖을 깨끗이 하여
법좌에 편안하게 앉아 물음에 따라 설하라.
만약 어떤 비구 비구니 우바새 우바이
국왕 왕자 신하 백성이 있으면
미묘한 뜻으로 온화한 얼굴로 설할 것이며
만약 어려운 질문이 있으면 뜻에 따라서 답하되

인연과 비유로 부연해서 분별하여 설하라.

이와 같은 방편으로 다 발심시켜서
점점 이익이 많아지면 불도에 들게 하며
게으름과 싫증 나태한 생각을 버리고
모든 근심과 걱정을 멀리하여
자비심으로 법을 설하라.

밤낮으로 항상 위 없는 도의 가르침을 설하되
모든 인연과 무량한 비유로 중생들에게 열어 보여서
모두 환희하게 하며, 의복과 침구, 음식과 의약품을
그 가운데에 하나라도 바라지 말며
단지 한 마음 한 생각으로 법을 설한 인연으로
불도를 이루기를 원하고 중생으로 하여금 성불하게 하여라.
이것이 큰 이익이니 편안하고 즐거운 공양이니라.

내가 멸도한 후에 만약 어떤 비구가
능히 이 묘법연화경을 잘 설할 때,
마음에 질투, 성냄, 모든 장애, 근심, 수심이 없고
욕하는 자가 없으며, 또한 두려움이 없고 칼이나 막대기로
내쫓기는 일 없는 것은 인욕에 안주하기 때문이니라.
지혜 있는 자는 이와 같이 그 마음을 잘 닦기 때문에
능히 안락에 머물기를 내가 위에서 말한 바와 같이 하면
그 사람의 공덕은 천 만 억 겁 동안 산수와 비유로

다 말할 수 없느니라.

또 문수사리야. 보살마하살이 뒤의 말세에 법이 멸하려 할 때, 이 경전을 수지독송하는 사람은 질투하지 말며, 아첨하지 말며, 또 불도를 배우는 사람을 경시하거나 욕하지 장점과 단점을 말하지 말라. 만약 비구 비구니 우바새 우바이로서, 성문을 구하는 사람, 벽지불을 구하는 사람, 보살도를 구하는 사람을 어지럽게 하여 그들로 하여금 의심하고 후회하게 하면서, 그들에게 "너희들은 도에서 매우 멀어서 일체종지를 끝내 얻지 못할 것이다. 왜냐하면 너희들은 게으른 사람이어서 도에 방일하기 때문이다."라는 말을 하지 말며, 또한 모든 법을 희론(戲論)하여 경쟁하지 말라. 마땅히 일체 중생에게 대비의 생각을 내어야 하며, 모든 여래가 자비로운 아버지라는 생각 내어야 하고, 모든 보살이 큰 스승이라는 생각을 내어야 하며, 시방의 모든 대보살에게 항상 깊은 마음으로 공경 예배하여야 하며, 일체 중생에게 평등하게 법을 설해야 하고, 법에 순응하여 말을 많이도 적게 하지 말며, 법을 깊이 사랑하는 사람에게도 많이 설하지 말라.

문수사리야. 이 보살마하살이 뒤의 말세에 법이 멸하려고 할 때, 이 제삼 안락행을 성취한 사람이 이 법을 설할 때, 뇌란이 없고, 함께 배우는 사람을 만나 이 경을 함께 독송하며, 또한 많은 사람이 와서 듣고 받아서, 듣고는 지니고, 지니고는 외우며, 외우고는 설하며, 설하고는 쓰며, 사람을 시켜 쓰게 하며, 경전에 공양하고 공경, 존중, 찬탄하느니라.

이때 세존께서 거듭 이 뜻을 펴시고자 하여 게송으로 말씀하셨다.

만약 이 경을 설하고자 하면, 마땅히 질투 성냄 게으름

아첨 기만 삿된 것과 거짓된 마음을 버리고

항상 바탕이 곧은 행을 닦아야 하며,

사람을 경멸하지 말아야 하고, 법을 희론 하지 말 것이며,

다른 사람으로 하여금 의심을 갖게 하지 말며,

너는 성불하시 못한다고 하지 말며,

이 불자가 법을 설하되, 항상 부드럽고 온화하며 능히 참고,

일체를 자비로 대하고, 해태한 마음 내지 말 것이며,

시방의 대보살이 중생을 불쌍히 여기기 때문에 도를 행하니,

마땅히 공경하는 마음을 내어야 하며,

이는 곧 나의 큰 스승이라 하고,

모든 불세존에게는 위 없는 아버지라는 생각을 내고

교만한 마음을 깨뜨려, 법을 설함에 장애가 없도록 하라.

세 번째 법이 이와 같으니, 지혜자는 응당 수호하고

일심으로 안락행을 하면 무량한 중생이 공경할 것이니라.

또 문수사리야. 보살마하살이 뒤의 말세에 법이 멸하려고 할 때, 이 법화경을 지니는 자는 재가자나 출가자에게 대자심(大慈心)을 내고 보살이 아닌 사람들에게는 대비심(大悲心)을 내어, 마땅히 이런 생각을 하여야 한다. "이와 같은 사람은 곧 큰 것을 잃게 되나니, 여래께서 방편으로 근기에 따라 설법하는 것을 듣지도 알지도 못하고, 깨닫지도 이해하지도 못하니, 그 사람이 비록 묻지도 못하고 믿지도 못해 이 경을 이해하지 못해, 내가 아뇩다라삼먁삼보리를 얻을 때, 어느 곳에 있을지라도, 신통력과 지혜의 힘으로 그 사람을 인도하여 이 법 가운데에 머물게 하리라."

문수사리야. 이 보살마하살이 여래가 멸도한 후, 이 넷째 법을 성취하면 이 법을 설할 때, 과실이 없을 것이며, 항상 비구 비구니 우바새 우바이 국왕 왕자 대신과 인민 바라문과 거사 등이 공양 공경 존중 찬탄하며, 허공의 모든 천신이 법을 듣기 위하여 항상 따라다니며 모시느니라.

만약 촌락과 성읍의 조용한 숲에 있을 때, 어떤 사람이 와서 어려운 질문을 하게 되면, 모든 하늘이 밤낮으로 항상 법을 위하기 때문에 그를 위호하므로, 듣는 사람으로 하여금 능히 환희토록 하느니라. 왜냐하면 이 경은 일체 과거 미래 현재의 모든 부처님께서 신통력으로 보호하기 때문이니라.

문수사리야. 이 법화경은 무량한 나라에서 이름조차 듣기 어려운 것인데, 하물며 보고 얻어서 수지독송하는 것은 말할 필요가 있겠느냐? 문수사리야. 비유하면, 강력한 전륜성왕이 위세로 모든 나라를 항복시키고자 할 때, 작은 나라의 왕이 그 명을 거역하면, 전륜성왕이 많은 군사를 일으켜 토벌하고, 왕은 병사 중에서 공이 있는 자에게 환희하여 상을 내리는데, 밭과 집, 촌락과 성읍을 주고, 혹 의복과 장신구를 주며, 혹 여러 가지의 보배 금 은 유리 차거 마노 산호 호박 코끼리 말 마차 노비 인민을 주지만, 상투 속에 있는 밝은 구슬만은 주지 않느니라. 왜냐하면 왕의 상투에 오직 하나 밖에 없기 때문이니, 만약 그것을 주면 왕의 모든 권속들이 필경 매우 놀라기 때문이니라.

문수사리야. 여래 또한 이와 같아서 선정과 지혜의 힘으로 법의 국토를 얻어서, 삼계의 왕이니 모든 마왕들이 항복하여 따르지 않을 수 없으니, 이를 거역하면 여래의 현인과 성인인 장수들이 함께 싸우는데, 공이 있는 자에게 환희하여 사부대중 가운데에서 모든 경을 설해주어 그 마음을 기쁘게 해주는데, 선정 해탈 무루근력(無漏根力)과 모든 법의 재물을 하사하며, 또 열반의 성을 하사하여, 멸도를 얻을 것이다고 말하여, 그 마음을 인도하여 모두 환희토록 하지만, 아직 이 법화경은 설하지 아니하니라.

문수사리야. 전륜성왕이 모든 병사들 중에서 큰 공이 있는 사람을 보고, 크게 기뻐서 이 믿기 어려운 구슬을 상투 중에 두고 함부로 사람에게 주지 않다가, 지금 그에게 주는 것과 같이, 여래도 또한 그와 같아서 삼계중에 대법왕이니 일체중생을 법으로 교화하되, 현인과 성인의 장군들이 오음마(五陰魔)[103], 번뇌마(煩惱魔), 사마(死魔)와 싸워, 큰 공훈이 있어 삼독을 멸하고 삼계를 나와 마의 그물을 깨뜨리는 것을 보고, 그때 여래께서 크게 환희하여 법화경이 중생으로 하여금 일체지(一切智)에 이르게 하지만, 일체세간에서 원망이 많고 믿지 않아서 설하지 않았었는데, 이제야 설하니라.

문수사리야. 이 법화경은 모든 여래께서 제일이라고 말하며, 모든 설법 중에 최고로 깊고, 끝에 설하니, 저 강력한 왕과 같아, 명주를 오래 지니고 있다가 지금 주는 것과 같으니라. 문수사리야. 이 법화경은 모든 부처님 여래의 비밀의 장(藏)이어서, 모든 경 중에서 최고이며 최상이니, 오랜 밤 동안 수호하여 함부로 설하지 아니하다가, 비로소 오늘에야 너희들에게 널리 설하느니라.

---

103. 사마(四魔) 중의 하나이다. 사마란 수행을 방해하는 네 가지 장애를 말한다. ① 오음마(五陰魔) : 색, 수, 상, 행, 식 등 오온이 모여서 생사윤회의 고과(苦果)를 이루고 이 생사법이 진실을 깨우치려는 지혜의 생명을 빼앗아가는 것을 말한다. ② 번뇌마(煩惱魔) : 욕마(欲魔)라고도 한다. 몸 안에 있는 108번뇌 등의 갖가지 번뇌가 중생의 마음을 어지럽혀 지혜의 생명을 빼앗고 깨달음을 성취할 수 없도록 하는 것을 말한다. ③ 사마(死魔) : 중생의 몸을 구성하는 사대(四大)가 흩어져 죽음에 이르도록 함으로써 수행자가 지혜의 생명을 이어갈 방법이 없게 만드는 것을 말한다. ④ 천자마(天子魔) : 타화자재천자마, 천마라고도 한다. 욕계 제6천의 마왕이 착한 사람을 해치고 성현의 법에 대하여 증오와 질투를 일으켜 갖가지 요란한 일을 저지름으로써 수행자가 출세간의 선한 근본을 성취하지 못하도록 하는 것을 말한다.

이때 세존께서 거듭 이 뜻을 펴시고자 하여 게송으로 말씀하셨다.

항상 인욕을 행하며, 일체를 불쌍히 여겨
부처님께서 찬탄한 경을 능히 연설할지니라.

뒤 말세 때, 이 경 지니는 사람
재가(在家) 출가 그리고 보살이 아닌 사람에게
마땅히 자비를 내어야 할지니라.
이들 이 경을 듣지 않고 믿지 않아서, 크게 잃음이니
내가 불도를 얻으면 모든 방편으로
이 법을 설하여 그 가운데 머물게 하라.

비유하면 강력한 전륜성왕
공이 있는 병사 모든 재물 하사하니
코끼리 말 수레 장신구와
밭과 집, 촌락과 성읍
의복과 여러 가지의 보배
노비와 재물을 환희하여 하사하다가
용맹하고 굳건하여 어려운 일하게 되면
왕이 상투 중의 명주를 하사하니
여래 역시 그러하여 모든 법의 왕이시니
인욕의 큰 힘과 지혜의 보장(寶藏)과
대자비로써 법과 같이 세상을 교화하되,
일체의 사람들이 모든 고뇌를 받고

해탈을 구하고자 하여 여러 마군과 싸우는 것을 보고
이런 중생을 위하여 여러 가지의 법을 설하고
큰 방편으로 이 모든 경을 설하여
중생들이 힘을 얻었음을 알고
말세에 이 법화경을 설하기 위하여
마치 왕이 상투 속의 명주를 주는 것처럼
이 경 존귀하여 모든 경 중의 위이니,
내가 항상 수호하고 함부로 열어 보이지 않았지만
이제 바로 때가 되어서, 너희들에게 설하느니라.

내가 멸도한 후, 불도를 구하는 사람
편안하게 이 경을 연설하고자 하면
마땅히 이와 같은 네 가지 법에 친근하여야 하니라.

이 경을 읽는 사람 항상 우수와 뇌로움
병통(病痛)이 없으며, 안색이 깨끗하고 밝으며
빈궁하고 비천하며 추잡하게 태어나지 않으며,
중생들이 마치 현인과 성인을 흠모하듯이 보며,
하늘과 모든 동자들이 받들어 모시고,
칼과 몽둥이, 독으로 해치지 못하며,
만약 사람이 악하게 욕을 하면, 그 입은 곧 막혀지고,
유행할 때 두려움이 없는 것이 마치 사자왕과 같고,
지혜광명이 태양과 같이 비추느니라.

만약 꿈에서 묘한 일을 보거나, 모든 여래께서 사자좌에 앉아
모든 비구들에게 둘러싸여 법을 설하는 것을 보거나,
용과 신과 아수라 등 항하사와 같은 무리들이
공경 합장하고 있는 것을 보는데,
자신이 그들에게 법을 설하는 것을 보느니라.

모든 부처님 금색 몸에서
무량한 광명을 놓아 일체를 비추고
범음의 소리로 모든 법을 연설하며,
부처님 사부대중을 위하여 위 없는 법 설함을 보느니라.

그 몸 합장하여 부처님을 찬탄하고,
법을 듣고 환희하여 공양하며,
다라니를 얻고 불퇴지(不退地)를 증득하면
부처님께서 그 마음이 깊이 불도에 들어감을 아시고,
즉시 최정각을 이루는 수기를 주시니,
너희 선남자야, 내세에 무량지(無量智)인 부처님의 큰 도를 얻어
국토는 엄정하고 깨끗하며, 넓고 커서 비할 데가 없으며,
사부대중이 합장하여 법을 듣느니라.

또 자신이 산림 중에 있으면서
좋은 법을 닦고 익혀서 모든 실상을 증득하고
선정에 깊이 들어 시방의 부처님 친견하는 것을 보는데,
모든 부처님 몸 금색이며, 백 가지 복으로 장엄하고

법을 듣고, 사람을 위하여 설하는,
항상 이런 좋은 꿈이 있으리라.

또 꿈에서 왕이 되어 궁전과 권속들
가장 묘한 향락들을 버리고
도량에 나아가
보리수 아래 사자좌에 앉아
도를 구하길 칠일이 지나 모든 부처님의 지혜를 얻고,
위없는 도를 이루어, 법륜을 굴리어
사부대중을 위하여 법을 설하기를 천 만 어 겁이 경과하며
무루의 묘한 법을 설하여, 무량한 중생을 제도하고,
후에 열반에 들어가 마치 등불이 꺼지는 것과 같고,
만약 뒤 악한 세상에서 이 제일의 법을 설하면
이 사람 큰 이익을 얻는 것이, 위의 모든 공덕과 같으니라.

해 설

앞 권지품 제23에서 약왕보살과 대요설보살 등 2만 보살과 그리고 80만억 나유타보살들에게 이르기까지 부처님의 멸도 후에 법화경을 수지하고 넓힐 것을 맹세했다. 그런데 안락행품 제14에서는 법화경을 수지하고 넓히겠다는 맹세를 한 보살들이 험악한 사바세계에서 법화경을 설할 때, 어떤 몸가짐과 마음가짐을 가져

야 할 것인가에 대해 문수보살이 부처님께 묻고, 부처님께서는 4 안락행(4安樂行)으로 설하고 있다.

그리고 4안락행을 설하신 부처님께서 '법화7유'의 여섯 번째인 '계주(髻珠)의 비유'를 들어서 법화경이 모든 부처님의 비밀장(秘密藏)으로서 최고로 얻기 어려운 경전이라고 말한다.

1. 4안락행(4安樂行)

(1) 안락행의 의미

'안락행'이란 범어 'SUKHA-VIHĀRA, 수카비하라'를 한역한 것으로, "낙(樂)에 머무는 것. 즉 심신(心身)이 안락한 상태에 머물러 있는 것."이라는 뜻이다. 이것은 "안락한 수행"이라는 뜻이 아니라 안락한 상태에 몸과 마음을 두기 위한 실천하는 행법을 말한다. 다시 말하면 이것을 실천함으로써 안락을 얻을 수 있는 수행을 말한다.[104]

다음은 4안락행의 내용인데, 천태대사는 신(身), 구(口), 의(意), 서원(誓願)의 네 가지로 분류하였다. 그리고 천태대사는 이 사안락행은 초심의 얕은 보살을 위해 설한 것이라고 한다. 그 이유는 이 사바세계에서 법화경을 전파할 능력이 없기 때문에 부득이 다른 국토에서 법화경을 홍통할 것을 서원한 5백아라한, 8천의 성문들이기 때문이라 한다.

---

104. 『법화경총설』, 박혜경 지음, 도서출판 삼양, p.221.

(2) 신안락행(身安樂行)

신안락행은 행처(行處)와 친근처(親近處)로 나누어진다.

1) 행처

처란 범어 'ACARA, 아차라'의 한역으로, 자기 몸의 처신에 관한 마음가짐을 말한다. 경문에서 "무엇이 보살마하살이 행할 곳이라 하는가? 만약 보살마하살이 인욕지(忍辱地)에 머물러 부드럽고 온화하며 착하고 순하며, 그리고 포악하지 않으며 마음에 놀라지 않으며, 또 법에 행한다고 하는 바가 없어야 하며, 모든 법의 여실상(如實相)을 관하고, 또 행함도 없고 분별함도 없으면 이것을 보살마하살이 행할 곳이라 한다."라 하고 있다.

2) 친근처

친근처란 범어 'GOCARA, 고차라'의 한역으로, 행위의 대상 또는 행동 범위라는 뜻이다. 법화경에서는 가까이 해서는 안 되는 것과 반대로 가까이 해야 할 것, 두 가지를 설하고 있다. 먼저 가까이 해서는 안 되는 것이란 대인관계인데 다음과 같이 열거하고 있다.

   (1) 가까이 해서는 안 되는 것
     ① 국왕, 왕자, 대신이나 관리 등의 권력자
     ② 이교도(異教徒)의 사람들(노가야타, 역노가야타)

③ 문학자, 음악가, 격투인 등

④ 세상에 오락을 제공하는 사람들, 그리고 그 오락도 가
   까이해서는 안 된다.

⑤ 찬드라라고 하는 천민 계층의 사람들

⑥ 짐승을 기르거나 어업과 사냥을 생업으로 하는 사람들

⑦ 성문 2승의 출가자와 그 남녀 신도들,

⑧ 오종불남(五種不男)

⑨ 나이어린 제자나 사미(沙彌) 및 어린애 등을 기르지 말
   것

⑩ 혼자서 다른 사람의 집에 들어가지 말 것.

그리고 이러한 사람들이 법을 물어오면 법을 설해 주되, 무언가를 요구해서는 안 된다고 하며, 여인에게 설법할 때, 이를 들어 내지 말고, 가슴을 내놓는 행위를 하지 말 것을 요구하고 있다.

(2) 가까이 해야 하는 것.
   두 가지가 있는데, 첫째 항상 좌선을 부지런히 하고 한적한 장소에서 그 마음을 다스릴 것, 둘째 이 세상의 모든 것에 대해 여실한 상인 공(空)을 관할 것 등이다.

(3) 구안락행(口安樂行)

천태대사는 구안락행이라 이름한 것은 그 내용이 언어에 관한 것이기 때문이라 한다.

① 법화경을 남에게 설하거나 경을 읽을 때 사람이나 경전
에 대해 그 허물을 지적하지 말 것,

② 다른 법사를 경멸하지 말 것,

③ 남의 장단점을 말하지 말 것,

④ 자신이 다른 사람을 싫다 좋다하는 평을 하지 말 것이
며. 그리고 질문을 받았을 때에는 대승으로 대답해 주어
야 한다.

(4) 의안락행(意安樂行)

의안락행은 법화경 홍통자의 마음가짐에 대한 것이다.

① 다른 사람에 대하여 질투, 거짓말, 아첨, 경멸 등의 마
음을 가지지 말 것,

② 다른 수행자의 장단점을 거론하지 말 것,

③ 희론(戱論)으로써 남과 다투지 말 것,

④ 불도를 구하는 사람에게 의혹의 마음을 일으키게 하거
나, 실망시키는 말을 하지 말 것,

⑤ 모든 사람에게 대비심을 일으킬 것,

⑥ 부처님에게는 자애로운 아버지(慈父)라는 생각을 가
질 것,

⑦ 보살에 대해서는 큰 스승이라는 생각을 가질 것,

⑧ 일체중생에게 편애함이 없이 평등하게 법을 설할 것 등
이다.

(5) 서원안락행(誓願安樂行)

천태대사는 서원안락행이라고 한 것은 법화경을 홍통하는 사람에게 중생제도의 서원을 일으키게 하기 때문이라 한다. 재가자나 출가자에게는 대자심(大慈心)을 내어야 하고, 보살이 아닌 사람들에게는 대비심(大悲心)을 내어야 한다. 그리고 자신이 깨달음을 얻었을 때에는 그 모든 사람들을 법화경으로 이끌어 들이겠다는 서원을 세워야 한다.

2. 계주(繫珠)의 비유

위 본문에서 보았듯이 전륜성왕이 전공을 세운 장병들에게 상을 내리지만 상투 속에 있는 명주(明珠)는 주지 않다가 큰 공이 있는 자에게 주는 것처럼, 부처님도 삼계를 선정과 지혜의 힘으로 다스리는 대법왕인데. 모든 경을 설하지만 법화경을 설하지 아니하다가 지금 설한다고 한다.

그 이유는 아직 근기가 성숙되지 못한 사람들에게 설하면 놀라서 믿지 않으려 하기 때문이다. 그런데 이 안락행품에서 대중들이 모든 마를 조복하고 타파하여 법화경을 믿고 지닐 수 있는 때가 되었다 하여 법화경을 설한다고 한다.

종지용출품 제십오(從地涌出品 第十五)

　　이때 다른 국토에서 온 팔 항하사의 수가 넘는 모든 보살마하살이 대중 가운데에서 일어나 합장하여 예를 올리고 부처님께 여쭈었다. "세존이시여. 만약 저희들이 부처님께서 멸도하신 후에 이 사바세계에 있으면서 부지런히 정진하고 이 경전을 호지하고 독송하며 서사 공양하는 것을 들어주신다면 마땅히 이 땅에서 법화경을 널리 설하겠습니다."

　　그때 부처님께서 모든 보살마하살 대중에게 말씀하셨다. "그만두어라. 선남자야, 너희들이 이 경전을 호지할 필요가 없느니라. 왜냐하면 나의 사바세계에는 육만 항하사의 보살이 있고, 그 하나하나 가각의 보살은 육만 항하사의 권속이 있어, 이 모든 사람들이 능히 내가 멸도한 후에 이 경을 호지하고 독송하며 널리 설하기 때문이니라."

　　부처님께서 이 말씀을 할 때, 사바세계 삼천대천국토의 땅이 모두 진동하면서 갈라지더니 그 가운데에서 무량 천 만 억 보살마하살이 동시에 솟아 올라왔다. 이 모든 보살들은 몸이 금색이며 삼십 이상을 갖추었고 무량한 광명이 있는데, 이 사바세계의 아래 허공 가운데 머물러 있다가 석가모니 부처님께서 설하시는 음성을 듣고, 아래로부터 솟아 오른 것이었다.

　　그 하나하나의 보살들은 모두 이 대중을 이끄는 수장으로 각각 육만 항하사의 권속을 거느리고, 오만 사만 삼만 이만 일만 항하사 등의 권속 내지, 한 항하사, 반 항하사, 사분의 1, 내지 천 만 억 나유타분의 일의 권속 또는 억 만의 권속을 거느리며, 또는 천만 백만 내지 일만 또는 일천 일백 내지 일십 또는 오 사 삼 이 일의 제자를 거느리고, 또는 홀로 멀리 떠나는 행을 즐기는 이와 같은 비유로 무량무변하고 산수비유로 능히 알 수 없었다.

이 모든 보살들이 땅에서 솟아나와 허공의 칠보 묘탑에 계신 다보여래와 석가모니불이 계신 곳에 이르러 두 세존을 향하여 머리 숙여 발에 절하고, 그리고 모든 보배 나무 아래의 사자좌 위 부처님 계신 곳에 이르러 또한 예를 올리고, 오른쪽으로 세 번 돌고 합장하여 공경하며, 여러 보살들이 가지가지의 찬탄하는 법으로 찬탄하고, 한 쪽에 머물러 있으면서 기쁜 마음으로 두 세존을 우러러 보았다.

이 모든 보살마하살이 처음 솟아 나오면서부터 모든 보살의 가지가지 찬탄하는 법으로 부처님을 찬탄하니, 이와 같은 시간이 50 소겁이 지났다. 그때 석가모니 부처님께서는 묵연히 앉아 계셨고, 그리고 사부대중들도 묵연히 하기를 50소겁이었는데, 부처님의 신력으로 한나절과 같이 생각했다.

이때 사부대중들은 또한 부처님의 신력으로 헤아릴 수 없는 백 천 만억 국토의 허공에 가득한 보살을 보았다. 이 보살들 가운데 네 명의 도사(導師)가 있는데, 첫째가 상행(上行), 둘째가 무변행(無邊行), 셋째가 정행(淨行), 넷째가 안립행(安立行)이었다. 이 네 보살이 그 가운데에서 최고의 우두머리로 창도하는 스승이었는데, 대중 앞에 나와 각각 합장하여 석가모니부처님을 우러러 보며 문안드렸다. "세존이시여, 병환이 없으시며 뇌로움도 없으시며 안락한행을 하시옵니까? 마땅히 제도될 자들이 쉽게 가르침을 잘 받고 세존에게 피로를 끼치지 않으십니까?"

이때 네 분의 대보살이 게송으로 말하였다.

세존께서 안락하사 병도 없고 고통도 없고
중생을 교화하심에 피로와 권태 없으시며

또 모든 중생 쉽게 교화 받아서
세존께 피로를 끼치지 않으십니까?

그때 세존께서 보살대중들에게 말씀하셨다. "이와 같고 이와 같으니라, 모든 선남자야, 여래는 안락하고 병이 없고 고통도 없고 모든 중생이 쉽게 제도되어 피로가 없느니라. 왜냐하면 이 모든 중생들은 세세로 오면서 항상 나의 교화를 받았고, 또 과거에 모든 부처님을 공경 존중하고 모든 선근을 심었기 때문이니라. 이 모든 중생들이 처음 나의 몸을 보고 내가 말한 바를 듣고는 곧 믿고 지녀서 여래의 지혜에 들었는데, 먼저 소승을 배워 닦고 익힌 자는 제외하느니라. (그러나) 이와 같은 사람도 또한 내가 이 경을 설하여 부처님의 지혜에 들게 하리라."
이때 모든 대보살들이 게송으로 말하였다.

거룩하고 거룩하신 대웅 세존이시여.
모든 중생들을 쉽게 제도하시며,
모든 부처님의 깊고 깊은 지혜를 물어
듣기를 마치고 믿어 행하니 저희들 따라서 기뻐하나이다.

그때 세존께서 상수의 모든 대보살을 찬탄하니, "훌륭하고 훌륭하도다. 선남자여, 너희들이 능히 여래를 따라서 기쁜 마음을 내었구나." 그때 미륵보살과 팔천 항하사의 모든 보살들이 이렇게 생각하였다. "저희들 옛적부터 이와 같은 대보살마하살들이 땅에서 솟아 올라와 세존 앞에 머물러서 합장하여 공양하고 문안을 드리는 것을 보지도 못했고 듣지도 못하였다."

그때 미륵보살마하살이 팔천항하사의 모든 보살들의 마음에 생각하는 것을 알고 아울러 자신의 의심도 해결하고자 하여 부처님을 향하여 합장하고 게송으로 물었다.

　　무량천만억 대중의 모든 보살은
　　옛적에 일찍이 보지 못한 바이니 원컨대 양족존이시여 설하여
　　주소서.

　　이들은 어느 곳으로부터 왔으며 어떠한 인연으로 모였습니까?
　　거대한 몸에 큰 신통과 지혜는 불가사의이며

　　뜻과 생각이 견고하고 큰 인욕의 힘이 있고,
　　중생이 보기를 좋아하니 어떤 곳으로부터 오게 되었습니까?

　　하나하나의 모든 보살들이 거느린 권속들
　　그 수 무량하여 항하의 모래와 같고,

　　혹 어떤 대보살은 육만 항하사를 거느리며
　　이와 같은 모든 대중들이 일심으로 불도를 구하며
　　육만 항하사의 이 모든 대사들이
　　함께 와서 부처님께 공양을 올리고 이 경을 호지하며,

　　오만 항하사를 거느린 이, 그 수가 이 보다 많으니
　　사만 그리고 삼만 이만 일만에 이르르며

일천 일백이며 내지 일 항하사, 반 항하사, 그리고 삼 사분
억만분의 1일며
천만 나유타 만억의 모든 제자 내지 반 억에 이르르니
그 수가 또한 위 보다 많으며,

백만 내지 1만이며 일천 일백
오십 일십 내지 셋 둘 하나를 거느리며

권속없이 홀로 살기를 즐기는 자가 함께
부처님 계신 곳에 이르니 그 수는 위 보다 더 많습니다.

이와 같은 모든 대중을 만약 어떤 사람이 계산하면
항하사 겁이 지나도 다 알지 못하오리다.

이 모든 큰 위엄과 덕을 갖추고 정진하는 보살들을
누가 그들을 위하여 법을 설하여 교화하고 성취시켰으며
누구를 따라 처음 발심하였으며 어느 부처님의 법을 칭찬하였으며
누구의 경을 받아 행하였으며 어느 부처님의 도를 닦아 익혔습니까?

이와 같은 모든 보살들이 신통과 큰 지혜의 힘으로
사방으로 땅이 진동하고 갈라져서 모두 그 가운데에서 솟아올라와
세존이시여, 저희는 옛적부터 이런 일을 일찍이 보지 못했나이다.
원컨대 그들이 온 국토의 이름을 설해주소서.
저희들 많은 국토를 다녔으나 이런 대중 일찍이 보지 못했으며,

저는 이 대중 가운데 한 사람도 알지 못하겠나이다.

홀연히 땅에서 솟아올라온 그 인연을 설하여 주소서.

지금 이 대회의 무량백천억의 많은 보살들 모두,
이 일과 이 모든 보살들의 처음과 끝의 인연을 알고자 합니다.
무량한 덕의 세존이시여. 오직 원컨대 대중의 의심을 끊어 주소서.

　이때 석가모니 분신의 모든 부처님들께서 한량없는 천 만 억의 다른 국토에서 오셔서 팔방의 많은 보배나무 아래의 사자좌 위에 결가부좌 하였는데, 그 부처님들의 시자들 각각이 삼천대천세계의 사방의 땅에서 솟아 올라와 허공에 머물고 있는 보살의 무리를 보고, 각각 부처님께 여쭈었다. "세존이시여. 이 모든 무량무변한 아승지 보살의 무리들이 어디에서 왔습니까?" 그때 모든 부처님께서 각각의 시자들에게 말씀하셨다. "모든 선남자야. 잠깐만 기다려라. 미륵이라는 보살마하살이 있는데, 석가모니부처님께서 수기한 바이고, 다음에 성불하리라, 그 보살이 이미 이 일을 물었으니 부처님께서 지금 답할 것이니, 너희들은 자연히 이 인연을 듣게 되리라."
　그때 석가모니부처님께서 미륵보살에게 말씀하셨다. "훌륭하고 훌륭하도다. 아일다여. 능히 부처님께 이와 같은 큰일을 묻는구나. 너희들은 마땅히 함께 일심으로 정진의 갑옷을 입고 견고한 뜻을 일으켜야 한다. 여래는 지금 모든 부처님의 지혜와 모든 부처님의 자재한 신통의 힘과 모든 부처님의 사자와 같은 빠른 힘과 모든 부처님의 위엄 용맹 큰 세력의 힘을 나타내어 일으켜 보이고자 하느니라."

이때 세존께서 거듭 이 뜻을 펴시고자 게송으로 말씀하셨다.

마땅히 일심으로 정진하라.
이 일을 설하고자 하니 의심을 품지 말라.
부처님의 지혜는 불가사의 하느니라.

너희들 믿음의 힘을 내어 참고 착한 가운데 머물러라.
일찍이 듣지 못한 법, 지금 모두 들을 것이며
내가 너희들을 안위케 하리니 의심과 두려움을 가지지 말라.

부처님은 진실되지 않은 말이 없으며, 지혜는 헤아릴 수 없느니라.
얻은 바 제일의 법은 심히 깊어서 분별하지 못하니,
이와 같은 것을 지금 설하니 너희들은 일심으로 들을지니라.

이때 세존께서 게송을 마치시고, 미륵보살에게 말씀하셨다. "내가 지금 이 대중 가운데서 너희들에게 말하노라. 아일다야, 땅에서 솟아올라온 무량무수하고 아승지의 이 모든 큰 보살마하살들을 너희들은 일찍이 보지 못했으리라. 내가 이 사바세계에서 아뇩다라삼먁삼보리를 얻은 후에 이 모든 보살을 교화하여 이끌고 마음을 조복시켜 도의 뜻을 일으키게 하였느니라. 이 모든 보살들은 이 사바세계의 지하의 허공 중에 머물면서 모든 경전을 읽고 외우고 통리하였으며, 사유분별하고 바르게 기억하고 생각하였느니라. 아일다야, 이 모든 선남자들은 대중 속에서 많이 설하기를 즐겨하지 않고, 항상 조용한 곳을 즐겨서 부지런히 정진하고 휴식을 취하지 않으며, 또한 인간이나 하늘에 의지하지 않고 항상 깊은 지혜를 즐거하며, 또한 항상 모든 부처님의 법을 즐거하여, 일심으로 정진하고 위없는 지혜를 구하였느니라."

그때 세존께서 거듭 이 뜻을 펴시고자 게송으로 말씀하셨다.

아일다야, 너는 마땅히 알아야 한다.
이 모든 대보살들은 무수한 겁이래 부처님의 지혜를 닦아
익혔느니라.

이 모두를 내가 교화한 바이니 큰 도심을 일으키게 하였고
이들은 바로 나의 아들이며 이 세계를 의지하여
항상 두타행을 하고, 조용한 곳을 즐겨
대중의 시끄러움과 어지러움을 버리고
많이 말하는 것을 즐겨하지 않으니,

이와 같은 모든 아들들이 나의 도법을 학습하기를
주야로 항상 정진하고 불도(佛道)를 구하는 까닭으로
사바세계 아래 공중 가운데 머물러 있느니라.

뜻과 생각의 힘이 견고하여 항상 부지런히 지혜를 구하고
여러 가지의 묘한 법을 설하고 마음에 두려운 바가 없느니라.

내가 가야성[105] 보리수 아래 앉아 최고의 정각을 이루고
위없는 법륜을 굴리고 그들을 교화하니 처음 도심을 일으키게 하여
지금 모두 불퇴의 자리에 머물러 모두 성불하리라.

내가 지금 진실한 말로 설하니 너희들은 일심으로 믿으라
내가 오랜 예부터 이들을 가르쳐 교화하였느니라.

이때 미륵보살마하살과 무수한 모든 보살들이 마음에 의혹을 내어 일찍이 있지 아니하였던 것을 괴이하게 여겨 이와 같은 생각을 하였다. "어떻게 세존께서 짧은 시간에 이와 같은 무량무변한 아승지의 모든 보살들을 교화하여 아뇩다라삼먁삼보리에 머물게 하였을까?" 그리고 곧 부처님께 여쭈었다.

"세존이시여. 여래께서 태자였을 때, 석씨궁을 나와 가야성에서 멀지 않은 도량에 앉아 아뇩다라삼먁삼보리를 이루시고 경과한 지가 40여년인데, 세존이시여 어떻게 적은 시간에 큰 부처님의 일을 하시고 부처님의 세력과 부처님의 공덕으로 이와 같은 큰 보살의 무리를 교화하여 마땅히 아뇩다라삼먁삼보리를 이루게 하였습니까? 세존이시여 이 대보살의 무리들, 가령 어떤 사람이 천 만 억겁 동안 헤아려도 능히 그 수를 알 수 없고 그 주변도 얻지 못합니다. 이들은 아주 오랜 옛적부터 지금까지 무량무변한 모든 부처님 거처에서 모든 선근을 심어 보살도를 성취하고 항상 깨끗한 행을 닦았을 것인데, 세존이시여 이와 같은 일은 세상에서 믿기 어려운 것입니다.

비유하면 얼굴이 아름답고 머리가 검은 나이가 25세인 사람이 100세인 사람을 가리켜 나의 아들이라고 말하고, 그 백세인 사람 역시 나이 어린 사람을 가리켜 나를 낳아 키워준 아버지라 하면 이런 일을 믿기가 어려울 것입니다. 부처님 또한 이와 같아서 득도한 지가 진실로 오래

---

105. 범어 Gayā의 음사. 중인도 마갈다국 가야에 있었던 성(城)을 말한다.

지 않지만, 이 많은 보살들은 무량 천 만 억겁 동안 불도(佛道)를 위하는 까닭으로 부지런히 정진하고 무량백천만억삼매에 잘 들어가 머물고 나오며 큰 신통을 얻고, 깨끗한 행을 오래 닦아 차례대로 선법을 잘 배워서 문답(問答)에 묘하여 사람 가운데 보배이니, 일체세간에 매우 희유합니다.

금일 세존께서 바야흐로 말씀하시되, '불도를 얻었을 때 처음으로 발심시켜 교화하고 보여서 인도하고, 아뇩다라삼먁삼보리를 향하게 하였다' 라 하시지만 세존께서 성불하신지가 오래 되지 않은데, 능히 이런 큰 공덕의 일을 지으셨습니까? 저희들 비록 부처님께서 마땅한 바를 따라 설한 법이나 부처님께서 설한 말씀은 일찍이 허망하지 않으며, 부처님께서 아시는 바를 다 통달하여 믿습니다.

그러나 새로 뜻을 일으킨 모든 보살들이 부처님 멸도 후에 만약 이 말을 듣는다면 혹 믿지 않고 받지 아니하여 법을 깨뜨리는 죄업의 인연을 일으킬 수 있습니다. 오직 원컨대 세존이시여. 해설하여 저희들의 의심을 제거하여 주소서. 그리고 미래세상의 모든 선남자들이 이 일을 듣고 또한 의심이 생기지·않도록 하여 주소서."

그때 미륵보살이 거듭 이 뜻을 펴고자 게송으로 말하였다.

부처님 옛날 석씨궁에서 출가하여
가야성 가까운 곳 보리수 아래 앉으시니
그리하여 온 것이 오래지 않은데

이 모든 불자들 그 수가 불가량이며
불도를 행한지 오래되어 신통력에 머물고

보살도를 잘 배워서 세간법에 물들지 않는 것이
마치 연꽃이 물에 있는 것과 같으며

땅에서 솟아올라 모두 공경심을 일으켜
세존 앞에 머무는, 이 일 생각하기 어려우며
어떻게 믿으리까?

부처님 도 얻은 것, 심히 오래지 않은데
성취한 바가 많으시니,
원하옵나니 중생의 의심을 없애 주시고
여실히 분별하여 설하여 주소서.

비유하면 나이 어린 25세의 사람이
백발의 주름진 100세의 사람을 가리켜
나의 아들이라, 아들 또한 나의 아버지라 하면
아버지는 어리고 아이는 늙었으니
세상이 믿지 않는 것과 같습니다.

세존 또한 이와 같아서 도 이루심 오래지 않고
이 모든 보살들 뜻이 견고하고 겁약이 없으며
무량한 겁 이래 보살도를 행하고
어려운 질문에 훌륭히 답하고
그 마음 두려움이 없으며, 인욕의 마음 결정되어
단정하고 위엄과 덕이 있으며

시방의 부처님께서 찬탄하는 바이니

능히 잘 분별하여 설하며

사람들 속에 있기를 즐겨하지 않으며

항상 선정에 머물기를 즐겨하며

부처님의 도를 구하는 까닭으로

지하의 허공 중에 머물러 있습니다.

저희들 부처님으로부터 이 일 듣고 의심이 없으나

원컨대 부처님이시여. 미래를 위하여

연설하여 주시고 이해하게 해 주소서.

만약 이 경에 의심을 내거나 믿지 아니하는 사람

마땅히 악도에 떨어지니,

원컨대 지금 해설하여 주소서.

이 무량한 보살들 어떻게 적은 시간에

교화하여 발심시켜 불퇴지[106)]에 머물게 하였나이까?

---

106. 불퇴지란 보통 일정한 경지에 도달하여 다시는 그 아래 단계로 물러나지 않는 지위, 혹은 증득한 법에서 물러나 잃어버리지 않는 지위를 말한다. 「성유식론술기」에 불퇴에는 두 가지 뜻이 있다. 첫째, 이미 증득의 불퇴를 얻은 것이고, 둘째, 아직 행(行)의 불퇴를 증득하지 못한 것이다. 앞의 것 곧 증불퇴(證不退)는 초지(初地)에서 얻고, 뒤의 것 곧 행불퇴(行不退)는 팔지(八地, 不動地)에서 얻으니, 그러므로 불퇴라 한다. 초지 이상을 증불퇴라 하고, 팔지 이상을 행불퇴라 한다.

해 설

1. 천태대사는 이 품부터 본문으로 과단하였다.

이 과단이 오늘날까지 이어오고 있다. 이 종지용출품은 타방에서 온 8항하사 수보다 많은 보살들이 부처님께서 멸도한 후 이 사바세계에서 머물면서 법화경을 수지, 독송, 해설, 서사하면서 또 이 법화경을 사바세계에 널리 설하겠다고 부처님께 여쭈지만, 부처님께서는 허락하지 않는다. 그 이유는 이 사바세계에는 내가 거느리는 6만 항하사 수만큼 보살들이 내가 멸도한 후에 법화경을 홍통할 것이라 한다. 그러자 이 사바세계의 땅이 진동하면서 그 속에서 한량없는 보살들이 솟아 올라온다. 그들은 32상을 갖추고 무수한 광명을 발하고 있었다.

이것을 본 대중들은 놀라고 의심하는 마음을 품는데, 부처님께서는 예부터 이들을 가르쳐 온 것이라 한다. 이것이 이품의 줄거리이고, 이 의문에 대한 것은 다음 여래수량품 제15에서 밝혀진다. 따라서 이품은 구성상 다음의 여래수량품의 도입부에 해당되는 셈이다.

그리고 땅속에서 솟아올라온 이 보살들을 지용보살(地涌菩薩)이라 하는데, 그들을 이끄는 네 명의 상수보살이 있다. 이 네 명의 상수보살의 이름은 상행(上行), 무변행(無邊行), 정행(淨行), 안립행(安立行)인데, 모두 행(行)이라는 이름을 가지고 있다. 이것은 실제 실천을 강조하는 것이다. 법화경의 광설은 관념상 마음으로만 해서는 안 되고, 실제 행해야 하는 것을 의미한다. 그리고 그것은 우선 이 사바세계에 몸을 담고 있는 우리들의 당면 문제이지 어찌 타방세계의 문제가 되겠는가? 어찌보면 이 지용보살들은 바로 우리 자신들일 수도 있는 것이다.

또 이 네 명의 보살 이름의 뜻을 보면 뛰어난 행(上行), 한량없는 행(無邊行), 깨끗한 행(淨行), 확고한 행(安立行)이다. 즉 사바세계에서 법화경을 광설 유포하려면 뛰어나게, 한량없게, 깨끗하게, 확고하게 하라는 뜻이다.

2. 부소자로(父小子老)의 비유

이 비유는 법화7유 중의 하나이다. 위에서 본 바와 같이 땅에서 솟아올라온 지용보살들이 32상을 갖추고 모두 금색 광명을 발한다.

그리고 이에 대해서 석가모니부처님께서 아주 구원의 예부터 교화하여 온 보살들이라 하자, 대중들은 모두 의심을 한다. 석가모니부처님께서는 가야성 근처 보리수 아래서 성도한지가 40여 년 밖에 안 되는데, 구원겁 전에 이들을 교화하였다고 하니 대중들은 이해가 안 되는 것이다. 그리하여 미륵보살이 대표로 아버지는 25세로 젊고, 아들은 100세라 하면 누가 믿겠는가 하면서 묻는다.

이것이 '부소자로(父小子老)'의 비유이다. 이에 대하여는 다음의 여래수량품에서 부처님께서 성불하신 것은 구원 겁 전에 이미 성불하여 이 들(지용보살)을 교화하였다고 한다.

여래수량품 제십육(如來壽量品 第十六)

　　이때 부처님께서 모든 보살들 그리고 일체대중에게 말씀하셨다. "모든 선남자야. 너희들 마땅히 여래의 참된 이치의 말을 믿고 이해할지니라." 다시 대중에게 말씀하셨다. "너희들 마땅히 여래의 참된 이치의 말을 믿고 이해할지니라." 또 모든 대중에게 말씀하셨다. "너희들 마땅히 여래의 참된 이치의 말을 믿고 이해할지니라."

　　그때 보살들 가운데 미륵이 상수가 되어 합장하고 부처님께 여쭈었다. "세존이시여. 원컨대 설하여 주소서. 저희들 마땅히 부처님의 말씀 믿고 받으오리다." 이와 같이 세 번 여쭈기를 마치고 다시 말하되 "오직 원컨대 설하여 주소서. 저희들 마땅히 부처님의 말씀 믿고 받으오리다." 그때 세존께서 여러 보살들이 세 번이나 청하여 그치지 않는 것을 아시고 말씀하셨다.

　　"너희들은 여래의 비밀한 신통력을 자세히 들으라. 일체 세간의 하늘과 인간 그리고 아수라 등 모두가 석가모니부처님께서 석씨궁을 출가하여 가야성에서 멀지 않은 곳, 도량에 앉아 아뇩다라삼먁삼보리를 얻었다고 생각하느니라. 그러나 선남자야, 내가 진실로 성불한 지는 무량무변 백 천 만 억 나유타 겁 이니라. 비유하면 오 백 천 만억 나유타 아승지 삼천대천세계를 어떤 사람이 갈아서 모두 티끌로 만들어 동방으로 오 백 천 만억 나유타 아승지국을 지나서 티끌 하나를 떨어뜨리며, 이와 같이 동쪽으로 가면서 이 티끌을 다한다면, 모든 선남자야, 너희들 생각은 어떠하냐? 이 모든 세계를 생각으로 헤아려서 그 수를 알 수 있겠느냐?"

　　미륵보살 등이 부처님께 말하였다. "세존이시여. 이 모든 세계는 무량무변하여 산수로 알 수 없으며, 또한 마음의 힘으로도 미치지 못합니다. 그리고 일체 성문 벽지불이 무루지(無漏智)로 사유하더라도 그 수를 알 수 없습니다. 저희들 아비발치지에 머물더라도 또한 이일을 통달할 수 없습니다. 세존이시여 이와 같은 모든 세계는 무량무변합니다."

그때 부처님께서 대보살들에게 말씀하셨다. "모든 선남자야. 지금 마땅히 너희들에게 분명하게 말하노라. 이 모든 세계에 만약 티끌을 둔 것과 그리로 또 두지 아니한 것을 모두 티끌을 만들어, 한 티끌을 1겁이라 하여도, 내가 성불한 지는 이보다 백 천 만억 나유타 아승지 겁이나 더 오래되니라. 이로부터 나는 항상 이 사바세계에 있으면서 법을 설하고 교화하였으며, 또한 다른 백 천 만억 나유타 아승지 국토에서 중생을 인도하여 이익 되게 하였느니라.

모든 선남자야. 이 중간에 내가 연등불(然燈佛)[107] 등을 말하였고, 또 그가 열반에 들었다고 말하였으나 이와 같은 모든 것은 방편으로 분별한 것이니라. 모든 선남자야. 만약 어떤 중생이 나의 처소에 와서 이르면, 나의 불안(佛眼)으로 그의 믿음과 모든 근기의 예리함과 둔함을 관하여 제도할 바를 따라 곳곳에서 설하되, 이름이 같지 아니하며, 연대가 많고 적으며, 또한 마땅히 열반 드는 것을 나타내어 말하기도 하고, 또 여러 가지의 방편으로 미묘한 법을 설하여 중생으로 하여금 환희심을 일으키게 하였느니라.

모든 선남자야. 여래는 모든 중생이 작은 법을 즐기어 덕이 박하고 때가 무거운 자를 보면, 이런 사람들을 위하여 내가 젊어서 출가하여 아

---

107. 과거세에 출현하여 석가모니불에게 미래에 성불(成佛)할 것이라고 예언한 부처님, 석가모니불 이전에 나타났다고 하는 24분의 부처님 중 한 분, 정광여래(錠光如來)라고도 한다.

녹다라삼먁삼보리를 얻었다고 설하느니라. 그러나 내가 진실로 성불한 지는 오래되고 멀지만, 단지 방편으로 중생을 교화하여 불도(佛道)에 들어오게 하고자 이와 같이 설하느니라. 모든 선남자야. 여래가 설한 경전은 모두 중생을 제도하여 해탈케 하는 것이므로, 혹 자기의 몸을 설하고, 혹 남의 몸을 설하며, 혹 자기의 몸을 보이며, 혹 남의 몸을 보이며, 혹 자기의 일을 보이고, 혹 남의 일을 보이되, 설한 바의 모든 말은 진실이며 허망한 것이 아니니라.

왜냐하면 여래는 삼계의 상을 여실히 알고 보아서 생사가 없으며, 물러남과 나옴이 없고, 또한 세상에 머물거나 멸도도 없으며, 진실도 아니고 허망함도 아니며, 같은 것도 아니며 다른 것도 아니며, 삼계에서 보되 삼계와는 같지 않느니라. 이런 일을 여래는 밝게 보아 착오나 오류가 없건만, 중생들은 갖가지의 성품과 가지가지의 욕망과 가지가지의 행과 가지가지의 기억과 생각과 분별이 있기 때문에, 모든 선근을 내게 하려고, 약간의 인연과 비유와 말과 가지가지의 설법으로 부처님의 일을 하되, 일찍이 쉬어 본 적이 없느니라.

이와 같이 내가 성불한 지는 매우 오래되었고 수명은 무량한 아승지 겁에 항상 머물러 멸하지 않느니라.

모든 선남자야. 내가 본래 행한 보살도로 이룬 수명이 지금 오히려 다하지 못하여서 위에서 말한 수의 배이지만, 지금 진실로 멸도가 아닌데 문득 멸도를 취한다고 말하는 것은, 여래가 이러한 방편으로 중생을 교화하는 것이니라. 왜냐하면 만약 부처님께서 세상에 오랫동안 머물면 박덕한 사람은 선근을 심지 아니하여, 빈궁하고 천하게 되며, 오욕에 탐착하여 기억과 생각이 허망한 그물 가운데에 들기 때문이니라. 만약 여래가 항상 멸하지 않고 있는 것을 보면, 곧 교만하고 방자한 마음을 일으키고, 게으르고 싫증을 품고, (부처님을) 만나기 어렵다는 생각과 공경하는 마음을 내지 않기 때문에 여래는 방편으로 설하느니라.

비구여 마땅히 알아라. 모든 부처님 세상에 출현하여 만나기를 가히 어려우니라. 왜냐하면 모든 박덕한 사람들은 무량 백 천 만억 겁을 지나도록 혹 부처님을 보거나 혹 보지 못하기 때문이니라. 이렇기 때문에 나는 '모든 비구들아 여래를 뵙기가 어렵다.'고 말하느니라. 이러한 중생들이 이와 같은 말을 들으면 반드시 (부처님을) 만나기 어렵다는 생각을 내고, 연모(戀慕)하는 마음을 품고, 부처님을 간절하게 그리워하고, 곧 선근을 심으리라. 이러한 까닭으로 여래는 비록 진실로 멸하지 않지만 멸도한다고 말하느니라.

또 선남자야. 모든 부처님 여래의 법은 모두 이와 같아서 중생을 제도하기 위한 것이므로 모두 진실하고 허망한 것이 아니니라. 비유하면 어떤 뛰어난 의사가 지혜가 총명하고 통달하여 좋은 처방과 좋은 약을 만들어 많은 병을 잘 치료하였느니라. 이 의사에게 많은 아들이 있었는데, 열, 스물 내지 백 명이나 있었다. (의사가) 어떤 사유가 있어서 멀리 다른 나라에 갔었는데, 그 후 아이들이 독약을 잘 못 먹어서 약기운이 번져 어지러워 땅에 쓰러졌다. 그때 아버지가 집으로 돌아왔다. 여러 아이들이 독약을 먹고 혹은 본심을 잃고, 혹은 본심을 잃지 않은 아이들이 있었다. 이 아이들이 멀리서 아버지를 보고 크게 기뻐하면서 무릎을 꿇고 절하면서 문안하였다. '안녕히 다녀오셨습니까? 저희들이 어리석어 잘못하여 독약을 먹었습니다. 원컨대 치료 하시어 다시 생명을 얻도록 하소서.' 아버지는 아이들의 이와 같은 고통을 보고 여러 가지 처방으로 색과 향기가 좋고 맛이 좋은 약초를 구하여 찧고 체로 쳐서 화합하여 자식에게 주어서 먹게 하고는 이렇게 말하였다. '이 양약은 색과 맛

과 향이 다 갖추었으니 너희들이 먹으면 빨리 고통이 없어지고 모든 병이 다 없어지리라.'

그 아이들 중에서 본심을 잃지 않은 아이들은 색과 향과 맛이 갖추어진 이 양약을 보고 즉시 복용하여 병이 나았다, 본심을 잃은 아이들은 아버지가 오는 것을 보고 비록 기뻐하여 문안을 하고 병의 치료를 원했지만 그 약을 복용하지 않았다. 왜냐하면 독기가 깊숙이 들어가 본심을 잃었기 때문에 이 색과 향과 맛이 좋은 약을 좋지 않게 생각하였기 때문이니라.

그때 아버지는 이렇게 생각하였다. '이 아이들 참으로 불쌍하구나. 독약에 중독되어 마음이 전도되어서 비록 나를 보고 기뻐하여 병 치료를 원하지만 이와 같은 좋은 약을 먹지 않는구나. 내가 지금 방편을 설하여 이 약을 먹도록 해야겠다.' 그리고 이와 같은 말을 하였다. '너희들은 마땅히 알아라. 나는 지금 늙고 쇠약하여 죽을 때가 되었다. 이 좋은 약을 여기에 남겨 두니, 너희들은 먹으라. 그리고 차도가 없다고 생각하지 말라.' 이런 가르침을 하고는 다시 타국으로 가서 사자를 보내어 (아이들에게) '너희 아버지는 죽었다.'고 말하게 하였다.

그때 아이들은 아버지의 죽음을 듣고 크게 슬퍼하며 생각하였다. '만약 아버지가 계시면 저희들을 불쌍히 여겨 능히 구호하시겠지만 지금은 우리를 버리고 먼 타국에서 세상을 떠났으니 외롭고 믿고 의지할 곳이 없다.' 그렇게 항상 슬픔에 잠겨 있다가 마음이 드디어 깨어나서 색과 향과 맛이 좋은 약을 알고는 즉시 먹었는데, 독병(毒病)이 다 나았다. 그 아버지는 아이들의 다 나았다는 소식을 듣고 곧 집으로 돌아와서 아이들에게 보이는 것과 같으니라.

모든 선남자야. 너희들의 생각은 어떠하냐? 저 어떤 사람이 이 양의를 허망하다고 말할 수 있겠느냐?" "아니옵니다. 세존이시여."

부처님께서 말씀하셨다. "나도 또한 이와 같아서 (내가) 성불한 지가 무량무변 백 천 만억 나유타 아승지 겁이지만 중생을 위하기 때문에 방편력으로 멸도를 말하고, 법과 같이 설하여 나를 허망하여 허물이 있다고 하지 않느니라."

그때 세존께서 거듭 이 뜻을 펴시고자 게송으로 말씀하셨다.

내가 성불한 지가 무량 백 천 만 억재 아승지 겁이 되느니라.
항상 무수억 중생에게 법을 설하고 교화하여
불도에 들어오게 하니 그 또한 무량한 겁이니라.

중생을 위하기 때문에 방편으로 열반을 보이고
진실로 멸도하지 않고 항상 이곳에 머물러 법을 설하느니라.

나는 항상 이곳에 머물면서 모든 신통력으로
전도된 중생으로 하여금 가까이와도 보지 못하게 하느니라.

중생들 나의 멸도를 보고 사리에 널리 공양하며
모두 연모(戀慕)하는 마음 품고 그리워하는 하는 마음 생기며
중생들 이미 믿고 복종하며 바탕이 곧고 유연하여
일심으로 부처님 뵙고자 하되 신명(身命)을 아끼지 아니하면
그때 나(我)와 모든 승려들 영취산에서 나와서
나는 그때 중생에게 말하리라. 항상 여기에 머물고 멸도하지 않으며
방편력으로 멸도를 보이지만 멸도가 아니라고

다른 나라 중생도 공경하여 믿고 좋아하는 자가 있으면
내가 그 가운데에서 위 없는 법을 설하리니
너희들 이를 듣지 못하므로 단지 내가 멸도하였다고 말하느니라.

내가 중생을 보니 고뇌에 빠져있기 때문에
몸을 나타내지 않고 갈앙(渴仰)하는 마음 생기게 하여
마음에 연모(戀慕)하는 인연으로 나와서 법을 설하느니라.

신통력이 이와 같아서 아승지 겁 동안
항상 영취산과 다른 여러 곳에 머물고 있느니라.

중생이 겁이 다하여 큰 불에 타는 것을 볼 때
나의 국토는 안온하고 하늘과 사람이 항상 충만하고
동산과 숲 모든 집과 누각은 여러 가지 보배로 장엄되고
보배나무에는 꽃과 과실이 많으며 중생이 즐거워하느니라.

모든 하늘은 하늘 북[108]을 치며 항상 많은 기악을 연주하고
만다라 꽃이 부처님과 대중에게 비 오듯 내리네.
나의 정토는 무너지지 않건만 중생은 불로 다하는 것을 보고
근심 두려움 모든 고뇌, 이와 같은 것이 가득하였느니라.

이 모든 죄의 중생은 악업의 인연으로

---

108. 제석천의 희견성 안에 있는 선법당(善法堂)에 있는 북인데, 치지 않아도 저절로 소리가 난다고 함.

아승지 겁이 지나도록 삼보의 이름조차 듣지 못하니라.

모든 공덕을 닦음이 있어서 부드럽고 온화하고 바탕이 곧은 사람은
즉시 내가 여기 있으면서 법을 설하는 것을 보느니라.
혹 그때 이들을 위하여 부처님 수명 무량하다고 말하고

오래 되어야 부처님을 보는 자를 위하여
부처님 만나기 어렵다고 설하느니라.

나의 지혜의 힘이 이와 같아서
지혜의 광명은 무량하고
무수한 겁의 수명은 오랫동안 업을 닦아 얻은 바이니라.

너희들 지혜가 있는 사람은 의심을 내지 말고
마땅히 끊어서 영원히 다하게 할지니라.

부처님 말씀 진실하고 허망하지 않으니
의사의 좋은 방편과 같이 미친 아들을 치료하는 까닭으로
진실로 살아 있으나 죽었다 말하니
허망을 말하지 않은 것이니라.
나 역시 세상의 아버지이니 모든 고통의 환자를 구하고자
전도된 범부를 위하여 실재로 있지만 멸도를 말하느니라.

항상 나를 보는 까닭으로 교만하고 방자한 마음이 생겨

방일하고 오욕에 탐착하여 악도에 떨어지니

나는 항상 중생의 도를 행함과 도를 행하지 않음을 알고

제도할 바를 따라 여러 가지의 법을 설하느니라.

매양 스스로 이런 뜻을 지어서 중생으로 하여금

어떻게 하여야 위 없는 지혜에 들어오게 하며

불신(佛身)을 빨리 성취하도록 하는가 하느니라.

해 설

여래수량품에서는 부처님의 본체를 밝히는 품이다. 먼저 종지용출품에서 지용보살들의 등장으로부터 이야기가 전개된다. 즉 미륵보살을 대표로 하여 많은 사람들이 놀라움과 의문에 대해 부처님께서 대답하는 장이 여래수량품이다. 즉 지금의 석가모니불은 아득한 구원(久遠)의 옛날에 성불하여 무량부변 백천만억 나유타 겁이라는 시간이 경과하였다고 한다. 이 구원겁 전의 석가모니부처님을 구원실성(久遠實成)의 본불(本佛)이라 하고, 사바세계 육신의 석가모니부처님을 적불(迹佛)이라 한다. 이 본불과 적불의 관계는 제4장 '법화경의 구조'에서 공부하였다.

여기서는 종래부터 여래수량품에 세 가지 의미가 있는 것에 대해 살펴보고, 또 여래수량품에 「양의(良醫)의 비유」에 대해 공부하기로 한다.

1. 개근현원(開近顯遠)

'개근현원'이란 "가까움을 열어 멀리 있는 것을 나타낸다."라는 의미인데. 가까이에 있는 사실에서 출발하여, 점차 가장 멀리 있는 것을 나타내는 것을 말한다. '가까이에 있는 사실'이란 석가모니부처님께서 이 사바세계에 나오셔서 출가하여 깨달음을 얻고, 그 깨달음을 중생들에게 설하였다는 것을 말한다. 그런데 현존의 석가모니부처님을 통해서 구원 겁 전에 성불한 석가모니부처님을 들어낸다. 현존의 석가모니부처님께서 구원 겁 전에 자신이 이미 성불하였다고 말하는데, 이 구원 겁 전에 성불한 부처님을 드러내는 것을 '멀리 있는 것을 나타내는 것'이라 한다.

따라서 현존의 석가모니부처님은 구원 겁 전에 성불한 석가모니부처님의 화현인 것이다. 그런데 우리 범부 중생들은 그것을 알 수 없으므로 현존의 석가모니부처님을 통해서 알 수 있는 것이다. 이것이 '개근현원'이다.

그런데 구원 겁 전에 성불한 석가모니부처님께서는 무엇을 통해 성불하였을까? 그것은 무시이래 시방세계에 두루 있는 "영원한 진리인 법(法)"이다. '개근현원'에서 현원(顯遠)에는 이러한 법(法)을 드러낸다는 의미도 있다.

2. 개적현본(開迹顯本)

개적현본은 "적(迹)을 열어 본(本)을 나타낸다."는 의미이다. 적(迹)이란? 형태로 나타내신 부처님(迹佛)이라는 뜻이고, 본(本)이란? 본불(本佛)을 뜻한다. 사람으로 온 석가불이나 미래에 사람 몸으로 오실 미륵불 등이 적불이다. 그런데 이러한 사람의 몸으로 화현하게 하는 본(本)이 있을 것이다. 그 본이 본불인데, 이러한 적불을 열어서 본불을 드러내는 것을 개적현본이라 하는 것이다.

위에서 설명한 개근현원은 시간상 가깝고 먼 것을 말하는 것인데, 여기서의 개적현본은 말 그대로 형태로 나타난 것의 배후에 있는 본을 드러낸다는 것을 말한다.

3. 개권현실(開權顯實)

개권현실은 "권(權)을 열어 실(實)을 나타낸다."는 의미이다. 권이라는 말은 방편의 가르침을 말한다. 이 방편은 실(實)을 드러내기 위한 것이다. 이처럼 적문의 가르침으로 시작하여 본문의 가르침으로 들어가는 것이 개권현실인데, 여래수량품에서 이것을 말하고 있다.

4. 양의(良醫)의 비유

이 「여래수량품」에서는 '훌륭한 의사의 비유' 또는 '의사와 아들의 비유'가 설해지고 있다. 양의(良醫)인 아버지가 보통의 환자인 아들과 중증환자(重症患者)인 아들을 교화하는 이야기이다. 문제는 중증환자의 아들을 위해 아버지가 다른 나라로떠나서 죽었다고 거짓을 말한다. 그때서야 중증의 아이들은 아버지가 죽었다는 말을 듣고 정신을 차린다. 즉 미혹에서 깨어나는 것이다. 그리고 아버지가 남겨둔 약을 먹고 병에서 낫는다. 이처럼 우리 중생들은 중증의 아이들과 같다. 먼저 미혹에서 깨어나야 한다. 그래야 부처님의 법이 마음에 확고히 들어오는 것이다.

여기서 또 하나 가르침은 '죽었다고 하는 아버지'와 '아이들이 완쾌된 것을 알고 돌아온 아버지'와 관계이다. '죽었다고 하는 아버지'는 육신의 석가모니부처님을 말하는 것이고, '아이들이 완쾌한 것을 알고 돌아온 아버지'는 육신과 시간을 초월한 영원한 구원실성의 석가모니부처님을 말한다. 그런데 이 구원실성의 석가모니부처님은 바로 법(法) 그 자체을 말한다. 모든 존재는 생멸하는 것이지만, 진리인 법은 생멸하는 것이 아닌 영원한 것이다. 따라서 구원실성의 석가모니부처님은 영원한 진리인 법을 상징한다.

그렇다고 육신의 석가모니불과 구원실성의 석가모니불이 별개인가? 그렇지 않다. 동일한 것이다. 예컨대 연극배우가 무대 뒤에 있을 때와 연기할 옷을 갈아입고 무대에 섰을 때의 배우는 동일인 이다. 이처럼 연기할 옷을 입고 무대에 서있는 배우가 육신이라는 몸을 가지고 온 부처님을 말하며, 그 육신이라는 옷을 입은 본래의 부처님이 본불(本佛)인 것이다. 이 본불이 바로 진리 그자체 법을 말한다.

분별공덕품 제십칠(分別功德品 第十七)

이때 큰 모임에서 부처님 수명의 겁수가 이와 같이 장원(長遠)함을 듣고 무량무변한 아승지 중생들이 큰 이익을 얻었다. 그때 부처님께서 미륵보살마하살에게 말씀하셨다. "아일다야. 내가 여래의 수명이 장원함을 설할 때, 육 백 팔 십 만억 나유타 항하사 중생들이 무생법인(無生法忍)[109]을 얻었고, 또 그 천 배의 보살마하살들이 문지다라니문(聞持陀羅尼門)[110]을 얻었으며, 또 일세계[111] 미진수 보살마하살들이 요설무애변재(樂說無碍辯才)를 얻었고, 또 일세계 미진수 보살마하살들이 백천 만억의 무량한 선다라니(旋陀羅尼)[112]를 얻었으며, 또 삼천대천세계[113] 미진수 보살마하살들이 능히 불퇴의 법륜을 굴렸으며, 또 이천중국토(二千中國土)[114] 미진수 보살마하살들이 능히 청정한 법륜을 굴리고, 또 소천국토(小千國土)[115] 미진수 보살마하살들이 8생[116] 만에 마땅히 아뇩다라삼먁삼보리를 얻을 것이며, 또 사사천하(四四天下)[117] 미진수 보살마하살들이 4생 만에 마땅히 아뇩다라삼먁삼보리를 얻을 것

---

109. 일체법이 공(空)하여 그 자체 고유한 성질을 갖지 않고, 생멸변화를 넘어서 있음을 깨달아, 그 진리에 편안하게 머물며 마음이 흔들리지 않는 것을 말하며, 무생인(無生忍), 무생인법(無生忍法)이라고도 한다.
110. 부처님의 가르침을 듣고 지녀서 언제나 잊지 않는 것을 말한다.
111. 수미산을 중심으로 4주(洲), 사천왕천, 야마천, 도솔천, 화락천, 타화자재천, 색계초선의 범세천(梵世天)과 일월(日月)을 포함하는 세계이다.
112. 범부가 상(相)에 집착하는 것을 돌이켜 공(空)의 도리에 도달시키는 지력(智力)을 말한다.
113. 일세계(一世界)를 천 개 모은 세계를 소천세계(小千世界)라 하고, 소천세계를 천 개 모은 세계를 중천세계(中千世界)라 하고, 중천세계를 천 개 모은 세계를 대천세계(大千世界)라 한다. 따라서 한 대천세계에는 소천, 중천, 대천이 있으므로 삼천대천세계라 하는 것이다.
114. 이천중천세계(二千中千世界)를 말한다.
115. 소천세계를 말한다.
116. 여덟 번 다시 태어나는 것을 말한다.

이며, 또 삼사천하(三四天下) 미진수 보살마하살들이 3생 만에 마땅히 아뇩다라삼먁삼보리를 얻을 것이며, 또 이사천하(二四天下) 미진수 보살마하살들이 2생 만에 마땅히 아뇩다라삼먁삼보리를 얻을 것이며, 또 일사천하(一四天下) 미진수 보살마하살들이 1생 만에 마땅히 아뇩다라삼먁삼보리를 얻을 것이며, 또 팔세계(八世界) 미진수 중생들이 아뇩다라삼먁삼보리심을 일으켰느니라."

부처님께서 이 모든 보살마하살들이 큰 법의 이익을 얻었다고 말씀하실 때, 허공 중에 만다라꽃, 마하만다라꽃이 비 오듯 내려 무량 백 천 만억의 보배나무 아래 사자자리 위의 모든 부처님과 칠보탑 가운데 사자자리 위의 석가모니부처님과 오래전에 멸도하신 다보여래께 흩날리고, 또한 일체 모든 대보살과 사부대중에게 흩날렸다.

또 가는 가루 전단과 침수향 등이 비 오듯 내리고, 허공 중에 하늘 북이 저절로 울려서 묘한 소리가 깊고 멀리까지 울렸다. 또 천 가지의 하늘 옷이 비 오듯 내리고, 여러 가지 영락을 드리웠는데 진주 영락, 마니주 영락, 여의주 영락이 9방위[118)에서 드리웠고, 많은 보배 향로에는 값을 따질 수 없는 향을 사르니 자연히 이르러 대회에 공양하고, 한 분 한 분 부처님 위에 많은 보살이 있는데, 번개를 들고 차례로 이어 올라가서 범천에 이르렀으며, 이 많은 보살들이 미묘한 음성으로 한량없는 게송을 불러 모든 부처님을 찬탄하였다.

이때 미륵보살이 자리에서 일어나 오른쪽 어깨를 드러내고 부처님을 향하여 합장하고 게송으로 말하였다.

---

117. 수미산 사방에 있는 4대주, 즉 동승신주, 서우화주, 남섬부주, 북로구주를 통틀어 말한다.
118. 석가모니부처님 분신 불(佛)은 8방의 나무 아래 있고, 석가모니부처님과 다보불탑은 허공에 있으므로 9방이 된다.

부처님께서 설하신 법 옛적에 일찍이 듣지 못했습니다.

세존께선 큰 힘이 있고, 수명은 헤아릴 수 없습니다.

무수한 모든 불자 세존께서 분별하여 설하는 것을 듣고

법의 이익을 얻어 기쁨이 온 몸에 충만하였습니다.

혹 불퇴지에 머물고, 혹 다라니와 무애요설(無碍樂說) 만억의

선총지(旋總持)[119]를 얻고

혹 대천계(大千界) 미진수 보살들 각각이 능히 불퇴지의 법륜을

굴리고

또 중천계(中千界) 미진수 보살들 각각이 능히 청정한 법륜을

굴리고

또 소천계(小千界) 미진수 보살들 각각이 8생 만에 마땅히 불도를

이루고

또 사삼이(四三二) 이와 같은 사천하(四天下) 미진의 모든 보살들이

그 수를 따라 태어나 성불하고

혹 일사천하(一四天下) 미진수 보살들이

남은 1생이 있어 마땅히 일체지(一切智)를 이루고

이와 같은 중생들 부처님의 수명이 장원(長遠)함을 듣고서

무량무루(無量無漏)한 청정한 과보를 얻고

또 8세계 미진수 중생들이 부처님께서 설하시는 수명을 듣고서

모두 무상심(無上心)을 일으키고

---

119. 선다라니와 같다.

세존께서 불가사의한 법을 설하시니

넉넉하고 이익 되는 바가 많아 마치 무변한 허공과 같고

하늘에서 만다라와 마하만다라가 비 오듯 내리고

항하사와 같은 제석과 범천이 무수한 부처님 국토에 와서

전단과 침수(沈水)향가루 비 오듯 하는데

어지럽게 휘날리며 떨어지기를

새가 허공에서 날아 내리는 듯하여

모든 부처님께 흩어서 공양하고

하늘 북이 허공 중에 저절로 묘한 소리를 내며

천만 가지의 하늘 옷이 빙빙 돌면서 내려오고

많은 보배로 된 묘한 향로에는 가치를 헤아릴 수 없는 향을 태워

자연히 두루 퍼져 모든 세존께 공양하고

그 대보살들은 칠보로 된 높고 묘한 만 가지의 번과 천개[120]를 잡고

차례로 범천에 이르러 한 분 한 분의 모든 부처님 앞에

보배로 된 당에 승리의 번을 달고

---

120. 번이란 깃발을 말하고, 천개란 법당 안의 닫집을 말한다.
121. 육바라밀을 말한다. 육바라밀은 대승불교에 있어서 보살이 열반에 이르기 위해 실천
     해야 할 여섯 가지 덕목을 말한다. ① 보시바라밀:범어는 dāna-pāramita이며, 음사
     는 단바라밀이다. 보시의 완성을 말한다. ② 지계바라밀:범어로는 śila-pāramita이
     며, 음사는 시라바라밀이다. 계율의 완성을 말한다. ③ 인욕바라밀:범어는 ksanti-
     pāramita이며, 음사는 찬제바라밀이다. 인욕의 완성을 말한다. ④ 정진바라밀:범어
     는 virya-pāramita이며 음사는 비리야바라밀이다. 정진의 완성을 말한다. ⑤ 선정
     바라밀:범어는 dyānapāramita이다. 선정의 완성을 말한다. ⑥ 반야바라밀:범어는
     prajn-pāramita이며 음사는 반야바라밀이다. 지혜의 완성을 말한다.

또 천 만 게송으로 모든 여래께 찬탄하였습니다.

이와 같은 여러 가지의 일들, 옛적에 일찍이 없었으며
부처님의 수명 무량함을 듣고, 일체가 환희하였습니다.

부처님 이름 시방에 들리어 널리 중생을 넉넉히 이익되게 하시며
일체의 선근을 갖추게 하여 무상심(無上心)을 돕게 하였습니다.

이때 부처님께서 미륵보살마하살에게 말씀하셨다. "아일다야. 어떤 중생이 부처님의 수명이 이와 같이 장원함을 듣고 한 생각으로 믿고 이해하면 얻는 공덕은 한량이 없느니라. 만약 어떤 선남자 선여인이 아뇩다라삼먁삼보리를 위하는 까닭으로 80만억 나유타 겁 동안 반야바라밀을 제외한 다섯 가지 바라밀 즉 단바라밀, 시라바라밀, 찬제바라밀, 비리야바라밀, 선바라밀[121]을 행한 이와 같은 공덕을 앞의 공덕에 비교하면 백 천 만억분의 1에도 미치지 못하며, 산수와 비유로도 알 수가 없느니라. 만약 선남자 선여인이 이와 같은 공덕이 있는데, 아뇩다라삼먁삼보리에서 물러난다는 것은 있을 수 없느니라.

그때 세존께서 이 뜻을 거듭 펴시고자 게송으로 말씀하셨다.

만약 어떤 사람이 부처님의 지혜를 구하여
팔 십 만억 나유타 겁 동안 다섯 가지 바라밀을 행하고
이 모든 겁 중에 부처님과 연각, 제자 그리고 모든 보살들에게

---

122. 불상을 덮는 일산, 또는 설법하는 사람이 앉는 법상 위에 달아 놓은 산개이다. 대산이라고도 한다.

보배와 여러 가지 음식과 옷, 와구(臥具)로 보시 공양하고
전단으로 정사(精舍)를 짓고, 숲을 장엄하는 등
이와 같은 가지가지의 미묘한 모든 보시를 이 모든 겁수가
다하도록 하여
불도(佛道)에 회향하고

또 금계(禁戒)를 지녀서 청정하고 결루(缺漏)가 없으며
무상도(無上道)를 구하니 모든 부처님께서 칭찬하는 바이며

또 인욕을 행하여 고르고 부드러운 지위에 머물며
설령 모든 악한 것이 와서 악을 가하더라도
마음이 기울거나 흔들리지 않으며

법을 얻었다고 증상만을 품은 모든 자가
가볍게 여기고 뇌롭게 하더라도
이와 같은 것을 능히 참으며

또 부지런히 정진하여 뜻과 생각이 항상 견고하고
무량한 억 겁 동안 일심으로 게으르지 않고

또 무수한 겁 동안 조용한 곳에 머물러
만약 앉거나 만약 거닐 적에
잠을 버리고 항상 마음을 거두어 들여서
이러한 인연으로 능히 모든 선정이 생겨

80억만겁 동안 안주하여 마음이 산란하지 않고
이러한 일심(一心)의 복을 지녀서 무상도를 구하기를 원하여
"내가 일체지를 얻고 모든 선정의 끝을 다하리라"하여
이 사람이 백 천 만억 겁 중에 이 모든 공덕을 행한 바가
위에서 말한 바와 같이 하여도

어떤 선남녀(善男女) 등이 내가 설하는 수명을 듣고
한 생각에 믿으면 그 복이 앞의 복보다 많으리라.

만약 어떤 사람이 일체의 의심과 후회가 없고
깊은 마음으로 잠깐이라도 믿으면 그 복은 이와 같으니라.

많은 보살들이 있어 무량한 겁 동안 도를 행하다가
내가 설하는 수명을 듣고 능히 믿어서 받으면
이와 같은 모든 사람들은 이 경전을 받들어서
"저희는 미래에 중생을 제도를 오래도록 하기를
오늘 세존처럼 하리라."

모든 석씨 가운데 왕이시며
도량에서 사자후로 법을 설하시되 두려움이 없으시니

"저희들 미래세에 존경 받는 바 되어
도량에 앉았을 때 수명 설하기를 또한 이와 같다고 원하리라."
만약 어떤 마음이 깊은 자가 청정하고 바탕이 곧아서

많이 듣고 능히 지녀서

부처님 말씀의 뜻을 이해하는

이와 같은 사람들은 의심이 없느니라.

"또 아일다야. 만약 부처님의 수명이 길고 멀다는 것을 듣고, 그 말씀의 뜻을 이해하면 이 사람이 얻는 공덕은 무한하여, 능히 여래의 무상지혜(無上智慧)를 일으키거늘, 하물며 이 경을 널리 듣거나, 다른 사람에게 가르쳐 듣게 하거나, 스스로 지니거나, 다른 사람을 가르쳐 지니게 하거나, 스스로 쓰거나, 다른 사람을 가르쳐 쓰게 하거나, 꽃과 향과 영락과 당번과 증개(繪蓋)[122]와 향기름과 차조기등(酥燈)으로 경권에 공양함이겠는가? 이 사람의 공덕은 무량무변(無量無邊)하여 능히 일체종지(一切種智)가 생기느니라.

아일다야. 만약 선남자 선여인이 내가 설하는 '수명이 길고 멀다는 것'을 듣고 깊은 마음으로 믿어서 이해한다면 항상 기사굴산에 있으면서 대보살과 모든 성문들에 둘러싸여 법을 설하는 부처님을 곧 보게 되느니라.

또 이 사바세계의 땅이 유리(琉璃)로 되어 평탄하고 바르며, 팔도(八道)는 염부단금(閻浮檀金)[123]으로 경계를 이루고, 보배나무가 줄지어 있고, 모든 대(臺)와 누각은 보배로 이루어져 있으며, 보살들이 모두 그 가운데에 있는 것을 보는데, 만약 능히 이와 같이 보는 사람은 마땅히 알아라. 이것은 깊은 믿음과 이해의 상을 가리키는 것이니라.

또 여래가 멸도한 후 만약 이 경을 듣고 헐뜯고 비방하지 않으며, 따

---

123. 염부수의 숲 속을 흐르는 강바닥에서 나는 사금을 말한다. 적황색의 자줏빛을 띠는 금이라 함.

라서 기뻐하는 마음을 일으키면 마땅히 알아라. 이미 깊은 믿음과 이해하는 모습을 가리키는 것인데, 하물며 읽고 외우며 받아 지니는 사람은 말할 필요가 있겠는가? 이 사람은 곧 여래를 머리 위에 받드는 것이니라.

아일다야. 이러한 선남자 선여인은 나를 위하여 탑과 절 그리고 승방(僧坊) 등을 짓는 이런 네 가지 일로 스님들에게 공양하지 않더라도 무방 하느니라. 왜냐하면 이러한 선남자 선여인이 이 경전을 받아 지녀서 읽고 외우면 이미 탑을 일으키고 승방을 지어서 스님들에게 공양한 것이 되기 때문이니라. 곧 부처님의 사리로 칠보탑을 일으켜 높을수록 넓이는 점점 작아져서 범천에 이르고, 모든 번개(幡蓋)와 보배 방울을 달고, 꽃, 향, 영락, 말향, 도향, 소향 그리고 많은 기악을 두드리고, 퉁소 피리 공후와 가지가지의 춤과 묘한 음성으로 노래하며 찬송하는 것이 됨이니, 곧 무량 천 만억 겁 동안 공양을 지어 마치는 것이 되느니라.

아일다야. 내가 멸도한 후, 이 경전을 듣고 능히 받아 지녀서 스스로 쓰거나, 다른 사람을 가르쳐 쓰게 하면 곧 승방을 세워 일으키는 것이 됨이니, 붉은 전단향 나무로 32 채의 전당을 짓는 것이 되어 높이가 팔 다라수(多羅樹)[124]이고, 높고 넓으며 장엄하고 좋으며, 백 천의 비구들이 그 가운데 머물고, 좋은 동산과 목욕할 연못과 거니는 길과 선(禪)하는 굴과 의복과 음식 침구 탕약 일체의 오락 기구가 그 안에 충만하며, 이와 같은 승방과 당각(堂閣)이 백 천 만억인데 그 수가 무량하고, 이것들이 현전(現前)하여 나와 비구승들에게 공양함이 되느니라.

이러한 까닭으로 여래가 멸도한 후 만약 받아 지녀서 읽고 외우며,

---

124. 범어 tāla의 음사이다. 종려과 나무 이름으로 인도, 미얀마, 스리랑카 등에서 자라는 열대 식물이다. 이 나무로 높이의 척도로 삼는데, 1다라수는 49척이라고 한다.

다른 사람에게 설하거나, 스스로 쓰거나 다른 사람을 가르쳐 쓰게 하여 경권에 공양하면, 비록 탑과 절을 짓지 않고, 그리고 승방을 짓지 않더라고 스님들에게 공양함이 되는데, 하물며 능히 이 경을 지녀서 아울러 보시와 지계, 인욕, 정진과 일심과 지혜를 행함이겠는가? 그 덕은 최고로 수승하고 무량무변하느니라. 비유하면 허공이 동서남북 사유상하(四維上下)로 무량무변한데, 이 사람의 공덕이 이와 같아서 무량무변하고, 빨리 일체종지에 이르느니라.

만약 어떤 사람이 이 경을 읽고 외우며 수지하고 다른 사람에게 설하거나, 스스로 쓰거나, 다른 사람을 가르쳐 쓰게 하거나, 또 능히 탑을 일으키거나, 승방을 짓거나, 성문과 스님들에게 공양 찬탄하거나, 또한 백 천 만 억의 찬탄하는 법으로 보살의 공덕을 찬탄하거나, 또 다른 사람을 위하여 여러 가지 인연으로 이 법화경을 뜻에 따라 해설하며, 능히 청정한 계를 지니고, 부드럽고 온화한 자와 함께 머물면서 인욕하며 화를 내지 않고, 뜻과 생각이 견고하며, 항상 좌선을 귀하게 여겨서 여러 가지 깊은 선정을 얻고, 용맹히 정진하여 여러 가지 선법(善法)을 섭수하고, 영리한 지혜로 어려운 질문에 잘 대답하면, 그리고 아일다야. 여래가 멸도한 후 모든 선남자 선여인이 이 경전을 받아 지녀서 읽고 외워서 이와 같은 모든 좋은 공덕이 있으면 마땅히 알아라, 이 사람은 이미 도량에 나아가 아뇩다라삼먁삼보리에 가까워져서, 도의 나무 아래에 앉은 것이니라.

아일다야. 이 선남자 선여인이 만약 앉거나 서거나 거니는 곳에 마땅히 탑을 세워 일체의 하늘과 사람들 모두가 마땅히 공양할지니, 부처님의 탑과 같이 여겨야 하느니라."

그때 세존께서 이 뜻을 거듭 펴시고자 게송으로 말씀하셨다.

만약 내가 멸도한 후 능히 이 경을 받들어 지니는
사람의 복은 무량하여 위에서 설한 바와 같을지니,
이것이 일체의 모든 공양을 구족하는 것이니라.

사리로 탑을 세우고 칠보로 장엄하고,
표찰(表刹)은 매우 높고 넓어서
점차 작아지는데 범천까지 이르고
천 만 억 보배 방울 바람에 흔들려 묘한 소리를 내고

무량한 겁 동안 이 탑에 공양하되
꽃과 향, 모든 영락, 하늘 옷, 많은 기악
향기름과 차조기 등불을 켜서 항상 밝게 두루 비추고,
악세 말법 때, 능히 이 경을 지니는 사람
위에서 이미 말한 여러 공양을 구족하느니라.

만약 능히 이 경을 지니면, 곧 부처님께서 나타나 계심과 같으니
우두전단으로 승방을 일으켜 공양하되,
집은 서른 두 채, 높이는 팔다라수(八多羅樹)
좋은 음식, 묘한 의복, 침구들을 다 갖추며

백 천의 많은 사람들이 머물며,
동산과 숲, 목욕하는 못,
거니는 길 그리고 참선 굴,
가지가지로 장엄하여 좋게 함이라.

만약 믿고 이해하는 마음이 있어

받아 지녀서 읽고 외우며 쓰거나

다른 사람을 가르쳐 쓰게 하거나

그리고 경권에 공양하되

꽃과 향과 가루향을 뿌리고

수만 첨복 아제목다가[125] 기름으로 불을 밝혀

이와 같이 공양하는 사람은 무량한 공덕을 얻으니

허공이 무변한 것과 같이 그 복이 이와 같으니라.

하물며 이 경을 지녀서 아울러 보시, 지계, 인욕과 선정을 즐겨하고,

화를 내지 않고, 악한 말을 하지 않으며,

탑묘에 공경하며 모든 비구들에게 겸손하고

자기의 자만심을 버리고 항상 지혜를 생각하며

어려운 질문에 성을 안 내고 순하게 해설하면

만약 능히 이러한 행을 행하면

공덕을 헤아리지 못하느니라.

만약 이와 같은 공덕을 성취한 법사를 보면

마땅히 하늘 꽃으로 뿌리고, 하늘 옷으로 그 몸을 덮어주고

머리를 발에 숙여 예를 올리며

마음으로 부처님과 같다는 생각을 낼지니라.

---

125. 수만은 범어 sumanas의 음사이며 수마나화라고도 한다. 황백색의 꽃이 피고 향기가
    진하다. 첨복은 범어 campaka의 음사이며 황화수(黃花樹) 금색화수(金色華樹)라고
    한역한다, 황색의 향기 있는 꽃을 피우는 나무이다. 아제목다가는 범어 atimuktaka
    의 음사이며 대마와 같은 형태인데 꽃은 붉고 잎이 푸른 풀을 말한다. 씨에서 기름을
    짜고 향료로 사용한다.

또 이런 생각을 하되
"오래지 않아 도량에 나아가
무루무위(無漏無爲)을 얻어서
모든 인천(人天)에게 이익을 얻게 하리라." 할지니라.

그 사람이 머무는 곳,
경행하거나 앉거나 눕거나 하는 곳에서
한 게송만 설하여도 이곳에 탑을 세우되
장엄하게 하고 좋게 하여서
가지가지로 공양할지니라.

이 경지에 머문 불자
부처님께서 수용함이니
항상 그 가운데 계셔
경행하고 앉고 누우시느니라.

 ## 해 설

앞 「여래수량품」에서 석가모니부처님의 수명이 장원(長遠), 즉 영원하다는 것이 밝혀졌는데, 이 설법을 들은 대중들은 헤아릴 수 없는 공덕을 얻는다. 부처님께서 대중들이 얻는 공덕을 분별해서 12가지로 나누어 설한다.

그리고 네 가지의 믿음에 대한 공덕을 설하고, '5품'이라고 하는 부처님께서 멸도하신 뒤의 다섯 가지 실천사항과 그 공덕을 설하는 것이 「분별공덕품 제17」의 내용이다.

1. 12가지 공덕

(1) 6백80만억 나유타의 항하사와 같은 수의 중생이 무생법인(無生法忍)을 얻는다.

(2) 그 천배나 되는 보살들이 문지다라니문을 얻는다.

(3) 일세계 미진수 보살들이 요설무애변재를 얻는다.

(4) 일세계 미진수 보살들이 100천 만억 선다라니를 얻는다.

(5) 삼천대천세계 미진수 보살들이 불퇴전의 법륜을 굴린다.

(6) 이천중국토(二千中國土) 미진수 보살들이 청정한 법륜을 굴린다.

(7) 소천국토(小千國土) 미진수 보살들이 8생 만에 아뇩다라삼먁삼보리를 얻는다.

(8) 사사천하(四四天下) 미진수 보살들이 4생 만에 아뇩다라삼먁삼보리를 얻는다.

(9) 삼사천하(三四天下) 미진수 보살들이 3생 만에 아뇩다라삼먁삼보리를 얻는다.

(10) 이사천하(二四天下) 미진수 보살들이 2생 만에 아뇩다라삼먁삼보리를 얻는다.

(11) 일사천하(一四天下) 미진수 보살들이 1생 만에 아뇩다라삼먁삼보리를 얻는다.

(12) 팔세계(八世界) 미진수 중생들이 아뇩다라삼먁삼보리
    를 얻는다.

부처님께서 이와 같이 설하시자 허공으로부터 만다라꽃과 마하만다라꽃이 비처럼 내린다. 이러한 광경을 보고 미륵보살이 게송으로 부처님을 찬탄하는데, 여기까지를 천태대사는 본문의 정종분으로 과단하였다. 그리고 미륵보살의 게송 이후부터 제28 보현보살권발품까지를 천태대사는 본문의 유통분으로 과단하였다. 다음은 네 가지의 믿음에 대한 공덕이다.

2. 네 가지의 믿음(四信)

위에서 정종분을 마치고, 유통분에 해당하는 공덕을 부처님께서 설하시는데, 이것을 천태대사는 "네 가지의 믿음(四信)"이라 하며, 후세에 법화경의 수행덕목이라 한다.

(1) 일념신해(一念信解)

본문에서 "『어떤 중생이 부처님의 수명이 이와 같이 장원함을 듣고 한 생각으로 믿고 이해하면 얻는 공덕이 한량이 없느니라. (⋯⋯)반야바라밀을 제외한 (오바라밀)을 행한 이와 같은 공덕을 앞의 공덕에 비유하면 백천만억분의 1에도 미치지 못하며, (⋯⋯)선남자 선여인이 이와 같은 공덕이 있는데, 아뇩다라삼먁삼보리에서 물러난다는 것은 있을 수 없느니라.』까지가 일념신해이다.

즉 부처님의 수명이 영원하다는 것을 잠깐이라도 확신하면 그 사람의 공덕이 위와 같다는 것이다.

(2) 약해언취(略解言趣)

본문에서 『또 아일다야. 만약 부처님의 수명이 길고 멀다는 것을 듣고, 그 말씀의 뜻을 이해하면 이 사람이 얻는 공덕은 무한하여, 능히 여래의 무상지혜(無上智慧)를 일으키거늘,』 까지가 약해언취이다. 다시 말하면 부처님의 수명이 장원함을 듣고 믿는 단계에서 나아가 그 뜻을 이해한다는 것이다. 이러한 사람은 여래의 무상지혜를 일으킨다는 것이다.

(3) 광위타설(廣爲他說)

본문에서 『하물며 이 경을 널리 듣거나, 다른 사람에게 가르쳐 듣게 하거나, 스스로 지니거나, 다른 사람을 가르쳐 지니게 하거나, 스스로 쓰거나, 다른 사람을 가르쳐 쓰게 하거나, 꽃과 향과 영락과 당번과 증개(繒蓋)와 향기름과 차조기등(酥燈)으로 경권에 공양함이겠는가? 이 사람의 공덕은 무량무변(無量無邊)하여 능히 일체종지(一切種智)가 생기느니라.』 까지가 광위타설이다. 즉 다른 사람에게도 법화경을 들려주어 수지(受持) 서사(書寫)케 하며 여러 가지 공양물로 법화경에 공양하면 위와 같은 공덕을 얻는다는 것이다.

(4) 심신관성(深信觀成)

본문에서 『만약 선남자 선여인이 내가 설하는 '수명이 길고 멀다는 것'을 듣고 깊은 마음으로 믿어서 이해한다면 항상 기사굴산에 있으면서 대보살과 모든 성문들에 둘러싸여 법을 설하는 부처님을 곧 보게 되느니라. 또 이 사바세계의 땅이 유리(琉璃)로 되어 평탄하고 바르며, 팔도(八道)는 염부단금(閻浮檀金)으로 경계를 이루고, 보배나무가 줄지어 있고, 모든 대(臺)와 누각은 보배로 이루어져 있으며, 보살들이 모두 그 가운데에 있는 것을 보는데,』까지가 심신관성이다.

즉 마음 깊이 부처님의 수명이 장원함을 확신함으로써 부처님께서 기사굴산에 계시는 것을 보며, 이 사바세계가 장엄되어 있음과 그기에 있는 보살들을 본다는 것이다.

3. 다섯 가지 실천사항(五品)

부처님께서 네 가지의 믿음에 대한 공덕을 설하신 후에, 이어서 부처님께서 멸도하신 후 다섯 가지 실천사항과 그 공덕을 설하는데, 이것을 천태대사는 오품(五品)이라 하였다.

오품이란 ① 초수희(初隨喜), ② 독송(讀誦), ③ 설법(說法), ④ 겸행6도(兼行六度), ⑤ 정행6도(正行六度)를 말한다.

(1) 초수희(初隨喜)

본문에서 『여래가 멸도한 후 만약 이 경을 듣고 헐뜯고 비방하지 않으며, 따라서 기뻐하는 마음을 일으키면 마땅히 알아라. 이미 깊은 믿음과 이해하는 모습을 가리키는 것인데,』까지가 초수희이다. 초수희는 여래가 멸도한 후 법화경을 듣고 헐 뜯고 비방하지 않으며, 따라서 기뻐하는 마음을 말하고, 그 공덕은 이미 깊은 믿음과 이해하는 모습(深信解相)을 가리킨다는 것이다.

(2) 독송(讀誦)

본문에서 『하물며 읽고 외우며 받아 지니는 사람은 말할 필요가 있겠는가? 이 사람은 곧 여래를 머리 위에 받드는 것이니라. 아 일다야. 이러한 선남자 선여인은 나를 위하여 탑과 절 그리고 승방(僧坊) 등을 짓는 이런 네 가지 일로 스님들에게 공양하지 않더라도 무방 하느니라. 왜냐하면 이러한 선남자 선여인이 이 경전을 받아 지녀서 읽고 외우면 이미 탑을 일으키고 승방을 지어서 스님들에게 공양한 것이 되기 때문이니라. 곧 부처님의 사리로 칠보탑을 일으켜 높을수록 넓이는 점점 작아져서 범천에 이르고, 모든 번개(幡蓋)와 보배 방울을 달고, 꽃, 향, 영락, 말향, 도향, 소향 그리고 많은 기악을 두드리고, 퉁소 피리 공후와 가지가지의 춤과 묘한 음성으로 노래하며 찬송하는 것이 됨이니, 곧 무량 천 만억 겁 동안 공양을 지어 마치는 것이 되느니라. 』까지가 독송이다.

그 공덕은 "이 사람은 곧 여래를 머리 위에 받드는 것이니라. ~ 곧 무량 천 만억 겁 동안 공양을 지어 마치는 것이 되느니라."까지의 본문에서 잘 설하고 있다.

(3) 설법(說法)

본문에서 『아일다야. 내가 멸도한 후, 이 경전을 듣고 능히 받아 지녀서 스스로 쓰거나, 다른 사람을 가르쳐 쓰게 하면 곧 승방을 세워 일으키는 것이 됨이니, 붉은 전단향 나무로 32 채의 전당을 짓는 것이 되어 높이가 팔 다라수(多羅樹)이고, 높고 넓으며 장엄하고 좋으며, 백 천의 비구들이 그 가운데 머물고, 좋은 동산과 목욕할 연못과 거니는 길과 선(禪)하는 굴과 의복과 음식 침구 탕약 일체의 오락 기구가 그 안에 충만하며, 이와 같은 승방과 당각(堂閣)이 백 천 만억인데 그 수가 무량하고, 이것들이 현전(現前)하여 나와 비구승들에게 공양함이 되느니라. 이러한 까닭으로 여래가 멸도한 후 만약 받아 지녀서 읽고 외우며, 다른 사람에게 설하거나, 스스로 쓰거나 다른 사람을 가르쳐 쓰게 하여 경권에 공양하면, 비록 탑과 절을 짓지 않고, 그리고 승방을 짓지 않더라고 스님들에게 공양함이 되는데,』까지가 설법이다.

설법은 경전을 독송하고 그것을 마음에 간직했으면 그것을 남에게도 시켜서 서사하게 하고 설법을 하여야 한다는 것이다. 그 공덕은 앞의 독송보다 더 크다.

(4) 겸행6도(兼行六度)

6도란 육바라밀을 말하는데, 6바라밀의 수행을 겸하여 실천하는 것을 말한다. 그래서 겸행6도라 한 것이다. 본문에서 『하물며 능히 이 경을 지녀서 아울러 보시와 지계, 인욕, 정진과 일심과 지혜를 행함이겠는가? 그 덕은 최고로 수승하고 무량무변하느니라. 비유하면 허공이 동서남북 사유상하(四維上下)로 무량무변한데, 이 사람의 공덕이 이와 같아서 무량무변하고, 빨리 일체종지에 이르느니라.』까지가 겸행6도이다. 본문에서 '일심(一心)'이 6바라밀의 5번 째 '선정바라밀'에 해당하고, '지혜'가 6번째 '반야바라밀'에 해당한다.

(5) 정행6도(正行六度)

정행6도란 '겸행6도'보다 한 걸음 더 나아가 수지, 독, 송, 해설, 서사를 실천하면서 6바라밀의 수행을 중심으로 실천하는 것을 말한다. 본문에서 『만약 어떤 사람이 이 경을 읽고 외우며 수지하고 다른 사람에게 설하거나, 스스로 쓰거나, 다른 사람을 가르쳐 쓰게 하거나, 또 능히 탑을 일으키거나, 승방을 짓거나, 성문과 스님들에게 공양 찬탄하거나, 또한 배 천 만 억의 찬탄하는 법으로 보살의 공덕을 찬탄하거나, 또 다른 사람을 위하여 여러 가지 인연으로 이 법화경을 뜻에 따라 해설하며, 능히 청정한 계를 지니고, 부드럽고 온화한 자와 함께 머물면서 인욕하며 화를 내지 않고, 뜻과 생각이 견고하며, 항상 좌선을 귀하게 여겨서 여러 가지 깊은 선정을 얻고, 용맹히 정진하여 여러 가지 선법(善法)을 섭수하고, 영리한 지혜로 어려운 질문에 잘 대답하면,』까지가 정행6도이다.

그 공덕은 본문에서 『이 사람은 이미 도량에 나아가 아뇩다라삼먁삼보리에 가까워져서, 도의 나무 아래에 앉은 것이니라.』라 하고 있다.

묘법연화경 권 제육
(妙法蓮華經 卷 第六)

수희공덕품 제십팔(隨喜功德品 第十八)

이때 미륵보살마하살이 부처님께 여쭈었다. "세존이시여, 만약 선남자 선여인이 이 법화경을 듣고 따라 기뻐하는 사람이 얻는 복은 얼마나 됩니까?" 그리고 게송으로 말하였다.

세존께서 멸도한 후 이 경을 듣고
능히 따라 기뻐하는 사람
얻는 복이 얼마나 되나이까?

그때 부처님께서 미륵보살마하살에게 말씀하셨다. "아일다야. 여래가 멸도한 후 만약 비구 비구니 우바새 우바이 그리고 지혜 있는 자가 어른이거나 어린아이든 간에, 이 경을 듣고 따라 기뻐하며 법회에서 나와 다른 곳에 이르되, 혹 승방이거나, 조용한 곳이거나, 성읍의 거리이거나, 촌락의 마을 등에서 그 들은 바와 같이 부모와 종친과 착한 친구와 아는 사람을 위해 힘에 따라 연설하여서, 그 많은 사람들이 듣고 따라 기뻐하며, 또 그들이 다른 사람에 전하여 가르치고, 그 가르침을 받은 사람들이 듣고 역시 따라 기뻐하며 다른 사람에 전하여 가르치고, 이와 같이 계속하여서 제 50번째에 이르면, 아일다야. 그 50번째 선남자 선여인이 따라 기뻐하여 얻는 공덕을 내가 지금 설할 것이니, 너는 마땅히 잘 들어라.

만약 400만억 아승지 세계 육취(六趣)[126]의 사생중생(四生衆生)인 난생(卵生), 태생(胎生), 습생(濕生), 화생(化生)[127]과 형상이 있는 것(有形)[128], 형상이 없는 것(無形)[129], 생각이 있는 것(有想)[130], 생각이 없는 것(無想)[131], 생각이 있지도 않는 것(非有想)[132]과 없지도 않는 것(非無想)[133], 발이 없는 것(無足), 두 발이 있는 것(二足),

네 발이 있는 것(四足), 발이 많은 것(多足) 등, 이와 같은 모든 중생에게 어떤 사람이 복을 구하려고, 그들이 원하는 바를 따라 오락 기구를 다 지급하되, 그 하나하나의 중생에게 염부제에 가득한 금, 은, 유리, 차거, 마노, 산호, 호박 등 모든 묘하고 진귀한 보배와 코끼리, 말, 수레, 칠보로 만들어진 궁전 누각 등을 주고, 이 큰 시주자가 이와 같은 보시를 80년 동안 다 마치고는 이렇게 생각하였느니라. '내가 중생들에게 오락 기구를 원하는 바에 따라 보시하였으나, 이 중생들은 이미 늙어 쇠하고 팔십세가 지나서 머리카락은 희고 얼굴은 주름지어서 머지않아 죽으리라. 내가 마땅히 불법(佛法)으로 그들을 가르쳐 인도하리라.' 하였느니라.

곧 이러한 중생들을 모아서, 선포하고 법으로 교화하며, 가르쳐서 보이고 이롭고 기쁘게 하며, 일시에 모두 수다원도, 사다함도, 아나함도, 아라한도[134]를 얻게 하여 모든 번뇌를 다하게 하고, 깊은 선정에 들어 자재함을 얻고, 팔해탈(八解脫)을 갖추게 하였다면, 너의 생각은 어

---

126. 중생이 윤회하는 여섯 가지 세계를 말한다. 지옥, 아귀, 축생, 아수라, 인간, 천상의 여섯 세계이다. 또 육도(六道)라고도 한다.
127. 모든 생명체가 태어나는 네 가지 방식(胎, 卵, 濕, 化)을 말한다. ① 태생(胎生):포유류와 같이 태로 태어나는 것, ② 난생(卵生):조류와 같이 알로 태어나는 것, ③ 습생(濕生):벌레와 같이 습한 곳에 태어나는 것, ④ 화생(化生):다른 몸에 의탁하지 않고 홀연히 태어나는 것, 예를 들어 천상이나 지옥에 태어나는 것이다.
128. 몸이 있는 존재를 말하는데, 욕계와 색계의 중생들이 이에 해당된다.
129. 몸이 없는 존재를 말하는데, 무색계의 중생들이 이에 해당된다. 무색계는 오로지 생각만으로 존재하기 때문에 몸이 없다.
130. 의식(意識)이 있는 중생을 말한다.
131. 멸진정(滅盡定)에 든 사람을 말한다. 즉 표상작용(表象作用)이 없다
132. 비유상비무상(非有想非無想) 중 비유상을 가리키며, 무소유상(無所有想)을 넘은 경계를 말한다.
133. 비유상비무상 중 비무상을 가리키며, 멸진정과는 달리 미세한 망념이 남아 있어 완전히 없는 것이 아니라는 뜻을 지니므로 '비무(非無)'라 한다.
134. 『금강경강의』, 광명 역주, 솔과학. pp.161~167 참조.

떠하냐? 이 대시주자가 얻는 공덕이 많지 않겠는가?"

미륵이 부처님께 말하였다. "세존이시여, 이 사람의 공덕은 매우 많아서 무량무변합니다. 만약 이 시주자가 단지 중생에게 일체의 오락 기구만 시주하여도 공덕이 무량한데, 하물며 아라한과를 얻게 함이겠습니까?"

부처님께서 미륵에게 말씀하셨다. "내가 지금 너에게 분명히 말하리라. 이 사람이 일체의 오락 기구로 400만억 아승지 세계의 육취 중생들에게 보시하고, 또 아라한과를 얻게 하여 얻는 공덕은 50번째로 법화경의 한 게송을 듣고 따라 기뻐하는 공덕에 백분 천분 백천만억분의 1에도 미치지 못하고, 내지 산수나 비유로도 능히 알지 못하느니라. 아일다야. 이와 같이 제 50번째 사람이 차츰 전한 법화경을 듣고 따라 기뻐한 공덕이 오히려 무량무변 아승지이거늘, 하물며 최초로 법회 중에서 듣고 따라 기뻐한 사람은 말할 필요가 있겠는가? 그 사람의 복은 더욱 많아서 무량무변 아승지로는 가히 비교가 안 되느니라.

또 아일다야. 만약 어떤 사람이 이 경을 위하는 까닭으로, 승방에 나아가 앉거나 서서 잠깐이라도 듣고 받으면, 이 인연 공덕으로 몸을 바꾸어 다시 태어나면 좋고 가장 묘한 코끼리와 말과 수레를 얻고, 진귀한 보배의 연을 타고 천궁에 오르느니라.

또 어떤 사람이 법을 강(講)하는 곳에 앉아 있다가 다른 사람이 오면 앉아서 듣기를 권하거나, 자리를 나누어 주거나, 앉게 하면, 이 사람의 공덕은 몸을 바꾸어 태어날 때, 제석이 앉는 자리나, 범왕이 앉는 자리나, 전륜성왕이 앉는 자리에 앉게 되느니라.

아일다야. 만약 어떤 사람이 다른 사람에게 말하기를 '《법화경》이라는 경이 있으니, 함께 가서 듣자'고 하여, 곧 그 가르침을 받고 잠깐 동안

이라도 듣게 하여도, 이 사람의 공덕은 몸을 바꾸어 태어날 때, 다라니 보살과 함께 한 곳에 태어나며, 근기가 예리하고 지혜가 있으며, 100천 만세에 벙어리가 되지 않으며, 입에서 악한 냄새가 나지 않고, 혀는 항상 병이 없으며, 입에도 역시 병이 없고, 이빨은 때가 묻거나 검지 않으며, 누렇지도 않고, 성글지도 않으며, 또 빠지거나 떨어지지도 않고, 어긋나지도 않으며, 굽지도 않고, 입술은 아래로 처지지 않고, 또한 올라가거나 오그라들지 않으며, 거칠고 껄끄럽지 않고, 부스럼이나 종기가 나지 않으며, 또한 언청이거나 찢어지지 않고, 입이 비뚤어져 비스듬하지 않으며, 두텁지 않고, 크지도 않으며, 또한 검거나 검은 사마귀가 나지 아니하여 모든 나쁜 것이 없으며, 코는 엷거나 납작하지 않으며, 굽어 휘어지지 않고, 얼굴색은 검지 아니하고, 또한 좁거나 길지 않으며, 우묵하거나 굽지도 않아서, 일체가 기쁜 상이며, 입술 혀 이빨 모두 단정하고, 코는 길고 높으며, 얼굴은 원만하고, 눈썹은 높고 길며, 이마는 높고 평정하여 인간의 모양을 잘 구족하며, 세세생생 나는 곳 마다 부처님을 친견하여 법을 듣고 그 가르침을 믿고 받느니라.

아일다야. 또 이것을 관할지니라. 한 사람에 권하여 가서 법을 듣게 하는 공덕이 이와 같거늘, 하물며 일심으로 설함을 듣고 읽고 외우며 대중에서 사람을 위하여 분별하며, 설함과 같이 수행함이겠는가?"

그때 세존께서 거듭 이 뜻을 펴시고자 게송으로 말씀하셨다.

만약 어떤 사람이 법회에서 이 경전을 듣고,
내지 한 게송이라도 따라 기뻐하며 다른 사람을 위하여 말해주어
이와 같이 점차 가르쳐 50번째에 이르는
최후의 사람이 얻는 복을 지금 마땅히 분별하리라.

비유하여 대시주자가 무량한 중생들에게
80세가 되도록 그들이 원하는 바에 따라 보시하고,
그들이 늙고 쇠약하고, 머리카락이 쉬었으며 얼굴은 추하고
이빨은 성글고 몸은 야위어 있는 모습을 보고,

그들이 머지않아 죽을 것이라는 생각을 하고,
'내가 그들을 가르쳐서 도과(道果)를 얻게 하리라.'
곧 방편으로 열반의 진실한 법을 설하되,
세상은 다 굳고 단단하지 못하니 물거품과 불꽃과 같으니,
너희들은 마땅히 빨리 싫어하고 멀리하는 마음을 낼지라,

모든 사람들이 이 법을 듣고, 모두 아라한이 되어
육신통과 삼명(三明)과 팔해탈을 구족하였느니라.

최후 50번째 사람이 한 게송이라도 듣고 따라 기뻐하면
이 사람의 복은 이 보다 수승하여 비유할 수 없느니라.

이와 같이 점차 전하여 듣는 복이 오히려 무량하거늘,
하물며 법회에서 처음 듣고 따라 기뻐하는 자는 말할 필요가 있겠
느냐?

만약 한 사람에게 권하여 법화경을 듣게 하려고 인도하여
이 경은 깊고 묘하여 천만겁에 만나기 어렵다고 말하고
곧 가르침을 받아서 가서 듣되, 잠깐만이라도 들을지라도

이 사람의 복의 과보를 지금 분별하여 설하리라.

세세생생 입에 병이 없고, 치아는 성글거나 누르거나 검지 않고,
입술은 두껍거나 올라가거나 언청이가 아니어서
가히 나쁜 모습이 없느니라.

혀는 마르거나 검거나 짧지 않으며
코는 높고 길며 곧으며, 이마는 넓고 평정하며,

얼굴과 눈은 단정하고 엄숙하여
다른 사람이 보면 기뻐하고,

입에서 더러운 냄새가 나지 않고,
우담바라 꽃의 향기가 항상 입에서 나느니라.

만약 일부러 승방에 가서 법화경을 듣고자 하여
잠깐만이라도 듣고 기뻐하면, 지금 그 복을 설하리라

다음 생에 천인(天人) 가운데 태어나,
묘한 코끼리와 말과 수레를 얻고,
진귀한 보배 가마를 타고 하늘 궁전에 오르리라.
만약 법을 강(講)하는 곳에,
다른 사람에게 앉아서 경을 듣기를 권하면,
이 복의 인연으로 제석, 범천, 전륜성왕의 자리를 얻거늘,

하물며 일심으로 듣고 그 뜻을 해설하고
설한 바와 같이 수행함이겠는가?
그 복은 가히 한정을 지을 수 없느니라.

해 설

수희(隨喜)란 산스크리트어 'ANUMODANA(아누모다나)'의 한역
(漢譯)이라 하며, 본래의 뜻은 "마음으로 기꺼이 공감한다." 즉
"기꺼이 자신을 대상 속에 투입시킨다." 또는 "자진해서 귀의한
다."라는 의미라 한다.[135] 구체적으로 말하면 「여래수량품」을 듣고
마음속으로부터 기뻐하며 그 가르침을 감사하게 받아들인다고 하
는 뜻이라 한다. 따라서 "(········)에 따라서"라는 뜻은 없다고 한다.
그런데 수희는 이미 「분별공덕품 제17」에서 이미 설했다. 그것
이 위에서 공부한 '초수희(初隨喜)'이다. 그렇지만 「분별공덕품」에
서는 이에 대해 자세히 설하고 있지 않다. 그렇기 때문에 이 「수희
공덕품」에서 자세히 설하는 것이라 한다.[136]
그리하여 초수희의 공덕을 다시 강조하고 자세히 설하고 있는
데, "50전전(五十展轉)의 수희공덕"을 설하고 다시 법화경의 가르
침을 듣는(聞法) 공덕에 대해 설하고 있다.

---

135. 『법화경총설』, 박혜경 지음. 도서출판 삼양, p.264.
136. 위의 책, p.265.

법사공덕품 제십구(法師功德品 第十九)

이때 부처님께서 상정진보살마하살에게 말씀하셨다. "만약 선남자 선여인이 이 법화경을 받아 지녀서 읽거나 외우거나 해설하거나 사경(寫經)하면, 이 사람은 마땅히 팔백의 눈 공덕, 천이백의 귀 공덕, 팔백의 코 공덕, 천이백의 혀 공덕, 팔백의 몸 공덕, 천이백의 뜻 공덕을 얻는데, 이 공덕으로 육근(六根)은 장엄하고 청정하느니라.

이 선남자 선여인은 부모로부터 받은 청정한 육안(肉眼)으로 삼천대천세계의 안과 밖에 있는 산림과 강과 바다, 아래로는 아비지옥[137] 위로는 유정천에 이르기까지 다 보느니라. 또 그 가운데 일체 중생들이 업의 인연으로 인해 그 과보로 태어나는 곳을 다 보고 아느니라."

그때 세존께서 이 뜻을 거듭 펴시고자 게송으로 말씀하셨다.

만약 대중 가운데에서 두려움 없는 마음으로
이 법화경을 설하면, 너는 그 공덕을 잘 들으라.

이 사람은 팔백 공덕의 수승한 눈을 얻으리니
이것으로 장엄하기에 그 눈은 매우 청정하고
부모 소생(所生)의 눈으로 삼천 세계의
내외 미루산[138] 수미산 그리고 철위산

---

137. 범어 avīci의 음사. 팔대지옥의 하나, 무간지옥(無間地獄)이라고도 한다. 남섬부주 아래 4만유순(또는 2만유순) 되는 곳에 있으며, 팔대지옥 중 가장 아래 위치하고, 가장 극심한 고통이 끊임이 없는 지옥이라 한다. 팔대지옥은 등활(等活), 흑승(黑繩), 중합(衆合), 호규(號叫, 또는 叫喚), 대규(大叫), 염열(炎熱), 대초열(大焦熱), 무간(無間)지옥을 말한다.
138. 범어 Meru의 음사. 보통은 수미산을 말한다, 여기서는 수미산 주위의 칠금산(七金山) 중에서 니민달라산(한역은 지지산)을 말한다.

아울러 모든 산림과 큰 바다와 강과 하천을 다 보며,

밑으로는 아비지옥, 위로는 유정천의
그 가운데 모든 중생 일체를 다 보느니라.

비록 천안(天眼)을 얻지 못했지만
육안(肉眼)의 힘이 이와 같으니라.

"또 상정진아. 만약 선남자 선여인이 이 경을 받아 지녀서 만약 읽거나, 외우거나, 해설하거나, 사경하면 천이백의 귀 공덕을 얻으리라. 이 청정한 귀로 삼천대천세계의 밑으로는 아비지옥 위로는 유정천의 내외 (內外)의 가지가지의 말(語言) 소리, 목소리를 듣는데, 코끼리 소리, 말 (馬) 소리, 소(牛) 소리, 수레 소리, 울며 곡하는 소리, 근심하여 탄식하는 소리, 소라(螺) 소리, 북 소리, 종(鍾) 소리, 방울 소리, 웃는 소리, 남자 소리, 여자 소리, 동자 소리, 동녀 소리, 법의 소리, 법이 아닌 소리, 괴로운 소리, 즐거운 소리, 범부의 소리, 성인의 소리, 기쁜 소리, 기쁘지 않는 소리, 하늘 소리, 용의 소리, 야차의 소리, 건달바의 소리, 아수라의 소리, 가루라의 소리, 긴나라의 소리, 마후라가의 소리, 불의 소리, 물 소리, 바람 소리, 지옥 소리, 축생 소리, 아귀 소리, 비구 소리, 비구니 소리, 성문의 소리, 벽지불 소리, 보살 소리, 부처님의 소리를 들으리라.
　요약하면 삼천대천세계의 일체 안과 밖의 모든 소리를 비록 천이 (天耳)를 얻지 못했지만 부모 소생의 청정한 귀로 다 듣고 알아서, 이와 같이 분별하여 여러 음성을 들어도 이근(耳根)은 파괴되지 않느니라."
　그때 세존께서 거듭 이 뜻을 펴시고자 게송으로 말씀하셨다.

부모 소생의 귀, 맑고 깨끗하여 더러움이 없고
평상시의 이 귀로 삼천대천세계의 소리를 듣느니라.

코끼리 말 수레 소의 소리, 종 방울 소라 북의 소리,
비파 거문고 공후의 소리, 퉁소 피리의 소리,
청정한 좋은 노래 소리 등을 들어도 집착하지 아니하며

무수한 종류의 사람 소리를 듣고 능히 다 알며,
또 모든 하늘 소리와 미묘한 노래 소리
그리고 남자 여자의 소리, 동자 동녀의 소리를 다 듣고,

산과 내와 험한 골짜기의 가릉빈가 소리,
명명새[139] 등 모든 새들의 소리를 다 듣고,

지옥의 가지가지의 고통소리,
굶주린 아귀들 음식 구하는 소리,
모든 아수라 등 큰 해변에 있으면서
서로 주고받는 말, 그 큰 음성을

이와 같이 설법하는 자 여기 편히 머물면서
멀리서 이 많은 소리를 다 들어도 귀는 상하지 않으며,

---

139. 북인도 네팔지방에 서식하는 새를 말한다. 우는 소리가 아름다워 부처님의 60가지
음성 중 하나로 꼽히기도 한다. 원래 꿩의 일종인데, 머리가 두 개 달린 전설상의 새
를 가리키게 되었다.

시방세계의 금수(禽獸)들이 서로 울며 부르는 소리

그 법을 설하는 사람 여기서 다 들으며,

모든 범천, 그 위 광음천 그리고 변정천

내지 유정천[140]에서 말하는 음성을

법사 여기에 머물면서 다 들으며,

모든 비구, 비구니들이 경전을 독송하거나

다른 사람을 위하여 설하는 것을

법사 여기에 머물면서 다 들으며,

모든 보살이 경법(經法)을 독송하거나

다른 사람을 위하여 설하거나

모아서 기록하고 그 뜻을 해설하는

이와 같은 모든 음성을 다 들으며

모든 부처님 대성존께서 중생을 교화하시니

모든 대회에서 미묘한 법 연설하시는 것을

이 법화경을 지니는 사람 다 들으며,

---

140. 색계 제4선 중 맨 위에 있는 천상의 세계를 말한다. 색계 18천은 다음과 같다. ① 초선(初禪):범중천(梵衆天), 범보천(梵輔天), 대범천(大梵天), ② 제2선(第二禪):소광천(少光天), 무량광천(無量光天), 광음천(光音天), ③ 제3선(第三禪):소정천(少淨天), 무량정천(無量淨天), 변정천(遍淨天), ④ 제4선(第四禪):무운천(無雲天), 복생천(福生天), 광과천(廣果天), 무상천(無想天), 무번천(無煩天), 무열천(無熱天), 선견천(善見天), 선현천(善現天), 색구경천(色究竟天)

삼천대천세계 안과 밖의 모든 음성

밑으로 아비지옥에서 위로는 유정천에 이르기까지

그 음성 다 들어도 이근(耳根)은 파괴되지 않으며

귀가 총명하고 예리하기 때문에 분별하여 다 아느니라.

이 법화경 지니는 사람 비록 천이(天耳)를 얻지 못했지만

단지 (부모) 소생의 귀 공덕이 이와 같으니라.

"또 상정진아. 만약 선남자 선여인이 만약 이 경을 받아 지녀서 읽거나 외우거나 해설하거나 사경하면, 팔백의 코 공덕을 성취하느니라. 이 청정한 비근(鼻根)으로 삼천대천세계 상하내외(上下內外)의 모든 향, 수만나화향[141], 사제화향[142], 말리화향[143], 첨복화향[144], 바라라화향[145], 적련화향, 청련화향, 백련화향, 화수향(華樹香), 과수향(菓樹向), 전당향, 침수향, 다마라발향[146], 다가라향[147], 그리고 천만 종류가 섞인 향, 가루향, 둥근 향, 바르는 향 등을, 이 경을 지니는 사람 여기에 머물러서도 분별하여 다 맡고 아느니라.

또 중생의 향, 코끼리 향, 말의 향, 소의 향, 양의 향 등, 남자 향, 여자 향, 동자 향, 동녀 향 그리고 초목과 총림(叢林)의 향, 가까이 있거나 멀리 있는 모든 향 등을 다 맡고 알아서 분별하지만 착오가 없느니라.

이 경을 지니는 사람, 비록 여기에 머물지만, 역시 천상의 모든 하늘

---

141. 범어 sumanas의 음사, 황백색의 꽃이 피고 향기가 진한 꽃이다.
142. 범어 jātika의 음사, 금색의 꽃이 핀다.
143. 금색의 꽃이 피는 꽃나무이다.
144. 범어 campaka의 음사, 노란색에 향기가 진한 꽃이다.
145. 범어 pātala의 음사, 꽃과 열매에 향기가 진한 꽃이다.
146. 범어 tamals-pattra의 음사, 향의 이름을 말한다
147. 범어 tagara의 음사, 향나무의 일종을 말한다.

향, 바리질다라[148], 구비다라수[149]향 그리고 만다라화[150]향, 마하만다라화향, 만수사화향, 마하만수사화향, 전단침수, 여러 가지의 가루향, 모든 꽃이 섞인 향(雜華香) 등 이와 같은 하늘 향들이 화합하여 내는 향을 맡아서 알고, 또 모든 천신(天身)의 향을 맡는데, 석제환인이 수승한 궁전에 머물면서 오욕락을 즐겨 유희할 때의 향과 만약 묘법당(妙法堂) 위에 있으면서 도리의 모든 천을 위하여 설법할 때의 향과 만약 모든 정원에서 유희할 때의 향과 나머지 하늘의 남자 여자의 향 등을 모두 멀리서 맡되, 이와 같이 돌아가면서 범천세계와 위로 유정의 모든 천인의 향 또한 다 맡아 알며, 아울러 모든 하늘의 태우는 향을 맡고, 그리고 성문의 향과 벽지불의 향, 보살의 향, 모든 부처님의 향을 또한 멀리서 맡아서 그 처소를 잘 아느니라.

비록 이 향을 맡으나, 비근은 파괴되지 않고 착오도 없나니, 만일 분별하여 다른 사람을 위해 설하려고 하면 그 생각과 기억이 틀림이 없으리라."

그때 세존께서 이 뜻을 거듭 펴시고자 게송으로 말씀하셨다.

이 사람 코 청정하여 이 세계 중의 향과 냄새나는 물건
가지가지를 다 맡아서 알되, 수만나와 사제,
다마라와 전단, 침수 그리고 계수나무 향
가지가지의 꽃과 과실의 향,
그리고 중생 향, 남자 향, 여자 향을 알며,

---

148. 범어 pārijātaka의 음사, 제석천 정원에 있는 나무이다.
149. 범어 kovidāra의 음사, 사철 꽃이 피는 나무인데, 흑단의 일종이라 한다.
150. 범어 māndārava의 음사, 제석천에 있는 꽃나무이다. 꽃이 아름답고 향기로워서 보는 사람의 마음을 기쁘게 해준다.

설법 자가 멀리 있어도 그 처소를 아느니라.
큰 세력 전륜왕, 소전륜왕, 그리고 아들과
군신과 모든 궁인들 향기를 맡고 있는 곳을 알며,

몸에 지닌 귀한 보배 그리고 땅속에 있는 보물
전륜왕의 보배 여자들 냄새 맡고 있는 곳을 알며

모든 사람 장신구와 의복과 영락
가지가지의 바르는 향, 냄새 맡고 그 몸을 알며,

모든 하늘이 걷거나 앉거나 즐겁게 노는 것과 신통변화를
이 법화경을 지니는 사람, 향기를 맡고 능히 다 알며,

모든 나무와 꽃 과실 그리고 차조기 기름 향기를
이 경을 지니는 자 여기에 머물면서 그 소재를 다 알며,

모든 산 깊고 험한 곳에 전단 나무 꽃이 핀 것과
그 가운데 있는 중생을 향기를 맡고 능히 다 알며,

철위산과 큰 바다와 땅속의 모든 중생
이 경을 지니는 자 향기를 맡고 그 소재를 다 알며,

아수라 남녀 그리고 모든 권속들이 싸우고 놀 때를
향기를 맡고 능히 다 알며,

광야와 험한 곳, 사자 코끼리 호랑이
들소 물소 등, 향기를 맡고 소재를 알며,

만약 회임(懷妊)한 사람, (아이가) 남자인지 여자인지?
뿌리가 없는지 그리고 사람이 아닌지를
향기를 맡고 능히 다 알며,
향기를 맡는 힘 때문에 첫 회임(懷妊)이
성취된 것인가와 편안하게 복된 아이를 낳을 것인가를 알며,

향기를 맡는 힘 때문에 남녀가 생각하는 바와
욕심에 물들어 어리석고 성내는 마음을 알며,

또한 선을 닦는 자를 알며,
땅속에 숨겨진 많은 금, 은, 진귀한 보배와
구리 그릇에 담긴 물건, 향기 맡고 다 알며,
가지가지의 모든 영락 그 값을 알 수 없더라도
향기를 맡고 귀하고 천함을 알고, 출처와 소재를 알며,

천상의 모든 꽃 등, 만다와 만수사와 바리질다수를
향기를 맡고 능히 다 알며,

천상의 모든 궁전 상, 중, 하의 차별과
많은 보배 꽃으로 장엄된 것을
향기를 맡고 능히 다 알며,

하늘 동산과 수승한 전각, 모든 묘법당 가운데에서
오락하는 것을 향기를 맡고 다 알며,

여러 하늘 법을 듣고, 혹 오욕(五欲)을 받을 때에
오고 가고 앉으며 눕는 것을 향기를 맡고 다 알며,

하늘 소녀들이 입은 옷에 꽃과 향으로 장엄하고
두루 유희하는 때를 향기를 맡고 다 알며,

이와 같이 전전(展轉)하여 범천세계에 이르고
입선(入禪)과 출선(出禪)하는 자를
향기를 맡고 능히 다 알며,

광음과 변정천 내지 유정천에 이르기까지
처음 나오고 퇴몰하는 것을 향기를 맡고 다 알며,

모든 비구들 법에 항상 정진하고,
앉거나 경행하거나 그리고 경전을 독송하거나
숲의 나무 아래에 있거나 오로지 좌선하는 것을
이 경을 지니는 자 향기를 맡고 그 소재를 다 알며,

보살의 뜻 견고하고, 좌선하거나 독송하거나
혹 다른 사람을 위하여 설법하는 것을
향기를 맡고 다 알며,

모든 방위에 계신 세존, 일체가 공경하는 바이며
중생을 불쌍히 여겨 설법하는 것을
향기를 맡고 다 알며,

중생 부처님 앞에서 경을 듣고 모두 환희하여
법답게 수행하는 것을 향기를 맡고 다 알며,

비록 보살의 무루법에서 생기는 코를 얻지 못했지만
이 경을 지니는 자는 먼저 이 코의 형상을 얻으리라.

"또 상정진아. 만약 선남자 선여인 이 경을 수지하여 읽거나 외우거나 해설하거나 사경하면 천이백의 혀 공덕을 얻으리라. 만약 좋거나 추하거나 맛나거나 맛나지 않거나, 그리고 모든 쓰고 떫은 물건이 그 혀뿌리에 닿으면 모두 변하여 최고의 좋은 맛으로 이루고, 하늘의 감로와 같아서 맛나지 않는 것이 없느니라. 만약 설근(舌根)으로 대중 가운데에서 연설하면, 깊고 미묘한 소리가 나와서 그 (대중의) 마음에 들어가 모두 환희케 하고 쾌락하게 하리라.

또 모든 천자(天子)와 천녀(天女), 제석과 범천의 모든 하늘이 이 깊고 묘한 음성으로 연설하고 차례로 설하는 것을 모두 와서 들으며, 그리고 모든 용과 용녀(龍女), 야차, 야차녀, 건달바, 건달바녀, 아수라, 아수라녀, 가루라, 가루라녀, 긴나라, 긴나라녀, 마후라가, 마후라가녀 등이 법을 듣기 위하여 모두 와서 친근하고 공경공양하며, 비구 비구니 우바새 우바이 국왕왕자 군신권속 소전륜왕 대전륜왕의 칠보[151]와 천자(千子)[152]와 내외권속 등이 그들의 궁전을 타고 와서 함께 법을 들으며, 이 보살이 법을 잘 설하기 때문에 바라문 거사 국내의 인민(人民) 등이 그 수명을 다할 때까지 모시고 공양하리라.

또 여러 성문과 벽지불 보살과 모든 부처님께서 항상 그것을 즐겨 보고, 이 사람이 있는 곳에 여러 부처님께서 그를 향하여 설법하시며, (그리하여 그는) 일체의 불법을 능히 수지하고 능히 깊고 묘한 법음(法音)을 내리라.

그때 세존께서 거듭 이 뜻을 펴시고자 게송으로 말씀하셨다.

이 사람 설근(舌根) 깨끗하여 끝내 나쁜 맛 받지 않으며,

먹고 씹는 것 모두 감로를 이루며,

깊고 깨끗하고 묘한 소리로 대중에게 법을 설하며

모든 인연과 비유로 중생의 마음을 인도하여

듣는 사람 모두 환희하고 모든 최고의 공양을 베푸느니라.

모든 천 용 야차 그리고 아수라 등

공경하는 마음으로 함께 와서 법을 들으리라.

법을 설하는 이 사람이 만약 묘한 소리로

삼천세계를 채우고자 하면, 뜻대로 곧 이루고

대소전륜왕, 천자, 권속 등이 합장하여 공경하는 마음으로

항상 와서 법을 듣고 받으며,

---

151. 전륜성왕이 가지고 있는 일곱 가지 보배를 말한다. 금륜(金輪), 상(象), 마(馬), 주(珠), 주장신(主藏臣 : 신하를 말함), 옥녀(玉女), 주병신(主兵臣 : 뛰어난 장군을 말함)
152. 전륜성왕의 아들이 천 명이라는 뜻이다.
153. 비사차라고도 한다. 사람의 정기와 피와 살을 먹고 사는 귀신을 말한다.

모든 천, 용, 야차, 나찰, 비사사[153] 등이
또한 환희심으로 항상 와서 즐거이 공양하고

범천왕, 마왕, 자재, 대자재 등
이와 같은 모든 하늘 무리가 항상 와서 그곳에 이르느니라.

모든 부처님과 제자 그 법을 설하는 소리를 듣고
항상 지키며 보호하며, 혹 때로는 몸을 나타내기도 하느니라.

또 상정진아. 만약 선남자 선여인이 이 경을 수지하고 읽거나 외우
거나 해설하거나 사경하면 팔백의 몸(身) 공덕을 얻느니라. 맑고 깨끗
한 몸을 얻되 깨끗한 유리(琉璃)와 같고, 중생이 보면 기뻐하고, 그의 몸
이 깨끗하기 때문에 삼천대천세계 중생들이 나고 죽는 때와 상하의 좋
고 나쁜 것과 악한 곳과 선한 곳에 태어나는 일이 모두 그 가운데에 나
타나느니라.

그리고 철위산 대철위산 미루산 마하미루산 등 모든 산과 그 가운
데의 중생들도 그 가운데 나타나며, 아래로 아비지옥에서 위로는 유정
에 이르기까지 모든 중생이 그 가운데에 나타나며, 만약 성문 벽지불 보
살 여러 부처님께서 법을 설하시는 것 모두 몸 가운데에 그 색상을 나
타내느니라.

그때 부처님께서 거듭 이 뜻을 펴시고자 게송으로 말씀하셨다.

만약 법화를 지니는 자, 그 몸 매우 청정하여
저 깨끗한 유리와 같고, 중생들 보면 모두 기뻐하고,

또 깨끗하고 밝은 거울에, 모든 색상 다 보이는 것 같이

보살의 깨끗한 몸으로 세상의 있는 것 모두 보되,

오직 혼자 스스로 밝게 알고, 나머지 사람들은 보지 못하니라.

삼천세계 가운데 일체의 모든 중생

천 인 아수라 지옥 아귀 축생 이와 같은 모든 색상

그 몸 가운데에서 나타나느니라.

모든 하늘 궁전 내지 유정천과

철위산 미루산 마하미루산

모든 큰 바다 등이 몸 가운데 나타나며

모든 부처님 성문 불자(佛子) 보살 등이

홀로거나 대중 가운데에서 법을 설하는 것이 다 나타나며,

비록 무루의 법성묘신(法性妙身)을 얻지 못했지만

맑고 깨끗한 평상시 몸에,

일체가 그 중에 나타나느니라.

"또 상정진아. 만약 선남자 선여인이 여래가 멸도한 후, 이 경을 수지하여 읽거나 외우거나 해설하거나 사경하면 천이백의 뜻 공덕을 얻느니라. 이 청정한 의근(意根)으로 한 게송 한 구절만 들어도 무량무변한 뜻을 통달하고 그 뜻을 이미 알고, 한 게송이나 한 구절을 능히 연설하되, 한 달 내지 넉 달 또는 1년 동안을 하리라. (그가) 모든 설하는 모든 법 그 뜻에 따르며, 모두 진실한 상이여서 위배되는 상이 없느니라.

만약 속세의 경서(經書)나 세상을 다스리는 언어, 생활하는 방법을
설할 지라도 모두 정법에 수순하며, 삼천대천세계 육취 중생의 마음이
행하는 바와 마음에 동작하는 바와 마음에 희론 하는 바를 다 알며, 비
록 무루지혜를 얻지 못했지만 그 의근이 이처럼 청정하므로, 이 사람 사
유하는 바와 헤아리고 말하는 바가 다 불법(佛法)이며 진실하지 않음이
없으며, 또한 이것은 먼저 부처님께서 경중에 설한 바이니라."

　　그 때 세존께서 거듭 이 뜻을 펴시고자 게송으로 말씀하셨다.

　　이 사람 뜻 청정하고 맑고 예리하여
　　더러움이 없으며, 이 묘한 의근으로
　　상, 중, 하 법을 알고, 내지 한 게송만 들어도
　　무량한 뜻을 통달하고 차례로 여법하게 설하되
　　한 달, 네 달, 일 년에 이르며,

　　이 세계 내외 일체 모든 중생,
　　만약 천 용 인간 야차 귀신 등
　　육취 중에 있는 것들
　　생각하는 바에 약간 종류를
　　법화를 지니는 과보로 일시에 다 아느니라.

　　시방 무수한 부처님 백복으로 장엄하고
　　중생을 위하여 법을 설하는 것
　　모두 듣고 능히 수지하며,

무량한 뜻 깊이 생각하고 법을 설함이 또 무량하되,
처음부터 끝까지 잊지 않고 착오 없는 것은
법화경을 수지한 까닭이라.

모든 법 모양 다 알고, 뜻에 따라 차례로 알며,
이름과 글도 통달하여 아는 바에 따라 연설하느니라.

이 사람 설하는 바가 모두 먼저 불법이니
이 법을 연설한 까닭으로 대중 가운데서 두려움이 없느니라.

법화경을 지니는 자, 의근 청정하기 이와 같아
비록 무루지혜를 못 얻었지만,
먼저 이와 같은 모양 있느니라.

이 사람 이 경을 지녀서, 드문 지위에 편안히 머무르면
일체 중생이 기뻐하고 아끼고 공경하며,
천만 종류의 좋고 훌륭한 말로
분별하여 법을 설하니,
법화경을 지닌 까닭이니라.

해 설

이 품은 《법화경》을 믿어 지니고(受持), 읽고(讀), 외우고(誦), 해설하고(解說), 베껴 쓰는(書寫) 다섯 가지 수행을 하는 오종(五種) 법사의 공덕을 설하는 것이다. "법사(法師)"란 의미는 《법화경》에서는 출가자에게만 국한 되는 것이 아니라 법화경을 설하는 사람 모두를 의미한다. 따라서 출가자이든 재가자이든 남자이든 여자이든 상관없다. 법화경을 다른 사람에게 설해 주면 법사이다.

그리고 위 수지, 독, 송, 해설, 서사의 다섯 가지를 수행하는 사람을 5종법사라 한다. 또 「법사품 제10」에서 이들은 여래의 대행자(代行者)이며, 여래의 어깨 위에 실려진 사람이라 하였다. 그리하여 여래를 대하는 것처럼 똑같이 대하여야 한다고 설한다.

그리고 5종의 의미를 보면 다음과 같다.

① 수지(受持)란 경전을 믿고 받아들여 마음속에 굳게 간직
　하여 잊지 않는 것을 말한다.
② 독(讀)이란 입으로 소리를 내어 경을 읽는 것을 말한다.
③ 송(誦)이란 경을 외우는 것을 말한다.
④ 해설(解說)이란 경을 다른 사람에게 설하고 설명하는 것
　을 말한다.
⑤ 서사(書寫)란 경을 베껴 써서 후세에 전하는 것을 말한다.
이상 다섯 가지를 수행하는 사람인 오종법사(보통 '법사'라고도

한다.)에 대해 그 공덕을 설하는데, 8백의 눈(眼) 공덕, 1천2백의 귀(耳) 공덕, 8백의 코(鼻) 공덕, 1천 2백의 혀(舌) 공덕, 8백의 몸(身) 공덕, 1천 2백의 뜻(意) 공덕을 설하고 있다. 보통 이 공덕을 일컬어 6근청정(六根淸淨) 공덕이라 한다.

그리고 8백, 1천 2백이라고 하는 수(數)의 유래와 이 숫자가 나타내는 의미는 분명치 않다. 육근은 외계의 대상을 지각하는 기관과 능력을 말하는데, 다음과 같다.

① 안근(眼根) : 시각기관과 그 능력, 인식하는 대상은 형상(色)
② 이근(耳根) : 청각기관과 그 능력, 인식하는 대상은 소리(聲)
③ 비근(鼻根) : 후각기관과 그 능력, 인식하는 대상은 냄새(香)
④ 설근(舌根) : 미각기관과 그 능력, 인식하는 대상은 맛(味)
⑤ 신근(身根) : 신체와 그 능력, 인식하는 대상은 촉각(觸)
⑥ 의근(意根) : 육체적이 기관이 아닌 말나식, 인식하는 대상은 법(法)

육근청정 공덕은 예컨대 천안(天眼)을 얻은 것이 아니더라도, 부모로부터 받은 눈으로 지옥부터 색구경천에 이르기까지의 모든 것을 빠지지 않고 다 본다는 것이다. 나머지 오근(五根)도 마찬가지이다.

상불경보살품 제이십
(常不輕菩薩品 第二十)

이때 부처님께서 득대세보살마하살에게 말씀하셨다. "너는 지금 마땅히 알아라. 만약 비구 비구니 우바새 우바이 중에서 법화경을 지니는 자를 만약 악한 입으로 욕하고 비방하면 큰 죄의 과보를 받는데, 앞에서 설한 바와 같고, 그 얻는 바의 공덕은 먼저 설한 바와 같아서, 눈 귀 코 혀 몸 뜻이 청정하느니라.

득대세야. 옛날 무량무변 불가사의 아승지겁 전에 부처님 계셨는데, 위음왕(威音王) 여래 응공 정변지 명행족 선서 세간해 무상사 조어장부 불세존이었으며, 겁명(劫名)은 이쇠(離衰)이며, 국명은 대성(大成)이었느니라. 그 위음왕불께서 저 세계에서 천 인 아수라를 위하여 법을 설하시되, 성문을 구하는 자를 위해서는 사제법(四諦法)을 설하여 생로병사를 건너서 마침내 열반에 이르게 하고, 벽지불을 구하는 자를 위해서는 십이인연법을 설하고, 모든 보살을 위해서는 아뇩다라삼먁삼보리를 인하여 육바라밀법을 설하여 마침내 부처님의 지혜에 들게 하였느니라.

득대세야. 이 위음왕불의 수명은 사십만억 나유타 항하사 겁이며, 정법이 세상에 머무는 겁수(劫數)는 한 염부제의 미진(微塵)과 같고, 상법(像法)이 세상에 머무는 겁수는 사천하미진과 같았느니라.

그 부처님 중생에게 많은 이익을 베푼 후에 멸도하시고, 정법과 상법이 멸하여 다한 후에, 이 국토에서 다시 부처님께서 출현하셨는데, 역시 호가 위음왕 여래 응공 정변지 명행족 선서 세간해 무상사 조어장부 천인사 불세존이었느니라. 이와 같이 차례로 이만억불이 계셨는데, 모두 이름이 같았느니라.

최초의 위음왕여래께서 이미 멸도하시고, 정법이 멸한 후, 상법 중에 증상만 비구에게 큰 세력이 있었느니라. 그때 한 보살비구가 있었는데, 이름이 상불경이었느니라. 득대세야. 어떠한 인연으로 이름을 상불경이라 하였는가 하면, 무릇 이 비구는 무릇 비구 비구니 우바새 우바이 모두에게 예배찬탄하며 이런 말을 하였느니라. '나는 너희들을 깊게 공경하며, 감히 경시하거나 업신여기지 않으니, 왜냐하면 너희들 모두 보살도를 행하여 마땅히 부처가 되리라.' 그러나 이 비구는 오로지 경전을 읽거나 외우거나 하지 않으며, 단지 예배하고, 내지 멀리서 사부대중을 보아 다시 가서 예배하고 찬탄하여 말하기를 '나는 너희들을 감히 가볍게 여기지 않으며 너희들은 마땅히 부처가 되리라.'

사부대중 가운데 화를 내며 마음이 깨끗하지 못한 자가 악한 말로 꾸짖는데, '이 무식한 비구야. 어디서 와서 우리들을 가볍게 여기지 않는다고 하고 우리들에게 성불한다는 수기를 주는가? 우리는 이와 같은 허망한 수기를 받을 수 없다.' (상불경보살은) 이와 같이 많은 세월 동안 다니면서 항상 욕을 들어도 화를 내지 않고 항상 이런 말을 하였다. '너희들은 마땅히 성불하리라.'

이런 말을 할 때 많은 사람들이 몽둥이와 돌로 때리면 멀리 피해 달아나면서 오히려 큰 소리로 말하였다. '나는 너희들을 가볍게 여기지 않는다. 너희들은 모두 마땅히 성불하리라.' 이렇게 항상 이런 말을 하였기 때문에 증상만의 비구 비구니 우바새 우바이들이 그를 상불경이라 하였느니라.

이 비구가 임종 때, 위음왕불께서 먼저 설한 법화경 20천만억 게송을 허공에서 듣고는 모두 수지하고 곧 위에서 말한 육근(六根 눈, 귀, 코, 혀, 몸, 뜻)이 청정함을 얻고, 이 육근이 청정함을 얻어 다시 수명이 늘었는데, 200만억 나유타세 동안 널리 사람들을 위해 이 법화경을 설하였느니라.

이때 그를 천대한 증상만의 사부대중 비구 비구니 우바새 우바이들이 상불경보살이 대신통력과 요설변력(樂說辯力)[154]과 대선적력(大禪寂力)[155]을 얻는 것을 보고, 그가 설하는 바에 따라 모두 믿고 순종하였으니, 이 보살이 다시 천만억 대중을 교화하여 아뇩다라삼먁삼보리에 머물게 하였느니라.

이 보살이 임종한 후에 이름이 모두 일월등명불인 이천억불을 친견하고, 그 법 가운데서 이 법화경을 설하고, 그 인연으로 다시 이천억불을 친견하니 모두 운자재등왕불이었느니라. 이 모든 부처님 법 가운데서 수지독송(受持讀誦)하고 모든 사부대중을 위하여 이 경전을 설한 까닭으로 육근(六根)이 청정함을 얻고, 사부대중 가운데서 법을 설하되, 두려움이 없었느니라.

득대세야. 이 상불경보살마하살이 모든 부처님을 이와 같이 공양하고 공경하며 존중 찬탄하였으며, 모든 선근(善根)을 심어서 수명을 다한 뒤에 천만억 부처님을 친견하고, 또 모든 부처님법 가운데서 이 경전을 설하여 성불하는 공덕을 성취하였느니라.

득대세야. 너는 어떻게 생각하느냐? 그때의 상불경보살이 어찌 다른 사람이겠느냐. 바로 나였느니라. 만약 내가 숙세에 이 경을 수지독송하지 않고 다른 사람을 위하여 설하지 않았다면 이렇게 빨리 아뇩다라삼먁삼보리를 얻지 못했으리라. 내가 먼저 성불한 그 부처님들로부터 이 경을 수지독송하고 다른 사람을 위하여 설했기 때문에 아뇩다라삼먁

---

154. 막힘없이 즐겁게 말하는 것을 말하는데, 중생들이 원하는 바에 따라 자유자재로 법을 설하는 능력이다.
155. 열반과 같다.

삼보리를 빨리 얻었느니라.

득대세야. 그 때 사부대중인 비구 비구니 우바새 우바이들이 화를 내어 나를 경멸하였기 때문에 200억겁 동안 부처님을 친견하지 못하고 법을 듣지도 못했으며 스님도 볼 수 없었으며, 천겁동안 아비지옥에서 큰 고통을 받았느니라. 그 죄를 다 받고나서 다시 상불경보살을 만나 아뇩다라삼먁삼보리의 교화를 받았느니라.

득대세야. 너는 어떻게 생각하느냐? 그 때 이 보살을 항상 경시한 사부대중이 어찌 다른 사람이겠느냐. 지금 이 법회 중의 발타바라 등 오백 보살, 사자월 등 오백 비구, 니사불 등 오백 우바새, 모두 아뇩다라삼먁삼보리에서 물러나지 않는 자, 바로 이들이니라. 득대세야. 마땅히 알아야 한다. 이 법화경은 모든 보살마하살을 크게 이익 되게 하고, 능히 아뇩다라삼먁삼보리에 이르게 하기 때문에, 모든 보살마하살은 여래 멸도한 후에 항상 이 경을 수지, 독, 송하고 해설하고 사경하여야 하느니라.

그때 부처님께서 거듭 이 뜻을 펴시고자 게송으로 말씀하셨다.

과거 부처님 위음왕불,
신통과 지혜 무량하여 일체를 인도하시니

하늘 사람 용 신들이 함께 공양 올리며
이 부처님 멸도 후 법 다할 때

한 보살있었는데, 이름이 상불경이라.
그때 사부대중 법에 계착(計著)하여
상불경보살 그에 가서 이런 말하되

나는 너희를 가볍게 여기지 않고
너희들 도를 행하면 반드시 성불하리라.

모든 사람 이말 듣고, 가벼이 여기고 욕하나
상불경보살 능히 인욕하고 숙세의 죄 다한 후
임종 때, 이경 듣고 육근이 청정해지고
신통력으로 수명이 늘어나
다시 모든 사람 위하여 이 경을 널리 설하니

법에 집착한 대중, 모두 보살의 교화입어
불도에 머물렀느니라.

상불경보살 임종 때 무수한 부처님 친견하고
이경 설한 까닭으로 무량한 복 얻고
점차 공덕이 구족하여 불도 이룸 빨랐느니라.

그때 상불경이 곧 나(석가모니불)이며
그때 사부대중 법에 집착한 자들
상불경에게 성불하리라는 말 듣고
이러한 인연으로 무수한 부처님 친견하고

이 회(會)의 보살 오백의 무리,
그리고 사부대중 청신사녀
지금 내 앞에서 법을 듣는 자들이 그들이니라.

내가 전생에 이 모든 사람에게 권하여
제일의 법인 이 경을 받아 듣게 하고
열어서 보여서 가르쳐 열반에 머물게 하여서
세세생생 이 경전 수지케 하였느니라.

억억만겁 동안 가히 논의하지 못함에 이르도록
그때에야 이 법화경을 들으며

억억만겁 동안 가히 논의하지 모함에 이르도록
모든 부처님 세존 때가 되어야 이 경설하시니
이렇기 때문에 행자는 부처님 멸도 후
이 경을 들을 때 의혹을 내지 말며,
마땅히 일심으로 이경을 널리 설하면
세세생생 부처님 친견하고
빨리 불도를 이루리라.

 # 해 설

이 품의 첫머리를 보면 법화경을 믿어 수지하는 사람에 대해 비
방하는 사람에 대한 과보를 설했음을 말하고, 그 다음 반대로 법화
경을 수지하는 사람의 공덕은 6근이 청정함을 얻음을 설하였다고
하면서, 과거에 법화경을 수지한 예로 상불경이라는 보살을 내세
우는데, 이 보살이 석가모니부처님의 전생이라 한다.

여기에 나오는 상불경보살은 대중들에게 "나는 너희들을 깊게 공경하며, 감히 경시하거나 업신여기지 않으니, 왜냐하면 너희들 모두 보살도를 행하여 마땅히 부처가 되리라."라 한다. 그러한 가운데 대중들로부터 핍박을 받지만 이에 대해서도 예배하고 찬탄하여 말하기를 '나는 너희들을 감히 가볍게 여기지 않으며 너희들은 마땅히 부처가 되리라.'한다.

그런데 상불경보살이 임종할 때 공중에서 소리를 듣는데, 옛날에 입멸한 위음왕불께서 법화경을 설하는 소리였으며, 그 설법을 모두 듣고 간직하여 6근이 청정해지고, 수명이 200만억 나유타로 늘어난다. 그리고 자기를 핍박한 사부대중들에게 설한다. 그러한 가운데 수명을 마친 뒤에 몇 번이고 다시 태어나 2천억의 일월등명불과 운자재등왕불을 공양하고 그 부처님 법 가운데에서 법화경을 계속 설한다. 이러한 공덕으로 상불경보살은 부처가 될 수 있었던 것이다. 이 상불경보살이 석가모니부처님의 전신(前身)이고, 핍박했던 대중들은 지금 법회의 발타바라 등 500보살, 사자월 등 500 비구, 니사불 등 500 우바새 등이다.

이러한 석가모니부처님의 전생담을 설한 의도는 "득대세야. 마땅히 알아야 한다. 이 법화경은 모든 보살마하살을 크게 이익 되게 하고, 능히 아뇩다라삼먁삼보리에 이르게 하기 때문에, 모든 보살마하살은 여래 멸도한 후에 항상 이 경을 수지, 독, 송하고 해설하고 사경하여야 하느니라."라고 한 부분 때문이라 한다.

이 「상불경보살품」은 「분별공덕품」, 「수희공덕품」, 「법사공덕품」과 더불어 '공덕 유통분'이라 하는데, 이러한 경전수행과 그 공덕을 설하고 있기 때문이다.

여래신력품 제이십일
(如來神力品 第二十一)

이때 천세계 미진(微塵)과 같은 수의 보살마하살들이 땅에서 솟아 올라온 자들인데, 모두 부처님 앞에서 일심으로 합장하고 부처님 존안을 우러러 보면서 말하였다. "세존이시여. 저희들은 부처님 멸도한 후 세존의 분신들이 계시다가 멸도 하신 곳에 마땅히 이 경을 널리 설하겠나이다. 왜냐하면 저희들 역시 진실하고 청정한 큰 법을 얻어 수지독송하고 해설하며 사경하여 공양하려는 것입니다."

그때 세존께서 사바세계에 오랫동안 머물러 있던 문수사리 등 무량한 백천만억의 보살마하살과 모든 비구 비구니 우바새 우바이 천 용 야차 건달바 아수라 가루라 긴나라 마후라가 인비인(人非人) 등 일체 대중 앞에서 대신통력을 나타내시니, 넓고 긴 혀[156]를 내어 위로는 범천까지 이르며, 일체의 모공(毛孔)에서 무량하고 무수한 색의 광명을 놓으시어 시방세계 모두 다 두루 비추었다. 또 보배나무 아래 사자자리에 계시는 모든 부처님께서도 이와 같아서, 넓고 긴 혀를 내시고, 무량한 광명을 놓으셨다.

석가모니부처님과 보배나무 아래의 모든 부처님께서 신통력을 백천세를 나타내신 후에 혀를 거두시며, 그때 큰 기침을 하고 함께 손가락을 튕기시니, 이 두 가지 소리가 시방의 모든 부처님세계에 이르고, 땅은 여섯 가지로 진동하였다.

그 가운데 천 용 야차 건달바 아수라 가루라 긴나라 마후라가 인비인

---

156. 부처님의 32상의 하나.

등이 부처님의 신통력으로 이 사바세계에 무량무변한 백천만억의 보배나무 아래 사자자리에 계시는 모든 부처님, 그리고 석가모니불과 함께 다보여래께서 보탑 안 사자자리에 계시는 것을 보며, 또 무량무변 백천만억의 보살마하살과 모든 사부대중이 석가모니부처님을 위요(圍繞)하며 공경하는 것을 보고, 모두 크게 환희하여 미증유를 얻었다.

그때 모든 하늘(천신)이 허공 중에서 큰 소리로 말하되, "이 무량무변한 백천만억 아승지세계를 지나 국토가 있는데 이름이 사바이며, 그 가운데 부처님이 계시니 석가모니불이시라. 지금 모든 보살마하살을 위하여 대승경을 설하시는데, 묘법연화경이며 보살을 가르치며 부처님께서 호념 하는 것이니라. 너희들은 마땅히 깊은 마음으로 따라 기뻐해야 하며, 또 마땅히 석가모니불께 예배하고 공양해야 하느니라." 저 모든 중생이 허공 중의 소리를 듣고 사바세계를 향하여 합장하고 이런 말을 하였다. "나무 석가모니불 나무 석가모니불"

그리고 가지가지의 꽃과 향, 영락 번개 그리고 몸을 장엄하게 하는 모든 기구, 진귀한 보배와 묘한 물건을 멀리 사바세계에 흩으니, 그 흩은 물건이 시방에서 오는데 구름이 모이는 것과 같았고, 보배 휘장으로 변하여 모든 부처님 위를 덮었고, 이때 시방세계는 통달무애(通達無碍)하여 하나의 불국토(佛國土)와 같았다.

그때 부처님께서 상행(上行) 등 보살대중에게 말씀하셨다. "모든 부처님의 신통력 이와 같이 무량무변하여 불가사의 하느니라. 만약 내가 신통력으로 무량무변 백천만억 아승지 겁 동안 부촉하기 위하여 이 경의 공덕을 설할지라도 다 하지 못하리라. 요점만 말하면 여래의 모든 법과 여래의 모든 자재한 신통력과 여래의 모든 비밀한 법장과 여래의 모든 깊고 깊은 일, 모두를 이 경에서 펴서 보이고 나타내고 설하였느니라.

이렇기 때문에 너희들은 여래가 멸도한 후에 마땅히 일심으로 수지 독송하고 해설하며 사경하여 설한 바대로 수행하라. 어느 국토에 있든 수지, 독, 송하며 해설하고 사경하여 설한 바대로 수행하라.

만약 이 경이 있는 곳이 동산이거나, 숲이거나, 나무 아래거나, 승방이거나, 서민의 집이거나, 전당(殿堂)이거나, 산계곡이거나, 들이거나, 그 가운데에 탑을 세워 공양하라. 왜냐하면 마땅히 알아라. 이 곳이 곧 도량이니, 모든 부처님께서 여기에서 아뇩다라삼먁삼보리를 얻었고, 모든 부처님께서 여기에서 법륜을 굴렸고, 모든 부처님께서 여기에서 반열반에 드셨느니라.”

그때 세존께서 이 뜻을 거듭 펴시고자 게송으로 말씀하셨다.

세상을 구하시는 모든 부처님,
대신통에 머무시어
중생을 기쁘게 하는 까닭으로
무량한 신통력을 나타내시니
혀가 범천에 이르시고,
몸에서 무수한 광명을 놓으시느니라.

불도를 구하는 자를 위하여
이러한 희유한 일을 나타내시며
모든 부처님의 기침 소리, 손가락 튕기는 소리
시방국토에 두루 들리며,
땅은 여섯 가지로 진동하고,

부처님 멸도한 후 능히 이 경을 지니는 까닭으로
모든 부처님 기뻐하며 무량한 신통력을 나타내시니라.

이 경 부촉하는 까닭으로,
(이 경) 수지하는 사람 찬미를
무량한 겁 동안 하여도 다하지 못하네.

이 사람의 공덕, 무변 무량하여
시방 허공처럼 변제가 없느니라.

능히 이 경 지니는 자, 곧 나를 본 것이며
또한 다보불과 모든 분신불을 본 것이며
금일 내가 모든 보살을 교화하는 것을 보는 것이니라.

능히 이 경을 지니는 자,
나와 나의 분신불, 멸도한 다보불께서
모두 기뻐하며,
시방의 현재 불과
아울러 과거와 미래불도 친견하고 공양하며
즐거움을 얻게 하느니라.

모든 부처님 도량에 앉아 얻은 비밀한 법
능히 이 경을 지니는 자,
오래지 않아 마땅히 얻으리라.

능히 이 경을 지니는 자,

모든 법의 뜻과 이름과 글

설하고자 함이 무궁하여

허공 중의 바람과 같아

일체 장애가 없으리라.

여래가 멸한 후, 부처님께서 설한 경의 인연과

차례를 알아서, 뜻에 따라 여실히 설하면

일월광명이 같이 능히 모든 어둠을 없애는 것과 같을지니라.

이러한 사람이 세간에서 행하는 일

능히 중생의 어둠을 없애며

무량한 보살을 가르쳐서

필경에 일승에 머물게 하느니라.

그러므로 지혜 있는 자

이러한 공덕의 이익을 듣고

내가 멸도한 후, 마땅히 이 경을 지닐지니라.

이 사람 불도에 결정코 의심이 없으리라.

해 설

이 품의 이름이 '여래신력(如來神力)'인데, 그것은 석가모니부처님께서 문수사리 등 한량없는 보살과 천세계 미진수와 같은 수의 지용보살들과 모든 대중들 앞에서 위대한 신통력을 보였기 때문에 붙여진 이름이다. 그리고 부처님께서 신통을 보이는 목적은 지용보살들에게 부처님께서 입멸하신 후, 법화경을 널리 유통할 것을 부촉하기 위한 것이다.

「종지용출품 제15」에서 타방에서 온 보살들이 부처님께서 멸도하신 후에 법화경을 시키겠다고 부처님께 여쭙지만, 부처님께서는 '그만두어라'고 하며, 사바세계 지하에서 솟아 올라온 지용보살들이 그 일을 맡는다고 한다. 그리하여 이 지용보살들이 법화경의 유통을 맡는 내용이 「여래신력품 제21」 의 내용이며, 이것을 별부촉(別付囑)이라 한다.

그리고 타방에서 온 보살들도 「촉루품 제22」 이하에서 부촉을 받는다. 이것을 총부촉(總付囑)이라 한다.

천태대사는 《법화문구 권10》에서 부처님께서 지용보살들에게 《법화경》을 부촉하는 것을 4단으로 나누어 설명하고 있는데, 다음과 같다.

1. 칭탄부촉(稱歎付囑)

'칭탄부촉'이란 법화경의 공덕에 대해서 부처님의 위대한 신통력으로도 다 설할 수 없다고 하여 법화경을 칭탄하여서, 법화경의 부촉을 밝히는 것을 말한다. 본문에서 『그때 부처님께서 상행(上行) 등 보살대중에게 말씀하셨다. "모든 부처님의 신통력 이와 같이 무량무변하여 불가사의 하느니라. 만약 내가 신통력으로 무량무변 백천만억 아승지 겁 동안 부촉하기 위하여 이 경의 공덕을 설할지라도 다 하지 못하리라.』까지가 이에 해당한다.

2. 결요부촉(結要付囑)

'결요부촉'이란 법화경의 요점을 결론지어 말하고 부촉한다는 것이다. 본문에서 『요점만 말하면 여래의 모든 법과 여래의 모든 자재한 신통력과 여래의 모든 비밀한 법장과 여래의 모든 깊고 깊은 일, 모두를 이 경에서 펴서 보이고 나타내고 설하였느니라.』까지가 이에 해당한다.

3. 권장부촉(勸 付囑)

'권장부촉'이란 부처님께서 멸도하신 후에 법화경의 수지, 독, 송, 해설, 서사를 권장하며 부촉한 것을 말한다. 본문에서 『이렇기 때문에 너희들은 여래가 멸도한 후에 마땅히 일심으로 수지독송하고 해설하며 사경하여 설한 바대로 수행하라. 어느 국토에 있든 수지, 독, 송하며 해설하고 사경하여 설한 바대로 수행하라. 만약 이 경이 있는 곳이 동산이거나, 숲이거나, 나무아래거나, 승방이거나, 서민의 집이거나, 전당(殿堂)이거나, 산계곡이거나, 들이거나,

그 가운데에 탑을 세워 공양하라.』까지가 이에 해당한다.

4. 석부촉(釋付囑)

‘석부촉’이란 위 (2) 결요부촉을 해석하고 있다고 해서 붙여진 이름이다. 본문에서 『왜냐하면 마땅히 알아라. 이 곳이 곧 도량이니, 모든 부처님께서 여기에서 아뇩다라삼먁삼보리를 얻었고, 모든 부처님께서 여기에서 법륜을 굴렸고, 모든 부처님께서 여기에서 반열반에 드셨느니라.』까지가 이에 해당한다. 천태대사는 ‘도량’은 “여래일체 심심지사(如來一切 甚深之事, 여래의 모든 깊고 깊은 일)”를 해석하고 있는 것이고, ‘득보리(得菩提, 아뇩다라삼먁삼보리를 얻었고)’는 “여래일체 비요지장(如來一切 秘要之藏, 여래의 모든 비밀한 법장)”을 해석하고 있는 것이고, ‘전법륜(轉法輪, 법륜을 굴렸고)’은 “여래일체 소유지법(如來一切 所有之法, 여래의 모든 법)”을 해석하는 것이고, ‘입열반(入涅槃, 반열반에 드셨느니라)’은 “여래일체 자재신력(如來一切 自在神力, 여래의 모든 자재한 신통력)”을 해석하고 있는 것이라 한다.

다음은 이품에서 나타내고 있는 여래의 열 가지 신통력에 대해 살펴보면 다음과 같다.

(1) 넓고 긴 혀를 냄(出長廣舌)

이것은 본불(本佛)과 적불(迹佛)은 ‘하나’라는 것을 의미한다고 한다. 이것을 ‘2문신1(二門信一)’이라 한다.

(2) 털구멍에서 빛을 냄(毛孔放光)

이것은 적문에서 설한 것과 본문에서 설한 것이 궁극적으로 같은 진실을 말하는 것이라 하는데, 적문에서 설한 것은 철학적이고, 본문에서 설한 것은 종교적으로 설한 것이라 한다. 이것을 '2문이1(二門理一)'이라 한다.

(3) 동시에 기침 소리를 냄(一時聲咳)

부처님의 일대 가르침은 '삼승즉일불승(三乘即一佛乘)'이라는 것을 의미한다고 한다. 적문의 가르침은 방편이고, 본문의 가르침은 일불승이지만, 방편의 가르침은 일불승의 가르침을 설하기 위한 과정이기 때문에 이 둘은 별개가 아니라 '하나'라는 것이다. 이것을 '2문1교(二門一教)'라 한다.

(4) 함께 손가락을 퉁김(俱共彈指)

인도의 습관에 "알았습니다." 또는 "틀림없이 약속합니다."라는 것을 엄지손가락과 가운데 손가락 끝을 모았다가 퉁겨서 소리를 내어 이것을 나타낸다고 한다.

여기서는 석가모니부처님과 모든 부처님들께서 손가락을 퉁기는 것은 "모두 함께 법화경의 가르침을 설하여 넓히자."라는 것을 틀림없이 약속한다는 의미라 한다. 즉 법화경은 궁극에 있어서 자타일체(自他一體)를 가르치는 경전이며, 적문과 본문에 관통하고 있다고 한다. 이것을 '2문인1(二門人一)'이라 한다.

(5) 땅이 여섯 가지로 진동함(六種震動)

앞 「법화경강의Ⅱ」에서 땅이 여섯 가지로 진동하는 모습을 공부하였다. 땅이 여섯 가지로 진동하는 경우는 부처님께서 입태(入胎) 하였을 때, 태어났을 때, 출가하였을 때, 깨달음을 성취하였을 때, 중요한 법을 설할 때, 열반에 드시게 될 때에 나타난다.

법화경에서의 여섯 가지 진동이 의미하는 것은 적문에서는 6바라밀의 보살행을 실천을 권장하고, 본문에서는 부처님과 자신이 일체임을 깨닫게 하는 것 나아가 자타가 일체임을 깨닫게 하는 것을 말한다. 그리고 이러한 부처님과의 일체, 자타의 일체를 깨닫게 하는 원동력은 보살행이라 할 수 있다. 따라서 보살행이 궁극의 깨달음으로 가는 실천행이다. 이것을 '2문행1(二門行一)'이라 한다.

(6) 이 대회의 광경을 모두 볼 수 있음(普見大會)

법화경을 설하는 장소 뿐 만 아니라 시방세계의 온갖 생명체를 부처님의 신통력으로 볼 수 있었다는 것을 말한다. 이렇게 시방세계의 온갖 생명체를 볼 수 있다는 것은 모든 존재들이 부처님의 가르침을 평등하게 깨달을 수 있다는 의미라 한다. 그러나 현재는 모든 존재들이 평등하게 부처님의 가르침을 깨닫는 것이 불가능하지만 미래에는 평등하게 깨달을 수 있는 때가 온다고 한다. 이것을 '미래기일(未來機一)'이라 한다.

(7) 공중에서 소리가 들려 왔음(空中唱聲)

본문에서 『그때 모든 하늘(천신)이 허공 중에서 큰 소리로 말하되, "이 무량무변한 백천만억 아승지세계를 지나 국토가 있는데 이름이 사바이며, 그 가운데 부처님이 계시니 석가모니불이시라. 지금 모든 보살마하살을 위하여 대승경을 설하시는데, 묘법연화경이며 보살을 가르치며 부처님께서 호념 하는 것이니라. 너희들은 마땅히 깊은 마음으로 따라 기뻐해야 하며, 또 마땅히 석가모니불께 예배하고 공양해야 하느니라."』라는 부분이 이에 해당한다. 이것이 의미하는 것은 미래에는 모든 가르침이 반드시 부처님의 가르침으로 귀일(歸一)한다는 의미라 한다. 이것을 '미래교일(未來敎一)'이라 한다.

(8) 대회중(大會衆)이 '나무석가모니불' 라고 소리침 (咸皆歸命)

본문에서 『저 모든 중생이 허공 중의 소리를 듣고 사바세계를 향하여 합장하고 이런 말을 하였다. "나무 석가모니불 나무 석가모니불"』이라고 한 부분이 이에 해당한다. 이것이 의미하는 것은 현재는 부처님의 가르침을 모르는 사람도 있고, 부처님의 가르침을 접했으나 깊이 들어가려고 하지 않는 사람도 있고, 혹 잘못된 사상에 빠진 사람도 있고, 악행을 저지르는 사람도 있는 등, 여러 가지이지만 미래에는 반드시 모든 사람이 부처님의 가르침에 귀명(歸命)할 때가 오는 것이라 한다. 이것을 '미래인일(未來人一)'이라 한다.

(9) 가지가지의 꽃과 향, 영락 번개 그리고 몸을 장엄하게 하는
　　모든 기구, 진귀한 보배와 묘한 물건이 허공에서 사바세계에
　　흩어져 내려옴. (遙散諸物)

　이것은 부처님께 귀의와 감사를 표하는 상징으로 공양을 의 미
한다. 그리고 현재에는 모든 사람이 이렇게 부처님께 공양하지 않
고 선악과 갖가지 나쁜 행을 짓지만, 미래에는 모든 행이 "부처님
의 마음에 맞는" 행을 한다는 것이다. 이것을 '미래행일(未來行一)'
이라 한다.

(10) 시방세계는 통달무애(通達無)하여 하나의 불국토
**　　(佛國土)가 됨.(通一佛土)**

　이것은 현재는 각각의 나라가 떨어져 있고 독립적이고 생활도
달라 구분되고 또 천상세계, 인간세계, 지옥세계 등 구별이 있는
데, 미래에는 부처님의 교화를 받아 천상, 인간, 지옥세계 등의 구
분이 없어지고, 인간의 현실생활도 모든 나라, 모든 민족, 모든 계
층이 하나의 바른 진리에 따라 살아가게 되어 서로 차별이 없어져
서 하나의 조화된 세계가 된다는 것이다. 이것을 '미래이일(未來
理一)'이라 한다.

　이상이 여래의 10대 신통력이라 하며, 법화경의 가르침을 통해
궁극적인 이상을 나타내고 있다.

촉루품 제이십이(囑累品 第二十二)

이때 석가모니부처님께서 법좌(法座)에서 일어나 큰 신통력을 나타내시니, 오른 손으로 무량한 보살마하살의 이마를 만지면서 이렇게 말씀하셨다. "내가 무량 백천만억 아승지 겁 동안 닦은 이 얻기 어려운 아뇩다라삼먁삼보리법을 지금 너희들에게 부촉(付囑)[157]하니, 너희들은 마땅히 일심으로 이 법을 유포하고 널리 이익되게 하여라." 이와 같이 모든 보살마하살의 이마를 세 번 만지면서 이렇게 말씀하셨다. "내가 무량 백천만억 아승지 겁 동안 닦은 이 얻기 어려운 아뇩다라삼먁삼보리법을 지금 너희들에게 부촉하노니 너희들은 마땅히 수지독송하고 이 법을 널리 펴서 일체 중생으로 하여금 널리 듣고 알게 하여라. 왜냐하면 여래는 대자비가 있어서 모든 것을 아끼지 않으며 또한 두려울 바도 없으며, 능히 중생에게 부처님의 지혜, 여래의 지혜, 자연지혜(自然智慧)를 주니, 여래는 일체중생의 대시주이니라. 너희들은 또한 여래의 법을 따라 배우되, 아끼는 마음을 내지 말지니라.

미래 세상에 만약 선남자 선여인이 여래의 지혜를 믿는 자이면 마땅히 이 법화경을 연설하여 듣게 하고 알게 할지니, 그 사람으로 하여금 부처님의 지혜를 얻게 하기 위함이니라. 만약 어떤 중생이 믿지 않고 받지 않으면, 마땅히 여래의 나머지 법 가운데에서 이롭고 기쁜 것을 가르쳐 보일지니라. 너희들이 능히 이와 같이 하면, 곧 모든 부처님의 은혜를 갚는 것이 되느니라."

때에 모든 보살마하살이 부처님의 이와 같은 말씀을 듣고 모두 기뻐

---

157. 범어는 parindanā이다. 어떤 것을 맡겨서 잊지 않고 지니고 대대로 전하도록 당부하는 것을 말한다. 촉루(囑累)라고도 한다.

함이 그 몸에 가득차서 더욱 공손히 공경하며, 몸을 굽혀 절을 하고, 부처님을 향하여 합장하고 함께 말하였다. "세존께서 분부한 바와 같이 마땅히 갖추어 봉행하겠나이다. 오직 원컨대 세존이시여. 염려하지 마옵소서." 모든 보살마하살 무리가 이와 같이 세 번 함께 말하였다. "세존께서 분부한 바와 같이 마땅히 갖추어 봉행하겠나이다. 오직 원컨대 세존이시여. 염려하지 마옵소서."

그때 석가모니 부처님께서 시방에서 온 모든 분신의 부처님을 본토로 돌아가게 하려고, 이렇게 말씀하셨다. "모든 부처님께서는 편안히 돌아가시고, 다보불탑도 돌아가셔서 전과 같이 하소서." 이 말씀을 할 때, 보배나무 아래 사자좌에 계시는 시방의 모든 분신 부처님과 다보부처님 아울러 상행 등 무변 아승지 보살 대중과 사리불 등 성문의 사부대중과 일체 세간의 하늘과 인간 아수라 등이 부처님께서 설한 바를 듣고 모두 크게 기뻐하였다.

 # 해 설

이 품은 타방에서 온 보살들과 대회에 모인 대중들에게 부처님께서 멸도하신 뒤에 법화경을 널리 유통시킬 것을 부촉하는 내용이다. 그래서 앞 「여래신력품 제21」에서 지용보살에게 부촉(別付囑)한 것과 달리 총부촉(總付囑)이라 한다.

그리고 석가모니부처님께서는 이 부촉을 마치시고 분신인 여러 부처님과 다보불과 보배탑도 본래의 국토로 돌아가게 한다. 그리고 석가모니부처님 자신도 보배탑에서 영축산으로 내려온다. 이렇게 하여 법화경의 허공법회(虛空法會)는 끝나고, 다시 영축산 법회가 시작된다.

그런데 「관세음보살보문품 제25」를 보면 본래 국토로 돌아갔어야 할 보배탑과 다보불이 아직 남아 있다. 이것은 「촉루품 제22」가 이 위치에 있기 때문인데, 이 위치에 있는 것은 《묘법연화경》뿐이고, 《정법화경》, 《범본》, 《티벳본》 등 다른 경전은 《촉루품》이 최후에 위치해 있다.

그리고 다음 「약왕보살본사품 제23」에서 「보현보살권발품 제28」까지의 6품은 내용상으로 서로 연관이 별로 없다. 그래서 학자들은 이 「촉루품」으로 완결된 법화경에 새롭게 부가된 것으로 보고 있다.

약왕보살본사품 제이십삼
(藥王菩薩本事品 第二十三)

이때 수왕화보살(宿王華菩薩)[158]이 부처님께 여쭈었다. "세존이시여. 약왕보살은 어찌하여 사바세계에 노닙니까? 세존이시여 이 약왕보살은 얼마만한 백천만억 나유타의 난행과 고행이 있었나이까? 거룩하신 세존이시여. 원하옵건대 간략히 설해주소서. 모든 하늘과 용 신 야차 건달바 아수라 가루라 긴나라 마후라가 인비인 등 또 다른 국토에서 온 모든 보살과 성문의 무리가 들으면 모두 기뻐하오리다."

그때 부처님께서 수왕화보살에게 말씀하셨다. "과거 무량한 항하사 겁 전에 부처님이 계셨는데, 이름이 일월정명덕(日月淨明德) 여래 응공 정변지 명행족 선서 세간해 무상사 조어장부 천이나 불세존이었느니라. 그 부처님에게는 80억 대보살마하살과 72 항하사 대성문의 무리가 있었으며, 부처님의 수명은 4만2천겁이었고, 보살의 수명도 역시 4만2천겁이었느니라. 그 국토에는 여인, 지옥, 아귀, 축생, 아수라 등과 모든 어려움이 없으며, 땅은 손바닥과 같이 평탄하고 유리(琉璃)로 되었고, 보배나무로 장엄하고, 보배 장막을 위에 덮고, 보배꽃의 번으로 드리우고, 보배 병과 향로가 나라에 두루하고, 칠보로 만든 정자가 나무 하나에 하나씩 있었고, 나무 하나와 정자의 거리는 화살 한 개 사이였느니라.

이 모든 보배나무 아래에 보살과 성문이 앉아 있고, 모든 보배 정자 위에는 백억의 모든 천인이 하늘 기악을 연주하여 부처님을 노래로 찬탄하고 공양하였느니라. 그때 저 부처님께서 일체중생희견보살(一切

---

158. 별자리의 왕, 성수(星宿)의 왕에 의해 신통력을 발휘한다.

衆生喜見菩薩)과 많은 보살들 많은 성문들을 위하여 법화경을 설하였느니라.

　이 일체중생희견보살은 고행을 즐겁게 행하고, 일월정명덕부처님 법 가운데에서 정진 수행하여, 일심으로 부처를 구하기를 만이천세(萬二千歲) 동안 하여 현일체색신삼매(現一切色身三昧)[159]를 얻었느니라. 이 삼매를 얻어 크게 환희하고 곧 생각하여 말하기를 '내가 현일체색신삼매를 얻은 것은 법화경을 들은 힘 때문이니라, 나는 지금 일월정명덕 부처님과 법화경에 마땅히 공양하리라.' 그리고 즉시 이 삼매에 들었는데, 만다라 꽃과 마하만다라 꽃, 가늘고 검은 전단향[160]이 구름처럼 내리고, 또 해차안전단향이 비처럼 내리는데 6수(銖)[161]이며, 가치가 사바세계와 같은 것으로 부처님께 공양하였느니라.

　이러한 공양을 마치고 삼매에서 나와 생각하여 말하기를 '나는 비록 신통력으로 부처님께 공양하였지만 몸으로 공양하는 것만 못하다.' 그리고 곧 모든 향인 전단(栴檀), 훈육(薰陸)[162], 도루바(兜樓婆)[163], 필력가(畢力迦)[164], 침수(沈水), 교향(膠香)을 먹고, 또 첨복(瞻蔔)과 모든 꽃의 향과 기름을 먹되, 천이백세 동안 먹고, 향과 기름을 몸에 바르고, 일월정명덕 부처님 앞에서 하늘의 보배 옷으로 스스로 몸을 감고, 모든 향과 기름을 붓고는 신통력과 원(願)으로 스스로 몸을 불사르니, 광명이 80억 항하사 세계를 두루 비추었느니라.

---

159. 보현색신삼매(普現色身三昧)라고도 하며, 온작 종류의 색신(色身)을 나타내는 삼매를 말한다.
160. 전단나무로 만든 연향(練香)
161. 무게의 단위로 1수는 1냥(兩)의 24분의 1이다.
162. 범어 kunduruka의 음사, 송진과 비슷한 나무 기름인데, 황색을 띠고, 불에 태우면 좋은 향기가 나기 때문에 소향(燒香)이다.
163. 범어 turuska의 음사, 여러 가지 향을 혼합하여 만든 일종의 향즙(香汁)이다.
164. 범어 prkkā의 음사, 촉향(觸香)이라 한역한다.

그때 그 세계의 모든 부처님께서 동시에 찬탄하였는데, '훌륭하고 훌륭하도다. 선남자야, 이것이 진정한 정진이며, 이것이 여래께 드리는 진정한 공양이니라. 만약 화향(華香), 영락(瓔珞), 소향(燒香), 말향(抹香), 도향(塗香), 천증(天繒), 번개(幡蓋), 그리고 해차안전단향과 같은 이러한 가지가지의 모든 물건으로 공양하더라도 이에 미치지 못하며, 가사 왕국이나 처자(妻子)를 보시하더라도 이에 미치지 못하느니라. 선남자야. 이것을 제일의 보시라 하나니, 모든 보시 중에서 최고로 존중되고 최상이니, 법으로 모든 여래께 공양하기 때문이니라.' 이런 말씀을 하시고 각각 묵연(默然)하였느니라.

그 몸이 천이백세를 탔으며, 일체중생희견보살이 이와 같은 법공양을 마치고 명(命)을 마쳤는데, 다시 일월정명덕 부처님 국토의 정덕왕(淨德王)의 집안에 결가부좌하여 홀연히 화생(化生)하였느니라.

그리고 즉시 아버지에게 게송으로 말하였느니라.

대왕이시여. 마땅히 아소서.
제가 저 국토에서 부지런히 정진하여
현일체색신삼매를 얻었습니다.

부지런히 크게 정진하여
몸에 대한 애착을 버리고

세존께 공양한 것은,
무상(無上)의 지혜를 구하기 위한 것입니다.

이 게송을 마치고 아버지에게 말하였느니라. '일월정명덕부처님께서 지금도 계시니, 내가 먼저 부처님께 공양하여 마치고 해일체중생어언다라니(解一切衆生語言陀羅尼)165)를 얻었으며, 다시 이 법화경의 팔백천만억 나유타 견가라 빈바라 아촉바166) 등의 게송을 들었사오니, 제가 지금 마땅히 돌아가 이 부처님께 공양하려고 합니다.' 이 말을 마치고 칠보의 좌대에 앉아서 허공에 오르니 높이가 7다라수나 되었느니라. 부처님 처소에 이르러 머리 숙여 예배하고 열 손가락을 모아 합장하고 게송으로 찬탄하였느니라.

존안 심히 기묘하시고
광명은 시방을 비추시네.

제가 마침 일찍이 공양하였으며
지금 다시 돌아와 친근합니다.

그때 일체중생희견보살이 이 게송을 마치고 부처님께 여쭈었다. "세존이시여. 세존께서는 예전처럼 세상에 계시옵니까?" 그때 일월정명덕불께서 일체중생희견보살에게 말씀하셨다. "선남자야. 내가 열반할 때가 이르렀으며, 멸도할 때가 이르렀으니, 너는 편안한 자리를 펴라. 나는 오늘 밤 반열반에 들리라." 그리고 일체중생희견보살에게 분부하셨느니라. "선남자야. 내가 불법(佛法)으로 너에게 모든 보살과 큰 제자 아

---

165. 일체 중생의 말을 다 아는 다라니이다.
166. 견가라 : 범어 kankara의 음사, 수(數)의 이름으로 천만억을 나타낸다. 빈바라 : 수를 나타내는 이름으로 십조에 해당된다. 아촉바 : 수를 나타내는 이름으로 천조에 해당된다.

울러 아뇩다라삼먁삼보리법을 부촉하노라. 또 삼천대천 칠보의 세계와 모든 보배 나무와 보배 좌대와 시봉하는 모든 하늘을 다 너에게 부촉하며, 내가 멸도한 후의 사리도 역시 너에게 부촉하노니, 마땅히 유포하여 널리 공양토록 하며, 마땅히 몇 천의 탑을 세울지니라."

이와 같이 일월정명덕불은 일체중생희견보살에게 분부하고, 늦은 밤에 열반에 드셨느니라. 그때 일체중생희견보살이 부처님께서 멸도하신 것을 보고 슬퍼하고 오뇌하며, 부처님을 연모하여 즉시 해차안전단을 쌓아 부처님 몸에 공양하고, 불을 지르고, 불이 꺼진 후에 사리를 수습하여 팔만사천의 보배 병을 만들어 팔만사천의 탑을 세웠는데, 높이가 삼세계(三世界)이며, 표찰[167]로 꾸미고 모든 번개를 드리우고 보배 방울을 달았느니라. 그때 일체중생희견보살이 또 스스로 생각하여 말하되, "내가 비록 이러한 공양을 했지만, 오히려 부족하다. 나는 지금 다시 사리에 공양하리라." 곧 모든 보살과 큰 제자 그리고 천 용 야차 등 일체 대중에게 말하였다. "너희들 마땅히 일심으로 생각하라. 나는 지금 일월정명덕부처님 사리에 공양하리라." 이런 말을 마치고, 즉시 팔만사천의 탑 앞에서 백복(百福)으로 장엄된 팔을 칠만이천세 동안 공양하고, 무수히 성문을 구하는 무리와 무량아승지의 사람이 아뇩다라삼먁삼보리를 발심케하고 현일체색신삼매를 얻게 하였다.

그때 모든 보살과 천 인 아수라 등이 팔이 없는 것을 보고, 슬프고 비애(悲哀)하면서 이렇게 말하였다. "이 일체중생희견보살은 우리들을 가르쳐 교화하는 스승이시다. 그러나 지금 팔이 타서 없으니 몸이 구족하

---

167. 탑 위에 세우는 깃대로 당간을 말한다.

지 못하다." 그때 일체중생희견보살이 대중 가운데에서 서원을 하였다. "내가 두 팔을 버렸는데, 부처님의 금색 몸을 얻으리라. 만약 참되고 헛되지 않으면, 나의 양 팔이 다시 원래대로 될 것이기 때문이다." 이와 같은 서원을 마치자 자연히 다시 회복되었다. 이것은 이 보살의 복덕과 지혜가 두터운 까닭이니라.

그때 마땅히 삼천대천세계는 여섯 가지로 진동하고, 하늘에서 보배 꽃이 비 오듯 내리고, 일체의 사람과 하늘은 미증유(未曾有)를 얻었다.

부처님께서 수왕화보살에게 말씀하셨다. "너는 어떻게 생각하느냐? 일체중생희견보살이 어찌 다른 사람이겠는가, 지금의 약왕보살이 그이니라. 그가 이와 같은 몸을 버린 보시가 무량백천만억 나유타 수이니라. 수왕화야. 만약 발심하여 아뇩다라삼먁삼보리를 얻고자 하면 손가락 내지 발가락 하나를 태워서 불탑에 공양하라, 이것이 나라와 처자 그리고 삼천대천국토의 산림과 하천 연못 모든 진귀한 보물로 공양하는 것 보다 수승하느니라. 만약 어떤 사람이 칠보로 삼천대천세계를 채워서 부처님과 대보살, 벽지불, 아라한에게 공양할지라도, 이 사람이 얻는 공덕은 이 법화경의 네 구절의 한 게송을 수지한 것만 못하리라.

수왕화야. 비유하면 일체의 내(川)와 강, 모든 물 중에서 바다가 제일이니, 이 법화경이 이와 같으며, 모든 여래께서 설한 경 중에서 최고로 깊고 위대하느니라. 또 토산, 흑산[168], 소철위산, 대철위산, 10보산

---

168. 소철위산과 대철위산 사이의 어두운 곳을 말한다.
169. 열 개의 큰 산. ① 설산(雪山) : 온갖 약초가 있는 산. ② 향산(香山) : 온갖 향이 나는 산. ③ 가리라산 : 온갖 꽃이 있는 산. ④ 선성산(仙聖山) : 5신통을 얻은 선인이 사는 산. ⑤ 유건다라산 : 야차가 사는 산. ⑥ 마이산 : 온갖 과실이 나는 산. ⑦ 니진다라산 : 용이 사는 산. ⑧ 작가라산 : 자재자가 사는 산. ⑨ 숙혜산(宿慧山) : 아수라가 사는 산. ⑩ 수미산 : 온갖 천자(天子)가 모여 사는 산을 말한다.

¹⁶⁹⁾(寶山) 등 많은 산중에서 수미산이 제일이듯이 이 법화경이 이와 같아 모든 경 중에서 최고이며 최상이니라. 또 많은 별 중에서 월천자(月天子)가 최고이며 제일이듯이 이 법화경이 이와 같아 천만억 종류의 모든 경법 중에서 최고로 밝게 비추니라. 또 일천자(日天子)가 능히 모든 어두움을 없애듯이 이 경 또한 이와 같아 능히 일체의 선하지 않은 어두움을 깨뜨리라. 또 모든 소왕(小王) 중에서 전륜성왕이 최고이며 제일이듯이 이 경 또한 이와 같아 모든 경중에서 최고로 존귀하느니라. 또 제석천이 삼십삼천의 왕이듯이 이 경 또한 이와 같아 모든 경중에서 왕이니라. 또 대범천왕이 일체중생의 아버지이듯이 이 경 또한 이와 같아 일체 현인과 성인, 배우고 있는 자와 배울 것이 없는 자, 그리고 보살심을 발한 자의 아버지이니라. 또 일체 범부 중 수다원, 사다함, 아나함, 아라한, 벽지불이 제일이듯이 이 경 또한 이와 같아 일체 여래께서 설한 바와 보살이 설한 바와 성문이 설한 바의 모든 경법 중에서 최고이며 제일이니라. 능히 이 경을 수지한 자는 또한 이와 같아 일체중생 중에서 제일이니라. 일체 성문과 벽지불 중에서 보살이 제일이듯이 이 경 또한 이와 같아 일체 경법 중에서 최고이며 제일이니라. 부처님께서는 모든 법왕이시니 이 경 또한 이와 같아 모든 경 중에서 왕이니라.

수왕화야. 이 경은 일체 중생을 구제하고, 이 경은 능히 일체 중생으로 하여금 모든 고뇌에서 벗어나게 하며, 이 경은 능히 일체 중생에게 큰 이익을 그 원하는 바에 따라 충만하게 하니 모든 목마른 자가 청량한 못을 얻은 것과 같고, 추운 자가 불을 얻은 것과 같고, 벌거벗은 자가 옷을 얻은 것과 같고, 상인이 물건의 주인을 얻은 것과 같고, 아이가 엄마를 만난 것과 같고, 건너는 배를 얻은 것과 같고, 병에 의사를 얻은 것과 같고, 어두움에 등(燈)을 얻은 것과 같고, 가난한 자가 보배를 얻은 것과

같고, 백성이 왕을 얻은 것과 같고, 상인이 바다와 같은 손님을 얻은 것과 같고, 어두움을 없애는 횃불을 얻은 것과 같으니, 이 법화경 또한 이와 같아서 능히 중생으로 하여금 일체의 고(苦)와 일체의 병통에서 벗어나게 하며, 능히 일체 생사의 결박에서 벗어나게 하느니라.

만약 어떤 사람이 이 법화경을 듣고 스스로 쓰거나, 다른 사람을 쓰게 하여 얻는 공덕은 부처님의 지혜로 그 많고 적음을 헤아려도 그 끝을 알 수 없느니라.

만약 이 경권을 쓰고, 꽃과 향, 영락, 소향, 말향, 도향, 번개, 의복, 가지가지의 등, 소등(蘇燈), 유등(油燈), 모든 향유등(香油燈), 첨복유등(瞻蔔油燈), 수만나유등, 바라라유등, 바리사가유등, 나바마리유등으로 공양하면, 그 얻는 바의 공덕도 또한 무량하느니라.

수왕화야. 만약 어떤 사람이 이 약왕보살본사품을 들으면 또한 무량무변한 공덕을 얻느니라. 만약 어떤 여인이 이 약왕보살본사품을 듣고 능히 수지하면, 여인의 몸을 다한 뒤에는 다시는 여인의 몸을 받지 않느니라. 만약 여래께서 멸도한 후, 후오백세 중에 어떤 여인이 이 경전을 듣고 설한 바와 같이 수행하여 명을 마친 뒤에 즉시 안락세계의 대보살들이 위요하는 아미타불이 계시는 곳에 가서 연꽃 가운데 보배 자리 위에 태어나느니라.

그리고 다시는 탐욕의 번뇌가 없고, 또한 다시는 성냄과 어리석음의 번뇌가 없고, 또한 다시는 교만과 질투 모든 더러움의 번뇌가 없고, 보살의 신통력과 무생법인(無生法忍)을 얻고, 이 무생법인을 얻어서 안근이 청정해지고, 이 청정한 안근으로 칠백만 이천억 나유타 항하사와 같은 모든 부처님 여래를 친견하느니라.

그때의 모든 부처님께서 함께 찬탄하시는데, '착하고도 착하도다. 선남자야. 너는 능히 석가모니부처님 법 중에서 이 경을 수지독송하고 사유하고 다른 사람에게 설해 주면, 얻는 복덕은 무량무변하여 불로도 능히 태우지 못하고, 물로도 능히 빠뜨리지 못하느니라. 너의 공덕을 천 분의 부처님께서 함께 말하여도 다하지 못하리라. 너는 이제 능히 모든 마적을 깨뜨리고, 생사의 군을 무너뜨리고, 모든 원적(怨敵)을 다 최멸 하였느니라. 선남자야. 백천의 모든 부처님께서 함께 너를 수호하며, 일 체세간 하늘과 사람 가운데 너와 같은 사람이 없느니라. 오직 여래만 제 외하고 모든 성문, 벽지불 내지 보살의 지혜와 선정으로도 너와 같을 수 없느니라. 수왕화야. 이 보살은 이와 같은 공덕과 지혜의 힘을 성취하 였느니라. 만약 어떤 사람이 약왕보살본사품을 듣고 능히 따라 기뻐하 며 거룩하다고 찬탄하는 자는 현세(現世)에 입에서 청련화향이 항상 나 고, 몸의 모공에서는 항상 우두전단향이 나며, 얻는 공덕은 위에서 설 한 바와 같으니라.

이러한 까닭으로 수왕화야. 이 약왕보살본사품을 너에게 부촉하노 니 내가 멸도한 후, 후오백세에 널리 유포하고, 염부제에 단절되지 않 게 하며, 악마와 마의 백성, 모든 천, 용, 야차, 구반다 등이 그것을 이용 하지 못하게 하여라.

수왕화야. 너는 마땅히 신통력으로 이 경을 수호하라. 왜냐하면 이 경은 염부제 사람들을 위한 병을 치료하는 양약이기 때문이니라. 만약 어떤 사람이 병이 있으면 이 경을 들려주면 즉시 병이 소멸되고 늙지 않 고 죽지 않느니라.

수왕화야. 네가 이 경을 수지하는 사람을 보면, 마땅히 청련 꽃과 말 향을 가득 채워 그 위에 뿌려주어라. 그리고 이렇게 생각하라. '이 사람 오래지 않아 반드시 풀을 구하여 도량에 앉고, 모든 마군을 깨뜨리고,

마땅히 법의 나발을 불고, 큰 법의 북을 두드려서, 일체 중생으로 하여 금 노병사(老病死)의 바다에서 벗어나게 할 것이다.' 이러한 까닭으로 불도를 구하는 자는 이 경전을 수지하는 사람을 보면, 마땅히 이와 같이 공경심을 낼지니라.

이 약왕보살본사품을 설할 때, 팔만사천보살이 해일체중생어언다라 니를 얻었느니라. 다보여래께서 보탑 가운데에서 수왕화를 찬탄하여 말 하되, "훌륭하고 훌륭하도다. 수왕화야. 너는 불가사의한 공덕을 성취하 고, 능히 석가모니부처님에게 이와 같은 일을 여쭈어서 일체중생을 이 익 되게 하는 구나."

해 설

이 품은 약왕보살의 전생을 밝히는 것이 중심적인 내용으로 되 어 있다. 그리고 약왕보살의 전생을 통해서 《법화경》의 공덕이 크 다는 것을 설하여 《법화경》의 광선유포를 권장하고 있다. 약왕보 살의 전신이 일체중생희견보살인데, 이 보살이 법화경에 소신공 양(燒身供養)한다. 이것이 의미하는 것은 법을 위해서라면 목숨 도 아까워하지 않아야 한다는 것이다. 흔히 말하는 순교(殉教)라 할 수 있겠다.

---

170. 『법화경총설』, 박혜경 지음, 도서출판 삼양, p. 315.

법화경을 보면 크게 세 가지 측면이 있다고 한다.[170)]

첫째, 일승개성사상(一乘皆成思想)과 구원본불(久遠本佛)의 개현(開顯)으로 대표되는 교리사상(教理思想)의 측면, 둘째, 「분별공덕품 제17」에서부터 「법사공덕품 제19」까지와 「관세음보살보문품 제25」 등에서 설하는 현세이익의 측면, 셋째, 「약왕보살본사품 제23」, 「법사품 제10」, 「권지품 제13」 등에서 설하는 몸과 목숨을 아끼지 않고 법화경을 세상에 널리 유통시키는 실천의 측면을 가지고 있다 한다.

법연화경 권 제칠
(妙法蓮華經 卷 第七)

묘음보살품 제이십사
(妙音菩薩品 第二十四)

이때 석가모니 부처님께서 대인의 상(相)인 육계(肉)[171]에서 광명을 놓고, 또 미간 백호상에서도 광명을 놓아, 동방 백팔만억 나유타 항하사와 같은 모든 부처님 세계를 비추시었다. 이와 같은 세계를 지나 부처님 세계가 있는데, 이름이 정광장엄(淨光莊嚴)이며, 부처님의 이름은 정화수왕지(淨華宿王智) 여래 응공 정변지 명행족 선서 세간해 무상사 조어장부 천인사 불세존이었다. 그 부처님께서는 무량무변한 보살의 무리에 둘러싸여 공경을 받고 그들을 위해 법을 설하시었다. 석가모니 부처님의 백호의 광명이 이 부처님 나라에도 두루 비추시었다.

그때 정광장엄국 중에 보살이 있었는데, 이름이 묘음(妙音)이었다. 오랫동안 많은 덕의 근본을 심고, 무량백천만억의 모든 부처님을 공양하고 친근하여, 깊고 깊은 지혜를 다 성취하고, 묘당상삼매(妙幢相三昧)[172], 법화삼매(法華三昧)[173], 정덕삼매(淨德三昧)[174], 수왕희삼매(宿王戲三昧)[175], 무연삼매(無緣三昧)[176], 지인삼매(智印三昧)[177], 해일체중생어언삼매(解一切衆生語言三昧)[178], 집일체공덕삼매(集一切功德

---

171. 32상 중의 하나. 부처님 정수리의 살이 상투처럼 불룩한 부분을 말한다.
172. 군대에서 장수가 깃발로써 위엄을 나타내는 것에 비유하여 온갖 삼매 중 가장 으뜸이 되는 삼매라 한다.
173. 법화삼매는 그 자체 참법의 성격을 지니기 때문에 법화삼매참법과 같은 말로 쓰인다. 삼칠일을 1주기로 하여, 경전을 읽고 외우면서 불상 주위를 돌고, 이것이 끝나면 좌선을 하고 실상을 관찰하는 것을 반복하는 것이다.
174. 마음이 청정하여 어디에도 물들지 않는 삼매이다.
175. 지혜가 자재하여 어떤 것에도 집착하지 않는 것을 말하는 삼매이다.
176. 모든 대상을 평등하게 대하는 경지의 삼매이다.
177. 반야의 지혜가 객관을 인식하면서 고요한 상태의 삼매이다.
178. 일체 중생의 언어를 다 아는 삼매이다.

三昧)¹⁷⁹⁾, 청정삼매(淸淨三昧)¹⁸⁰⁾, 신통유희삼매(神通遊戲三昧)¹⁸¹⁾, 혜거삼매(慧炬三昧)¹⁸²⁾, 장엄왕삼매(莊嚴王三昧)¹⁸³⁾, 정광명삼매(淨光明三昧)¹⁸⁴⁾, 정장삼매(淨藏三昧)¹⁸⁵⁾, 불공삼매(不共三昧)¹⁸⁶⁾, 일선삼매(日旋三昧)¹⁸⁷⁾ 이와 같은 백천만억 항하사와 같은 모든 삼매를 얻었다.

석가모니부처님의 광명이 묘음보살을 비추니, 그가 곧 정화수왕지부처님께 여쭈었다. "세존이시여. 제가 마땅히 사바세계에 가서 석가모니부처님을 예배하고 친근하여 공양하고, 그리고 문수사리법왕자보살, 약왕보살, 용시보살, 수왕화보살, 상행의보살, 장엄왕보살, 약상보살을 친견하겠습니다."

그때 정화수왕지부처님께서 묘음보살에게 말씀하셨다. "너는 저 나라를 가벼이 여기거나 하열하다고 생각하지 말라. 선남자야. 저 사바세계는 높고 낮은 곳이 있어 평탄하지 못하고, 흙과 돌의 여러 산이 있고, 더러움이 충만하고, 부처님의 몸은 작으며, 여러 보살의 무리의 몸 역시 작으니라. 그러나 너의 몸은 사만이천유순이고, 나의 몸은 육백팔십만유순인데, 너의 몸이 제일 단정하고 백천만의 복을 구족하고, 광명은 특수하다. 이렇기 때문에 너는 가서 저 나라를 가볍게 여기거나 부처님과 보살들과 국토를 하열하다고 생각하지 말라."

묘음보살이 정화수왕지부처님께 여쭈었다. "세존이시여. 제가 지금 사바세계에 가는 것은 모두 여래의 힘과 여래의 신통유희와 여래의 공

---

179. 온갖 공덕을 두루 갖추는 삼매이다.
180. 번뇌가 일어나지 않는 삼매이다.
181. 신통변화가 자유자재한 삼매이다.
182. 어리석음을 없애는 삼매이다.
183. 묘행을 거두어들이는 삼매를 말한다.
184. 미묘한 지혜를 얻는 삼매이다.
185. 법안(法眼)을 얻는 삼매이다.
186. 이승(二乘)이 얻는 삼매와 함께하지 않는 삼매를 말한다.
187. 대천(大千)세계를 두루 비추는 삼매이다.

덕과 지혜장엄 때문입니다."

묘음보살은 자리에 일어나지 않고 몸의 움직임도 없이, 삼매에 들어가 삼매의 힘으로, 기사굴산의 법좌(法座)에서 멀지 않은 곳에 가서, 팔만사천의 보배 연꽃을 화하여 만드니(化作), 줄기는 염부단금이고, 잎은 백은(白銀)이며, 꽃술은 금강이고, 좌대는 견숙가보(甄叔迦寶)[188]로 되어 있었다.

그때 문수사리법왕자가 이 연꽃을 보고 부처님께 여쭈었다. "세존이시여. 무슨 인연으로 이러한 상서가 나타나는 것입니까? 천만의 연꽃이 있는데, 줄기는 염부단금이고, 잎은 백은이며, 꽃술은 금강이고, 좌대는 견숙가보입니다."

그때 석가모니부처님께서 문수사리보살에게 말씀하셨다. "이 묘음보살마하살은 정화수왕지부처님의 나라에서 팔만사천의 보살을 거느리고 이 사바세계에 이르러 나에게 예배하고 공양 친근하며, 또 법화경을 듣고 공양하고자 함이니라."

문수사리보살이 부처님께 여쭈었다. "세존이시여. 이 보살은 어떤 종류의 선의 근본을 심었으며, 어떤 공덕을 닦아서 능히 이런 대신통력이 있으며, 어떤 삼매를 행하였습니까? 원컨대 저희들을 위하여 이 삼매의 이름을 설하여 주소서. 저희들도 그것을 부지런히 수행하고자 하며, 이 삼매를 행하여 능히 이 보살의 색상(色相)의 크고 작음과 위의와 나아가고 머무름을 보려고 합니다. 원컨대 세존이시여. 신통력으로 저 보살이 오는 것을 저희들에게 보여주소서."

그때 석가모니부처님께서 문수사리보살에게 말씀하셨다. "여기 오

---

188. 범어 kimśuka의 음사, 보석의 이름인데, 붉은 유리의 색과 닮았으며, 견숙가 나무의 꽃 색깔과 비슷하여 견숙가보라고 한다.

래전에 멸도하신 다보여래께서 너희들에게 그 형상을 나타내어 보여주시리라.” 때에 다보부처님께서 저 보살에게 말씀하셨다. “선남자야. 오너라. 문수사리법왕자가 너의 몸을 보고자 한다.”

그때 묘음보살이 저 나라에서 팔만사천보살과 함께 오니, 지나는 여러 나라는 여섯 가지로 진동하고, 칠보로 된 연꽃이 비 오듯이 내렸으며, 백천가지의 하늘 악기가 저절로 울렸다. 이 보살의 눈은 넓고 큰 청련꽃과 잎과 같았으며, 얼굴은 백천만의 달을 합한 것 보다 더 단정하였다. 몸은 진금색(眞金色)인데, 무량백천의 공덕으로 장엄되어 위엄과 덕이 치성(熾盛)하고, 광명은 밝게 비치어 빛나며, 모든 형상을 구족하였으며, 나라연(那羅延)[189]의 견고한 몸과 같았다. 칠보좌대에 앉아 허공에 오르니 높이가 칠다라수이며, 모든 보살들에게 둘러싸여 공경을 받으면서 이 사바세계 기사굴산에 이르렀다.

그리고 칠보의 좌대에서 내려서 가치가 백천이나 되는 영락을 지니고 석가모니부처님계신 곳에 이르러 머리를 숙여 발에 예배하고, 영락을 받들어 올렸다. 그리고 부처님께 여쭈었다. “세존이시여. 정화수왕지부처님께서 세존께 문안을 여쭈오되, 병환과 고뇌가 적으시며, 기거가 자유로우시며, 안락하게 행하십니까? 사대는 조화되십니까? 세상의 일은 참을 수 있으시며, 중생은 쉽게 제도되십니까? 탐욕, 성냄, 어리석음(愚癡), 질투, 간만(簡慢)은 없으십니까? 부모에게 불효하거나 사문을 공경하지 않는 사람은 없으십니까? 삿된 견해와 착하지 않는 마음은 없으십니까? 오정(五情)[190]에 빠지는 일은 없습니까? 세존이시여. 중생

---

189. 범어 nārāyana의 음사, 금강역사(金剛力士)를 말하며, 원래 리그베다에서 나라라고 하는 신과 함께 태양과 지상 사이에 머무는 12신 가운데 사트야신의 권속이었는데, 후대 힌두교에서 비슈누신과 동일시되고, 불교에서는 불법의 수호신이 되었다.
190. 5욕(五欲)을 말한다.

이 능히 모든 마와 원(怨)을 항복하십니까? 오래 전에 멸도하신 다보여래께서 칠보의 탑 중에 계시면서 법을 들으러 오십니까?"

또 다보여래께 문안을 여쭈되, "편안하시오며 고뇌가 없으시며, 오랫동안 참고 견디어 머무시겠나이까? 세존이시여. 저는 지금 다보부처님의 몸을 친견하고자 합니다. 원컨대 세존이시여. 저에게 보여주소서."

그때 석가모니부처님께서 다보부처님께 말씀하셨다. "이 묘음보살이 친견하고자 합니다." 그때 다보부처님께서 묘음보살에게 말씀하셨다. "훌륭하고 훌륭하도다. 너는 석가모니불에게 공양하고 법화경을 듣고자 하며, 아울러 문수사리 등을 보고자 여기에 이르렀구나."

그때 화덕보살(華德菩薩)이 부처님께 여쭈었다. "세존이시여. 이 묘음보살은 어떤 선근을 심었으며, 어떤 공덕을 닦았기에 이런 신통력이 있습니까?"

부처님께서 화덕보살에게 말씀하셨다. "과거에 부처님이 계셨는데, 이름이 운뢰음왕(運雷音王) 다타아가도 아라하 삼먁삼불타이었느니라. 나라이름은 현일체세간(現一切世間)이며, 겁의 이름은 희견(喜見)이었느니라. 묘음보살은 만이천세(萬二千歲) 동안 십만 종류의 기악(伎樂)으로 운뢰음왕부처님께 공양하고, 아울러 팔만사천의 칠보로 된 발우를 받들어 올린, 이러한 인연과 과보로 정화수왕지부처님의 국토에 태어나 이러한 신통력이 있게 되었느니라. 화덕아 너의 생각은 어떠하느냐? 그때 운뢰음왕부처님 계신 곳에서 묘음보살이 기악으로 공양하고, 보배 그릇을 받들어 올린 사람이 어찌 다른 사람이겠는가? 지금 이 묘음보살마하살이니라. 화덕아 이 묘음보살이 무량한 모든 부처님께 공양하고 친근하였으며, 오랫동안 덕의 근본을 심고, 또 항하사와 같은 백천만억 나유타 부처님을 친견하였느니라. 화덕아 너는 단지 묘음보살의 그 몸만 보지만, 이 보살은 여러 가지의 몸으로 곳곳에 나타내어 모든 중생을 위하여 이 경전을 설하느니라.

범왕의 몸으로, 제석의 몸으로, 자재천[191]의 몸으로, 대자재천[192]의 몸으로, 천대장군의 몸으로, 비사문천왕의 몸으로, 전륜성왕의 몸으로, 모든 소왕(小王)의 몸으로, 장자(長者)의 몸으로, 거사(居士)의 몸으로, 재관(宰官)의 몸으로, 바라문의 몸으로, 비구 비구니 우바새 우바이의 몸으로, 장자나 거사의 부인 몸으로, 재관의 부인 몸으로, 바라문의 부인 몸으로, 동남이나 동녀의 몸으로, 하늘 용 야차 건달바 아수라 가루라 긴나라 마후라가 인비인 등의 몸으로 나타내어 이 경을 설하며, 모든 지옥 아귀 축생과 그리고 많은 어려운 곳에 있는 것을 모두 구제하며, 왕의 후궁에서 여자의 몸으로 변하여 이 경을 설하느니라.

화덕아. 이 묘음보살은 능히 사바세계의 모든 중생을 구호하느니라. 이 묘음보살이 이와 같이 여러 가지로 몸을 변하여 나타내어서 이 사바 국토의 모든 중생을 위하여 이 경전을 설하지만, 신통변화와 지혜는 조금도 감소되지 않느니라.

이 보살은 약간의 지혜로 사바세계를 밝게 비추어, 일체 중생으로 하여금 각각 아는 것을 얻게 하며, 시방의 항하사 세계에서도 또한 이와 같이 하느니라.

만약 마땅히 성문의 형상으로 제도됨을 얻을 자에게는 성문의 형상

---

191. 욕계 6천 중 맨 위의 천을 말하며, 다른 천계의 신들이 만들어 낸 즐거움을 마음대로 누린다. 타화자재천이라고도 한다.
192. 범어는 Maheśvara이다. 큰 위덕을 지니고, 고대에는 나라연천과 함께 범천 밑에 위치하였으나 지금은 제4선천의 색구경천에 머무는 것으로 되어 있다. 원래는 인도 고대 쉬바(Siva)신이 후대로 내려오면서 지위가 높아져 이 위치를 차지하였다고 한다. 그 후 불교에서는 불법을 수호하는 신으로 되어 있다.

으로 설법하고,

마땅히 벽지불의 형상으로 제도됨을 얻을 자에게는 벽지불의 형상으로 설법하고

마땅히 보살의 형상으로 제도됨을 얻을 자에게는 보살의 형상으로 설법하고

마땅히 부처님의 형상으로 제도됨을 얻을 자에게는 부처님의 형상으로 설법하느니라.

이와 같이 여러 가지 응하는 바에 따라 제도됨을 얻을 자에게 형상을 나타내고, 내지 마땅히 멸도로 제도됨을 얻을 자에게는 멸도를 나타내어 보이느니라. 화덕아. 묘음보살마하살리 대신통과 지혜의 힘을 성취한 일이 이와 같으니라."

그때 화덕보살이 부처님께 여쭈었다. "세존이시여. 이 묘음보살은 깊은 선근을 심었습니다. 이 보살은 어떤 삼매에 머물러서 능히 이와 같이 제도할 바를 따라 형상을 바꾸어 나타내어서 중생을 제도하고 해탈하게 합니까?"

부처님께서 화덕보살에게 말씀하셨다. "선남자야. 그 삼매의 이름은 현일체색신(現一切色身)이니라. 묘음보살이 이 삼매에 머물러서 능히 무량한 중생을 이와 같이 이익 되게 하느니라."

이 묘음보살품을 설할 때, 묘음보살과 함께 온 팔만사천의 사람들 모두 현일체색신삼매를 얻었고, 이 사바세계의 무량한 보살 역시 이 삼매와 다라니를 얻었다.

그때 묘음보살마하살이 석가모니부처님과 다보불탑에게 공양을 마치고 본토로 돌아가는데, 지나가는 모든 나라는 여섯 가지로 진동하고,

보배 연꽃이 비 오듯 내리며, 백천만억의 여러 가지의 기악이 울렸다. 본국에 이르러서 팔만사천의 보살에 둘러싸여 정화수왕지부처님 계신 곳에 이르러 부처님께 여쭈었다. "세존이시여. 저는 사바세계에 가서 중생을 이익 되게 하였습니다. 석가모니부처님과 다보불탑을 친견하고 예배 공양하였으며, 또 문수사리법왕자보살을 만나고, 그리고 약왕보살 득근정진력보살 용시보살 등을 만났으며, 또 이 팔만사천의 보살들에게 현일체색신삼매를 얻게 하였습니다."

이 묘음보살내왕품을 설할 때, 사만이천의 천자(天子)가 무생법인을 얻었고, 화덕보살은 법화삼매를 얻었다.

해 설

이 품은 정화수왕지여래께서 계시는 정광장엄이라는 불국토에서 사바세계에 온 묘음보살에 대해 문수보살과 화덕보살이 부처님께 묘음보살에 대해 묻고 답하는 내용으로 되어 있다. 문수보살은 묘음보살이 어떤 선근 공덕을 쌓았으며, 어떤 삼매를 수행하였는지를 묻고, 화덕보살도 묘음보살이 어떠한 선근을 심었으며 어떤 수행을 했는지를 묻는다.

이 질문에 대한 대답으로 묘음보살의 전생이야기를 설해서 밝혀진다. 그것은 묘음보살이 전생에 운뢰음왕 부처님 아래서 1만 2천년에 걸쳐 10만 가지나 되는 기악을 부처님께 공양하고 8만 4천이나 되는 칠보 발우를 받들어 올린 공덕으로 정광장엄 세계의 정화수왕지부처님 나라에 태어나 신통력을 얻는다. 더구나 묘음보살은 여러 가지 몸을 나타내어 온갖 장소에서 《법화경》을 설해 오고 있다고 한다.

묘음보살이 여러 가지 몸(34가지)을 나타내는 것은 '현일체색신삼매(現一切色身三昧)'를 얻었기 때문이며, 이 묘음보살품 설법을 마칠 때 8만 4천의 보살이 현일체색신삼매를 얻고 4만 2천의 천자들이 무생법인을 얻었고, 화덕보살은 법화삼매를 얻는다.

관세음보살보문품 제이십오
(觀世音菩薩普門品 第二十五)

　　이때 무진의보살(無盡意菩薩)이 곧 자리에서 일어나 오른 쪽 어깨를 드러내고 합장하여 부처님께 향하여 이러한 말을 하였다. "세존이시여. 관세음보살은 어떠한 인연으로 이름이 관세음입니까?"

　　부처님께서 무진의보살에게 말씀하셨다. "선남자야. 만약 백천만억의 중생이 모든 고뇌를 받고 있는데, 이 관세음보살의 이름을 듣고 일심으로 이름을 부르면, 관세음보살이 즉시 그 음성을 관(觀)하여 모두 해탈하게 하느니라. 만약 이 관세음보살의 이름을 지니는 자는 큰 불에 들어가도 불이 태우지 못하는데, 이 보살의 위신력 때문이니라. 만약 큰물에 떠내려가도 그 이름을 부르면 곧 얕은 곳에 이르고, 만약 백천만억의 중생이 금 은 유리 차거 마노 산호 호박 진주 등의 보배를 구하려 큰 바다에 들어갔는데. 폭풍이 그 배를 나찰의 나라에 이르게 하였을 때, 그 중에서 한 사람만이라도 관세음보살을 부르면 이 모든 사람들이 나찰의 난에서 벗어나느니라. 이러한 인연으로 관세음이라 하느니라.

　　만약 어떤 사람이 해(害)를 입을지라도 관세음보살의 이름을 부르면 칼과 막대기가 조각조각 부서져 벗어나며, 만약 삼천대천국토에 가득한 야차와 나찰들이 와서 사람을 괴롭히려 할 때, 관세음보살의 이름을 부르는 것을 들으면, 이 모든 악귀들의 악한 눈이 그를 보지 못하며, 하물며 해칠 수 있겠느냐?

　　만약 어떤 사람이 죄가 있거나 없거나 간에 수갑과 형틀과 칼과 쇠사슬로 그 몸을 묶었을 지라도, 관세음보살의 이름을 부르면 이것들 모두 끊어지고 풀어져서 즉시 벗어나느니라.

만약 삼천대천국토에 원한의 도적이 가득한 곳을 한 상인의 우두머리가 모든 상인을 이끌고 귀중한 보물을 가지고 험한 길을 지나갈 때, 그 중 한 사람이 이런 말을 하기를 '모든 선남자야. 두려워 말라. 너희들은 일심으로 관세음보살의 명호를 불러라. 이 보살이 능히 중생들의 두려움을 없애 주리니, 너희들이 만약 관세음보살을 부르면 이 원한의 도적으로부터 벗어나리라.' 라고 하여서, 많은 상인들이 이를 듣고 함께 '나무관세음보살'을 불렀으며, 이 이름을 부른 까닭으로 즉시 그 난에서 벗어나느니라. 무진의야. 관세음보살마하살의 위신력이 이와 같이 높고도 크니라.

　　만약 어떤 중생이 음욕이 많아서 항상 관세음보살을 생각하고 공경하면 곧 음욕을 떨쳐 버리게 되고, 만약 성내는 마음이 많아서 항상 관세음보살을 생각하고 공경하면 곧 성내는 마음이 사라지고, 만약 어리석음이 많아서 항상 관세음보살을 생각하고 공경하면 곧 어리석음이 사라지느니라.

　　무진의야. 관세음보살은 이와 같은 대위신력이 있어서 이익 됨이 많으므로 중생은 항상 마땅히 마음으로 생각하여야 하느니라.

　　만약 어떤 여인이 남자 아이를 원해서 관세음보살을 예배하고 공양하면 독 복덕과 지혜가 있는 남자아이를 낳으며, 만약 여자 아이를 원하면 곧 단정하고 이쁜 아이를 낳게 되리니, 지난 세상에 덕의 근본을 심었으므로 많은 사람들이 사랑하고 공경하느니라. 무진의야. 관세음보살은 이와 같은 힘이 있느니라.

　　만약 어떤 중생이 관세음보살을 존경하고 공경하며 예배하면 복이 헛되지 않으리라. 이렇기 때문에 중생은 모두 마땅히 관세음보살의 명호를 수지해야 하느니라. 무진의야 만약 어떤 사람이 62억 항하사와 같은 수의 보살이름을 수지하고, 목숨이 다할 때까지 음식과 의복 침구 의약품으로 공양하면, 너는 어떻게 생각하느냐? 이 선남자 선여인의 공덕이 많지 않겠느냐?" 무진의보살이 말하였다. "매우 많습니다. 세존이시여." 부처님께서 말씀하셨다. "만약 어떤 사람이 관세음보살의 명호를 수지하고 한 때만이라도 예배하고 공양하면, 이 두 사람의 복은 같아 다름이 없어서, 백천만억겁 동안에도 다하여 없어지지 않느니라. 무진의야. 관세음보살의 명호를 수지하면 이와 같은 무량무변한 복덕의 이익을 얻느니라."

무진의보살이 부처님께 여쭈었다. "세존이시여. 관세음보살은 어떻게 이 사바세계에 노니며, 어떻게 중생을 위하여 법을 설하며, 방편의 힘은 어떠하나이까?"

부처님께서 무진의보살에게 말씀하셨다.

"선남자야. 만약 어떤 국토의 중생이
마땅히 부처님의 몸으로써 제도됨을 얻을 자에게는
관세음보살이 곧 부처님의 몸을 나타내어 법을 설하고,
마땅히 벽지불의 몸으로써 제도됨을 얻을 자에게는 곧 벽지불의
몸을 나타내어 법을 설하고,
마땅히 성문의 몸으로써 제도됨을 얻을 자에게는 곧 성문의 몸을
나타내어 법을 설하고,
마땅히 범왕의 몸으로써 제도됨을 얻을 자에게는 곧 범왕의 몸을
나타내어 법을 설하고,
마땅히 제석의 몸으로써 제도됨을 얻을 자에게는 곧 제석의 몸을
나타내어 법을 설하고,

마땅히 자재천의 몸으로써 제도됨을 얻을 자에게는 곧 자재천의
몸을 나타내어 법을 설하고,

마땅히 대자재천의 몸으로써 제도됨을 얻을 자에게는 곧 대자재천
의 몸을 나타내어 법을 설하고,

마땅히 천대장군193) 의 몸으로써 제도됨을 얻을 자에게는 곧 천대
장군의 몸을 나타내어 법을 설하고,

마땅히 비사문194)의 몸으로써 제도됨을 얻을 자에게는 곧 비사문
의 몸을 나타내어 법을 설하고,

마땅히 소왕(小王)의 몸으로써 제도됨을 얻을 자에게는 곧 소왕의
몸을 나타내어 법을 설하고,

마땅히 장자(長者)의 몸으로써 제도됨을 얻을 자에게는 곧 장자의
몸을 나타내어 법을 설하고,

마땅히 거사의 몸으로써 제도됨을 얻을 자에게는 곧 거사의 몸을
나타내어 법을 설하고,

마땅히 재관(宰官)의 몸으로써 제도됨을 얻을 자에게는 곧 재관의
몸을 나타내어 법을 설하고,

마땅히 바라문의 몸으로써 제도됨을 얻을 자에게는 곧 바라문의
몸을 나타내어 법을 설하고,

마땅히 비구, 비구니, 우바새, 우바이의 몸으로써 제도됨을 얻을
자에게는

곧 비구, 비구니, 우바새 ,우바이의 몸을 나타내어 법을 설하고,

---

193. 범어는 Cakravartirāja이다. 전륜성왕을 말한다. 여기서는 천상의 대장군을 뜻한다.
194. 범어 Vaiśravana의 음사, 사천왕의 우두머리로서 야차, 나찰의 무리를 이끌고 북방
     을 수호하는 신이다.

마땅히 장자, 거사, 재관 바라문 등의 부인의 몸으로써 제도됨을
얻을 자에게는
곧 그들의 부인의 몸을 나타내어 법을 설하고,
마땅히 동남, 동녀의 몸으로써 제도됨을 얻을 자에게는 곧 동남,
동녀의 몸을 나타내어 법을 설하고,
마땅히 하늘 용 야차 건달바 아수라 가루라 긴나라 마후라가 인비인
등의 몸으로써 제도됨을 얻을
자에게는 곧 모두 그것을 나타내어 법을 설하고,
마땅히 집금강신(執金剛神)195)으로써 제도됨을 얻을 자에게는 곧
집금강신을 나타내어 법을 설하느니라.

무진의야. 이 관세음보살은 이러한 공덕을 성취하여 여러 가지 형상
으로 모든 국토를 노니면서 중생들을 제도하여 해탈케 하느니라. 이렇
기 때문에 너희들은 마땅히 일심으로 관세음보살을 공양하여야 하느니
라. 이 관세음보살마하살은 두렵고 급한 환난 가운데 능히 두려움을 없
애주므로 이 사바세계에서 두려움을 없애 주는 이(施無畏者)196)라 하
느니라.”

무진의보살이 부처님께 여쭈었다. “세존이시여. 저는 지금 마땅히
관세음보살에게 공양하려고 합니다.” 그리고 곧 가치가 백천냥이나 되
는 많은 보배 구슬과 영락을 목에서 풀어 받들어 올리면서 말하였다.
“어지신이여. 이 법으로 베푸는 진귀한 보배 영락을 받아주소서.”

그때 관세음보살은 받지 않는데, 무진의보살이 다시 관세음보살

---

195. 금강역사를 말한다.
196. 관세음보살을 말한다.

에게 말하였다. "어지신 이여. 저희들을 불쌍히 여기시어 이 영락을 받아주소서."

그때 부처님께서 관세음보살에게 말씀하셨다. "마땅히 이 무진의 보살 그리고 사부대중 하늘 용 야차 건달바 아수라 가루라 긴나라 마후라가 인비인 등을 불쌍히 여겨서 이 영락을 받으라." 곧 관세음보살이 모든 사부대중과 하늘 용·인비인 등을 불쌍히 여기고 그 영락을 받아서 둘로 나누어, 하나는 석가모니부처님께 바치고, 하나는 다보불탑에 바쳤다.

"무진의야. 관세음보살이 이와 같은 자재한 신통력이 가지고 사바세계에서 노니느라." 그때 무진의보살이 게송으로 물었다.

묘한 상을 구족하신 세존이시여.
제가 지금 저 일을 거듭 묻겠나이다.
불자는 무슨 인연으로 관세음이라 합니까?

묘한 상을 구족한 세존께서 무진의에게 게송으로 답했다.
너는 모든 처소에 잘 응하는 관음의 행을 잘 들어라.

넓은 서원은 깊어서 바다와 같고,
헤아릴 수 없는 긴 세월, 수많은 천억불을 모시고,
큰 청정한 원을 발하였느니라.

내가 너에게 간략하게 설하니,
이름을 듣거나 몸을 보고,

마음으로 생각하여 헛되지 않으면

능히 모든 고통을 멸하리라.

가령 해을 입히고자 하는 사람에게 떠밀려

큰 불구덩이에 떨어지더라도

관음을 염하는 힘으로, 불구덩이가 연못으로 변하고,

만일 큰 바다에 표류하여

용과 고기 모든 귀신의 난을 만나도

관음을 염하는 힘으로 파도에 빠지지 않으며,

수미산 꼭대기에서 떨어져도,

관음을 염하는 힘으로

허공에 해가 머무는 것과 같이 되리라.

혹 악인에게 쫓기어 금강산[197])에 떨어져도

관음을 염하는 힘으로 털끝 하나 다치지 않으며,

혹 원한의 도적들에 둘러 싸여 칼로 해치는 것을 당해도,

관음을 염하는 힘으로, 모두 곧 자비심을 일으키게 하며,

혹 관재(官災)로 형을 받아 죽게 되더라도

관음을 염하는 힘으로 칼이 조각조각 끊어지며,

---

197. 철위산을 말한다.

혹 감옥에 갇혀 형틀에 채워지고
손발이 수갑에 묶이더라도
관음을 염하는 힘으로 풀리어 벗어나게 되며,

저주와 독약으로 몸을 해치려 할 때에도
관음을 염하는 힘으로 본인에게 그 해로움이 돌아가고,

혹 나찰과 독룡(毒龍) 모든 악귀들을 만나도
관음을 염하는 힘으로 감히 해치지 못하며,

만약 맹수에 둘러싸여 날카로운 이빨과 발톱이 두려울지라도
관음을 염하는 힘으로 사방으로 뿔뿔이 달아나며,

까치독사와 살모사, 전갈의 독기가 불처럼 성할지라도
관음을 염하는 힘으로 그 소리에 스스로 달아나며,

구름에서 천둥과 번개 우박과 큰 비가 내릴지라도
관음을 염하는 힘으로 곧 흩어져 사라지며,

중생이 곤란과 액란, 무량한 고통을 받을지라도
관음의 묘한 지혜력으로 능히 세간의 고통을 구제하느니라.

신통한 힘 구족하고, 지혜 방편을 널리 닦아
시방의 모든 국토에 몸을 나타내지 않는 곳 없으며

가지가지의 악취(惡趣)인 지옥, 아귀, 축생
그리고 생로병사의 고통을 점차 다 없애주며,

참되게 관하고, 청정하게 관하며,
널리 큰 지혜로 관하고, 자비로 관하여,
항상 원하고 항상 우러러 볼지니라.

더러움 없고 청정한 광명
지혜의 해로 모든 어두움을 없애고,
능히 풍재(風災)와 화재(火災)를 절복하여서,
세간을 널리 밝게 비추니라.

대비(大悲)는 체(體)가 되고, 계(戒)는 뢰진(雷震)이 되며,
대자(大慈)의 마음은 묘한 큰 구름이며,
감로의 법비를 내려 번뇌의 불꽃을 꺼 주며

쟁송(諍訟)으로 관청에 가거나
두려운 군의 진중에 있어도
관음을 염하는 힘으로 모든 원수가 흩어지리라.

묘한 소리인 관세음은
깨끗한 소리이며 바다의 조수 소리인지라
저 세간의 소리보다 수승하니
이러한 까닭으로 모름지기 항상 생각하여서

생각 생각에 의심을 내지 말지니라.

관세음은 청정한 성인
고뇌 죽음 액운을 당할 때
능히 믿고 의지할 바이니라.

일체의 공덕을 구족하고
자비의 눈은 중생을 살피며
복은 바다와 같이 무량하며
이러한 까닭으로 마땅히 정례(頂禮)할지니라.

그때 지지보살(持地菩薩)이 곧 자리에서 일어나 부처님 앞에서 여쭈었다. "세존이시여. 만약 어떤 중생이 이 관세음보살품의 자재한 업과 널리 나타내어 보이는 신통력을 듣는다면, 그 사람의 공덕이 적지 않겠습니다." 부처님께서 이 보문품을 설할 때, 대중가운데 팔만사천의 중생이 모두 비할 바 없이 평등한 아뇩다라삼먁삼보리의 마음을 일으켰다.

해 설

이 품은 무진의 보살이 관세음보살의 이름에 대한 유래를 부처님께 여쭈고, 이에 부처님께서 답하여 관세음보살의 공덕을 설해 밝히며, 또한 관세음보살이 33가지 모습을 나투어 중생을 구제하는 것이 이품의 내용이다.

1. 관세음보살의 공덕

부처님께서는 무진의보살의 질문에 대하여,『선남자야. 만약 백
천만억의 중생이 모든 고뇌를 받고 있는데, 이 관세음보살의 이름
을 듣고 일심으로 이름을 부르면, 관세음보살이 즉시 그 음성을 관
(觀)하여 모두 해탈하게 하느니라.』라고 대답하는데, 그 음성을 관
(觀)한다고 하여 '관세음(觀世音)'이라는 이름으로 불리게 되었다.
부처님께서는 계속하여 관세음보살이 중생의 재난을 구제하는 것
을 설하는데, 일곱 가지의 재난이다.

> (1) 화난(火難) : 관세음보살의 이름을 굳게 간직하는 사람이
>   가령 잘못하여 큰 불속에 들어가더라도 불이 그 사람을
>   태우지 못한다.
> (2) 수난(水難) : 큰 물에 떠내려 갈지라도 관세음보살의
>   이름을 부르면 즉시 얕은 곳으로 흘러가 인도된다.
> (3) 풍난(風難) : 큰 바다에서 폭풍우를 만나 배가 나찰의
>   나라에 표류하더라도 많은 사람 가운데 단 한 사람만
>   이라도 관세음보살의 이름을 부르면 나찰의 난에서
>   벗어날 수 있다.
> (4) 도장난(刀杖難) : 처형장에서 사형이 집행될 때, 관세음
>   보살의 이름을 부르면 칼이나 막대기가 조각조각 부러
>   져 그 난에서 벗어날 수 있다.
> (5) 나찰난(羅刹難) : 온갖 야차, 나찰 등의 악귀들이 몰려와
>   헤치려고 할 때, 관세음보살의 이름을 부르면 그들이

해치지 못한다.

(6) 가쇄난(枷鎖難) : 어떤 사람이 무고한 죄로 손발이
쇠고랑이 채워지고 몸이 쇠사슬로 묶였더라도 관세음보
살의 이름을 부르면 그러한 것들이 부서지고 끊어져
자유의 몸이 된다.

(7) 원적난(怨賊難) : 한 상인이 많은 상인을 데리고 귀중한
보물을 지닌 채, 많은 도적 가운데를 지나갈 때, 많은
상인 가운데 한 사람만이라도 관세음보살의 이름을
부르면 두려운 마음이 사라져 도적의 난으로부터
벗어난다.

그 외에 관세음보살의 이름을 부르면 탐, 진, 치 삼독을 여의며,
남자아이 여자아이 등을 원하면 원하는 대로 훌륭한 남자아이 예
쁘고 단정한 여자아이를 얻는다.

2. 33가지의 몸

무진의보살이 부처님께 "세존이시여. 관세음보살은 어떻게 이
사바세계에 노니며, 어떻게 중생을 위하여 법을 설하며, 방편의 힘
은 어떠하나이까?"라고 묻자, 부처님께서 33가지의 보문시현(普
門示現)을 설한다. 33가지의 몸은 본문에 잘 나와 있다.

그리고 관세음보살에 대해서는 제3장 '법화경의 제신앙 통합'
에서 공부하였다.

다라니품 제이십육(陀羅尼品 第二十六)

이때 약왕보살이 곧 자리에서 일어나 오른쪽 어깨를 드러내고 부처님을 향하여 합장하고 부처님께 여쭈었다. "세존이시여. 만약 선남자 선여인이 능히 법화경을 수지하고, 읽거나 외우거나 통달하여 이해하거나 사경하면 얼마만한 복을 얻습니까?"

부처님께서 약왕에게 말씀하셨다. "만약 선남자 선여인이 팔백만억 나유타 항하사와 같은 수의 모든 부처님을 공양하면, 너의 생각은 어떠하냐? 그 얻는 복이 많지 않겠느냐?" "많습니다. 세존이시여." 부처님께서 말씀하셨다. "만약 선남자 선여인이 능히 이 경을 수지하여 4구게 하나만이라도 읽거나 외우거나 뜻을 해설하고, 설한 바대로 수행하면 공덕이 매우 많으니라."

그때 약왕보살이 부처님께 여쭈었다. "세존이시여. 저는 지금 마땅히 법을 설하는 자에게 다라니주(陀羅尼呪)를 주어 수호하겠습니다." 그리고 곧 주문을 말하였다.

『안니 만니 마녜 마마녜 지례 자리제 샤마 샤리 다위 선 제 목제 목다리 사리 아위사리 상리 사리 사예 아사예 아기니 선제 샤리 다라니 아로가바사 파자빅사니 녜비제 아변다 라녜리제 아단다파례수지 구구례 모구례 아라례 파라례 수가차 아삼마삼리 붓다비기리질제 달마파리차뎨 승가녈구사녜 바사바사수지 만다라 만다라사야다 우루다 우루다교사랴 악사라 악사야다야 아바로 아마야 나다야.』

"세존이시여. 이 다라니신주는 63억 항하사와 같은 수의 모든 부처님께서 설한 바이며, 만약 이 법사를 침훼하는 자는 즉시 모든 부처님을 침훼하는 것이 됩니다."

그때 석가모니부처님께서 약왕보살을 찬탄하면서 말씀하셨다. "훌륭하고도 훌륭하도다. 약왕이여. 너는 이 법사를 불쌍히 생각하고 옹호하는 까닭으로 이 다라니를 설하는구나. 모든 중생이 많은 이익을 얻으리라."

그때 용시보살이 부처님께 여쭈었다. "세존이시여. 저도 또한 법화경을 수지하고 독송하는 자를 옹호하고자 다라니를 설하겠습니다. 만약 이 법사가 이 다라니를 얻으면, 야차 나찰 부단나[198] 길자[199] 구반다 아귀 등이 그 허물을 찾아내려고 해도 찾지 못합니다." 그리고 부처님 앞에서 주문을 말하였다.

『자례 마하자례 우지 목지 아례 아라바제 녈례제 녈례다바제 이지니 위지니 지지니 녈례지니 녈리지바지』

"세존이시여. 이 다라니신주는 항하사와 같은 모든 부처님께서 설한 바이며, 또한 따라 기뻐하였습니다. 만약 이 법사를 침훼하는 자는 즉시 모든 부처님을 침훼하는 것이 됩니다."

그때 세상을 보호하는 비사문천왕이 부처님께 여쭈었다. "세존이시여. 저 역시 중생을 불쌍히 여기기 때문에 이 법사를 옹호하기 위하여 다라니를 설하겠습니다." 그리고 곧 다라니를 설하였다.

---

198. 범어 pūtana의 음사, 열병귀(熱病鬼)라고도 한다. 건달바와 함께 지국천의 권속이 되어 동방을 수호한다.
199. krtya의 음사, 시체에 붙어 사는 악귀이다.

『아리 나리 노나리 아나로 나리 구나리.』

"세존이시여. 이 신주로써 법사를 옹호하며, 저도 또한 이 경을 지니는 자를 옹호하여, 백유순내에 모든 환난을 없게 하겠습니다." 그때 지국천왕[200]이 이 회중의 천만억 나유타 건달바 무리에 둘러싸여서 부처님 계신 곳에 이르러 합장하고 여쭈었다. "세존이시여 저 역시 다라니 신주로써 법화경을 지니는 자를 옹호하겠습니다." 그리고 곧 주문을 말하였다.

『아가녜 가녜 구리 건다리 전다리 마등기 상구리 부루사니 알디』

"세존이시여. 이 다라리신주는 42억 모든 부처님께서 설한 바이며, 만약 이 법사를 침훼하는 자는 즉 이 모든 부처님을 침훼하는 것이 됩니다."

그때 나찰녀 등이 있었는데, 첫째 이름이 남바, 둘째 이름이 비남바, 셋째 이름이 곡치, 넷째 이름이 화치, 다섯째 이름이 흑치, 여섯째 이름이 다발, 일곱째 이름이 무염족, 여덟째 이름이 지영락, 아홉 번째 이름이 고제, 열 번째 이름이 탈일체중생정기였다. 이 십나찰녀와 귀자모(鬼子母)[201] 그리고 그 아들과 권속들이 함께 부처님 계신 곳에 이르러 여쭈었다. "세존이시여. 저희들도 역시 법화경을 수지하고 독송하는 사람을 옹호하여 환난을 없애주겠습니다. 만약 이 법사의 허물을 찾아도 찾

---

200. 사천왕 중 수미산의 동방을 수호하는 천왕, 건달바, 비사차를 거느리고 비파를 손에 들고 있다.
201. 범어는 Hārītī이다. 귀신왕 반고가의 부인으로 500명의 자식을 두어 귀자모 또는 귀모라 한다. 처음에는 어린아이를 잡아 먹는 악귀였으나 부처님의 교화를 받고 출산과 아이를 보호하는 신이 되었다.

지 못할 것입니다." 그리고 즉시 부처님 앞에서 주문을 말하였다.

『이제리 이제민 이제리 아제리 이제리 니리 니리 니리 니리 니리 루혜 루혜 루혜 루혜 다혜 다혜 다혜 도혜 로혜』

"차라리 내 머리 위에 오를지언정 법사를 괴롭히지 못하게 하리니, 만약 야차 나찰 아귀 부단나 길자 비타라[202) 건타[203) 오마륵가[204) 아발마라[205) 야차길자[206) 인길자나[207), 만약 열병으로써 하루 이틀 사흘 나흘 내지 이레(칠일) 동안이나, 만약 항상 열병이나 남자의 모습이나 여자의 모습이나 동남의 모습이나 동녀의 모습을 한 것들이 내지 꿈속에서라도 괴롭히지 못하게 하겠습니다." 그리고 즉시 부처님 앞에서 게송으로 말하였다.

만약 나의 주문을 따르지 않고
법을 설하는 자를 뇌란케 하는 자는
아리수 나무의 가지처럼 머리를 일곱으로 쪼개버리며
부모를 죽인 죄와 같이 하고,
또한 기름을 짤 때, 말과 저울로 사람을 속이는 것과
조달[208)이 승가를 깨뜨린 죄와 같이 하리니.

이 법사를 범하는 자는 응당 이와 같은 재앙을 받으리라.

---

202. 범어 vetāla의 음사, 기시귀(起屍鬼)라 한역하며, 죽은 시체를 세워 만든 귀신이다.
203. 건달바를 말한다.
204. 사람의 정기(精氣)를 빨아 먹는 귀신이라 한다.
205. 사람의 기억을 상실시키는 귀신이라 한다.
206. 마술을 부리는 야차라 한다.
207. 마술을 부리는 사람이다.
208. 제바달다를 말한다.

모든 나찰녀가 이 게송을 마치고 부처님께 여쭈었다. "세존이시여. 저희들 역시 이 경을 수지하고 독송하여 수행하는 자를 옹호하여, 평안을 얻게 하고, 모든 환난을 없애주며, 모든 독약을 사라지게 하겠습니다."

　　부처님께서 모든 나찰녀에게 말씀하셨다. "훌륭하고 훌륭하도다. 너희들이 단지 법화경의 이름만 받아 지니는 자를 옹호하여도 복을 헤아릴 수 없거늘, 하물며 모든 것을 갖추어 받아 지니고, 경전에 공양하기를 꽃과 향, 영락, 말향, 도향, 소향, 번개, 기악으로 하며, 여러 가지의 등불을 켜되, 소등(蘇燈), 유등(油燈) 소마나화유등, 첨복화유등, 바사가화유등 우발라화유등, 이와 같은 백 천 종류의 등으로 공양하는 사람은 말할 필요가 있겠느냐? 고제야. 너희들 그리고 너희들의 권속들은 마땅히 이와 같은 법사를 옹호하여야 하느니라."

　　이 다라니품을 설할 때 육만팔천의 사람이 무생법인을 얻었다.

해 설

　　이 품은 법화경을 수지, 독, 송, 해설, 서사하는 법사를 수호하기 위해 다섯 가지의 다라니를 설하고 있다. 다섯 가지의 다라니는 약왕보살의 다라니, 용시보살의 다라니, 비사문천왕의 다라니, 지국천왕의 다라니, 십나찰녀와 귀자모의 다라니이다.

묘장엄왕본사품 제이십칠
(妙莊嚴王本事品 第二十七)

이때 부처님께서 모든 대중들에게 말씀하셨다. "지난 과거 무량무변하고 불가사의한 아승지 겁 전에 부처님께서 계셨는데, 이름이 운뢰음수왕화지(雲雷音宿王華智) 다타아가도 아라하 삼먁삼불타이었느니라. 나라 이름은 광명장엄(光明莊嚴)이고, 겁의 이름은 희견(喜見)이었느니라. 그 부처님 법 가운데 왕이 있었는데, 이름이 묘장엄(妙莊嚴)이었고, 그 왕의 부인 이름은 정덕(淨德)이었으며, 두 아들이 있었는데, 첫째가 정장(淨藏)이며 둘째가 정안(淨眼)이었느니라. 이 두 아들은 큰 신통력과 복덕과 지혜가 있었는데, 오랫동안 보살도 즉 단바라밀 시라바라밀 찬제바라밀 비리야바라밀 선바라밀 반야바라밀 방편바라밀 자비희사(慈悲喜捨)를 닦았고, 그리고 삼십칠조도법[209]을 명료하게 통달하였느니라.

또 보살의 정삼매(淨三昧), 일성수삼매(日星宿三昧), 정광삼매(淨光三昧), 정색삼매(淨色三昧), 정조명삼매(淨照明三昧), 장장엄삼매(長莊嚴三昧), 대위덕장삼매(大威德藏三昧)을 얻었고, 이 삼매들 역시 모두 통달하였느니라. 그때 그 부처님께서 묘장엄왕을 인도하고자 그리고 중생들을 불쌍히 여기는 까닭으로 이 법화경을 설하였느니라."

그때 정장 정안 두 아들이 어머니 처소에 와서 열 손가락을 모아 합장하고 말하였다. "원컨대 어머니시여. 운뢰음수왕화지 부처님 계신 곳

---

209. 수행의 37가지 방법을 말한다. 4념처(四念處), 4정근(四正勤), 4신족(四神足), 5근(五根), 5력(五力), 7각지(七覺支), 8정도(八正道)이다.

에 가십시오. 저희들 역시 친근하고 받들어 모시며 공양하고 예배하겠습니다. 왜냐하면 이 부처님께서는 일체 하늘과 사람 가운데에서 법화경을 설하시니, 마땅히 듣고 받으려 하기 때문입니다."

그러자 어머니가 아들에게 말하였다. "너희 아버지는 외도를 믿고 받았는데, 바라문법에 깊이 탐착하였으니, 너희는 아버지에게 말씀드려 함께 가거라."

이에 정장 정안이 열 손가락을 모아 합장하고 어머니에게 말하였다. "저희들은 법왕의 아들인데, 어찌하여 삿된 집에 태어났습니까?" 어머니가 아들에게 말하였다. "너희는 마땅히 너의 아버지를 걱정하여 신통변화를 나타낼지니, 만약 이를 보면 마음이 반드시 청정해지고, 혹 우리들이 부처님 계신 곳에 가는 것을 허락할 것이니라."

이 두 아들은 아버지를 생각하는 까닭으로 허공으로 일곱 다라수를 올라가서 여러 가지의 신통변화를 나타냈는데, 허공 가운데에서 거닐고, 눕고, 앉고 머물기를 하였고, 몸 위로 물을 내고, 몸 아래로 불을 내며, 몸 아래로 물을 내고, 몸 위로 불을 내며, 혹 허공을 가득 채우는 큰 몸을 나타내고, 다시 원래 몸을 나타내고, 또 작은 몸을 나타내고, 공중에서 사라져 홀연히 땅에 나타내고, 혹은 물에 들어가듯 땅 속에 들어가고, 물 위를 땅에서 걷는 것처럼 나타내는데, 이와 같은 여러 가지의 신통변화를 나타내어, 부왕(父王)으로 하여금 마음이 청정해져서 믿고 이해하게 하였다.

그때 아버지는 아이들의 이와 같은 신통력을 보고, 크게 기뻐하며 미증유를 얻고 합장하여 두 아들에게 말하였다. "너희들 스승은 누구이며, 누구의 제자이냐?" 두 아들이 말하였다. "저 운뢰음수왕화지 부처님입니다. 지금 칠보의 보리수 나무 아래의 법자리 위에 앉아 계시며, 일체

세간의 하늘과 사람들 가운데에서 법화경을 널리 설하시며, 이 분이 저희의 스승이시며, 저희들은 제자입니다." 아버지가 아들에게 말하였다. "나는 지금 너희의 스승을 뵙고자 하니 함께 가자."

이에 두 아들은 공중에서 내려와 어머니 계신 곳에 이르러 합장하고 말하였다. "부왕(父王)께서 이제 믿고 이해하여 아뇩다라삼먁삼보리의 마음을 내었습니다. 저희들 아버지를 위하여 이 불사(佛事)[210]를 하였으니, 원하건대 어머니께서는 저희들 저 부처님 계신 곳에 출가하여 수도하도록 허락하여 주소서"

그때 두 아들은 이 뜻을 거듭 펴고자 게송으로 어머니에게 말하였다.

원컨대 어머님 저희들 출가하여 사문이 되게 허락하소서.
모든 부처님 친견하기 어려우니, 저희들 부처님따라 배우려 합니다.

부처님 뵈옵기는 우담발화 피는 것 보다 어려우며,
모든 어려움 벗어나는 것 또한 어렵습니다.
원컨대 저희들 출가 들어주소서.

때에 어머니는 즉시 말하였다. "너희들 출가 허락한다. 왜냐하면 부처님 뵙기가 어렵기 때문이니라." 이에 두 아들은 부모님에게 말하였다. "훌륭하신 부모님이시여. 원컨대 곧 운뢰음수왕화지부처님 계신 곳에 이르러 친근하고 공양하겠습니다. 왜냐하면 부처님 뵙기가 우담발라 꽃과 같으며, 또 눈 하나 있는 거북이가 물에 떠 있는 나무의 구멍을

---

210. 불사에 두 가지 의미가 있다. 첫째, 부처님께서 하시는 일을 통털어서 일컫는 말, 둘째, 불교에서 행하는 일을 총칭하는 것을 말한다. 여기서는 두 번째의 의미이다.

만남과 같습니다. 저희들은 숙세에 지은 복이 많아 부처님 법을 만나게 된 것입니다. 이러한 까닭으로 저희들의 청을 들어서 출가를 허락 하소서. 왜냐하면 모든 부처님 뵙기 어려우며, 이런 때도 만나기 어렵기 때문입니다."

그때 묘장엄왕의 후궁의 팔만사천인이 모두 이 법화경을 받아 가졌으며, 정안보살은 법화삼매에 통달한지 오래 되었으며. 정장보살은 무량한 백천만억 겁 동안 이제악취삼매(離諸惡趣三昧)를 통달하였는데, 일체 중생으로 하여금 모든 악취를 벗어나게 하기 위함이며, 그 왕의 부인은 모든 제불집사매(諸佛集三昧)를 얻어 모든 부처님의 비밀한 법장을 알았느니라.

두 아들은 이와 같은 방편력으로 그 아버지를 잘 교화하였고, 믿고 이해하는 마음이 생겨서 불법을 좋아하고 즐기게 하였느니라.

이에 묘장엄왕은 군신과 권속(眷屬)들과 함께, 정덕부인은 후궁의 채녀와 그 권속들과 함께, 두 아들은 사만이천의 사람과 함께, 일시에 함께 부처님 계신 곳에 이르러 머리를 숙여 발에 대고 예를 올리고, 부처님 주위를 세 번 돌았느니라.

그때 저 부처님께서 왕을 위하여 법을 설하여 보여주고 가르쳐 주고 이익케 하고 기쁘게 하니, 왕은 크게 환희하였느니라.

그때 묘장엄왕과 그 부인은 목에 있는 가치가 백천인 진주영락을 풀어서 부처님 위에 뿌리니, 그것이 공중에서 네 기둥의 보대로 화(化)하였는데, 보대 안에 큰 보배 상(牀)이 있고, 그 위에 백천만의 하늘 옷이 깔려있는 바, 그 위에 부처님께서 결가부좌하고 대 광명을 놓았느니라.

그때 묘장엄왕은 이렇게 생각하였다. "부처님 몸 희유하사 단정하고 수승하며 특이하여 제일의 미묘한 색을 성취하셨도다."

이때 운뢰음수왕화지부처님께서 사부대중에게 말씀하셨다. "너희들은 묘장엄왕이 내 앞에서 합장하고 서 있는 것을 보느냐? 이 왕은 나의 법 가운데에서 비구가 되어 부지런히 닦고 익히며, 부처님의 도법을 돕고는 마땅히 성불하리니, 이름이 사라수왕(娑羅樹王)이며, 나라 이름은 대광(大光)이고, 겁의 이름은 대고왕(大高王)이니라. 이 사라수왕불은 무량한 보살과 무량한 성문이 있으며, 그 나라는 평정(平正)하니, 공덕이 이와 같으니라.

그 왕은 즉시 나라를 동생에게 맡기고, 부인과 두 아들 아울러 모든 권속과 함께 부처님 법 가운데 출가하여 수도하였느니라. 왕은 출가하여 팔만사천세 동안 부지런히 묘법연화경을 수행하고, 그 후에 일체정공덕장엄삼매(一切淨功德莊嚴三昧)를 얻고, 즉시 허공으로 칠 다라수를 올라가서, 부처님께 여쭈었다. "세존이시여. 이 저의 두 아들은 불사를 마치고, 신통변화로 저의 삿된 마음을 변화시켜서 부처님 법 가운데 안주케 하였고, 세존을 뵙게 하였으니, 이 두 아들은 저의 선지식입니다. 그리고 숙세의 선근을 일으켜서 저를 이익 되게 하려고 저의 집에 태어났습니다."

그때 운뢰음수왕화지부처님께서 묘장엄왕에게 말씀하셨다. "그와 같고, 그와 같도다. 네가 말한 바와 같으니라. 만약 선남자 선여인이 선근(善根)을 심으면 세세생생 선지식을 만나고, 그 선지식은 능히 불사를 하여, 보이고 가르치고 이익을 주고 기쁘게 하며, 아뇩다라삼먁삼보리에 들게 하느니라. 대왕이여. 마땅히 알아라. 선지식은 큰 인연이니, 교화하고 제도하여 부처님을 뵙게하며 아뇩다라삼먁삼보리심을 일으키게 하느니라.

대왕이여. 너는 이 두 아들을 보는가? 이 두 아들은 일찍이 육십오백

천만억 나유타 항하사와 같은 모든 부처님을 친근 공양하고, 모든 부처님 계신 곳에서 법화경을 수지하고, 삿된 견해의 중생을 불쌍히 여겨서 정견(正見)에 머물게 하느니라."

묘장엄왕은 즉시 허공에서 내려와 부처님께 여쭈었다. "세존이시여. 여래는 매우 희유합니다. 공덕과 지혜로 정상(頂上) 육계(肉界)에서 광명을 나타내 비추고, 눈은 길고 넓으며 감청색이며, 미간의 호상(毫相)은 옥돌의 달과 같이 희고, 이는 희고 가지런하여 항상 광명이 있으며, 입술은 붉어서 빈바211)의 열매와 같습니다."

그때 묘장엄왕은 부처님의 이와 같은 무량한 백천만억의 공덕을 찬탄하고는, 여래 앞에서 일심합장하고 다시 부처님께 여쭈었다. "세존이시여. 미증유하옵니다. 여래의 법은 불가사의하고 미묘한 공덕을 구족하게 성취하였기에 가르침과 계를 행하면 안은하고 쾌락합니다. 제가 오늘부터 다시는 마음따라 행하지 않겠으며, 삿된 견해와 교만과 성냄과 모든 악한 마음을 내지 않겠습니다." 이 말을 마치고 부처님께 예를 올리고 물러났느니라.

부처님께서 대중에게 말씀하셨다. "너희들 생각은 어떠하느냐? 묘장엄왕이 어찌 다른 사람이겠는가? 지금 화덕보살이 그이며. 그 정덕부인은 지금 내 앞에 있는 광조장엄상보살(光照莊嚴相菩薩)이 그이니라. 묘장엄왕과 모든 권속을 애민(哀愍)히 여겨서 그 집안에 태어났던 두 아들은 지금의 약왕보살과 약상보살이 그이니라. 이 약왕약상보살은 이와 같은 모든 큰 공덕을 성취하고 무량백천만억의 모든 부처님이 계신 곳에서 많은 덕의 근본을 심고, 불가사의한 모든 선공덕을 성취하

---

211. 범어 vimba의 음사, 흰색의 꽃이 피고, 붉은 열매가 열린다.

였느니라.

만약 어떤 사람이 이 두 보살의 이름을 알면, 일체세간의 모든 하늘과 인민은 마땅히 예배하여야 하느니라." 부처님께서 이 묘장엄왕본사품을 설하실 때, 팔만사천의 사람이 티끌은 멀리하고, 더러움을 여이고, 모든 법 가운데에서 깨끗한 법의 눈을 얻었다.

 **해 설**

이 품은 묘장엄왕의 전생담을 설해 왕이 바라문의 가르침을 믿고 있는 마음을 돌리는 것과 법화경으로 믿어 들어가는 것을 설하고, 그 계기가 된 두 왕자가 선지식으로서의 능력을 설하는 것이 내용이다. 앞의 다라니품은 다라니주를 주어 법사를 옹호할 것을 맹세하고 유통을 권하고 있는데, 이에 대하여 이 품은 선지식에 의해 법화경의 신앙으로 인도된 실례를 들어 유통을 권하는 것이어서 서원에 의해서 남을 교화하여 유통하는 '화타유통(化他流通)'이라 한다.[212]

---

212. 『법화경총설』, 박혜경 지음. 도서출판 삼양. p. 343.

보현보살권발품 제이십팔
(普賢菩薩勸發品 第二十八)

이때 자재한 신통력과 위엄과 덕과 이름이 널리 들리는 보현보살[213]이 무량무변하여 수를 헤아릴 수 없는 대보살들과 함께 동쪽에서 오는데, 지나오는 모든 나라가 모두 진동하고, 보배 연꽃이 비 오듯 내리고, 무량한 백천만억의 여러 가지 기악이 울렸다. 또 무수한 하늘 용 야차 건달바 아수라 가루라 긴나라 마후라가 인비인 등이 둘러싸고, 각각 위엄과 덕과 신통력을 나타내면서 사바세계에 이르러 기사굴산에 계시는 석가모니부처님께 머리숙여 예를 올리고, 오른쪽으로 일곱 번 돌고, 부처님께 여쭈었다. "세존이시여. 저는 보위덕상왕불국(寶威德上王佛國)에서 멀리 있는 사바세계에서 법화경을 설한다는 것을 듣고, 무량무변한 백천만억의 모든 보살들과 함께 와서 듣고 지니고자 합니다. 오직 원컨대 세존이시여. 마땅히 설해 주소서. 만약 선남자 선여인이 여래께서 멸도한 후, 어떻게 해야 이 법화경을 얻을 수 있습니까?"

부처님께서 보현보살에게 말씀하셨다. "만약 선남자 선여인이 네 가지 법을 성취하면 여래가 멸도한 후에 이 법화경을 마땅히 얻으리라. 첫째, 모든 부처님께서 보호하고 생각하여야 되며, 둘째, 많은 덕의 근본을 심어야 되고, 셋째, 정정취(正定聚)[214]에 들어야 하며, 넷째, 일체 중생을 구제하겠다는 마음이 있어야 하느니라. 선남자 선여인이 이와 같은 네 가지 법을 성취하면 여래가 멸도한 후, 반드시 이 경을 얻으리라."

---

213. 범어는 Samantabhadra이다. 원래는 문수보살(文殊菩薩)과 함께 비로자나불의 협시 보살이었는데, 석가모니불의 협시보살이 되었다(비로자나불을 모실 때 협시보살을 문수보살과 보현보살을 두고 있다.) 부처님의 이(理), 정(定), 행(行)의 덕을 담당한다고 한다. 화엄경 보현행원품에서 십대원을 발하고, 법화경의 독송하는 자를 보호한다.

그때 보현보살이 부처님께 여쭈었다. "세존이시여. 후오백세 흐리고 악한 세상에서 이 경전을 수지하는 자가 있으면, 저는 마땅히 수호하여 환난을 없애주고, 편안하게 하며, 혹 어떤 사람이 그의 잘못을 찾으려 해도 찾지 못하게 하며, 혹 마(魔), 마의 아들, 마의 딸, 마의 백성, 마를 섬기는 자, 야차, 나찰, 구반다, 비사사, 길자, 부단나, 위타라[215] 등이 그 사람을 괴롭히지 못하게 하겠습니다. 이 사람이 걷거나 서있거나 간에 이 경을 독송하면, 저는 그때 흰 이빨 여섯 개가 있는 코끼리를 타고, 대보살들과 함께 그 장소에 이르러, 내 몸을 나타내어 공양하고 수호하여 그 마음을 안위케 하며, 또 법화경에 공양하는 까닭으로 이 사람이 앉아서 이 경을 사유하면, 그때 나는 또 백상왕(白象王)을 타고 그 사람 앞에 나타나, 그 사람이 만약 법화경의 한 구나 한 게송을 잊으면, 그것을 가르쳐서 함께 독송하여 통달하고 이익 되게 하겠습니다.

그때 법화경을 수지독송하는 자는 저의 몸을 보고 크게 환희하며, 점점 열심히 정진하며, 저를 본 까닭으로 삼매와 다라니를 얻는데, 이름이 선(旋)다라니, 백천만억선다라니[216], 법음방편(法音方便)다라니[217] 등, 이와 같은 다라니를 얻습니다.

세존이시여. 만약 후오백세의 악하고 탁한 세상에서 비구, 비구니,

---

214. 중생의 세 가지 부류(正定聚, 邪定聚, 不定聚) 중 하나, 반드시 부처가 되도록 결정되어 있는 성자를 말한다. 사정취는 악도로 퇴전하는 것이 결정된 것을 말하고, 부정취는 정정취와 사정취를 제외한 결정된 것이 없는 것을 말하는데 어떤 방향으로도 갈 수 있기 때문에 부정취라 한다. 사정취는 십신(十信)의 전 단계를 말하는데 업의 과보를 믿지 않는 중생이 이에 해당된다. 부정취는 십신심(十信心)의 단계에 있는 중생들이 이에 해당되는데 십신에 있더라도 때로는 나아가고 때로는 퇴전하기 때문에 부정취라 한다. 정정취는 삼현(三賢)과 십성(十聖)에 해당되는 성현들을 말한다.
215. 범어 vetāla의 음사, 각주95를 참조.
216. 선다라니는 가(假)에서 공(空)으로 들어가는 다라니인데, 백천만억선다라니는 공에서 다시 가로 나와 백천만억의 사물의 도리에 통달하는 지혜라 한다.
217. 법음(法音)을 증득하고 모든 방편을 자유자재로 구사하여 모든 중생을 두루 구제할 수 있는 능력을 얻도록 하는 다라니이다. 천태교학에서는 중관(中觀)을 일컫는 말이라 한다. 중관을 성취하면 곧 법음방편다라니를 얻는다고 한다.

우바새, 우바이 등이 이 법화경을 구하거나, 수지하거나, 독송하거나, 사경하거나, 닦고 익히고자 하면 삼칠일을 마땅히 일심으로 정진하고 삼칠일을 채워 마치면, 내가 마땅히 육아백상(六牙白象)을 타고 무량한 보살을 거느리고, 일체 중생이 나를 보고 기뻐하게 할 몸으로, 그 사람 앞에 나타내어 법을 설하여 보이고 가르쳐서 기뻐하게 하겠습니다.

또 다시 다라니주를 주는데, 이 다라니를 얻은 까닭으로, 아무도 그를 파괴하지 못할 것이며, 여자의 혹란(惑亂)에 빠지지 않으며, 제가 항상 그를 보호할 것입니다. 오직 원컨데. 세존이시여. 나의 이 다라니주를 설하도록 허락하여 주소서.”

그리고 즉시 부처님 앞에서 다라니를 설하였다.

『아단지 단다바지 단다바제 단다구사례 단다수다례 수다례 수다라바지 붓다파션녜 살바다라니아바다니 살바바사아바다니 수아바다니 싱가바리사니 싱가녈가다니 아싱기 싱가파가지 제례아다싱가도랴 아라제파라제 살바싱가삼마지가란지 살바달마수파리찰제 살바살타루타교사라아로가지 신아비기리지제』

“세존이시여. 만약 어떤 보살이 이 다라니를 들어서 얻으면, 마땅히 보현의 신통력임을 알아야 합니다. 만약 법화경이 염부제에 유통할 적에, 수지하는 자는 마땅히 보현의 위신력임을 생각하여야 합니다. 만약 어떤 사람이 이 경을 수지, 독, 송하고, 바르게 기억하여 생각하고, 그 뜻을 이해하며, 설한 바와 같이 수행하면, 이 사람은 보현의 행을 행하여, 무량무변한 모든 부처님 계신 곳에서 깊은 선근을 심었고, 모든 여래께서 그 사람의 머리를 어루만져 주는 것이 됩니다.

만약 단지 사경을 하고, 이 사람이 임종하면 마땅히 도리천에 태어나는데, 그때 팔만사천의 천녀(天女)가 여러 가지 악기로 연주하면서 그 사람을 맞이하러 오며, 그 사람은 곧 칠보의 관을 쓰고 채녀들 가운데에서 즐겨 놀게 됩니다. 하물며 수지, 독, 송하고, 바르게 기억하여 생각하고, 그 뜻을 이해하며, 설한 바와 같이 수행한 사람이겠습니까?

만약 어떤 사람이 수지, 독, 송하고 그 뜻을 이해하면, 이 사람이 임종 때, 천 분의 부처님께서 손을 주어 두렵지 않게 하고, 악취에 떨어지지 않게 하며, 즉시 미륵보살이 계신 도솔천[218]상에 왕생합니다. 미륵보살은 삼십 이상을 구족하고 대보살들로 둘러싸여 있으며, 백천만억의 천녀와 권속들이 있는 그 가운데 나게 할 것입니다.

이와 같은 공덕과 이익이 있으므로, 지혜 있는 자는 마땅히 일심으로 스스로 쓰거나, 다른 사람에게 쓰게 하거나, 수지, 독, 송하며, 바르게 기억하고 생각하거나, 설한 바와 같이 수행하여야 합니다.

세존이시여. 제가 지금 신통력으로 이 경을 수호하여, 여래께서 멸도 후, 염부제에서 널리 유포하여 끊어지지 않게 하겠습니다.”

그때 석가모니부처님께서 찬탄하여 말씀하셨다. “훌륭하고 훌륭하도다. 보현이여. 너는 능히 이 경을 보호하고 도와서, 많은 중생을 안락하게 하며, 너는 이미 불가사의한 공덕을 성취하여 자비심이 깊고 크며, 먼 예부터 아뇩다라삼먁삼보리의 뜻을 일으켜서, 능히 이러한 신통의 원을 세워 이 경을 수호하니, 나도 마땅히 신통력으로 능히 보현보살의 이름을 가지는 자를 수호하리라. 보현아. 만약 이 법화경을 수지독송하

---

218. 범어는 Tusita이다. 욕계 6천의 4번째 하늘, 즐거움과 기쁨이 가득하여 그 생활필수품에 대하여 스스로 만족하고 팔정도에 대해서는 만족할 줄 모르고 닦으므로 도솔천이라고 불린다고 한다. 도솔천에는 내원(內院)과 외원(外院)이 있는데, 내원은 장차 성불할 미륵보살이 계시고 법을 설하고 있다하며, 외원은 이 천의 무리들이 거처하는 곳이라 한다.

고, 바르게 기억하여 생각하며, 닦고 익히며, 사경을 하는 자는, 마땅히 알아라. 이 사람은 즉시 석가모니부처님을 보며, 부처님 입으로부터 이 경전을 듣는 것과 같으니라.

또 마땅히 알아라. 이 사람은 석가모니부처님을 공양하는 것이 되며, 이 사람은 부처님께서 훌륭하다고 칭찬하는 것이 되며, 이 사람은 석가모니부처님께서 머리를 어루만져 주는 것이 되며, 이 사람은 석가모니부처님께서 옷으로 덮어주는 것이 되느니라.

이와 같은 사람은 다시는 세상의 쾌락에 탐착하지 않으며, 외도의 경서나 그들이 쓴 글을 좋아하지 않으며, 또한 다시는 그 사람과 모든 악한 사람인 백정, 돼지, 양, 닭, 개 등을 기르는 사람, 사냥하는 사람, 여색을 팔고 사는 사람등과 가까이 하지 않으며, 이 사람은 마음과 뜻이 곧고 정직하여 바르게 생각하며 복덕의 힘이 있느니라.

이 사람은 삼독이 괴롭히지 못하며, 또한 질투, 아만(我慢), 사만(邪慢), 증상만(增上慢)의 괴로움을 당하지 아니하며, 이 사람은 욕심이 적고 만족할 줄 알아서, 능히 보현행을 닦으리라.

보현아. 만약 여래가 멸도한 후, 후오백세에 만약 어떤 사람이 법화경을 수지, 독, 송하는 자를 보면, 마땅히 이런 생각을 하여야 하느니라. '이 사람은 오래지 않아 도량에 가서 모든 마의 무리를 부수고, 아뇩다라삼먁삼보리를 얻고, 법륜(法輪)을 굴리고, 법고(法鼓)를 두드리며, 법라(法螺)를 불며, 법비를 내리고, 하늘과 사람들 가운데의 사자법좌 위에 앉으리라.'

보현아. 만약 후세에 이 경전을 수지, 독, 송하는 자, 이 사람은 다시는 의복과 침구, 음식 등의 생활용품에 탐착하지 않으며, 원이 헛되지 않을 것이며, 또한 현세에 복의 과보를 받을 것이니라.

만약 어떤 사람이 경멸하거나 훼방하는 말로 '너는 미친 사람이다. 이 수행은 헛되고, 결국 얻는 것이 없다.'라 하면, 그 사람 죄의 과보는 마땅히 세세생생 장님이 될 것이며, 만약 그 사람을 공양하고 찬탄하면 금세(今世)에 좋은 과보를 얻을 것이며, 만약 또 이 경을 수지하는 자를 보고 그의 허물과 죄악을 드러내면, 그것이 사실이거나 아니거나 간에, 이 사람은 현세에 문둥병을 얻고, 만약 경멸하거나 조소하면 세세생생 치아가 빠지고 입술은 추하고 코는 납작하며 손과 다리는 삐뚤어지고 눈은 틀어지며 몸에서 악취가 나고 악한 창(瘡, 종기)과 피고름이 나며 배는 물이 차고 숨이 가쁘며 모든 악한 중병을 앓게 되느니라.

이러한 까닭으로 보현아. 만약 이 경전을 수지하는 자를 보면 마땅히 일어나 멀리서부터 환영하고, 부처님을 공경하듯이 하여야 하느니라."

이 보현보살권발품을 설할 때, 항하사와 같은 수의 무량무변한 보살들이 백천만억선다라니를 얻었고, 삼천대천세계의 미진과 같은 수의 모든 보살들이 보현의 도를 구족하였다. 부처님께서 이 경을 설하실 때, 보현 등 모든 보살, 사리불 등 모든 성문, 그리고 모든 하늘과 용 인 비인 등 일체 모인 대중들이 크게 환희하고 부처님 말씀을 받아 가지고 예배하고 물러갔다.

 ## 해 설

이 품은 보위덕상왕불국에서 온 보현보살이 부처님께 법화경을 설해 주실 것을 청한다. 그래서 이 품의 이름이 '보현보살권발품'이다. 이품의 내용을 보면, 여래께서 멸도한 후 법화경을 얻을 수 있는 특성은 무엇인가? 법사를 보호하기 위한 보현보살의 다라니주, 법화경을 믿는 사람이 금생과 내생에서 받는 공덕과 이익, 비방하는 사람이 받는 과보 등으로 되어 있다.

1. 여래가 멸도한 후 법화경을 얻을 수 있는 특성

보현보살이 부처님께 여래께서 멸도한 후에 어떻게 해야 법화경을 얻을 수 있습니까 라는 질문에 부처님은 네 가지로 답한다.[219]

(1) 모든 부처님으로부터 호념(護念)되고 있다는 즉 가피를 받고 있다는 굳은 신념을 가질 것.

(2) 덕을 갖추게 되는 근본인 선행을 쌓을 것.

(3) 반드시 성불이 결정된 정정취(正定聚)에 들 것.

(4) 일체중생을 구제하겠다는 마음을 일으킬 것.

---

219. 『법화경총설』, 박혜경 지음. 도서출판 삼양, p. 353.

2. 법사를 보호해 주는 다라니

보현보살이 다라니주를 설하는데, 이 다라니는 인간이 아닌 것들로부터 도심이 파괴되지 않는 다라니이다. 즉 재앙을 없애는 다라니이다.

또 법화경을 오랫동안 닦아 익힌 사람에게 대해서 『만약 어떤 사람이 이 경을 수지독송하고, 바르게 기억하여 생각하고, 그 뜻을 이해하며, 설한 바와 같이 수행하면, 이 사람은 보현의 행을 행하여, 무량무변한 모든 부처님계신 곳에서 깊은 선근을 심었고, 모든 여래께서 그 사람의 머리를 어루만져 주는 것이 됩니다.』라 하고 있다.

3. 법화경을 믿는 사람이 받는 공덕과 비방하는   사람의 과보

(1) 법화경을 믿는 사람이 받는 공덕

법화행자가 받는 좋은 과보를 금생과 내생으로 나누어 볼 수 있다.

첫째, 금생에 받는 과보에 대해서는 본문에 『이 경전을 수지, 독, 송하는 자, 이 사람은 다시는 의복과 침구, 음식 등의 생활용품에 탐착하지 않으며, 원이 헛되지 않을 것이며, 또한 현세에 복의 과보를 받을 것이니라.』라 하고 있다. 또 본문에서 『보현아. 만약 이 경전을 수지하는 자를 보면 마땅히 일어나 멀리서부터 환영하고,

부처님을 공경하듯이 하여야 하느니라.』라 하고 있다.

둘째, 내생 즉 임종 후에 받는 과보에 대해 본문에서 『만약 어떤 사람이 수지, 독, 송하고 그 뜻을 이해하면, 이 사람이 임종 때, 천 분의 부처님께서 손을 주어 두렵지 않게 하고, 악취에 떨어지지 않게 하며, 즉시 미륵보살이 계신 도솔천상에 왕생합니다. 미륵보살은 삼십 이상을 구족하고 대보살들로 둘러싸여 있으며, 백천 만 억의 천녀와 권속들이 있는 그 가운데 나게 할 것입니다.』라 하고 있다.

법화경에서 법화경을 믿는 사람에 대한 좋은 과보를 설하고 있는데, 그 중에서 내생 즉 임종 후의 과보를 설하는 품이 「보현보살권발품 제28」뿐만 아니라 「제바달다품 제12」와 「약왕보살본사품 제23」에서도 설하고 있다.

제바달다품을 보면 『부처님께서 모든 비구에게 말씀하셨다. 미래 세상에 만약 어떤 선남자 선여인이 묘법연화경의 제바달다품을 듣고 마음을 깨끗이 해서 믿고 공경하여 의혹을 내지 않으면 지옥, 아귀, 축생에 떨어지지 않고, 시방의 부처님 세계에 태어나며, 태어나는 곳에서 항상 이 경을 들으며, 만약 사람과 하늘에 태어나면 수승하고 묘한 즐거움을 받을 것이며, 만약 부처님 앞에 나게 되면 연꽃에 화생(化生)하리라.』라 하고 있다.

약왕보살본사품을 보면 『수왕화야. 만약 어떤 사람이 이 약왕보살본사품을 들으면 또한 무량무변한 공덕을 얻느니라. 만약 어떤 여인이 이 약왕보살본사품을 듣고 능히 수지하면, 여인의 몸을 다한 뒤에는 다시는 여인의 몸을 받지 않느니라. 만약 여래께서 멸도한 후, 후오백세 중에 어떤 여인이 이 경전을 듣고 설한 바와 같이 수행하여 명을 마친 뒤에 즉시 안락세계의 대보살들이 위요하는 아미타불이 계시는 곳에 가서 연꽃 가운데 보배 자리 위에 태어나느니라.』고 하고 있다.

(2) 비방하는 사람이 받는 과보

법화행자를 비방하는 사람에 대한 과보는 본문에서 『만약 어떤 사람이 경멸하거나 훼방하는 말로 '너는 미친 사람이다. 이 수행은 헛되고, 결국 얻는 것이 없다.'라 하면, 그 사람 죄의 과보는 마땅히 세세생생 장님이 될 것이며, 이 경을 수지하는 자를 보고 그의 허물과 죄악을 드러내면, 그것이 사실이거나 아니거나 간에, 이 사람은 현세에 문둥병을 얻고, 만약 경멸하거나 조소하면 세세생생 치아가 빠지고 입술은 추하고 코는 납작하며 손과 다리는 삐뚤어지고 눈은 틀어지며 몸에서 악취가 나고 악한 창(瘡, 종기)과 피고름이 나며 배는 물이 차고 숨이 가쁘며 모든 악한 중병을 앓게 되느니라.』고 하고 있다.

성불의 길

법화경 강의

초판인쇄 2014년 1월 27일
2판 발행 2018년 2월 26일

지은이 광명 스님
펴낸이 김재광
펴낸곳 솔과학

출판등록 제 10-140호 1997년 2월 22일
주 소 서울시 마포구 염리동 164-4 삼부골든타워 302호
대표전화 02)714-8655
팩 스 02)711-4656

ISBN   978-89-92988-94-0

이 책의 내용 전부 또는 일부를 이용하려면
반드시 저자와 도서출판 솔과학의 서면동의를 받아야 합니다.

* 낙장이나 파손본 외에는 교환이나 환불이 불가합니다.